企业人力资源管理师考试辅导系列

企业人力资源管理师(二级)历年真题详解

(第4版)

主编：圣才学习网
www.100xuexi.com

中国石化出版社
HTTP://WWW.SINOPEC-PRESS.COM

内 容 提 要

本书是企业人力资源管理师考试(国家职业资格二级)的历年真题详解。本书包含了企业人力资源管理师(二级)考试2013年5月至2018年11月的12套真题及详解(其中2013~2014年为题库)。本书根据最新国家职业标准、指定教材和法律法规等，对所有真题都进行了详细的分析和说明。全书按照年份编排，各自独立成册，方便考生核对答案解析。

圣才学习网(www.100xuexi.com)提供企业人力资源管理师等各种管理类考试辅导方案【视频课程、电子书、题库等】。购书即可免费享受一年大礼包增值服务【视频课程(真题详解+名师考前辅导)+题库软件(对应纸书内容+模拟试题)】。手机扫码(本书封面右下角)免费领取本书大礼包。

图书在版编目(CIP)数据

企业人力资源管理师(二级)历年真题详解/圣才学习网主编.—4版.—北京:中国石化出版社,2018.7

企业人力资源管理师考试辅导系列

ISBN 978-7-5114-4952-8

Ⅰ.①企… Ⅱ.①圣… Ⅲ.①企业管理-人力资源管理-资格考试-题解 Ⅳ.①F272.92-44

中国版本图书馆CIP数据核字(2018)第158203号

中国石化出版社出版发行

地址:北京市朝阳区吉市口路9号

邮编:100020 电话:(010)59964500

发行部电话:(010)59964526

http://www.sinopec-press.com

E-mail:press@sinopec.com

湖北华锦印务有限公司印刷

全国各地新华书店经销

*

787×1092毫米16开本17.5印张440千字

2019年1月第4版 2019年1月第1次印刷

定价:58.00元

序　言

为了帮助考生顺利通过企业人力资源管理师考试，我们根据最新国家职业标准、指定的国家职业资格培训教程和相关法律法规编写了企业人力资源管理师考试辅导系列：

1. 企业人力资源管理师(二级)过关必做习题集(含历年真题)
2. 企业人力资源管理师(三级)过关必做习题集(含历年真题)
3. 企业人力资源管理师(四级)过关必做习题集(含历年真题)
4. 企业人力资源管理师(一级)历年真题与考前押题详解
5. 企业人力资源管理师(二级)历年真题详解
6. 企业人力资源管理师(三级)历年真题详解

本书是企业人力资源管理师考试(国家职业资格二级)的历年真题详解。本书包含了企业人力资源管理师(二级)考试2013年5月至2018年11月的12套真题及详解(其中2013~2014年为题库)。本书根据最新国家职业标准、指定教材和法律法规等，对所有真题都进行了详细的分析和说明。

说明：自2018年11月起，企业人力资源管理师考试全面实行机考模式，难度升级！

购书即可免费享受一年大礼包增值服务！手机扫码(本书封面右下角)免费领取本书大礼包。具体包括：

★ 视频课程【真题详解＋名师考前辅导】

(1)真题详解：提供一套真题的高清视频讲解。由圣才名师对该套真题(包括每个选项)从难易程度、考查知识点等方面进行全面、细致的解析，帮助考生掌握命题规律和出题特点。

(2)名师考前辅导：考前一周上传至大礼包。

★ 题库软件【对应纸书内容＋模拟试题】

本题库除提供本书所有内容外，另提供2013~2014年的真题及详解。同时，本题库根据历年考试真题的命题规律及热门考点精心编写了1套模拟试题，其试题数量、难易程度、出题风格与考试真题基本保持一致，方便考生检测学习效果，评估应试能力。

★ 手机版【题库】

与本书相配套，圣才学习网提供企业人力资源管理师考试网络课程、电子书、题库(免费下载，送手机版)。

圣才学习网(www.100xuexi.com)是一家为全国各类考试和专业课学习提供名师网络课程、电子书、题库(免费下载，送手机版)等全方位教育服务的综合性学习型视频学习网站，拥有近100种考试(含418个考试科目)、194种经典教材(含英语、经济、管理、证券、金融等共16大类)，合计近万小时的面授班、网授班课程。

职称资格：www.100xuexi.com(圣才学习网)

考研辅导：kaoyan.100xuexi.com(圣才考研网)

圣才学习网编辑部

目　录

说明： 2013 ~2014 年真题及详解为题库，获取方式参见本书大礼包。

2018 年 11 月　人力资源和社会保障部
国家职业资格全国统一鉴定

职　　业：企业人力资源管理师

等　　级：国家职业资格二级

卷 册 一：职业道德
理论知识

注意事项：1. 登陆考试机后，务必核对屏幕上显示的个人信息，如与个人实际信息不符，请及时告知监考老师。

2. 注意区别单选题、多选题，选择区为圆形的试题为单选题，选择区为方形的试题为多选题。

3. 考试科目的结束时间以考生实际报考的科目结束时间为准，请考生注意查看考试机提示的剩余考试时间。

4. 务必在完成所有试题后方可点击“结束考试”按扭，当连续三次确认交卷后，将无法重新进入考试系统继续进行考试。

5. 答题过程中，若发现任何异常现象，请及时告知监考老师，安静坐在座位上，等候继续考试。

地　　区：______________________

姓　　名：______________________

准考证号：______________________

人力资源和社会保障部职业技能鉴定中心监制

第一部分　职业道德

（第1～25题，共25道题）

一、职业道德基础理论与知识部分（第1～16题）

答题指导：

◆该部分均为选择题，每题均有四个备选项，其中单项选择题只有一个选项是正确的，多项选择题有两个或两个以上选项是正确的。

◆请根据题意的内容和要求答题，错选、少选、多选，则该题均不得分。

（一）单项选择题（第1～8题）

1．关于协调与上司之间的关系，职工比较正确的做法是（　　）。

A．信任上司，无条件执行上司的指令

B．维护上司的权威，绝不越级汇报工作

C．尊重上司的人格，不在背地讲上司的不是

D．把握上司的脾气秉性，以有效干预上司

2．符合文明礼貌具体要求的是（　　）。

A．市场经济条件下，做生意要讨价还价

B．从业人员热情服务，主动将顾客拉进店铺

C．饰品华丽，以招徕顾客

D．主动向顾客介绍情况，当好参谋

3．下列做法中，最符合"敬业"本质要求的是（　　）。

A．用心做事　　B．谨慎虔敬　　C．服从领导　　D．加班加点

4．作为职业道德规范的"诚信"，其特征是（　　）。

A．通识性、智慧性、止损性、资质性　　B．知识性、智慧性、破损性、资质性

C．知识性、益智性、对等性、资本性　　D．通识性、合约性、平等性、资源性

5．根据《中国商业企业诚信公约》，下列说法中正确的是（　　）。

A．限制消费者合法权益必须事先征得消费者或其代理组织的许可

B．加强商品源头管理，建立健全商品进货免检制度

C．履行"三包"规定，对售出商品实行商品质量先行负责制

D．除了商品促销外，杜绝其他活动中的价格欺诈和虚假宣传广告

6．关于节约，理解正确的是（　　）。

A．在节约问题上，不可能形成统一的价值观念

B．节约因人而异，企业节约主要是上司的责任

C．花多少钱，办多少事，只要不超支便是节约

D．节约方式虽有差异，但节约精神具有共通性

7．医生"治病救人"体现了职业道德基本要素的（　　）。

A．职业理想　　B．职业态度　　C．职业良心　　D．职业纪律

8．职业技能不是一成不变的，一般来说，它总是与时俱进、不断发展的。这体现职业技能的（　　）特点。

A．时代性　　B．专业性　　C．层次性　　D．综合性

（二）多项选择题（第9～16题）

9. 属于"八荣八耻"社会主义荣辱观内容的有（　　）。

A. 以崇尚科学为荣，以愚昧无知为耻　　B. 以发家致富为荣，以贫穷落后为耻

C. 以辛勤劳动为荣，以好逸恶劳为耻　　D. 以体面排场为荣，以俭朴吝啬为耻

10. 符合忠诚于所属企业要求的做法是（　　）。

A. 不管发生怎样的变化，只在一个单位工作

B. 按照与企业签订的合同和契约，开展各种职业活动

C. 在产品生产上，用一些略次一点的材料，以降低生产成本

D. 敢于批判所在企业的弊端

11. 违反《中华人民共和国反不正当竞争法》规定的行为有（　　）。

A. 擅自使用他人的企业名称或姓名，引人误认为是他人的商品

B. 接受折扣、佣金的经营者必须如实入账

C. 广告的经营者在未加核实的情况下，制发了虚假广告

D. 经营者在任何情况下都不得以低于成本的价格销售商品

12. 关于职业道德规范"敬业"，正确的说法是（　　）。

A. 对于自己不喜欢的岗位，可以不敬业也难以做到敬业

B. 敬业要求一辈子只从事一种职业或者在一个岗位上坚持到底

C. 敬业是一种职业精神，贯穿于各种行业和工作之中

D. 当企业困难时加倍努力工作，更加体现敬业精神

13. 关于"节约"，正确的理解是（　　）。

A. "节约"已逐渐在企业经营管理中上升为竞争战略

B. 随着生产发展和收入增加，"节约"的事项可以逐渐减少

C. 一面倡导"节约"，一面提倡尊重民意，二者是矛盾的

D. 无论"节约"形式如何变化，但节用有度的本质内涵没有变化

14. 践行"合作"规范的要求是（　　）。

A. 求同存异　　B. 互助协作　　C. 公平竞争　　D. 不拘小节

15. 关于职业化与新型劳动观的说法，正确的有（　　）。

A. 职业化是人力资源开发的基本途径

B. 职业化是新型劳动观的核心内容

C. 职业化是全球职场的通用语言和职场文化

D. 从职业化的角度来审视劳动观，对新型劳动观提出了更高的标准和要求

16. 纪律的特征包括（　　）。

A. 社会性　　B. 自愿性　　C. 普遍适用性　　D. 固定性

二、职业道德个人表现部分（第17～25题）

答题指导：

◆该部分均为选择题，每题均有四个备选项，您只能根据自己的实际状况选择其中一个选项作为您的答案。

17. 关于金钱，你的看法是（　　）。

A. 每个人生活离不了的必需品　　B. 衡量人生成功的标志

C. 对人具有支配作用　　D. 金钱如粪土

18. 有个朋友向你借了50元钱，但一年过去了，他依然没有还。你会(　　)。

A. 向朋友要钱

B. 朋友不可能这么长时间不还账，怀疑自己是否记错了

C. 既然是朋友，这么一点小钱，就不再要了

D. 即使不还也没关系，绝不放在心上

19. 公司聘请了一个总经理，起初他信心百倍、干劲十足，后来，由于公司管理制度方面的限制，他的许多设想无法实现，热情逐渐消退了，再后来，他干脆辞职了。你对此人的看法是(　　)。

A. 他的应变能力不足　　B. 他没有处理好与聘用方的关系

C. 公司聘而不能用，太可惜了　　D. 这个人该走

20. 某公司员工任某喜欢助人为乐，平日里帮助同事们解决了不少困难，但也因此落下许多风言风语，如有的人说他没有本事怕被辞掉了，便以小恩小惠笼络人心，或借故讨好女士，总之，啥话都有。对此，你会(　　)。

A. 劝他别再做好事了　　B. 和自己关系不大，不会去管

C. 鼓励他继续下去　　D. 为任某鸣冤，呼吁大家理解支持

21. 平时和朋友们在一起聊天时，你的状况是(　　)。

A. 谈完想说的事就想离开　　B. 漫无边际，总是说个没完没了

C. 扯来扯去总离不开工作　　D. 总是能够找到有意思的话题

22. 如果你只是一名公司普通工作人员，平时和朋友、同事聚会时，你一般会(　　)。

A. 乐意把单位的事情讲给他们听

B. 对方不问，自己从不会主动说起单位里的事情

C. 简要说说单位里的事情

D. 对方问起单位里的事情时，会把话题岔开

23. 如果朋友聚会，要求喝酒而你开车了，你会(　　)。

A. 友情为重，放开喝　　B. 少喝一点，以便开车回去

C. 视情况而定　　D. 谨记喝酒不开车，并向朋友说明

24. 假若你已经和家人商量好周末要带孩子一块儿去玩，而你的朋友极力邀请你参加他的婚宴，此时你会(　　)。

A. 不予理睬

B. 告诉朋友自己已有安排

C. 向家人说明情况并调整时间带家人和孩子一块出去玩

D. 直接告诉家人自己要参加朋友的婚宴

25. 如果你的理想在现实中受阻，你会(　　)。

A. 继续追求　　B. 放弃理想　　C. 调整目标　　D. 走着瞧

第二部分　理论知识

（第 26～125 题，共 100 道题，满分为 100 分）

一、单项选择题（第 26～85 题，每题 1 分，共 60 分。每小题只有一个最恰当的答案）

26.（　　）不属于限制劳动行为能力人。

A. 16～18 周岁的未成年人　　B. 具有一定劳动能力的残疾人

C. 18 周岁以上的男性劳动者　　D. 女性劳动者

27. 下列选项中不属于制定差异化战略原则的是（　　）。

A. 效益原则　　B. 优先原则　　C. 适当原则　　D. 有效原则

28.（　　）是指在同一目标市场上，依据一定的条件标准，选择一家以上的中间商经销其产品。

A. 独家性分销　　B. 广泛性分销　　C. 选择性分销　　D. 密集性分销

29.（　　）与缺勤率和流动率成负相关。

A. 组织效率　　B. 组织承诺　　C. 工作绩效　　D. 工作分析

30.（　　）是"社会人"假设的代表人物。

A. 梅奥　　B. 马斯洛　　C. 泰罗　　D. 舒尔茨

31. 人力资本投资中实际支出不包括（　　）。

A. 教育投资　　B. 心理损失　　C. 流动支出　　D. 培训支出

32. 以下关于组织理论与组织设计理论的说法，不正确的是（　　）。

A. 从逻辑上说，组织理论应该包括组织设计理论

B. 组织理论与组织设计理论在外延上是相同的

C. 动态的组织设计理论包含静态的组织设计理论

D. 组织设计理论将企业环境、战略、技术等作为组织结构设计的影响因素

33.（　　）是将矩阵组织结构与事业部组织结构有机结合而形成的管理组织结构模式。

A. 模拟分权组织　　B. 分公司与总公司

C. 多维立体组织　　D. 子公司与母公司

34. 在行业增长阶段后期，为减少竞争压力，企业会采取（　　）。

A. 增大数量战略　　B. 扩大区域战略　　C. 纵向整合战略　　D. 多种经营战略

35. 以劳动分工为基础的工作岗位设计，其优点不包括（　　）。

A. 有利于员工发挥自己的技术专长　　B. 有利于建立科学合理的组织结构

C. 有利于提高专业技能的内在含量　　D. 有利于明确岗位工作任务和责任

36. 企业人员配置计划的内容不包括（　　）。

A. 各类岗位人员素质分析　　B. 人员职务变动情况

C. 企业岗位人员配备数量　　D. 职务空缺数量及填补办法

37. 某企业计划任务总工时 6060，工时定额 60，计划劳动生产率变动系数 0.01，运用劳动定额法测定的企业人力资源需求量是（　　）。

A. 60　　B. 100　　C. 101　　D. 110

38.（　　）是根据测评对象的隶属程度分别赋值的素质测评量化形式。

A. 模糊量化　　B. 类别量化　　C. 当量量化　　D. 等距量化

39. 关于集中量数的表述，不正确的是（　　）。

A. 它是用来描述数据集中趋势的量数
B. 可以用它进行几组数据之间的比较
C. 它可以说明一组数据的某项特征
D. 算术平均数和标准差属于集中量数

40. 在相关分析中，$r = -1.00$ 表示两组测评数据(　　)。
A. 完全负相关
B. 零相关
C. 完全正相关
D. 无法确定相关关系

41. 员工素质测评指标的标准形式，不包含(　　)。
A. 数量式　B. 表格式　C. 定义式　D. 综合式

42. 在面试过程中，面试考官应(　　)。
A. 多听多说　B. 多听少说　C. 少听多说　D. 少听少说

43. “你怎么看待中国某些地区矿难事件频发的现象?”是结构化面试中的(　　)。
A. 背景性问题　B. 知识性问题　C. 思维性问题　D. 压力性问题

44. “你好像不适合我们这里的工作，你看呢?”这属于结构化面试中的(　　)。
A. 背景性问题　B. 知识性问题　C. 思维性问题　D. 压力性问题

45. 作为一种招聘决策方法，群体决策法的特点不包括(　　)。
A. 决策人员来源广泛
B. 运用运筹学的原理
C. 决策的客观性较高
D. 运用相关分析的方法

46. 无领导小组讨论的缺点不包括(　　)。
A. 题目的质量影响测评的质量
B. 对评价者和测评标准要求较高
C. 应聘者表现易受同组成员影响
D. 被评价者行为没有伪装的可能

47. (　　)是制定培训计划的第一步，一般是由各级管理者、各岗位任职者共同完成。
A. 提出培训动机
B. 发出制定计划的通知
C. 培训需求分析
D. 明确培训目标

48. 以下关于培训费用的说法错误的是(　　)。
A. 是指企业在员工培训过程中所发生的一切费用之和
B. 间接培训成本是企业在培训实施过程之外支付的一切费用总和
C. 由培训之前的准备工作和培训实施过程中各项活动的费用构成
D. 直接培训成本是在培训实施过程中培训者与受训者的一切费用总和

49. 培训课程的各要素中，(　　)是指学习活动的安排和教学方法的选择。
A. 教学模式　B. 教学组织　C. 教学策略　D. 教学安排

50. 在培训项目计划中，课程系列计划以(　　)为导向，将看似独立的相关课程联系在一起。
A. 目标　B. 过程　C. 方法　D. 结果

51. (　　)不属于外部聘请培训师的优点。
A. 选择范围较大　B. 带来全新理念　C. 提高培训档次　D. 师资费用较低

52. 管理技能开发的模式中，替补训练的优点不包括(　　)。
A. 训练周密
B. 管理人员能全力以赴进行学习
C. 极大增强开发者的积极性
D. 极大增强开发者的主动性

53. 下列属于在职管理人员培训的主要方法的是(　　)。
A. 职务轮换
B. 替补训练
C. 专家演讲学习班
D. 角色扮演

54. 对培训效果进行行为评估的时间应为(　　)。

A. 课程开始时　　B. 培训的第三个月或半年以后

C. 课程结束时　　D. 考评结束半年或一年以后

55. 在培训结束时，对受训者的学习效果和培训项目本身的有效性所进行的评估是(　　)。

A. 建设性评估　　B. 正式评估　　C. 总结性评估　　D. 非正式评估

56. (　　)的绩效考评指标体系是以反映和体现被考评者的兴趣爱好、应变能力、人际关系等指标为主体构成的考评体系。

A. 行为过程型　　B. 品质特征型　　C. 工作结果型　　D. 工作方式型

57. (　　)的目的是寻求新的和异想天开的解决所面临难题的途径与方法。

A. 关键事件法　　B. 要素图示法　　C. 个案研究法　　D. 头脑风暴法

58. 下列不属于绩效考评指标来源的是(　　)。

A. 组织战略与经营规划　　B. 部门职能与岗位职责

C. 员工工作失误与培训要求　　D. 绩效短板与不足

59. 在确定绩效考评标准时，应做到“定量准确”，其衡量标准不包括(　　)。

A. 考评标准越多越好　　B. 各标准间的差距要合理

C. 标准的含义要明确　　D. 标准的等级数量要合理

60. 以下不属于区分 KPI 标准水平的是(　　)。

A. 先进的标准水平　　B. 合理的标准水平

C. 平均的标准水平　　D. 基本的标准水平

61. “医师的诊断水平和医术”的效标属于(　　)绩效考评效标。

A. 行为性　　B. 特征性　　C. 结果性　　D. 品质性

62. 面试考官过分强调应聘者的不利因素，以致不能全面了解应聘者，这属于面试考官偏见中的(　　)。

A. 第一印象　　B. 对比效应　　C. 晕轮效应　　D. 感情效应

63. 以下误差不是由考评者的主观性所导致的是(　　)。

A. 评价标准误差　　B. 自我中心效应　　C. 分布误差　　D. 晕轮误差

64. (　　)是指考评者仅凭下属最初的绩效信息，对考评期内的全部表现作出总评价。

A. 优先效应　　B. 首因效应　　C. 后继效应　　D. 近期效应

65. 绩效管理信息系统组成部分不包括(　　)。

A. 绩效考评后台系统　　B. 绩效考评实施系统

C. 绩效考评结果分析系统　　D. 绩效考评的辅助系统

66. 处于新兴行业的企业更适合采取的薪酬调查方式是(　　)。

A. 企业之间相互调查　　B. 问卷调查

C. 委托中介机构调查　　D. 访谈调查

67. 在选择薪酬调查的具体对象时，一定要坚持(　　)。

A. 可比性原则　　B. 选优原则　　C. 公平性原则　　D. 合理性原则

68. (　　)是指工作性质和特征相近的若干职组的集合。

A. 职系　　B. 职组　　C. 职门　　D. 职等

69. 通常来说，制造型企业从基层岗位到总经理的岗等不超过(　　)。

A. 10个　　B. 5个　　C. 15个　　D. 3个

70. (　　)将工资水平直接与企业效益和员工的工作业绩相联系。

A. 一岗一薪制　　B. 薪点薪酬制　　C. 一岗多薪制　　D. 提成制

71. 下列关于绩效薪酬制的说法，不正确的是(　　)。

A. 以工作业绩为基础支付薪酬　　B. 注重团体绩效差异的确定

C. 计件工资制是一种典型形式　　D. 提成制是一种典型形式

72. 以下有关技能薪酬制的说法错误的是(　　)。

A. 根据员工所具备的工作潜力来确定

B. 常见类型如职能薪酬、能力薪酬及技术等级薪酬

C. 有利于激励员工提高技术能力

D. 处在稳定期，继续提高企业核心能力的企业适合采用该类薪酬制度

73. (　　)的工资结构主要根据员工所具备的工作能力与潜力来确定员工工资。

A. 以绩效为导向　　B. 以行为为导向　　C. 以工作为导向　　D. 以技能为导向

74. 工资水平对外具有竞争性的企业，其工资水平应比行业平均工资水平高(　　)。

A. 5%　　B. 15%　　C. 50%　　D. 75%

75. 根据部门的人力资源规划和企业的每一位员工在未来一年薪酬的预算估计数字，计算出整个部门所需要的薪酬支出，然后汇集所有部门的预算数字，编制出企业整体的薪酬计划，这种方法是(　　)。

A. 从下而上法　　B. 从上而下法　　C. 薪酬计划　　D. 薪酬调整

76. 企业年金适用于(　　)。

A. 全体员工　　B. 新进员工　　C. 临时员工　　D. 试用期满的员工

77. 从广义上讲，(　　)是指医疗保障体系中除基本医疗保险之外的其他所有医疗保险形式。

A. 短期医疗保险　　B. 补充医疗保险　　C. 长期医疗保险　　D. 特殊医疗保险

78. 被派遣劳动者与用工单位的劳动争议由(　　)所在地劳动争议仲裁委员会管辖。

A. 劳务派遣单位　　B. 被派遣劳动者　　C. 用工单位　　D. 劳动合同约定

79. 工资集体协商时，协商双方在协商开始前(　　)内，提供与工资集体协商有关的真实情况和资料。

A. 5日　　B. 7日　　C. 10日　　D. 15日

80. 对本单位的安全生产，总工程师应承担(　　)。

A. 全面责任

B. 直接责任

C. 安全卫生技术领导责任

D. 在自己岗位上承担严格遵守劳动安全技术规程的义务

81. 劳动安全卫生保护费用不包括(　　)。

A. 工伤保险费　　B. 医疗保险费

C. 工伤认定、评残费用　　D. 劳动安全卫生教育培训经费

82. 劳动争议的标的不包括(　　)。

A. 补充保险实施　　B. 工伤伤残鉴定　　C. 工资奖金发放　　D. 税后利润审计

83. 企业劳动争议调解委员会对劳动争议进行调解，这种调解不具有(　　)。

A. 非强制性　　B. 自治性　　C. 会议性　　D. 群众性

84. 劳动争议仲裁原则中，“谁主张、谁举证”属于(　　)。

A. 一次裁决原则　　B. 强制原则

C. 合议原则　　D. 区分举证责任原则

85. 劳动争议仲裁委员会收到仲裁申请之日起(　　)内，认为符合受理条件的，应当受理。

A. 5 日　　B. 10 日　　C. 15 日　　D. 30 日

二、多项选择题(第 86～125 题，每题 1 分，共 40 分。每题有多个答案正确。错选、少选、多选，均不得分)

86. 劳动资源稀缺性的属性包括(　　)。

A. 具有普遍性

B. 仅存在于市场经济中

C. 是一种相对的稀缺性

D. 仅存在于当前社会

E. 表现为消费劳动资源的支付能力和支付手段的稀缺性

87. 劳动权的核心内容包括(　　)。

A. 平等就业权　　B. 劳动报酬权　　C. 休息休假权　　D. 自由择业权

E. 职业培训权

88. 影响企业销售渠道选择的因素有(　　)。

A. 产品因素　　B. 市场因素　　C. 国家法律约束　　D. 企业因素

E. 中间商的特性

89. 满足安全需要的行为可以是(　　)。

A. 免受失业和经济危机的威胁　　B. 比竞争者更出色

C. 避免任务或者决策失败的风险　　D. 免受疾病和残疾的威胁

E. 避免受到伤害或处于危险的环境

90. 下列关于企业组织理论与组织设计理论的说法，正确的有(　　)。

A. 组织理论包括组织设计理论

B. 组织设计理论被称为狭义组织理论

C. 组织设计理论被称为大组织理论

D. 组织理论与组织设计理论外延不同

E. 组织理论与组织设计理论外延相同

91. 多维立体组织结构的管理组织机构系统包括(　　)。

A. 服务管理中心　　B. 部门利润中心　　C. 地区利润中心　　D. 专业成本中心

E. 产品利润中心

92. 关于工作岗位设计的说法，正确的有(　　)。

A. 要遵循明确任务目标的原则

B. 要遵循因人设岗的基本原则

C. 应以科学的劳动分工为基础

D. 组织中的岗位设置应由该组织的最高领导决定

E. 岗位权限是赋予岗位员工对人、财、物的支配使用权

93．影响人力资源规划的外部环境因素包括(　　)。

A．企业的行业特征　　B．经济环境

C．科技环境　　D．企业的发展战略

E．法律文化环境

94．人员需求预测需要调查的内容包括(　　)。

A．产品市场占有率　　B．企业投资情况

C．设备变动情况　　D．企业人工成本情况

E．企业产品产量

95．(　　)不属于企业人员内部供给预测的方法。

A．经验推断法　　B．人力资源信息库

C．生产函数模型法　　D．定员分析法

E．管理人员接替模型法

96．员工素质测评的能力测评包括(　　)。

A．创造能力测评　　B．特殊能力测评　　C．学习能力测评　　D．综合能力测评

E．一般能力测评

97．关于面试的表述，正确的有(　　)。

A．具有明确的目的性　　B．是一个双向沟通过程

C．以谈话和观察为主要工具　　D．按预先设计的程序进行

E．面试考官与应聘者的地位平等

98．无领导小组讨论题目，应具有(　　)的特点。

A．与工作内容相关　　B．简洁、明确

C．可操作性强　　D．具有一定冲突性

E．难度适中

99．企业员工培训需求分析中，组织分析的内容包括(　　)。

A．责任分析　　B．任职条件分析　　C．工作分析　　D．组织变革分析

E．组织文化分析

100．编排培训课程的关键点包括(　　)。

A．应设计固定与机动两种形式的课程　　B．课程设计应高于企业与员工实际需要

C．应当切实增强课程的可操作性　　D．应充分考虑小范围人员的需求

E．课程的选择应与培训目标一致

101．聘请高校教师作为企业外部培训师，存在的不足包括(　　)。

A．不易营造良好的培训氛围

B．培训容易纸上谈兵，脱离实际

C．培训师的可选范围较窄，不易找到合适人选

D．培训师缺乏企业的了解，加大了培训风险

E．培训师缺乏对受训学员的了解，可能降低培训的适用性

102．企业对培训过程实施评估，可以选择的方式包括(　　)。

A．委派专人随机评估　　B．进行学员自我评估

C．委托主办部门评估　　D．委托培训机构评估

E．委派专人跟班评估

103．企业进行培训后的效果评估，其作用包括(　　)。

A．检查培训的费用效益　　B．检查培训活动计划执行情况

C．客观评价培训者的工作　　D．保证培训效果测定的科学性

E．对培训效果做出正确、合理判断

104．培训成果的四级评估体系包括(　　)。

A．技能评估　　B．行为评估　　C．学习评估　　D．结果评估

E．反应评估

105．面谈法作为考评指标体系的设计方法，其具体形式包括(　　)。

A．个别面谈法　　B．头脑风暴法　　C．经验总结法　　D．个案研究法

E．座谈讨论法

106．一个完整的关键绩效指标和标准体系，应当具有的特点包括(　　)。

A．能够跟踪检查团队和员工的实际表现

B．明确确定增值指标权重

C．突出员工的贡献率

D．能够集中体现团队和员工的工作产出

E．能全面衡量企业的整体业绩

107．管理者在绩效沟通时需要掌握的技巧包括(　　)。

A．要看到成绩，更要看到问题，鼓励与批评并举的沟通更具有效性

B．要让员工知道上级主管的想法和要求，以便于员工更好协作配合

C．沟通以询问的方式进行，以获取更多的信息，帮助员工解决问题

D．沟通时态度应该坦诚，给员工以信任感和安全感

E．沟通应及时，特别是在出现问题后应当及时沟通

108．制约和影响绩效考评的正确性、可靠性和有效性的主要因素有(　　)。

A．评价标准　　B．自我中心效应　　C．评价指标　　D．绩效分布误差

E．后继效应

109．绩效评价结果可作为(　　)的决策依据。

A．员工档案管理　　B．员工招募与甄选

C．员工培训与开发　　D．员工薪酬调整

E．员工晋升与调配

110．针对经营者管理高层岗位，薪酬调查的福利项目包括(　　)。

A．使用公司的专车　　B．公司提供的家庭保安服务

C．公司支付的基本薪酬　　D．享受头等舱服务

E．公司提供的家庭理财咨询

111．(　　)是根据岗位工作性质，对岗位进行的横向分类。

A．岗等　　B．职系　　C．职组　　D．岗级

E．职门

112．关于经营者年薪制的表述，正确的有(　　)。

A．经营者的年薪与工作责任、决策风险、经济效益挂钩

B．经营者的年薪及其调整由企业的董事会或股东大会决定

C．经营者利益与员工的利益相分离，与企业利益相联系

D. 经营者的年薪应在薪酬总额内列支，与员工薪酬制度相分离
E. 浮动薪酬从管理费用中支出，固定薪酬从企业税后利润中支出

113. 实行一岗一薪制，需要测评的岗位因素包括(　　)。
A. 职责范围　B. 薪酬水平　C. 劳动强度　D. 责任大小
E. 在岗人数

114. 薪点薪酬制的优点包括(　　)。
A. 体现了效率优先的原则　B. 有利于提高员工素质和业绩
C. 有利于增强团队的协作精神　D. 容易使薪酬向关键岗位倾斜
E. 薪酬标准用金额表示，加大了激励强度

115. 企业在制订薪酬计划时，应掌握的人力资源规划资料包括(　　)。
A. 企业现有的员工人数　B. 未来一年预计休假的员工人数
C. 未来一年预计岗位轮换的员工人数　D. 未来一年预计晋升职务的员工人数
E. 企业在过去三年的各类员工总人数

116. 关于制定薪酬计划的方法，表述正确的有(　　)。
A. 从上而下法不易控制总体人工成本
B. 从下而上法缺乏灵活性
C. 从下而上法不易控制总体人工成本
D. 从上而下法缺乏灵活性
E. 从上而下法易于控制总体人工成本

117. 事实劳动关系的形成原因包括(　　)。
A. 无视劳动法律法规而逐步形成　B. 无效劳动合同而形成
C. 没有订立书面劳动合同而形成　D. 双重劳动关系而形成
E. 以其他合同形式替代劳动合同而形成

118. 派遣雇员与正式雇员享有平等的法定劳动权利，包括(　　)。
A. 民主参与的权利　B. 参加工会的权利
C. 休息休假　D. 提出辞职的权利
E. 提请劳动争议处理的权利

119. 被派遣劳动者的用工单位应履行的义务包括(　　)。
A. 提供与岗位相关劳动条件　B. 进行劳动组织和监督管理
C. 进行劳动安全卫生教育　D. 支付工资、缴纳社会保险费
E. 提供工作岗位

120. 工资集体协商的内容包括(　　)。
A. 工资指导线　B. 工资支付办法
C. 工资协议的期限　D. 工资协议的违约责任
E. 奖金、津贴、补贴等分配办法

121. 进行工资集体协商时，雇主一方的代表可由(　　)担任。
A. 企业法定代表人　B. 企业工会的主席
C. 股东大会选出的代表　D. 企业法定代表人指定的其他人
E. 当地劳动保障行政部门指定的人选

122. 以下关于安全生产责任制度的表述正确的有(　　)。

A. 总工程师负安全卫生技术领导责任

B. 企业法定代表人对本单位的安全卫生负全面责任

C. 分管安全卫生的负责人和专职人员对安全卫生负直接责任

D. 工人在各自岗位上承担严格遵守劳动安全技术规程的义务

E. 工程技术人员和生产工人在生产过程中，对各自的职务或职责范围内劳动安全卫生都负有相应的责任

123. 解决劳动争议应当根据事实，遵循(　　)的原则，依法保护当事人的合法权益。

A. 及时　　B. 效率　　C. 着重调解　　D. 公正

E. 合法

124. 关于劳动争议调解的表述，正确的有(　　)。

A. 调解委员会调解达成协议，应当制作调解协议书

B. 劳动争议当事人必须以书面的形式提出调解申请

C. 调解协议书经双方当事人签字盖章后，即可生效

D. 企业劳动争议协调委员会主任可由工会成员担任

E. 生效的调解协议书对当事人都有约束力，当事人应当履行

125. 按照承担法律责任要件对劳动争议案例进行分析，其思维结构包括(　　)。

A. 分析确定劳动争议的标的

B. 分析确定劳动争议当事人所实施的行为

C. 分析确定行为人的行为是否有主观上的过错

D. 分析确定当事人的行为是否造成或足以造成一定的危害

E. 分析确定当事人行为与危害结果之间是否存在直接的因果关系

2018年11月　人力资源和社会保障部
国家职业资格全国统一鉴定

职　　业：企业人力资源管理师

等　　级：国家职业资格二级

卷 册 二：专业能力

注意事项：1. 对于题干部分较长的试题，可以点击试题界面左上方的“+”展开试题内容。

2. 请将答题内容填入“答题区域”中。

一、简答题(本题共3题，第1小题15分，第2小题15分，第3小题16分，共46分)

1. 简述培训成果评估的重要指标。(15分)

2. 简述避免考评者偏误的措施和方法。(15分)

3. 简述劳动争议处理的基本程序。(16分)

二、综合题(本题共3题，每小题18分，共54分)

1. 某装备制造公司拥有员工1500多名，其中管理人员、专业技术人员和技能操作人员比例一直稳定在1:3:6。根据业务规划，公司制定了未来10年的总体发展规划，推出了“坚持技术优先，争做一流装备制造企业，事事争第一”的目标。公司在人力资源管理方面，还应该制定切实可行的人力资源规划，因此，公司分别在人力资源部、党群工作部抽调一名主管，组建人力资源规划小组，负责起草《公司未来五年人力资源发展规划》，人力资源部门对规划和实施过程进行监督评价。

请结合案例，回答以下问题：

(1)人力资源规划小组应采用哪些步骤来制定人力资源规划？(14分)

(2)为什么要对规划及其实施过程进行监督评价，应注意哪些问题？(4分)

2. 某计算机网络技术有限公司拟招聘5名客户经理，主要负责公司网络产品的市场推广和客户服务。人力资源部技术专员通过对现有客户经理绩优者的素质分析，设计了客户经理的胜任能力模型，如表1所示。

表1　客户经理的胜任能力特征(节录)

能力指标	指标解释
应变能力	在有压力的情景下(如发生没有预料到的不利于目标实现的事件)，能够随机应变，及时作出正确的判断和处理
影响力	能够通过引导、劝诱、说服等方式影响他人，以赢得他人的支持
成就动机	富有挑战精神，能够为自己树立新的目标，并坚持不懈地采取行动去实现目标

请结合案例，回答以下问题：

(1)在面试过程中，面试官应当注意运用哪些面试技巧？(9分)

(2)为“应变能力”指标设计情境性面试问题和评分标准，填写在表2中。(9分)

3. A公司是一家刚成立的环保设备公司，员工的薪酬制度刚刚确定。管理人员为年薪工资制，技能操作人员实行岗位技能工资制，公司管理层认为，人力资源部组织一次薪酬市场调查，以全面了解该地区同行业的薪酬情况，为确定A公司的薪酬水平提供依据。

请结合本案例，分析说明设计薪酬调查问卷的具体要求有哪些？(18分)

2018 年 11 月二级企业人力资源管理师真题答案及详解

卷册一：职业道德、理论知识

第一部分　职业道德

（第 1～25 题，共 25 道题）

一、职业道德基础理论与知识部分（第 1～16 题）

（一）单项选择题（第 1～8 题）

1C　2D　3A　4A　5C　6D　7C　8A

（二）多项选择题（第 9～16 题）

9AC　10BD　11AC　12CD　13AD　14ABC　15ABCD　16AC

二、职业道德个人表现部分（第 17～25 题）

第 17～25 题无标准答案，根据自己的价值观作答。

第二部分　理论知识

（第 26～125 题，共 100 道题，满分为 100 分）

一、单项选择题（第 26～85 题，每题 1 分，共 60 分。每小题只有一个最恰当的答案，请在答题卡上将所选答案的相应字母涂黑）

26. C　**【考点】**劳动法律关系的主体

【解析】限制劳动行为能力人主要包括：①16～18 周岁的未成年人；②女性劳动者；③具有一定劳动能力的残疾人；④某些特定的疾病患者；⑤部分被依法限制行为自由的人。

27. B　**【考点】**企业的战略选择

【解析】差异化战略是企业力求在本行业建立区别于其他企业的独特品质，从而得到超过一般报酬水平的战略。差异化战略的制定原则包括：①效益原则；②适当原则；③有效原则。

28. C　**【考点】**销售渠道策略

【解析】常用的销售渠道策略有：①独家性分销；②广泛性分销；③选择性分销。其中，选择性分销是指在同一目标市场上，依据一定的条件标准，选择一家以上的中间商经销其产品，而不是允许所有愿意经销本企业产品的中间商参与经销。

29. B　**【考点】**组织承诺的结果

【解析】与工作满意度类似，组织承诺与缺勤率和流动率成负相关。研究表明，组织承诺比工作满意度能更好地预测员工流动率，原因在于组织承诺水平反映了员工对组织整体全面和长久的认同，与对组织的不满相比较，对工作的不满更容易改变。因而，当不满是针对组织时，员工更可能考虑离开组织。由此可见，培养员工对组织的承诺，对于增强员工的忠诚度和依赖感具有实际意义。

30. A　**【考点】**“社会人”假设

【解析】“社会人”假设建立在人性是善良的基础之上，人不只为经济利益而生存，人们工作的动机不仅在于物质利益，更在于工作中的社会关系。也就是说，物质刺激对于调动人的积极性来说，只具有次要意义。美国哈佛大学教授埃尔顿·梅奥是“社会人”假设说的代表人物。20世纪二三十年代，梅奥等人在芝加哥的西方电气公司霍桑工厂进行了一系列人际关系方面的试验研究。根据试验结果，提出了他的“人群关系理论”，作为“社会人”假设的基本理论。

31. B 【考点】人力资本投资支出

【解析】人力资本投资支出分为三类：①实际支出或直接支出；②放弃的收入或时间支出；③心理损失。其中，实际支出或直接支出包括学杂费（教育投资）、流动支出（迁移）、培训支出（企业、国家和个人）以及国家用于教育、社会保障方面的支出等。

32. B 【考点】组织理论与组织设计理论的对比分析

【解析】ABD三项，组织理论又被称作为广义的组织理论或大组织理论，它包括了组织运行的全部问题，如组织运行的环境、目标、结构、技术、规模、权力、沟通等，都属于其研究对象。组织理论与组织设计理论在外延上是不等的，从逻辑上说，组织理论应该包括组织设计理论。组织设计理论则被称作为狭义的组织理论或小组织理论，它主要研究企业组织结构的设计，而把环境、战略、技术、规模、人员等问题作为组织结构设计中的影响因素来加以研究。C项，组织设计理论又被分为静态的组织设计理论和动态的组织设计理论，静态的组织设计理论主要研究组织的体制（权、责结构）、机构（部门划分的形式和结构）和规章（管理行为规范）。而动态的组织设计理论除了包含上述基本内容之外，还加进了人的因素，加进了组织结构设计，以及组织在运行过程中的各种问题，诸如协调、信息控制、绩效管理、激励制度、人员配备及培训等。

33. C 【考点】多维立体组织

【解析】多维立体组织又称多维组织、立体组织、多维立体矩阵制等，它是矩阵组织的进一步发展，它把矩阵组织结构形式与事业部制组织结构形式有机地结合在一起，形成了一种全新的管理组织结构模式。

34. C 【考点】企业战略选择

【解析】在行业增长阶段后期，竞争更加激烈，为了减少竞争的压力，企业会采取纵向整合战略。此时，组织应选择事业部制结构。

35. B 【考点】工作岗位设计中合理分工协作的原则

【解析】以科学的劳动分工为基础设计的工作岗位，不仅有利于员工发挥各自的技术专长，提高专业技能的内在含量，而且便于明确岗位的工作任务和责任，员工只有在分工明确的情况下，才会主动地开展工作。同时，岗位的设计又应当充分考虑劳动协作的客观要求，明确岗位与岗位之间的协作关系。分工是协作的前提，而协作是分工的结果。岗位之间建立紧密的协作，才能进一步发挥集体的智慧和团队的力量，从而创造出更高的劳动生产力。

36. A 【考点】人员配置计划

【解析】企业的人员配置计划要根据企业的发展战略，结合企业的工作岗位分析所制作的工作岗位说明书和企业人力资源盘点的情况来编制。人员配置计划的主要内容应包括：企业每个岗位的人员数量、人员的职务变动情况、职务空缺数量以及相应的填补办法等。

37. B 【考点】劳动定额分析法的运用

【解析】运用劳动定额分析法计算人力资源需求的公式为：$N=W/[Q\times(1+R)]$。式中，N为生产岗位人员的需求量；W为企业计划期内任务总量；Q为企业的劳动定额标准；R为计划期劳动生产率变动系数，$R=R_1+R_2-R_3$。其中：R_1表示企业技术进步引起的劳动生产率提高系数；R_2表示经验积累导致的生产率提高系数；R_3表示由于劳动者及某些因素引起的生产率降低系数。则本题中，该企业的人力资源需求量为：6060/[60×(1+0.01)]=100(人)。

38. A 【考点】模糊量化

【解析】模糊量化要求把素质测评对象同时划分到事先确定的每个类别中去，根据该对象的隶属程度分别赋值。这种素质测评模糊量化的特点是，每个测评对象是那些分类界限无法明确，或测评者认识模糊和无法把握的素质特征。

39. D 【考点】集中量数

【解析】描述集中趋势的量数，在数理统计学中叫集中量数，其功用有二：①它是一组数据的代表值，可以用来说明一组数据全貌的一个方面的特征，即它们的典型情况；②可以用来进行组间比较，以判明一组数据与另一组数据的数值差别。在素质测评中，最常使用的集中趋势量数有算术平均数和中位数。D 项，标准差属于差异量数。

40. A 【考点】员工素质测评结果处理方法中的相关分析法

【解析】员工素质测评结果处理的常用数理统计方法有集中趋势分析、离中趋势分析、相关分析和因素分析等。其中，相关分析法是描述两组测评数据之间相互关系的方法。根据两组测评数据的变动方向是否相同，相关的情况有三种：正相关、负相关和零相关。相关系数的取值范围限于 $-1.00 \leqslant r \leqslant 1.00$，$r=1.00$ 表示完全正相关，$r=-1.00$ 表示完全负相关，$r=0$ 表示零相关。

41. B 【考点】测评指标的标度

【解析】标度，即对标准的外在形式划分，常常表现为对素质行为特征或表现的范围、强度和频率的规定。从目前现实中的测评指标分析来看，测评指标的标度大致有量词式、等级式、数量式、定义式、综合式等。

42. B 【考点】面试的实施技巧

【解析】在面试过程中，面试官应多听少说。在应聘者回答问题时，面试考官应该全神贯注认真倾听，不要发表任何结论性意见。

43. C 【考点】结构化面试中的思维性问题

【解析】结构化面试试题的类型包括：①背景性问题；②知识性问题；③思维性问题；④经验性问题；⑤情境性问题；⑥压力性问题；⑦行为性问题。其中，思维性问题旨在考察应聘者的理解、分析、辨别、综合、评价和推断的能力，如“你认为什么是一个人成功的标准?”“你怎么看待大学教师在外兼职的问题?”等。

44. D 【考点】结构化面试中的压力性问题

【解析】压力性问题是将应聘者置于一个充满压力的情境中，观察其反应，以对其情绪稳定性、应变能力等进行考察。

45. D 【考点】群体决策法的特点

【解析】群体决策法的特点如下：①决策人员的来源广泛，使得企业能够从不同的角度对应聘者进行评价，比较全面，满足了企业选拔综合性人才的要求。②决策人员不唯一，在一定程度上削弱了决策者的主观因素对决策结果的影响，提高了招聘决策的客观性。③群体决策法运用了运筹学群体决策法的原理，提高了招聘决策的科学性与有效性。

46. D 【考点】无领导小组讨论的缺点

【解析】尽管无领导小组讨论法在企事业单位的中高级管理者选拔中已经得到了广泛应用，但仍存在一些缺点：①题目的质量影响测评的质量；②对评价者和测评标准的要求较高；③应聘者表现易受同组其他成员影响；④被评价者的行为仍然有伪装的可能性。

47. C 【考点】培训需求分析

【解析】培训需求分析是培训管理工作的第一环，是否能准确地预测和把握真实的需求直接决定了培训的合理性和有效性，从而影响到整个组织的绩效和经营目标的实现。传统的培训需求分析包括组织分析、任务分析和人员分析，而以战略为导向的培训需求分析，还包括企业战略分析和员工职业生涯分析。

48. C 【考点】培训费用

【解析】培训费用亦即培训成本，它是指企业在员工培训的过程中所发生的一切费用，包括培训之前的准备工作，培训的实施过程，以及培训结束之后的效果评估等各种与之相关活动的各种费用的总和。培训成本由以下两个部分构成：①直接培训成本，是指在培训组织实施过程之中培训者与受训者的一切费用总和。②间接培训成本，是指在培训组织实施过程之外企业所支付的一切费用总和。

49. A 【考点】教学模式

【解析】培训课程的构成要素包括：①课程目标；②课程内容；③课程教材；④教学模式；⑤教学策略；⑥课程评价；⑦教学组织；⑧课程时间；⑨课程空间；⑩培训教师；⑪学员。其中，教学模式是指学习活动的安排和教学方法的选择，它与课程目标直接相关。好的教学模式能有效地体现课程内容，并采用配套的组织与教学方法，激发学员的学习动机，提高学习效率。

50. A 【考点】培训课程系列计划

【解析】课程系列计划是指按一定的顺序组合起来的目标一致的课程组合。课程系列计划以目标为导向，将看似独立的相关课程联系在一起，即把所有的培训工作都集中到一个学习方向上。

51. D 【考点】外部聘请培训师的优点

【解析】外部聘请培训师的优点包括：①选择范围大，可获取到高质量的培训教师资源；②可带来许多全新的理念；③对学员具有较大的吸引力；④可提高培训档次，引起企业各方面的重视；⑤容易营造气氛，获得良好的培训效果。

52. B 【考点】替补训练

【解析】管理技能培训开发的一般方法中，替补训练的优点是：由于是为晋升作准备，因此其训练积极主动；在替补发生后，受训者可较快地适应新的工作。

53. A 【考点】在职管理人员培训的主要方法

【解析】在职管理人员培训的主要方法包括：①职务轮换；②设立副职；③临时提升。BC 两项属于管理技能培训开发的一般方法；D 项属于管理技能培训开发的新方法。

54. B 【考点】评估的时间

【解析】对于反应层评估，要在培训中或培训刚结束时进行调查，否则时间一长，学员可能会忘记当时的感受，从而使调查数据失真。若从行为或结果层考察，则需要在培训一段时间后（如 3～6 个月）进行，太早评估学员还没有机会练习新的技能，也不可能给组织带来明显的积极效果。

55. C 【考点】培训评估的方法

【解析】总结性评估是指在培训结束时，为对受训者的学习效果和培训项目本身的有效性作出评价而进行的评估。这种评估经常是正式和客观的。当进行总结性评估时必须注意，培训目标和预期培训效果必须从头到尾是清晰的，这不仅是对于培训者而言，同时也包括受训者在内。在培训之前，可以通过书面测试或通过小型座谈会的形式，使受训者了解培训目的。

56. B 【考点】品质特征型的绩效考评指标体系

【解析】从绩效考评指标的性质和结构以及侧重点上区分，有三类绩效考评指标体系：①品质特征型的绩效考评指标体系；②行为过程型的绩效考评指标体系；③工作结果型的绩效考评指标体系。其中，品质特征型的绩效考评指标体系是以反映和体现被考评者的品质特征的指标为主体构成的考评体系。品质特征性的考评指标主要有：性格特征、兴趣爱好、举止、记忆能力、语言表达能力、思维判断能力、理解想象能力、逻辑思考能力、综合分析能力、计算能力、自学能力、注意力分配能力、听写能力、组织管理能力、调研能力、独创见解和创新能力、专业知识面、操作技能和应变能力等。

57. D 【考点】头脑风暴法

【解析】头脑风暴法是最负盛名的促进创造力的技法之一，这种方法的目的是：寻求新的和异想天开的解决自己所面临难题的途径与方法。在使用头脑风暴法进行集体讨论时，应遵守以下四个基本原则：①任何时候都不批评别人的想法；②思想愈激进愈开放愈好；③强调产生想法的数量；④鼓励别人改进想法。

58. C 【考点】绩效考评指标来源

【解析】在进行绩效考评指标体系设计时，首先要绩效考评的指标来源，这是指标设计的前提和基础，一般而言，绩效考评指标来源主要包括：①组织战略与经营规划；②部门职能与岗位职责；③绩效短板与不足。

59. A 【考点】绩效考评标准的设计原则

【解析】绩效考评标准的设计原则之一是定量准确，一是指各指标的考评标准的起止水平应是合理确定的；二是指各标准的含义、相互间的差距应当是明确合理的，评分尽可能采用等距式量表；三是指选择的等级档次数量要合理，不宜过多或太少，控制在3~9级为宜。

60. B 【考点】KPI的标准水平

【解析】KPI的标准水平可以做出以下区分：①先进的标准水平，包括本行业先进水平，国内同类企业的先进水平，国际同类企业的先进水平。②平均的标准水平，包括本行业平均水平，国内同类企业的平均水平，以及国际同类企业的平均水平。③基本的标准水平，它是指期望被考评者达到的水平。这种标准的水平是每个被考评者经过一定程度的努力都能够达到的水平。

61. C 【考点】结果性效标

【解析】结果性效标的侧重点是考量“员工完成哪些工作任务或生产了哪些产品，其工作成效如何?”结果性效标最常见的问题是若干质化指标较难以量化。例如，医师的诊断水平和医术，是难以进行有效的量化和测定的。

62. C 【考点】晕轮效应

【解析】晕轮效应又称“光环效应”“晕圈错误”“晕轮误差”，是指在在考评中，因某一个人格上的特征掩蔽了其他人格上的特征。这种效应在评定工作中的主要表现是：考评者往往带着某种成见来评定，或者凭着最初、最近印象来评定员工绩效。这种误差主要是由于缺乏明确、详尽的评价标准，或考评者没能按照评价标准进行评定造成的。

63. A 【考点】绩效考评误差

【解析】绩效考评误差主要包括：①分布误差；②晕轮误差；③个人偏见；④优先和近期效应；⑤自我中心效应；⑥后继效应；⑦评价标准对考评结果的影响。其中，评价标准的不明确是影响考评结果的客观原因，而其他六类绩效考评中常见的误差和偏误，基本上属于主观性的，即由考评者主观方面的因素造成的。

64. A 【考点】优先效应

【解析】优先效应是指考评者根据下属最初的绩效信息，对其考评期内的全部表现做出的总评价，以前期的部分信息替代全期的全部信息，从而出现了“以偏概全”的考评偏差。

65. D 【考点】绩效管理系统

【解析】绩效管理系统往往由以下三个部分构成：①绩效考评后台系统；②绩效考评实施系统；③绩效考评结果分析系统。

66. C 【考点】委托调查

【解析】委托调查是指委托商业性、专业性的人力资源咨询公司进行调查。尤其是当企业需要确定薪酬水平的岗位难以在类似企业中找到对等的岗位时，或者该企业属于新兴行业时，企业将面临确定其薪酬水平的困难，这时可考虑选择委托企业外部的人力资源咨询公司帮助搜集所需的薪酬信息。

67. A 【考点】确定调查的企业的原则

【解析】在选择薪酬调查的具体对象时，一定要坚持可比性的原则，即在选择被调查的具体企业时，要选择其雇用的劳动力与本企业具有可比性的企业。

68. C 【考点】职门

【解析】职门是工作性质和特征相近的若干职组的集合。若干工作性质和特征相近的职组归结在一起，就构成了某一职门，凡是属于不同职门的岗位，它们的工作性质完全不同。职门是岗业分类中的大类。

69. A 【考点】企业岗等数目

【解析】一般来说，岗等晋升，就意味着薪资的调整，否则就丧失其实质意义。所以，如果薪资设计差距小，岗等可以相应多设；反之，则少设。企业岗等数目，应视行业性质和企业各自特点来确定。例如，某公司有员工约7000人，其公司最低岗等到最高岗等共10级。对制造业企业来说，从基层岗位到总经理以不超过10个岗等为原则，有的公司甚至设计5~7个岗等。

70. B 【考点】薪点薪酬制

【解析】薪点薪酬制是在岗位评价的基础上，用点数和点值来确定员工薪酬的薪酬制度。岗位薪点薪酬制的主要特点是薪酬标准不是以金额表示的，而是用薪点表示的，而且点值的大小由企业或部门的经济效益确定。薪点值的高低按照企业效益的好坏进行确定，使薪酬水平与企业的效益相联系。薪点薪酬制具有使薪酬分配直接与企业效益和员工的工作相联的优点，体现了效率优先的原则，符合市场取向的要求。

71. B 【考点】绩效薪酬制

【解析】绩效薪酬是以员工的工作业绩为基础支付的薪酬，支付的唯一根据或主要根据是工作成绩和劳动效率。绩效薪酬制注重个人绩效差异的评定，绩效薪酬假定这种绩效的差异反映了个人能力和工作动机方面的差异。现在企业主要的绩效薪酬形式包括：计件薪酬制（计件工资制）、佣金制（提成制）。

72. A 【考点】技能薪酬制

【解析】技能薪酬制强调根据员工的个人能力提供薪酬，而且只有确定员工达到了某种技术能力标准以后，才能对员工提供与这种能力相对应的薪酬。因此，并不是根据员工所具备的潜力来确定。

73. D 【考点】以技能为导向的薪酬结构

【解析】以技能为导向的工资结构，其特点是员工的薪酬主要根据员工所具备的工作能力与潜力来确定。职能薪酬、能力资格薪酬及我国过去工人实行的技术等级薪酬制度的工资结构都属于这种薪酬结构。

74. B 【考点】竞争性原则

【解析】薪酬制度设计的原则包括：①公平性原则。②激励性原则。③竞争性原则。企业的薪酬水平在市场中应该处于什么样的水平，要根据该企业的支付能力、所需要人才的可获得性等具体条件而定。根据一些企业薪酬设计的经验，在一般情况下，为了使薪酬水平对外具有竞争性，企业员工的薪酬水平应该比行业的平均水平高15%，这样既不会使企业的负担过重，又可以达到吸引、激励和保留员工的目的。④经济性原则。⑤合法性原则。

75. A 【考点】从下而上法

【解析】薪酬计划的制订方法包括：①从下而上法；②从上而下法。其中，从下而上法的工作程序是：根据部门的人力资源规划和企业的每一位员工在未来一年薪酬的预算估计数字，计算出整个部门所需要的薪酬支出，然后汇集所有部门的预算数字，编制出企业整体的薪酬计划。从下而上法比较实际、灵活，且可行性较高，但不易控制总体的人工成本。

76. D 【考点】企业年金

【解析】企业年金是指企业及其员工在依法参加基本养老保险的基础上，自愿建立的补充养老保险制度。企业年金适用于企业试用期满的员工。

77. B 【考点】补充医疗保险

【解析】补充医疗保险从广义上讲，是指医疗保障体系中除基本医疗保险以外的其他所有医疗保险形式；从狭义上讲，是指企业在参加基本医疗保险的基础上，自愿建立的满足在职职工和退休人员较高医疗需求的医疗保险补充形式，用于对城镇职工基本医疗保险制度支付以外在职职工和退休人员医疗费用个人负担部分的补助。

78. C 【考点】异地劳动争议处理原则

【解析】处理异地劳动争议可以参照以下原则：①被派遣劳动者与劳务派遣机构的劳动争议由劳务派遣机构所在地管辖；②被派遣劳动者与用工单位的劳动争议由用工单位所在地管辖；③被派遣劳动者与劳务派遣机构和用工单位的劳动争议，可由劳动合同或劳务派遣协议约定，由当事人选择劳务派遣机构所在地或用工单位所在地管辖。

79. A 【考点】工资集体协商的实施步骤

【解析】劳动关系双方的任何一方均可向对方提出工资集体协商的要求，其步骤如下：①提出方应事先向另一方提出书面的协商意向书，明确协商的时间、地点、内容等；另一方接到协商意向书后，应于20日内予以书面答复，并与提出方共同进行工资集体协商。②在不违反有关法律、法规的前提下，协商双方有义务按照对方的要求，在协商开始前5日内，提供与工资集体协商有关的真实情况和资料。③协商形成的工资协议草案，应提交职工代表大会或职工大会讨论审议。④协商双方达成一致意见后，由企业行政方制作正式工资协议文本，经双方首席代表签字盖章后成立。

80. C 【考点】安全生产责任制度

【解析】企业各级领导、职能部门、工程技术人员和生产工人在生产过程中，对各自的职务或职责范围内劳动安全卫生都负有相应的责任。安全生产责任制度是从企业组织体系上规定企业各类人员的劳动安全卫生责任，使各个层次的安全卫生责任与管理责任、生产责任统一起来。其中，企业法定代表人对本单位安全卫生负全面责任，分管安全卫生的负责人和专职人员对安全卫生负直接责任，总工程师负安全卫生技术领导责任，各职能部门、各级生产组织负责人在各自分管的工作范围内对安全卫生负责，工人在各自的岗位上承担严格遵守劳动安全技术规程的义务。

81. B 【考点】劳动安全卫生保护费用

【解析】劳动安全卫生保护费用包括：①劳动安全卫生保护设施建设费用；②劳动安全卫生保护设施更新改造费用；③个人劳动安全卫生防护用品费用；④劳动安全卫生教育培训经费；⑤健康检查和职业病防治费用；⑥有毒有害作业场所定期检测费用；⑦工伤保险费；⑧工伤认定、评残费用等。

82. D 【考点】劳动争议的标的

【解析】劳动争议的标的是劳动权利和劳动义务。劳动权利和劳动义务是依据劳动法律、法规，劳动合同、集体合同等确定的。劳动争议在一定意义上说是因实施《劳动法》而产生的争议，如就业、工资、工时、劳动条件、保险福利、培训项目、奖惩等各个方面，内容相当广泛。凡是以劳动权利义务之外的权利义务为标的的争议都不属于劳动争议。

83. C 【考点】调解的特点

【解析】调解的特点有：①群众性。企业劳动争议调解委员会是企业内依法成立的处理劳动争议的群众性组织，这体现在其人员组成和工作原则上。调解活动强调群众的直接参与。②自治性。调解是企业内的劳动者对本单位运行的劳动关系进行自我管理、自我调节、自我化解矛盾的有效形式。③非强制性。调解程序完全体现自愿的特点，即申请调解自愿，不能强制；调解协议的履行依赖于当事人的自愿以及舆论的约束。

84. D 【考点】区分举证责任原则

【解析】区分举证责任原则包括的内容有：①由劳动关系的特点所决定，反映平等主体关系间的争议事项，遵循“谁主张，谁举证”的原则；②反映隶属关系的争议事项，实行“谁决定，谁举证”的原则，即与争议事项有关的证据属于用人单位掌握管理的，用人单位应当提供；用人单位不提供的，应当承担不利后果。

85. A 【考点】仲裁申请的处理

【解析】劳动争议仲裁委员会收到仲裁申请之日起 5 日内，认为符合受理条件的，应当受理，并通知申请人，出具受理通知书；对于不属于本仲裁委员会管辖范围的仲裁申请，仲裁委员会应当在收到仲裁申请之日起 5 日内，向申请人作出书面说明并告知申请人向有管辖权的仲裁委员会申请仲裁。

二、多项选择题(第 86 ~ 125 题，每题 1 分，共 40 分。每题有多个答案正确。错选、少选、多选，均不得分)

86. ACE 【考点】劳动资源的稀缺性

【解析】劳动资源的稀缺性具有如下属性：①劳动资源的稀缺性是相对于社会和个人无限需要和愿望而言的，是相对的稀缺性；②劳动资源的稀缺性具有普遍和绝对的属性；③在市场经济中，劳动资源稀缺性的本质表现是消费劳动资源的支付能力和支付手段的稀缺性。

87. AD 【考点】劳动法的基本原则

【解析】平等的就业权和自由择业权是劳动权的核心。该项权利对于公民来说，不分性别、民族、政治信仰、财产状况，均有权实现就业，有权依法自由地选择职业，有权利用国家和社会提供的各种就业促进条件，以提高就业能力和增加就业机会，禁止任何形式的就业歧视和职业歧视；对于国家来说，应当为公民实现劳动权提供必要的保障，为促进经济和社会发展创造就业条件，扩大就业机会。

88. ABCDE 【考点】销售渠道的设计

【解析】影响销售渠道选择的因素有：①产品因素；②市场因素；③企业因素。除上述因素之外，企业的营销意图、国家的法律约束、中间商的特性等，亦制约着企业销售渠道的选择与设计。

89. ACDE 【考点】人的多重需要与组织的报酬形式

【解析】满足安全需要的行为包括：①有一份稳定的工作；②免受失业和经济危机的威胁；③免受疾病和残疾的威胁；④避免受到伤害或处于危险的环境；⑤避免任务或者决策失败的风险。B 项属于满足成就需要的行为。

90. ABD 【考点】组织理论与组织设计理论

【解析】组织理论又被称作为广义的组织理论或大组织理论，它包括了组织运行的全部问题。如组织运行的环境、目标、结构、技术、规模、权力、沟通等，都属于其研究对象。组织理论与组织设计理论在外延上是不等的，从逻辑上说，组织理论应该包括组织设计理论。组织设计理论则被称作为狭义的组织理论或小组织理论，它主要研究企业组织结构的设计，而把环境、战略、技术、规模、人员等问题作为组织结构设计中的影响因素来加以研究。

91. CDE 【考点】多维立体组织结构

【解析】多维立体组织结构综合考虑了产品、地区与职能参谋机构，形成了三类主要的管理组织机构系统，一是按产品划分的事业部，即产品利润中心；二是按职能(如市场研究、生产、调查、财务、人事、质量控制等)划分的专业参谋机构，即专业成本中心；三是按地区划分的管理机构，即地区利润中心。

92. ACE 【考点】工作岗位设计的基本原则

【解析】工作岗位设计的基本原则包括：①明确任务目标的原则。②合理分工协作的原则。以科学的劳动分工为基础设计的工作岗位，不仅有利于员工发挥各自的技术专长，提高专业技能的内在含量，又便于明确工作岗位的工作任务和责任。③责权利相对应的原则。在进行工作岗位设计时，必须首先要明确每一岗位的责任、权限和利益，岗位责任是任职者应尽的义务，而与之对应的岗位权限是赋予岗位员工应有的对人、财、物的各种支配、使用、调动权，权力是保证岗位运行顺畅的工具。

93. BCE 【考点】企业人力资源规划的外部环境

【解析】企业人力资源规划的外部环境因素包括：①经济环境，其中包括经济形势和劳动力市场的供求关系；②人口环境；③科技环境；④文化法律等社会因素。AD 两项属于企业人力资源规划的内部环境。

94. BCDE 【考点】人员需求预测需要调查的内容

【解析】针对人员需求预测，可以设计以下几类调查表：①企业产品产量、工业总产值、税金、利润、销售收入、资产、能源消耗量调查表；②预测期企业产量、产值、销售收入、利润调查表；③企业总成本和人工成本统计表；④企业投资情况调查表；⑤新产品研发项目情况调查表；⑥新产品研发费用结构及获奖情况调查表；⑦企业人员数量、结构(学历、职称、年龄等)统计表；⑧各部门人员流动情况调查表；⑨企业各类人员流动调查表；⑩企业人员培训调查表；⑪各类人员变动情况调查表；⑫设备变动情况调查表；⑬企业各类产品分工种工时定额统计表；⑭企业各类产品工时定额及产品产量统计表；⑮企业分工种废品率、废品损失统计表；⑯企业人员出勤率、作业率统计表。

95. ACD 【考点】内部供给预测的方法

【解析】企业人员内部供给预测的方法有：①人力资源信息库；②管理人员接替模型；③马尔可夫模型。

96. ABCE 【考点】能力测评

【解析】员工素质测评的能力测评包括一般能力测评、特殊能力测评、创造力测评和学习能力测评。

97. ABCD 【考点】面试的特点

【解析】面试的特点如下：①以谈话和观察为主要工具；②面试是一个双向沟通的过程；③面试具有明确的目的性；④面试是按照预先设计的程序进行的；⑤面试考官与应聘者在面试过程中的地位是不平等的。

98. ADE 【考点】无领导小组讨论设计题目的原则

【解析】无领导小组讨论设计题目的原则包括：①联系工作内容。选取的材料和题目要符合所招聘岗位的工作特征，具有针对性，并且能联系实际，这也是情景模拟的必备要求之一。②难度适中。题目若太容易，被测评者容易失去讨论的兴趣，会在很短时间内达成一致，且发挥不了应有的水平，从而难以分出差异，准确考察其知识和技能；如果题目太难，被测评者会花很多时间思考，需要很长的时间才能进入状态。③具有一定的冲突性。设计的题目要能够引起争论，争论的目的并不在于双方要在争论中分出胜负，而在于让旁听的测评者看到被测评者更加真实的行为。

99. ABCE 【考点】培训的组织分析

【解析】培训的组织分析具体包括：①工作分析，包括工作内容、工作的独立性和多样化程度，员工的劳动行为规范，完成工作的方法和步骤等方面的分析；②责任分析，包括对工作的重要性，配备相应权限，保证责任和权力对应性等方面的分析；③任职条件分析，包括对使用的机器设备、材料性能、工艺过程、操作规程及操作方法、工具的选择和使用、安全技术、企业管理以及其他管理和专业知识的最低要求；④督导与组织关系分析，包括对工作的协作关系和隶属关系的分析；⑤组织文化分析，包括分析组织哲学、经营理念、组织精神风气等。

100. ACE 【考点】编排培训课程的关键点

【解析】编排培训课程的关键点有：①课程的选择应与培训目标一致；②应设计有固定和机动两种形式的课程；③照顾学员中大多数人的需求，课程设计尽量提供使各种学员感兴趣的课程；④可操作性强；⑤课程设计要密切联系企业与员工实际；⑥课程的讲师要慎重选择。

101. BDE 【考点】外部聘请师资的缺点

【解析】外部聘请师资的缺点有：①企业与其之间缺乏了解，加大了培训风险；②外部教师对企业以及学员缺乏了解，可能使培训适用性降低；③学校教师可能会由于缺乏实际工作经验，导致培训只是“纸上谈兵”；④外部聘请教师成本较高。

102. CE 【考点】培训实施过程评估的方式

【解析】培训实施过程评估采取委派专人跟班评估和委托主办部门评估两种模式，原则上培训主管部门在各专业培训班开班、培训进行中和培训班结束三个阶段，均委派专人到培训班现场进行评估考察，同时委托主办部门全程跟踪评估。

103. ACE 【考点】培训后评估的作用

【解析】培训后评估的作用包括：①可以对培训效果进行正确合理的判断，以便了解某一项目是否达到原定的目标和要求；②受训人知识技术能力的提高或行为表现的改变是否直接来自培训的本身；③可以检查出培训的费用效益，评估培训活动的支出与收入的效益如何，有助于使资金得到更加合理的配置；④可以较客观的评价培训者的工作；⑤可以为管理者决策提供所需的信息。

104. BCDE 【考点】培训成果的四级评估体系

【解析】培训成果的四级评估体系包括：①反应评估。反应评估是第一级评估，即在课程刚结束时，了解学员对培训项目的主观感觉或满意程度。②学习评估。学习评估是第二级评估，着眼于对学习效果的度量，即评估学员在知识、技能、态度或行为方式方面的收获。③行为评估。行为评估主要评估学员在工作中的行为方式有多大程度的改变。④结果评估。结果评估是第四级评估，通过对质量、数量、安全、销售额、成本、利润、投资回报率等企业或学员、上司关注的并且可量度的指标进行考查，与培训前进行对照，判断培训成果的转化情况。

105. AE 【考点】面谈法的具体形式

【解析】面谈法是通过与各类人员，如被考评者的上级、人力资源管理人员、被考评者以及与被考评者有较多联系的有关人员的访问和谈话收集有关资料，以此作为确定考评要素的依据，它有两种具体形式，一是个别面谈法，二是座谈讨论法。

106. ABCD 【考点】完整的关键绩效指标和标准体系的特点

【解析】一个完整的关键绩效指标和标准体系，应当具有以下几个基本特点：①能够集中体现团队与员工的个人的工作产出，即所创造的价值；②采用关键绩效指标和标准突出员工的贡献率；③明确界定关键性工作产出即增值指标的权重；④能够跟踪检查团队与员工个人的实际表现，以便在实际表现与关键绩效指标标准之间进行对比分析。

107. BCDE 【考点】绩效沟通的技巧

【解析】管理者在进行绩效沟通时需要掌握的技巧包括：①沟通时态度应该坦诚，给员工以信任感和安全感，不可使用带威胁性的词语，以询问的方式进行，通过询问获取员工更多的信息，以便帮助员工解决问题；②沟通时应该具体，尽量获得与员工绩效有关的具体信息；③要让员工知道自己的想法和需要，以便员工更好的配合工作；④不能仅仅看到问题，更要看到成绩，鼓励多于批评的沟通才更加有效，更具有前瞻性，更符合绩效管理的原则；⑤注意倾听，少说多听是沟通的又一个重要技巧；⑥沟通应及时，出现问题及时组织沟通，消极等待只能使事情更加恶化，后果更加不可想象；⑦沟通应具有建设性，作为沟通的结果，管理者应提出建设性的意见，以帮助员工更好地调整自己，更好地完成绩效目标。

108. ABDE 【考点】绩效考评误差的识别

【解析】绩效考评的正确性、可靠性和有效性，主要受到以下各种问题的制约和影响：①分布误差；②晕轮误差；③个人偏见；④优先和近期效应；⑤自我中心效应；⑥后继效应；⑦评价标准对考评结果的影响。

109. BCDE 【考点】绩效考评结果的应用范围

【解析】作为人力资源管理职能中的核心环节，绩效评价与各人力资源管理职能之间存在着非常密切的关系，绩效评价的结果可以作为人力资源管理系统中的招募与甄选环节、培训与开发环节、职位变动与解雇退休环节以及薪酬福利环节的决策依据。

110. ABDE 【考点】薪酬调查的福利项目

【解析】目前，许多企业已经在国家法定的福利项目之外，为员工举办各种补充福利，比如企业年金、健康保险、人寿保险、伤残保险以及休假福利，等等。采集被调查企业在福利开支方面的信息，对于全面掌握企业的薪酬水平，具有十分重要的意义。此外，如果被调查的岗位属于经营管理高层岗位的人员，像乘坐头等舱旅行、使用公司的专车、公司提供的家庭保安服务、公司支付的俱乐部会员费以及公司提供的家庭理财咨询等诸多方面的福利，尽管这些花费可能在高管人员总收入中所占比重不会太大，但是这些特殊的福利项目也是在薪酬调查中不容忽视的重要组成部分。

111. BC 【考点】岗位分级

【解析】职系和职组是按照岗位的工作性质和特点对岗位所进行的横向分类。AD 两项，岗级和岗等是按照岗位的责任大小、技能要求、劳动强度、劳动环境等要素指标对岗位所进行的纵向分级。E 项，职门是工作性质和特征相近的若干职组的集合。

112. ABC 【考点】经营者年薪制

【解析】年薪制不能简单地理解为就是按照年度支付给经营者薪酬的制度，年薪制有其特定的内涵：①实行年薪制的企业，经营者的利益与员工的利益相分离，而与企业利益相联系；②经营者的年薪与员工薪酬制度相分离，而与工作责任、决策风险、经济效益挂钩；③年薪不在员工薪酬总额内列支：固定薪酬从管理费用中支出，浮动薪酬则从企业税后利润中支出；④经营者的年薪及调整由企业的董事会或股东大会决定。

113. ACD 【考点】一岗一薪制

【解析】一岗一薪制是指一个岗位只有一个薪酬标准，凡在同一岗位上工作的员工都按照统一的薪酬标准获得薪酬。在实行一岗一薪制时，一定要对岗位进行全面的分析，并对有关因素进行评价。评价的具体内容有：岗位责任范围和责任程度、岗位对员工的技能水平要求、岗位劳动强度、劳动条件等，通过评价得出岗位的综合分数，据此确定岗位系数以及岗位的薪酬额度。

114. ABCD 【考点】薪点薪酬制的优点

【解析】薪点薪酬制有以下优点：①岗位薪点薪酬制使薪酬分配直接与企业效益和员工的工作业绩相联系，体现了效率优先的原则，符合市场取向的要求。②薪酬用薪点表示，比岗位等级薪酬制更容易做到将薪酬分配向关键岗位、技术岗位倾斜，通过规定员工个人薪点点数的标准，可以促进员工学习技术，提高其素质和业绩水平，充分发挥了薪酬的激励作用。③在薪点值的确定过程中，浮动值是按照部门的效益或业绩来确定的，这就要求员工必须加强单位或部门的团队合作，有利于提高团队的协作精神。

115. BCD 【考点】制订薪酬计划所需资料

【解析】企业在制订薪酬计划时，应掌握的未来一年的人力资源规划资料包括：①拟招聘的新员工人数；②拟招聘新员工的薪酬水平；③预计晋升职务的员工人数；④预计岗位轮换的员工人数；⑤预计休假的员工人数；⑥预计辞职、辞退、退休的员工人数。

116. CDE 【考点】制订薪酬计划的两种方法

【解析】从下而上法比较实际、灵活，且可行性较高，但不易控制总体的人工成本。从上而下法虽然可以控制总体的薪酬成本，但缺乏灵活性，而且确定薪酬总额时主观因素过多，降低了计划的准确性，不利于调动员工的积极性。

117. BCDE 【考点】事实劳动关系形成的原因

【解析】事实劳动关系形成的原因有：①不订立书面劳动合同而形成事实劳动关系；②无效劳动合同而形成事实劳动关系；③双重劳动关系而形成事实劳动关系；④以其他合同形式替代劳动合同而形成事实劳动关系。

118. ABCE 【考点】派遣雇员的权利

【解析】派遣雇员与正式雇员享有平等的法定劳动权利，如参加工会的权利、民主参与的权利、提请劳动争议处理的权利等。实际用工单位的集体合同规定的工作时间、休息休假、劳动安全卫生劳动条件标准同样适用于派遣雇员。

119. ABCE 【考点】被派遣劳动者的用工单位应履行的义务

【解析】用工单位作为实际得到劳动给付的一方，行使和承担劳务派遣协议中规定的权利和义务，包括：①为被派遣劳动者提供实现劳动给付的工作岗位和其他劳动条件；②进行劳动组织和监督管理；③进行劳动安全卫生教育；④承担向劳务派遣机构支付派遣费用的义务。D 项属于劳务派遣机构应履行的义务。

120. BCDE 【考点】工资集体协商的内容

【解析】工资集体协商的内容包括：①工资协议的期限；②工资分配制度、工资标准和工资分配形式；③职工年度平均工资水平及其调整幅度；④奖金、津贴、补贴等分配办法；⑤工资支付办法；⑥变更、解除工资协议的程序；⑦工资协议的终止条件；⑧工资协议的违约责任；⑨双方认为应当协商约定的其他事项。

121. AD 【考点】工资集体协商代表的确定

【解析】工资集体协商代表应依照法定程序产生。雇员一方由工会代表，未建立工会的企业，由雇员民主推举代表，并得到半数以上雇员同意。雇主一方代表由企业法定代表人和法定代表人指定的其他人员担任。各方代表人数对等，每方至少三名；雇主协商代表与雇员协商代表不得相互兼任。

122. ABCDE 【考点】安全生产责任制度

【解析】安全生产责任制度是从企业组织体系上规定企业各类人员的劳动安全卫生责任，使各个层次的安全卫生责任与管理责任、生产责任统一起来。其中，企业法定代表人对本单位安全卫生负全面责任，分管安全卫生的负责人和专职人员对安全卫生负直接责任，总工程师负安全卫生技术领导责任，各职能部门、各级生产组织负责人在各自分管的工作范围内对安全卫生负责，工人在各自的岗位上承担严格遵守劳动安全技术规程的义务。

123. ACDE 【考点】劳动争议处理的原则

【解析】《劳动争议调解仲裁法》第三条规定，解决劳动争议，应当根据事实，遵循合法、公正、及时、着重调解的原则，依法保护当事人的合法权益。具体分析如下：①在查清事实的基础上依法处理；②当事人在适用法律上一律平等；③及时处理，着重调解。

124. ADE 【考点】企业劳动争议的协商解决

【解析】企业劳动争议的协商解决的具体步骤是：①发生劳动争议，一方当事人可以通过与另一方当事人约见、面谈等方式协商解决。②劳动争议当事人的劳动者一方可以要求所在企业工会参与或者协助其与企业进行协商。③一方当事人提出协商要求后，另一方当事人应当积极做出口头或者书面回应。5 日内不作出回应的，视为不愿协商。④协商达成一致，应当签订书面和解协议。和解协议对双方当事人具有约束力，当事人应当履行。⑤发生劳动争议，当事人不愿协商、协商不成或者达成和解协议后，一方当事人在约定的期限内不履行和解协议的，可以依法向调解委员会或者乡镇、街道劳动就业社会保障服务所(中心)等其他依法设立的调解组织申请调解。也可以依法向劳动人事争议仲裁委员会申请仲裁。另外，调解委员会主任由工会委员会成员或者双方推举的人员担任。

125. BCDE 【考点】劳动争议案例分析的方法

【解析】按照承担法律责任要件对劳动争议案例进行分析，其思维结构包括：①分析确定劳动争议当事人所实施的行为；②分析确定当事人的行为是否造成或足以造成一定的危害；③分析确定当事人行为与危害结果之间是否存在直接的因果关系；④分析确定行为人的行为是否有主观上的过错。A 项属于按照劳动争议自身的规定性对劳动争议案例进行分析的要点。

卷册二：专业能力

一、简答题(本题共3题，第1小题15分，第2小题15分，第3小题16分，共46分)

1. 简述培训成果评估的重要指标。(15分)

答：培训成果评估的五项重要指标包括：

(1)认知成果

认知成果可以用来测量受训者对培训项目中所强调的基本原理、程序、步骤、方式、方法或过程等所理解、熟悉和掌握的程度。

(2)技能成果

技能成果可以用来评价受训者对培训项目中所强调的操作技巧、技术或技能以及行为方式等所达到的水准。

(3)情感成果

情感成果可以用来测量受训者对培训项目的态度、动机以及行为等方面的特征，例如受训者对培训项目的各种反应。

(4)绩效成果

绩效成果可以用来评价受训者通过该项目培训对个人或组织绩效所产生的影响程度，同时也可以为企业人力资源开发及培训费用计划等决策提供依据。

(5)投资回报率

投资回报率指培训项目的货币收益和培训成本的比较。进行培训项目成本收益分析，计算出培训的投资回报率是培训效果评估的一种最常见的定量分析方法。

2. 简述避免考评者偏误的措施和方法。(15分)

答：为了有效避免、防止和解决在绩效考评中可能出现的各种各样的偏误，以及其他方面不利的情况和问题，应注意采取以下各种必要措施和方法：

(1)以工作岗位分析和岗位实际调查为基础，以客观准确的数据资料和各种原始记录为前提，明确绩效管理的重要意义和作用，制定出科学合理、具体明确、切实可行的评价要素指标和标准体系。

(2)从企业单位的客观环境和生产经营条件出发，根据企业的生产类型和特点，充分考虑本企业员工的人员素质状况与结构特征，选择恰当的考评工具和方法，更加强调绩效管理的灵活性和综合性，一切从实际出发，有的放矢，不断总结成功的经验，认真汲取失败的教训，从而有效地避免各种考评误差和偏颇的出现。

(3)绩效考评的侧重点应当放在绩效行为和产出结果上，尽可能建立以行为和成果为导向的考评体系。

(4)为了避免个人偏见等错误，可以采用360度的考评方式，由多个考评者一起参与，由较多的考评者参与，虽然可能会增加一些费用，但可以使绩效考评做出更准确可靠的判断。

(5)在可能出现的各种各样的问题中，绝大多数是因考评者引起的，考评者自身的素质和绩效管理水平，对绩效考评工作的影响很大。因此，企业单位必须重视对考评者的培养训练，定期总结考评的经验并进行专门的系统性培训，使他们不断地增长绩效考评及其各种相关的管理理论知识，掌握绩效考评的各种方法，具有实际运作的操作技能，能独立地调整、处理绩效考评中出现的偏误和问题。

(6)为了提高绩效管理的质量和水平，应该重视绩效考评过程中各个环节的管理，如加强组织沟通和反馈，消除被考评者的紧张、抵触等不良心理；重视绩效考评的各种见面会谈活动的开展；注意不断地调整劳动关系，完善薪酬奖励制度等。

3. 简述劳动争议处理的基本程序。(16分)

答：根据我国劳动立法的有关规定，当发生劳动争议时：

(1)争议双方应协商解决。

(2)当事人不愿协商、协商不成或者达成和解协议后不履行的，可以向调解组织申请调解。

(3)不愿调解、调解不成或者达成调解协议后不履行的，可以向劳动争议仲裁委员会申请仲裁。

(4)对仲裁裁决不服的，除法律规定的终局裁决外，当事人一方或者双方则可申诉到人民法院，由人民法院依法审理并做出最终判决。

二、综合题(本题共3题，每小题18分，共54分)

1. 请结合案例，回答以下问题：

(1)人力资源规划小组应采用哪些步骤来制定人力资源规划？(14分)

(2)为什么要对规划及其实施过程进行监督评价，应注意哪些问题？(4分)

答：(1)狭义的人力资源规划即企业的各类人员规划，作为人力资源管理的一项基础性活动，其核心部分包括：人力资源需求预测、人力资源供给预测及供需综合平衡三项工作。具体来说，本案例中，人力资源规划小组应采用以下步骤来制定人力资源规划：

①调查、收集和整理涉及企业战略决策和经营环境的各种信息。本案例中，公司应该搜集和调查装备制造行业的市场信息，为企业制定战略决策以及人力资源规划提供依据。

②根据企业或部门的实际情况确定其人员规划期限，了解企业现有人力资源状况，为预测工作准备精确而翔实的资料。本案例中，公司应当针对管理人员、专业技术人员和技能操作人员分别调查人员规划期限，以确定人力资源状况。

③在分析人力资源需求和供给的影响因素的基础上，采用定性和定量相结合，以定量为主的各种科学预测方法对企业未来人力资源供求进行预测。本案例中，公司采用定性和定量相结合、以定量为主的方法能够更加准确地预测人力资源的供给和需求，这种准确程度直接决定了规划的成败，也是整个人员规划中最困难、最重要的工作环节。

④制定人力资源供求协调平衡的总计划和各项业务计划，并分别提出各种具体的调整、供大于求或供小于求的政策措施。本案例中，公司应该制定人力资源的总计划以及针对不同业务部门制定相应计划，并有相应的应对措施。

⑤人员规划的评价与修正。人员规划并非是一成不变的，它是一个动态的开放系统，应对其实施过程及结果进行监督、评估，并重视信息的反馈，不断调整规划，使其更切合实际，更好地促进企业目标的实现。本案例中，公司欲制定的《公司未来五年人力资源发展规划》是一个中长期规划，因此公司需要及时对人员规划进行评价和修正，以更好地实现企业目标。

(2)对人力资源规划及实施过程进行评价的目的是要了解人力资源规划对企业经营的影响，它既可以对人员规划做出恰当的反馈，也可以测算人员规划给企业带来的效益。

在评价人力资源规划时，企业需要注意以下问题：

①规划应当反映组织内部目标或外部目标的变化，必须明确有什么部门或人员承担了相应责任；

②为保证有效地完成计划，规划应有适当的弹性，给予执行人员一定的独立决策权；

③应考虑人力资源规划与其他经营计划的相关性。

2. 请结合案例，回答以下问题：

(1)在面试过程中，面试官应当注意运用哪些面试技巧？(9分)

(2)为“应变能力”指标设计情境性面试问题和评分标准，填写在表2中。(9分)

答：(1)在面试过程中，面试官应当注意使用的面试的实施技巧包括：

①充分准备。面试前应做好充分的准备，明确面试的目的，设计结构完整的面试，同时针对面试的每一步设计合理的问题，制定科学的评价标准，以及对面试工作人员进行培训，并尽可能在面试前做好准备，采用结构完整的面试。

②灵活提问。在面试过程中，尽可能采用灵活的提问方式，进行多样化的信息交流。

③多听少说。在应聘者回答问题时，面试考官应该全神贯注认真倾听，不要发表任何结论性意见。

④善于提取要点。在面试实施过程中，面试考官应做一定的记录，从应聘者的话中提取出与工作相关的信息。

⑤进行阶段性总结。面试考官必须善于对应聘者的回答进行总结和确认。

⑥排除各种干扰。面试人员应选择安静的地点进行面试，尽量避免其过程受到干扰。但在实施的过程中仍可能会遇到一些干扰。无论发生什么样的情况，面试考官都应该控制自己，集中注意力，认真倾听应聘者的谈话。

⑦不要带有个人偏见。面试考官在面试的过程中或多或少会带有个人的偏见，这些偏见会影响面试的效果，应尽量避免。

⑧在倾听时注意思考。面试考官应该在倾听的同时注意思考，这样有利于面试更有效地进行。

⑨注意肢体语言沟通。肢体语言是语言的有效补充，在面试中不仅传递了语言信息，同时也传递了肢体语言信息。

(2)具体设计要求有：

①设计出情境性问题。

②设计出具有等级性的评分标准。

③设计出具有差距性特征的分值。

参考示例如表2所示。

表2　应变能力指标的情境性提问与评分标准表

<table>
<tr><td colspan="3">情境性问题
有一天，您的好友生病在家，您带鲜花等礼品前去探访，可在楼道里遇到了您多年不见的老师，对方以为是来看望他的，这时您如何应对？</td><td>评定结果</td></tr>
<tr><td>等级</td><td>评分标准(以下每项2分，共8分)</td><td>分值</td><td>—</td></tr>
<tr><td>A级(优)</td><td>回答者情绪极为平稳，思维敏捷机智灵活，处理的十分圆满</td><td>10</td><td>—</td></tr>
<tr><td>B级(良)</td><td>回答者情绪较为平稳，反应较为灵活，处理的较为圆满</td><td>8</td><td>—</td></tr>
<tr><td>C级(中)</td><td>回答者情绪基本平稳，反应稍显迟钝，处理的基本得体</td><td>6</td><td>—</td></tr>
<tr><td>D级(差)</td><td>回答者过于紧张、窘迫，言行举止不得体</td><td>4</td><td>—</td></tr>
<tr><td colspan="3">总分</td><td>—</td></tr>
</table>

3．请结合本案例，分析说明设计薪酬调查问卷的具体要求有哪些？（18 分）

答：在设计调查问卷时，应将为实现目标所需要的所有信息设置在其中，然后请有关人员试填，以发现并解决调查表中存在的问题。一般而言，填写问卷时间不应超过半小时。设计薪酬调查问卷表格的具体要求如下：

（1）明确薪酬调查问卷要调查的内容，再设计表格。保证表格满足它的使用目的。

（2）确保表格中的每个调查项目都是必要的，经过必要的审核剔除非必要的调查项目，以提高调查问卷的有效性和实用性。

（3）请一位同事来填写表格样本，倾听反馈意见，了解表格设计是否合理。

（4）要求语言标准，问题简单明确。

（5）把相关问题放在一起，例如姓名、年龄、岗位名称、所属部门等。

（6）尽量采用选择判断式提问，尽可能减少表中的文字书写量。

（7）保证留有足够的填写空间。记住，一些人手写时字体较大。

（8）使用简单的打印样式以确保易于阅读，当然也可以采用电子问卷，以便于统计分析软件处理。

（9）如果觉得有帮助，可注明“填表须知”。

（10）充分考虑信息处理的简便性和正确性。如果需要将表格的调查结果转录到其他文件中，就应该按照同样的顺序排列提问答案的选项，以便减少抄录时发生错误。

（11）如果在多种场合需要该信息，可考虑表格带有复写纸，以免不得不多次填写表格。

（12）如果表格收集的数据使用 OCR 和 OMR 处理，这两种方法使信息可以自动读入计算机，表格需要非常仔细地设计，保证准确地完成数据处理。

2018年5月　人力资源和社会保障部
国家职业资格全国统一鉴定

职　　业：企业人力资源管理师

等　　级：国家职业资格二级

卷 册 一：职业道德
　　　　　理论知识

注意事项：1. 考生应首先将自己的姓名、准考证号等用钢笔、圆珠笔等写在试卷册和答题卡的相应位置上，并用铅笔填涂答题卡上的相应位置处。

2. 考生同时应将本页右上角的科目代码填涂在答题卡右上角的相应位置。

3. 本试卷册包括职业道德和理论知识两部分：

　第一部分，1～25 小题，为职业道德试题；

　第二部分，26～125 小题，为理论知识试题。

4. 每小题选出答案后，用铅笔将答题卡上对应题目的答案涂黑。如需改动、用橡皮擦干净后，再选涂其他答案。所有答案均不得答在试卷上。

5. 考试结束时，考生务必将本卷册和答题卡一并交给监考人员。

6. 考生应按要求在答题卡上作答。如果不按标准要求进行填涂，则均属作答无效。

地　　区：________________________

姓　　名：________________________

准考证号：________________________

人力资源和社会保障部职业技能鉴定中心监制

第一部分　职业道德

（第 1～25 题，共 25 道题）

一、职业道德基础理论与知识部分（第 1～16 题）

答题指导：

◆**该部分均为选择题，每题均有四个备选项。其中，单项选择题只有一个选项是正确的，多项选择题有两个或两个以上选项是正确的。**

◆**请根据题意的内容和要求答题，并在答题卡上将所选答案的相应字母涂黑。**

◆**错选、少选、多选，则该题均不得分。**

（一）单项选择题（第 1～8 题）

1. 根据“禁止商业贿赂行为的暂行规定”，其说法正确的是(　　)。

A. 法律上的商业贿赂行为，严格界定为财物，如“请客”“考察”等不计其内

B. 经营者的职工采用贿赂手段的行为，应当认定为经营者的行为

C. “禁止商业贿赂的暂行规定”与“反不正当竞争法”不存在内在关联

D. 不得以商业贿赂手段购买商品，但拓展市场、扩大销售不含其内

2. 关于道德的说法，正确的是(　　)。

A. 相比于法律，道德不仅适用范围小而且调节力度弱

B. 道德与社会生产方式无直接关系，人类社会存在共性道德

C. 动物之间同样存在互助和友爱行为，道德不是人类区别于动物的重要标志

D. 从起源和概念内涵上看，中西方“道德”均含有规则、规范之义

3. 关于“节约”，正确的说法是(　　)。

A. “节约”是企业创新的重要驱动力量　　B. “节约”的核心目标是减少碳排放

C. “节约”往往导致产品质次价低　　D. “节约”的要求应因人而异、因时而异

4. 所谓享乐主义，其本质是(　　)。

A. 刺激消费、拉动内需的现实需要

B. 把追求个人享受和感官快乐作为人生的目的

C. 一切从自身利益出发

D. 会享受吃、喝、玩、乐所带来的乐趣

5. 关于职业化，正确的说法是(　　)。

A. 职业化素养要求在决策中增强主观性　　B. 岗位固定化和工作长期化即职业化的核心

C. 职业化标准称为职业行为规范　　D. 职业化是一种他律性的工作态度

6. 关于“敬业”，正确的说法是(　　)。

A. 敬业的本质在于心理活动

B. 是对从业人员最根本、最核心的要求

C. 敬业的判断标准是是否扎实工作、注重细节

D. 敬业需要理性和冷静，不提倡激情

7. 符合“中国商业诚信公约”规定的做法是(　　)。

A. 宣传和树立“以商为本”的经营理念

B. 建立和强化商品进货的免检、免验制度

C. 倡导科学消费、积极消费、扩大消费等先进的消费方式

D. 对售出商品实行商品质量先行负责制

8. 作为职业活动内在的道德准则，“忠诚”的本质要求是(　　)。

A. 忠诚职责，寻求最佳　　B. 服从领导，遵纪守法

C. 敢于奉献，不惧安危　　D. 克制欲求，老实本分

(二)多项选择题(第9～16题)

9. 符合“奉献”职业道德规范要求的做法有(　　)。

A. 全力以赴工作　　B. 培养职业情感　　C. 善于自我管理　　D. 明确岗位职责

10. 依据《公民道德建设实施纲要》，从业人员应共同遵循的职业道德要求包括(　　)。

A. 崇尚科学　　B. 奉献社会　　C. 诚实守信　　D. 爱企如家

11. 现代从业人员加强职业道德修养的正确途径和方法有(　　)。

A. 苦行　　B. 闻过则喜

C. 慎独　　D. 己所不欲，勿施于人

12. 属于我国传统职业道德精华的有(　　)。

A. 专心致志，以事其业　　B. 见利思义，以义取利

C. 达则兼济天下，穷则独善其身　　D. 人不为己，天诛地灭

13. 符合“食品生产加工企业质量安全监督管理实施细则”规定的做法有(　　)。

A. 从事食品生产加工的人员必须身体健康，无传染性疾病

B. 企业必须具有与食品生产加工相适应的专业技术人员

C. 检验人员无需取得从事食品质量检验的资质，但需具有检验能力

D. 食品出厂前必须在其包装或者标示上加印(贴)QS标志

14. “节约”的特征包括(　　)。

A. 社会规定性　　B. 时代表征性　　C. 价值差异性　　D. 人为规定性

15. 体现“合作”这一职业道德规范要求的说法有(　　)。

A. 拿人钱财，与人消灾　　B. 君子和而不同

C. 尺有所短，寸有所长　　D. 三个臭皮匠，赛过诸葛亮

16. “诚信”的特征包括(　　)。

A. 知识性　　B. 破损性　　C. 智慧性　　D. 资质性

二、职业道德个人表现部分(第17～25题)

答题指导：

◆该部分均为选择题，每题均有四个备选项，您只能根据自己的实际状况选择其中一个选项作为您的答案。

◆请在答题卡上将所选择答案的相应字母涂黑。

17. 如果你是上司，在“说话”方面，你喜欢的员工类型是(　　)。

A. 实话实说　　B. 见什么人说什么话

C. 说逆耳之言　　D. 专说他人喜欢的话

18. 尽管你工作多年且十分努力，但你没有得到提拔，相反，比你工作时间短的年轻人却成了你的主管。你会(　　)。

A. 觉得自己能力不行，不再想自己提拔的事情了

B. 看不到希望，选择离开

C. 不再像以前那样卖命了

D. 尽管心里很郁闷，但工作还得继续

19. 关于目前你所在的单位或工作岗位，你总的感受是(　　)。

A. 没感觉了　　B. 不再值得留恋了

C. 很忙碌，也很充实　　D. 有前景，干得很起劲

20. 你与张某是同事，李某是你的主管，但从个人感情来说，你感觉李某不如张某。最近，张某和李某不知何故闹了别扭，而且越闹越僵，俩人都在说对方的缺点，你会(　　)。

A. 与俩人都保持一定的距离，避免介入是非

B. 站在李某一边，因为上司总是水平更高一些

C. 想办法促成二人的和解

D. 站在张某的立场上，因为他是自己的朋友

21. 在你的心目中，上司的形象是(　　)。

A. 对企业的发展而言，他们的作用有限

B. 对员工需要帮助时，总能够感受他们的存在

C. 他们总是板着面孔，严肃地指出下属的缺点

D. 他们总是拿累活、难活为难下属员工

22. 单位管理松散，许多人都养成了迟到早退的习惯，如果你刚到这个单位工作，你会(　　)。

A. 克制自己，不要养成别人那样的习惯

B. 严格要求自己，过一段时间再说

C. 与大家一样上下班

D. 向单位领导提出加强管理的建议

23. 对于金钱，你的看法是(　　)。

A. 在一定条件下，钱是幸福的源泉　　B. 有钱就花

C. 有钱能使鬼推磨　　D. 钱乃身外之物

24. 某人爱管闲事，例如，对无人的办公室他总是关灯并事后给予批评，自费买打气筒供大家使用，自愿护送女员工下夜班等。然而，他所做的这一切没有得到大家的理解，相反，却招来很多非议，因为他只是一个普通的员工，你对此人的看法是(　　)。

A. 劝他今后别再这样做了　　B. 希望他坚持下去

C. 为他感到不平，希望领导支持他　　D. 建议他去看心理医生

25. 某企业家慷慨从事慈善捐助，但为了带动和影响周围更多的人，他每次捐助时，都大张旗鼓，场面热闹，好像生怕别人不知道似的。对此，你的看法是(　　)。

A. 他的这种做法与慈善的本意格格不入

B. 他是打着慈善旗号，炫耀自己

C. 不该过分关注捐助形式，而要学习其公益精神

D. 做好事不留名，无法理解这位企业家的做法

第二部分　理论知识

（第26～125题，共100道题，满分100分）

一、单项选择题（第26～85题，每题1分，共60分。每小题只有一个最恰当的答案，请在答题卡上将所选答案的相应字母涂黑）

26. 总人口劳参率的计算公式是（　　）。

A. 就业人口/（总人口－就业人口）×100%

B. 劳动力人口/总人口×100%

C. 劳动力人口/（总人口－劳动力人口）×100%

D. 就业人口/总人口×100%

27. 平均失业持续期的计算公式是（　　）。

A. ∑（失业者×失业周数）/就业人数　　B. 失业人数/∑（失业者×失业周数）

C. ∑（失业者×失业周数）/失业人数　　D. 就业人数/∑（失业者×失业周数）

28. 关于劳动关系和劳动法律关系的表述，不正确的是（　　）。

A. 劳动关系的运行，必须以劳动法律规范的存在为前提

B. 劳动关系转变为劳动法律关系，必须存在现实的劳动关系

C. 劳动关系的存在，不以劳动法律规范的存在为前提

D. 劳动关系转变为劳动法律关系，必须存在调整劳动关系的法律规范

29. PDCA循环法作为一种计划管理方法，包括：①执行；②处理；③检查；④计划。排列正确的是（　　）。

A. ④①③②　　B. ③②①④　　C. ③①④②　　D. ①②③④

30. 第一个将期望理论运用于工作动机研究并将其公式化的是（　　）。

A. 弗洛姆　　B. 托尔曼　　C. 费德勒　　D. 桑代克

31. 关于创新的表述，不正确的是（　　）。

A. 知识和技能是影响人力资源创新能力的唯一要素

B. 创新的内容包括新技术、新产品、新市场等

C. 创新的概念由熊彼特在“创新理论”中提出

D. 创新就是“建立一种新的生产函数”

32. （　　）不是古典管理学派的代表人物。

A. 法约尔　　B. 泰罗　　C. 韦伯　　D. 孔茨

33. 关于企业组织管理层次的表述，不正确的是（　　）。

A. 受组织规模的影响　　B. 决定了组织的管理幅度

C. 受技术运用状况的影响　　D. 受组织任务量的影响

34. 企业组织结构分析需要回答的问题不包括（　　）。

A. 企业需要增加哪些新职能　　B. 各类员工与各个岗位之间是否匹配

C. 决定企业经营的关键性职能是哪些　　D. 企业哪些陈旧职能可能取消或者合并

35. 关于工作岗位设计的表述，不正确的是（　　）。

A. 要以科学的劳动分工为基础

B. 先要明确所属单位的总目标

C. 岗位责任是驱使在岗职工更好完成工作的动力

D. 岗位之间建立紧密协作才能有更高的劳动效率

36. (　　)不属于动作经济原理的内容。

A. 人机环境系统研究　　B. 工作地布置和工作条件的改善

C. 工具和设备设计　　D. 人体的利用

37. 企业人员供给计划不包括(　　)。

A. 人员内部调动计划　　B. 人员晋升计划

C. 人员培训计划　　D. 人员招聘计划

38. (　　)不属于人力资源需求预测的定量方法。

A. 灰色预测模型法　　B. 转换比率法

C. 马尔可夫分析法　　D. 经验预测法

39. 在相关分析中，相关系数 r 的取值范围是(　　)。

A. $-1 \leqslant r \leqslant 0$　　B. $-1 \leqslant r \leqslant 1$　　C. $0 \leqslant r \leqslant 1$　　D. $1 \leqslant r \leqslant 2$

40. 企业基本制度的内容不包括(　　)。

A. 人事制度　　B. 董事会的组织制度

C. 高层管理组织规范　　D. 企业章程

41. (　　)测评以了解员工素质现状或查找问题根源为目的。

A. 选拔性　　B. 考核性　　C. 开发性　　D. 诊断性

42. 在某一测评问卷中有一道“你对 Java 语言掌握的程度如何?”的题目，其选项为“A. 精通，B. 善于，C. 尚可”，这里的“精通”“善于”是指(　　)。

A. 指标　　B. 标记　　C. 标度　　D. 标准

43. (　　)是一种实用、方便、高效的品德测评方法。

A. FRC 品德测评法　　B. 问卷法　　C. 投射技术　　D. 量表法

44. 在同一类别测评中，常常需要对素质测评对象进行深层次的量化，具体的量化方式不包括(　　)。

A. 当量量化　　B. 顺序量化　　C. 等距量化　　D. 比例量化

45. 在面试中，考官提问“如果公司派你出差，而这时你妻子病危，你怎么处理?”此类面试属于(　　)。

A. 假设性面试　　B. 描述性面试　　C. 经验性面试　　D. 情境性面试

46. “你有什么业余爱好?”是结构化面试中的(　　)。

A. 经验性问题　　B. 情境性问题　　C. 压力性问题　　D. 背景性问题

47. (　　)被认为是当代人力资源管理中识别有才能管理者的最有效工具。

A. 面试　　B. 心理测试　　C. 评价中心　　D. 笔试

48. “好的管理者应更注重效率，还是更注重公平?”这类问题属于(　　)。

A. 两难式问题　　B. 资源争夺型题目

C. 开放式问题　　D. 排序选择型问题

49. 运用设备看管定员法进行定员时，不需要采集的数据是(　　)。

A. 平均的生产效率　　B. 需要开动的设备班次

C. 设备的看管定额　　D. 需要开动的设备台数

50. 企业长期培训规划不需要明确培训的是(　　)。

A. 细节问题　　B. 总任务　　C. 总目标　　D. 总方针

51．制定培训总体目标的主要依据不包括(　　)。

A．企业培训需求分析　　B．企业总体战略目标

C．企业人力资源总体规划　　D．内外环境的变化

52．企业在(　　)应集中力量培养中层管理人员的管理风格和思维习惯。

A．发展期　　B．成熟期　　C．创业初期　　D．衰退期

53．(　　)不是生产人员培训课程的重点内容。

A．企业概况　　B．人际关系　　C．创新能力　　D．技术能力

54．管理人员培训内容应以(　　)为突破口，激发正确和强烈的工作动机。

A．提高绩效　　B．增强知识　　C．提高技能　　D．端正态度

55．(　　)的继任计划应注重从绩效、技能和能力方面进行考核。

A．技术人员　　B．管理人员　　C．领导人员　　D．技能人员

56．培训的第二级评估是(　　)。

A．结果评估　　B．行为评估　　C．学习评估　　D．反应评估

57．(　　)主要是考察受训者将培训内容运用于实际工作的情况。

A．情感成果评估　　B．行为改善程度评估

C．绩效提高程度评估　　D．技能成果评估

58．员工培训后所获得的技能成果，可以用(　　)进行评估。

A．工作抽样法　　B．问卷法　　C．口试法　　D．笔试法

59．获得专利权的数量属于(　　)绩效考评指标。

A．品质特征型　　B．行为过程型　　C．工作结果型　　D．工作方式型

60．一般情况下，应以(　　)的员工能够达到的工作水平作为绩效指标的考评标准。

A．90%～100%　　B．70%～80%　　C．50%～60%　　D．20%～30%

61．关键绩效指标必须具备的条件是(　　)。

A．定性化、行为化　　B．定量化、结果化

C．定性化、结果化　　D．定量化、行为化

62．审核关键绩效指标的要点，不包括(　　)。

A．考评的内容是否包含员工信息　　B．考评的工作产出是否为最终产品

C．指标和考评标准是否具有可操作性　　D．考评标准是否预留出可以超越的空间

63．考评者进行绩效沟通的技巧，不包括(　　)。

A．注意倾听，少说多听

B．尽量获得与员工绩效有关的信息

C．态度坦诚，给员工以信任感和安全感

D．既说问题也要看到成绩，鼓励与批评并重

64．绩效考评的宽厚误差，是指考评结果呈(　　)。

A．正态分布　　B．负偏态分布　　C．正偏态分布　　D．平均分布

65．某考评者特别注重“沟通能力”这一评价要素，因而对沟通能力较为突出的被考评者的其他考评指标打分偏高，这属于考评的(　　)。

A．对比偏差　　B．自我中心效应　　C．晕轮效应　　D．相似偏差

66．关于360度考评的表述，不正确的是(　　)。

A．既注重考评结果，也注重过程　　B．考评内容涉及员工的胜任特征

C. 必须采用实名制考评的方式　　D. 具有全方位、多角度的特点

67. 定期监测和评估企业绩效管理系统的指标不包括(　　)。

A. 总成本/收益比　　B. 绩效薪酬制度满意度

C. 绩效管理制度满意度　　D. 被评估的人数

68. 薪酬调查在确定被调查的岗位时，应当遵循(　　)。

A. 可行性原则　　B. 最优化原则　　C. 可比性原则　　D. 先进性原则

69. 薪酬调查分析报告的内容，不包括(　　)。

A. 薪酬政策的分析　　B. 薪酬调查实施情况

C. 薪酬水平调整建议　　D. 薪酬满意度分析

70. (　　)是工作性质和特征相近的若干职组的集合。

A. 职等　　B. 职门　　C. 职级　　D. 职系

71. (　　)代表了薪酬制度发展的主流。

A. 绩效薪酬制　　B. 技能薪酬制　　C. 团队薪酬制　　D. 岗位薪酬制

72. (　　)以应用知识为基础，主要适用于“蓝领”员工。

A. 提成薪酬　　B. 技术薪酬　　C. 能力薪酬　　D. 岗位薪酬

73. 关于经营者年薪制的表述，不正确的是(　　)。

A. 年薪不在企业员工薪酬总额内列支　　B. 它以一个经济核算年度为时间单位

C. 年薪及其调整由企业董事会决定　　D. 浮动薪酬从企业管理费用中支出

74. (　　)的薪酬结构适合于劳动熟练程度差别大、技术复杂程度高的企业。

A. 以技能为导向　　B. 以工作为导向　　C. 以行为为导向　　D. 以绩效为导向

75. 宽带薪酬体系设计的流程包括：①完善薪酬调查；②整合岗位评价；③理解企业战略；④加强控制调整；⑤构建薪酬结构。正确的排序是(　　)。

A. ③①②⑤④　　B. ③②①⑤④　　C. ②①③④⑤　　D. ①③②④⑤

76. 人力资源社会保险行政部门自收到企业年金方案文本之日起(　　)内未提出异议的，企业年金方案即行生效。

A. 10 日　　B. 15 日　　C. 5 日　　D. 20 日

77. 劳务派遣协议使劳务派遣机构与用工单位双方建立起(　　)。

A. 形式劳动关系　　B. 劳务派遣关系　　C. 民事法律关系　　D. 实际劳动关系

78. 关于工资集体协商的表述，不正确的是(　　)。

A. 通过集体协商使员工薪酬水平匀速增长

B. 它是有效调整劳动关系运行的重要机制

C. 它是在协商一致的基础上签订工资协议

D. 它是我国集体合同制度的重要组成部分

79. 工资指导线的(　　)是对工资增长较快、工资水平较高的企业提出的预警和提示。

A. 基准线　　B. 下线　　C. 上线　　D. 标准线

80. 集体工资协议报送(　　)内，协商双方未收到人力资源社会保障行政部门的《工资协议审查意见书》，该工资协议即行生效。

A. 15 日　　B. 20 日　　C. 10 日　　D. 30 日

81. 在安全生产责任制中，(　　)承担严格遵守劳动安全技术规程的义务。

A. 企业法定代表人　　B. 总工程师

C. 工人 D. 分管安全卫生的负责人

82. (　　)是处理生产与安全两者之间关系的基本准则。

A. 安全第一 B. 预防为主 C. 及时响应 D. 奖惩分明

83. 劳动争议处理的原则，不包括(　　)。

A. 公正原则 B. 合议公开原则 C. 着重调解原则 D. 合法原则

84. (　　)规定仲裁庭裁决劳动争议，实行少数服从多数原则。

A. 合议制度 B. 区分举证责任制度

C. 一次裁决制度 D. 回避制度

85. 与一般劳动争议相比，团体劳动争议的特点不包括(　　)。

A. 争议的多元性 B. 争议主体的团体性

C. 影响的广泛性 D. 争议内容的特定性

二、多项选择题(第 86～125 题，每题 1 分，共 40 分。每题有多个答案正确，请在答题卡上将所选答案的相应字母涂黑。错选、少选、多选，均不得分)

86. 下列关于员工福利的表述，正确的有(　　)。

A. 具有企业自定性和灵活性 B. 福利不可延期支付

C. 福利必须实物支付 D. 福利支付以劳动为基础

E. 具有法定性

87. 劳动法律关系包括(　　)。

A. 群体劳动关系 B. 劳动行政法律关系

C. 集体合同关系 D. 劳动服务法律关系

E. 劳动合同关系

88. 心理定价策略包括(　　)。

A. 分级定价策略 B. 招徕定价策略 C. 声望定价策略 D. 尾数定价策略

E. 整数定价策略

89. 心理测量方法在培训和开发中的作用主要体现在(　　)。

A. 是培训需求分析的必要工具 B. 是筛选人才的工具

C. 是员工职业生涯管理的重要步骤 D. 是晋职晋级的依据

E. 为明确培训内容和培训效果提供依据

90. 多维立体组织结构中，(　　)组成产品事业委员会。

A. 总公司专业职能参谋部门经理 B. 分公司经理

C. 产品事业部经理 D. 子公司经理

E. 地区经理

91. 组织机构实施变革的主要内容包括(　　)。

A. 评价效果，即检查、分析、评价组织变革效果和存在的问题

B. 信息反馈，即及时掌握各种相关的信息，修改改革方案

C. 提出改革方案，即提出若干可行的改革方案可供选择

D. 确定实施计划，即明确方法、步骤、具体措施和工作重点

E. 确定问题，即提出存在的问题以及组织改革的目标

92. 设置岗位应充分考虑的事项包括(　　)。

A. 是否能够以尽可能少的岗位承担尽可能多的任务

B. 其设置是否体现科学化、合理化和系统化的要求
C. 各个岗位之间上下左右的关系如何
D. 岗位职责和目标是否具体、明确
E. 在岗员工的任职资格条件

93. 企业人力资源规划面临的人口环境因素包括(　　)。
A. 劳动力质量　　B. 劳动力结构
C. 劳动力数量　　D. 劳动力市场供求关系
E. 人口规模

94. 企业生产部门人员需求量应根据(　　)来确定。
A. 劳动生产率　　B. 生产任务总量　　C. 计划劳动定额　　D. 定员的标准
E. 组织机构设置

95. 企业人力资源内部供给预测的方法包括(　　)。
A. 马尔可夫模型　　B. 经济计量模型法
C. 人力资源信息库　　D. 管理人员接替模型
E. 回归分析模型

96. 员工素质诊断性测评的特点包括(　　)。
A. 结果不公开　　B. 过程强调客观性
C. 了解现状时，测评内容广泛全面　　D. 有较强的系统性
E. 查找原因时，测评内容十分精细

97. 员工素质测评中的能力测评一般包括(　　)。
A. 创造能力测评　　B. 学习能力测评　　C. 思维能力测评　　D. 特殊能力测评
E. 一般能力测评

98. 根据素质测评结果对员工进行分类，常用标准有(　　)。
A. 岗位分类标准　　B. 数学分类标准　　C. 调查分类标准　　D. 能力分类标准
E. 结构分类标准

99. 面试的发展趋势有(　　)。
A. 提问刚性化　　B. 面试考官专业化
C. 面试形式多样化　　D. 测评的内容不断扩展
E. 非结构化面试成为面试的主流

100. 结构化面试开发的内容包括(　　)。
A. 测评标准的开发　　B. 面试问题的设计
C. 评分标准的确定　　D. 面试流程的优化
E. 面试方法的选择

101. 编写无领导小组讨论试题初稿时，应通过(　　)等方式获取信息。
A. 互联网、图书馆查询　　B. 与测评者沟通
C. 与人力资源部门沟通　　D. 与应聘者沟通
E. 与直接上级沟通

102. 确定员工培训需求时，重视员工职业生涯设计的目的是(　　)。
A. 了解员工参与培训的动机　　B. 为员工提供令人满意的环境
C. 有助于进行工作分析　　D. 进一步优化企业人力资源管理

E. 明确员工之间的差距

103. 一般来说，企业年度培训目标包括(　　)。

A. 更新员工知识
B. 提高员工业务技能
C. 增强员工管理意识
D. 培育企业文化
E. 端正员工态度

104. 企业课程培训方式包括(　　)。

A. 专题培训
B. 外部培训
C. 网络培训
D. 小组培训
E. 内部培训

105. 企业员工培训前的评估，其作用包括(　　)。

A. 保证培训需求确认的科学性
B. 保证培训效果测定的科学性
C. 较客观地评价培训者的工作
D. 帮助实现培训资源的合理设置
E. 确保培训计划与实际需求的合理衔接

106. 企业培训效果评估的内容包括(　　)。

A. 培训活动及其内容的评估
B. 培训计划可行性评估
C. 培训效果效益的综合评估
D. 培训需求的整体评估
E. 培训主管工作的绩效评估

107. 对企业培训进行正式评估的优点包括(　　)。

A. 更容易用书面形式表现评估结果
B. 在数据和事实的基础上做出的判断较为客观
C. 能够使评估的结论更具说服力
D. 有助于评估者做出主观判断
E. 评估差异性较大，简便易行

108. 运用头脑风暴法进行集体讨论时，应遵循的原则有(　　)。

A. 强调提高想法的质量
B. 思想愈激进、愈开放愈好
C. 任何时候都不批评别人的想法
D. 强调产生想法的数量
E. 鼓励别人改进想法

109. 关键绩效指标的可测性是指(　　)。

A. 指标标准要有简便易行的计算方法
B. 数据资料要具有公正性
C. 各个指标标准都要有明确的界定
D. 数据资料要系统、全面
E. 指标标准数据要易于获取和处理

110. 定期会面式绩效沟通应当注意的事项包括(　　)。

A. 管理者应根据员工实际，控制绩效沟通频率
B. 团队会谈要重视时间限制，注意控制会谈进程
C. 最大的问题是容易出现无谓耗费
D. 需要掌握一定的沟通技巧，注重沟通实效
E. 最大的问题是选择会谈场地

111. 考评出现宽厚误差的原因有(　　)。

A. 压缩提薪或奖励人数比例
B. 评价标准过高
C. 评价标准过低
D. 对一贯优秀人员给予保护
E. 考评标准和方法主观性强

112. 对考评者进行培训的目的在于(　　)。
A. 使考评者认识到绩效管理在人力资源管理中的作用
B. 帮助考评者学习如何进行绩效反馈和绩效指导
C. 尽可能避免因考评者产生的各种考评误差
D. 使考评者全面了解被考评者的具体情况
E. 统一考评者对考评指标和标准的理解

113. 对绩效管理系统进行总体评估的内容包括(　　)。
A. 绩效考评指标体系　　B. 绩效管理全过程
C. 绩效管理体系　　D. 与其他工作系统的关系
E. 绩效管理制度

114. 从调查的组织者来看，正式薪酬调查可以分为(　　)。
A. 行业薪酬调查　　B. 专业性薪酬调查
C. 商业性薪酬调查　　D. 政府薪酬调查
E. 企业薪酬调查

115. 企业在薪酬调查时，需要调查的薪酬政策包括(　　)。
A. 兼职员工的薪酬管理政策　　B. 薪酬支付的方式
C. 员工异地调配时的薪酬处理　　D. 薪酬水平地区差异的控制
E. 新毕业学生入职的起薪点

116. (　　)是在横向分类基础上，按特定要素指标对岗位进行的纵向分级。
A. 岗级　　B. 职门　　C. 职组　　D. 岗等
E. 职系

117. 经营者年薪制中基本薪酬的决定因素有(　　)。
A. 员工平均薪酬水平　　B. 企业经济效益
C. 市场薪酬水平　　D. 员工绩效考评结果
E. 生产经营规模

118. 企业薪酬制度设计的原则包括(　　)。
A. 经济性原则　　B. 竞争性原则　　C. 统一性原则　　D. 激励性原则
E. 公平性原则

119. 企业制定薪酬计划时，需要掌握的资料包括(　　)。
A. 政府关于收入分配的政策　　B. 市场的薪酬水平
C. 竞争对手的资料　　D. 企业薪酬预测的相关资料
E. 企业的年度人力资源规划

120. 劳务派遣单位对被派遣劳动者的管理职责包括(　　)。
A. 为被派遣劳动者缴纳社会保险　　B. 向被派遣劳动者支付薪酬
C. 为被派遣劳动者提供福利待遇　　D. 制定相关的内部劳动规则
E. 实施劳动安全卫生管理

121. 制定工资指导线水平应考虑的因素包括(　　)。
A. 城镇居民消费价格指数　　B. 城镇就业状况
C. 人工成本水平　　D. 劳动力市场价格
E. 地区年度的经济增长率

122. 关于工资指导价位的表述，正确的有(　　)。

A. 仅供企业单位查询　　B. 采用多种形式和渠道发布

C. 保证调查资料及时、准确　　D. 每年发布一次

E. 广泛覆盖各类职业

123. 企业营造的劳动安全卫生环境包括(　　)。

A. 技术环境　　B. 制度环境　　C. 观念环境　　D. 物质环境

E. 组织环境

124. 调解委员会调解与人民法院处理劳动争议的调解，其主要区别是(　　)。

A. 在劳动争议处理中的地位不同　　B. 调解案件的范围不同

C. 调解的效力不同　　D. 主持调解的主体不同

E. 调解的原则不同

125. 申请劳动争议仲裁应当符合的条件包括(　　)。

A. 有明确的被申请人、具体的仲裁请求和理由

B. 申请人必须与案件有直接的利害关系

C. 申请时间符合申请仲裁的时效规定

D. 属于劳动争议仲裁委员会的受理范围

E. 属于劳动争议调解委员会的受理范围

2018年5月 人力资源和社会保障部
国家职业资格全国统一鉴定

职　　业：企业人力资源管理师

等　　级：国家职业资格二级

卷 册 二：专业能力

注意事项：1. 请按要求在试卷的标封处填写您的姓名、准考证号、身份证号和所在地区。

2. 请仔细阅读各种题目的回答要求，并在规定的位置填写您的答案。

3. 请保持卷面整洁，不要在试卷上作任何与答题无关的标记，也不得在标封区填写无关的内容。

一、简答题(本题共3题，第1小题15分，第2小题15分，第3小题16分，共46分)

1. 简述员工培训规划设计的基本程序。(15分)

2. 简述采用要素图示法设计绩效考评指标体系的具体步骤。(15分)

3. 简述制订企业薪酬计划的工作程序。(16分)

二、综合题(本题共3题，第1小题18分，第2小题18分，第3小题18分，共54分)

1. 某大型国有机械制造集团公司下设5个分公司、8个加工厂，以及研究所、试验基地等20个附属单位，现有员工8000多人。随着技术装备水平的显著提高，生产经营规模不断扩大，公司对人力资源的需求总量和结构都发生了根本性转变。近期，公司在人力资源管理方面相继出现一些棘手问题，有3个加工厂反映因缺少一线生产人员影响了订单完成期限，2个地区公司出现销售人员辞职问题而影响市场开拓，研究所反映依靠现有科研人员已经无法完成集团公司交办的科研项目，集团总部的各职能部门也出现了频繁加班的情况。公司认为上述问题的出现，主要是因为人力资源管理缺乏计划性，公司应该编制各类人才计划，用以指导企业的人员招聘、配置、培训等工作。

请结合本案例，回答以下问题：

(1)为满足公司人力资源管理的需要，应当编制哪些人员计划？(10分)

(2)各类人员计划之间，存在着何种关系？(8分)

2. 某企业是一家以房地产为主业，跨行业、跨地区经营的集团公司，现有资产达50亿元，员工2万余人，在北京、上海、武汉、浙江等8个省市打造出一批堪称房产典范、建筑精品的标志性建筑，公司非常重视各类人才的选拔与培养，今年初集团领导决定在公司内外部选拔一批后备管理人才。人力资源部通过网站和报刊发布了招聘广告，一周内就有近千名符合条件的人员报名。人力资源部在筛选简历之后，决定进行一系列的笔试与面试，并利用无领导小组讨论的方式对通过面试的应聘者进行选拔。

请结合本案例，回答以下问题：

(1)在组织面试时，应该注意避免哪些常见的问题？(10分)

(2)在实施无领导小组讨论时，考官应着重评估应聘者哪些表现？(8分)

3. 2015年12月14日，田某被某电器公司录用，双方约定工作期限两年，但并未签订书面劳动合同。田某负责加工产品的关键部件，操作精密度高，严禁用手直接抓取。而田某经常用手抓取操作，直接影响产品质量，该行为多次被检验员发现，并对其进行批评教育。但田某未能虚心接受，纠正错误，反而与之顶撞，造成不良影响。

2016年7月6日，田某在上班时，又与员工张某发生争执，相互谩骂，纠缠不休，严重违反劳动纪律，被检验员罚款50元。根据该公司《文明生产管理条例》的规定，上班吵架劝阻无效罚款15元。事后，田某到公司人事部反映。人事部经理在调查了解情况之后，对田某再次进行说服教育，但其不服并当众威胁检验员，影响了正常的生产秩序。随后，人事部根据该公司《临时工管理制度(试行)》的规定，在征得工会组织同意的情况下，于2016年7月12日做出辞退田某的决定。田某不服，向市劳动争议仲裁委员会申请仲裁。

请依据我国劳动法律法规，对本案件做出评析。(18分)

2018年5月二级企业人力资源管理师真题答案及详解

卷册一：职业道德、理论知识

第一部分　职业道德

（第1～25题，共25道题）

一、**职业道德基础理论与知识部分**（第1～16题）

（一）**单项选择题**（第1～8题）

1B　2D　3A　4B　5C　6B　7D　8B

（二）**多项选择题**（第9～16题）

9AB　10BCD　11CD　12AC　13ABD　14ABC　15CD　16CD

二、**职业道德个人表现部分**（第17～25题）

第17～25题无标准答案，根据自己的价值观作答。

第二部分　理论知识

（第26～125题，共100道题，满分为100分）

一、**单项选择题**（第26～85题，每题1分，共60分。每小题只有一个最恰当的答案，请在答题卡上将所选答案的相应字母涂黑）

26. B　**【考点】**劳动力参与率

【解析】劳动力参与率是衡量、测度人口参与社会劳动程度的指标。其含义是劳动力在一定范围内的人口的比率。以总人口计算的劳动力参与率称为总人口劳参率，其计算公式为：总人口劳参率＝劳动力/总人口×100%。

27. C　**【考点】**平均失业持续期

【解析】失业持续期是指失业者处于失业状态的持续时间，一般以周（星期）为时间单位，通常计算平均失业持续期，即将所有失业者的失业持续时间求和，然后除以失业人数。其计算公式为：平均失业持续期＝∑（失业者×失业周数）/失业人数。

28. A　**【考点】**劳动法律关系

【解析】AC两项，劳动关系的存在及其运行并不以劳动法律规范是否存在为前提条件。BD两项，劳动关系转变为劳动法律关系的条件有二：①存在现实的劳动关系；②存在着调整劳动关系的法律规范。

29. A　**【考点】**PDCA循环法

【解析】PDCA循环法，就是按照计划（p1an）、执行（do）、检查（check）和处理（action）四个阶段的顺序，周而复始地循环进行计划管理的一种工作方法。

30. A　**【考点】**期望理论

【解析】第一个将期望理论运用于工作动机研究并将其公式化的是弗洛姆。这一理论认为：人之所以努力工作，是因为他觉得这种工作行为可以达到某种结果，而这种结果对他有足够的价值。期望理论说明了工作动机是否受到激发以及强度如何，关键是员工如何理解个人努力与工作绩效、工作绩效与组织奖励、组织奖励与个人需要满足之间的关系。

31. A 【考点】人力资源的创新能力

【解析】A项，影响人力资源创新能力的因素是多方面的，具体来说有以下几点：①天赋；②知识和技能；③个人努力；④文化；⑤经济条件。

32. D 【考点】古典管理学派

【解析】古典管理学派的代表人物有泰罗、法约尔、韦伯等人。其中，泰罗对经济管理科学的最大贡献，是他主张一切管理问题都应当而且可以用科学方法加以研究和解决，实行多方面的标准化、规范化，使管理不再是凭个人的经验办事，从而开创了科学管理的新阶段；法约尔把经营和管理的概念分开。

33. B 【考点】管理层次与管理幅度的关系

【解析】管理层次是指职权层级的数目，即一个组织内部，从最高管理者到最底层职工的职级、管理权力的层级。一般来说，企业组织中管理层次的多少，根据组织的任务量、组织规模的大小、技术运用的状况等因素而定。管理幅度又称管理跨度，是指主管人员有效地监督、管理其直接下属的人数。管理层次与管理幅度这两个因素密切相关：①管理层次与管理幅度成反比。在组织规模给定的情况下，管理幅度增大，管理层次就减少；管理幅度减少，则管理层次增多。②管理幅度与管理层次之间存在相互制约的关系，因为管理层次的多少取决于主管人员有效管理直接下属的人数，所以在这一对矛盾变量中，管理幅度起主导作用。

34. B 【考点】组织结构分析

【解析】组织结构分析主要有三方面：①内外环境变化引起的企业经营战略和目标的改变：需要增加哪些新的职能？哪些原有职能需要加强？哪些陈旧职能可以取消或合并？②哪些是决定企业经营的关键性职能？明确后应置于组织结构的中心地位。③分析各种职能的性质及类别。

35. C 【考点】责权利相对应的原则

【解析】C项，在进行工作岗位设计时，必须首先要明确每一岗位的责任、权限和利益，岗位责任是任职者应尽的义务，而与之对应的岗位权限是赋予岗位员工应有的对人、财、物的各种支配、使用、调动权，权力是保证岗位运行顺畅的工具，利益是驱使岗位员工更好完成工作的动力。

36. A 【考点】动作经济原理

【解析】动作经济原理是指实现动作经济与减轻疲劳的一些法则，用以改善工作方法。动作经济原理可以分为：人体利用、工作地布置和工作条件的改善、工具和设备的设计三个方面。

37. C 【考点】人员供给计划

【解析】人员供给计划是在人力资源需求预测和供给预测的基础上，平衡企业的人员需求和供给、选择人员的供给方式的完整的人员计划。企业人员供给计划主要包括人员招聘计划、人员晋升计划和人员内部调动计划等。人员培训计划是作为人员供给计划的附属计划而存在的。

38. D 【考点】人力资源需求预测的定量方法

【解析】人力资源需求预测的定量方法包括转换比率法、人员比率法、趋势外推法、回归分析法、经济计量模型法、灰色预测模型法、生产模型法、马尔可夫分析法、定员定额分析法、计算机模拟法。

39. B 【考点】相关系数

【解析】相关系数是测定变量之间关系密切程度的量，其中相关系数 r 取值介于 -1 与 1 之间，绝对值越接近于 1 表明相关程度越密切。

40. A 【考点】企业基本制度

【解析】企业基本制度是企业的“宪法”。它是企业制度规范中带有根本性质的，规定企业形成和组织方式，决定企业性质的基本制度。企业基本制度主要包括企业的法律财产所有形式、企业章程、董事会组织、高层管理组织规范等方面的制度和规范。

41. D 【考点】员工素质测评类型

【解析】诊断性测评是以了解现状或查找根源为目的的测评，例如需求层次调查。A 项，选拔性测评是指以选拔优秀员工为目的的测评；B 项，考核性测评又称鉴定性测评，是指以鉴定或验证某种素质是否具备以及具备的程度为目的的测评；C 项，开发性测评是指以开发员工素质为目的的测评，可以为人力资源开发提供依据。

42. C 【考点】标度

【解析】测评与选拔标准体系及其分数等级、评语，在测评与选拔过程中，是充当一种价值等价物的作用，它一般由标准、标度和标记三个要素组成。其中，标度是对标准的外在形式划分，常常表现为对素质行为特征或表现的范围、强度和频率的规定。从目前现实中的测评指标分析来看，测评指标的标度大致有量词式、等级式、数量式、定义式、综合式等。本题中，“精通”“善于”属于等级式标度。

43. B 【考点】品德测评的方法

【解析】品德测评的方法包括：①FRC 品德测评法。②问卷法。采用问卷测验形式测评品德是一种实用、方便、高效的方法。这种形式的代表有卡特尔 16 因素个性问卷、艾森克个性问卷、明尼苏达多相个性问卷等。③投射技术。

44. A 【考点】员工素质测评量化技术

【解析】在同一类别中常常需要对其中的各个素质测评对象进行深层次的量化，这就是顺序量化、等距量化与比例量化，它们也都可以看作二次量化。A 项，当量量化是指先选择某一中介变量，把各种不同类别或并不同质的素质测评对象进行统一性的转化，对它们进行近似同类同质的量化。

45. D 【考点】面试的类型

【解析】根据面试题目的内容，面试可分为情境性面试和经验性面试。在情境性面试中，面试题目主要是一些情境性的问题，即给定一个情境，看应聘者在特定的情境内是如何反应的。在经验性面试中，主要提问一些与应聘者过去的工作经验有关的问题。本题中，考官的提问设定了妻子病危时公司派员工出差的情境，属于情境性面试。

46. D 【考点】结构化面试试题的类型

【解析】结构化面试试题的类型有：①背景性问题，即关于应聘者的个人背景、家庭背景、教育背景和工作背景等方面的问题，如个人爱好兴趣，家庭的一般情况，在什么企业工作过等。②知识性问题。③思维性问题。④经验性问题。⑤情境性问题。⑥压力性问题。⑦行为性问题。

47. C 【考点】评价中心方法

【解析】简单地说，评价中心就是把受评人置于一系列模拟的工作情景中，由专业考评员工对其各项能力进行考察或预测，了解其是否胜任该项工作的操作程序。评价中心方法被认为是当代人力资源管理中识别有才能的管理者的最有效工具。

48. A 【考点】两难式问题

【解析】两难式问题是指让被测评者在两种互有利弊的选项中选择其中的一种，并说明理由。主要用于考察被测评者分析问题的能力、语言表达能力及影响力。这种题目易于引起争论，使被测评者综合发挥自己的能力，在编制时要使两个选项具有对等性，不要使被测评者易于倾向其中的一个。可以是比较简洁的表达方式，如：“在企业中，好的管理者应更重公平，还是更重效率?”也可以给出一件事的两种处理办法，让被测评者选择其中一种，并说明自己的理由。题目的形式和内容是多样的，关键是有两个对立且平等的选项供被测评者争论。

49. A 【考点】企业定员配置法

【解析】按设备定员法，即根据设备需要开动的台数和开动的班次、员工看管定额以及出勤率来计算定员人数。这种定员方法属于按效率定员的一种特殊的形式。它主要适用于机械操作为主，使用同类型设备，采用多机床看管的工种。

50. A 【考点】企业员工长期培训规划

【解析】长期培训规划需要明确的不是企业员工培训的细节问题，而是为实现企业在未来一段时期内人力资源的总体发展，而确定的培训与开发的总方针、总目标和总任务，它是具有前瞻性和全局性的计划。

51. D 【考点】培训规划的制定

【解析】起草培训规划时，首先应当做好的工作就是制定总体培训目标。总体培训目标制定的主要依据是：企业的总体战略目标、企业人力资源的总体规划、企业培训需求分析。

52. A 【考点】企业在不同发展阶段应采用的培训课程

【解析】在发展期，企业有了稳定的销售量，随着业务的增长，组织开始快速扩张，企业需要培养一部分中层管理人员，组建管理团队，分担业务量。此时，企业应集中力量提高中层管理人员的管理能力，如培养并影响他们的管理风格和思维习惯，使之适应企业的要求；提高他们的管理知识，加深他们对行业发展的认识，以建立适应企业未来发展的管理体制；培养他们的管理观念和管理技能，促进企业的长远发展。

53. A 【考点】培训课程系列的编排

【解析】生产人员培训课程除了人际关系和创新能力方面的培训以外，主要侧重的是技术能力的培训，所以这类培训通常称为岗位练兵，主要根据岗位技能分析所确定的培训需求来制订培训计划的内容，各技术岗位的要求不同，所培训的内容也不同。

54. D 【考点】管理人员培训内容

【解析】培训的内容主要是增加知识、提高技能、端正态度。其中主要以端正态度为突破口，这样才能激发管理人员正确又强烈的动机，进而产生积极的持久的行为，最终取得组织要求的绩效。

55. B 【考点】管理继任者培训的任务

【解析】领导人员的继任计划侧重对其战略意识、影响力和价值观方面的考察，关注继任者的深层次特征；而管理人员处于组织的中低层，其继任计划应注重从其绩效、技能和能力方面进行考核，侧重于对继任者进行选拔和培养的技术。企业的可持续发展，除了需要注重培养高层管理岗位的继任者，还需要系统地培育一大批招之能战、战之能胜的中、低层管理岗位的接班人。

56. C 【考点】学习评估

【解析】学习评估是第二级评估，着眼于对学习效果的度量，即评估学员在知识、技能、态度或行为方式方面的收获。A 项，结果评估是第四级评估，通过对质量、数量、安全、销售额、成本、利润、投资回报率等企业或学员、上司关注的并且可量度的指标进行考查，与培训前进行对照，判断培训成果的转化情况。B 项，行为评估主要评估学员在工作中的行为方式有多大程度的改变，属于第三级评估。D 项，反应评估是第一级评估，即在课程刚结束时，了解学员对培训项目的主观感觉或满意程度。

57. D 【考点】受训者培训成果的评估

【解析】受训者培训成果的评估主要包括：①受训者情感结果的评估。②受训者技能结果的评估。技能结果评估主要是针对受训者将培训内容运用于实际工作中的情况进行评估。③受训者行为改善度的评估。④受训者绩效增长度的评估。

58. A 【考点】技能成果

【解析】员工培训的技能成果可采用现场观察、工作抽样、专家评定等方法进行评判。现场观察、工作抽样的方法，既可用来评判受训者掌握技能的真实水平，也可以用来评判员工所掌握的技能实际被应用的程度。

59. C 【考点】工作结果型的绩效考评指标体系

【解析】工作结果型的绩效考评指标体系中，反映科技人员的指标有：科研成果的水平（获得国际或国家科学奖励的等级）、获得专利权的项目数、科研成果的推广率和转换率、科研成果所产生的经济效益（直接或间接的），等等。

60. B 【考点】绩效考评标准的设计原则

【解析】考评标准的选择确定必须满足先进合理的要求，先进是指考评标准不但要反映企业单位的生产技术和管理水平，还应当具有一定超前性，不至于使员工每项绩效指标的考评结果出现严重的偏向，要么过宽，要么过松；合理是指考评标准水平，应当反映出企业在正常的生产技术组织条件下，员工中少部分人可以超过，大部分人经过努力可以接近或达到，极少数的人可能达不到的水平。一般情况下，应以多数员工（70%~80%）能达到的水平作为绩效考评指标的评定标准。

61. D 【考点】选择关键绩效指标的原则

【解析】关键绩效指标必须具有整体性，它应当是一个完整的用于管理被考评者绩效的定量化、行为化的指标和标准体系。关键绩效指标作为绩效考评的指标与标准的结合体，它必须是定量化的，如果难以定量化，那么也必须是行为化的。如果定量化和行为化这两个特征都不具备，那么就无法对组织或员工个人的关键绩效指标进行测评。

62. A 【考点】审核关键绩效指标的要点

【解析】审核关键绩效指标的要点包括：①工作产出是否为最终产品；②多个考评者对同一个绩效指标和标准进行评价，其结果是否具有可靠性和准确性；③关键绩效考评指标的总和是否可以解释被考评者 80% 以上的工作目标；④关键绩效指标和考评标准是否具有可操作性；⑤关键绩效指标的考评标准是否预留出可以超越的空间。值得注意的是，关键绩效指标考评的标准水平通常是要求被考评者达到工作目标的基本标准。

63. D 【考点】绩效沟通的技巧

【解析】管理者在进行绩效沟通时需要掌握以下技巧：①沟通时态度应该坦诚，给员工以信任感和安全感；②沟通时应该具体，尽量获得与员工绩效有关的具体信息；③要让员工知道自己的想法和需要，以便员工更好地配合工作；④不能仅仅看到问题，更要看到成绩，鼓励多于批评的沟通才更加有效；⑤注意倾听，少说多听是沟通的又一个重要的技巧；⑥沟通应及时，出现问题及时组织沟通；⑦沟通应具有建设性，作为沟通的结果，管理者应提出建设性的意见，以帮助员工更好地调整自己，更好地完成绩效目标。

64. B 【考点】宽厚误差

【解析】在实际活动中，被考评单位的员工往往出现不服从正态分布的情形，常见的有三种：①宽厚误差；②苛严误差；③集中趋势和中间倾向。其中，宽厚误差也称宽松误差，即评定结果是负偏态分布，也就是大多数员工被评为优良。

65. C 【考点】晕轮误差

【解析】晕轮误差亦称“晕轮效应”、晕圈错误、光环效应，指在考评中，因某一个人格上的特征掩蔽了其他人格上的特征。

66. C 【考点】360 度考评方法的优点

【解析】360 度考评方法的优点包括：①具有全方位、多角度的特点；②考虑深层次的胜任特征；③有助于强化企业的核心价值观；④采用匿名考评方式；⑤充分尊重组织成员的意见；⑥加强了管理者与组织员工的双向交流；⑦促进员工个人发展。

67. B 【考点】监测和评估企业绩效管理系统的指标

【解析】一般而言，可以用以下指标来定期监测和评估企业绩效管理系统：①被评估的人数；②绩效等级的分布；③信息质量；④绩效面谈的质量；⑤绩效管理制度满意度；⑥总体成本/收益比；⑦单元层次和组织层次的绩效。

68. C 【考点】确定调查的岗位

【解析】薪酬调查过程中，确定被调查的岗位时应当遵循可比性原则，即选择被调查岗位时，应注重岗位之间在时间和空间多个维度上的可比性。选择确定被调查的岗位，应在工作性质、难易复杂程度、岗位职责、工作权限、任职资格、能力要求、劳动强度、环境条件等方面，与本企业需调查的岗位具有可比性。

69. D 【考点】薪酬调查分析报告的内容

【解析】薪酬调查分析报告应该包括薪酬调查的组织实施情况分析、薪酬数据分析、政策分析、趋势分析、企业薪酬状况与市场状况对比分析以及薪酬水平或制度调整的建议。

70. B 【考点】职门

【解析】职门是工作性质和特征相近的若干职组的集合。若干工作性质和特征相近的职组归结在一起，就构成了某一职门，凡是属于不同职门的岗位，它们的工作性质完全不同。职门是岗业分类中的大类。

71. D 【考点】岗位薪酬制

【解析】岗位薪酬制是以员工在生产经营工作中的岗位为基础确定薪酬等级和薪酬标准，进行薪酬支付的薪酬制度。它代表了薪酬制度发展的主流，为越来越多的企业所应用。

72. B 【考点】技术薪酬

【解析】技术薪酬是以应用知识为基础的薪酬，主要应用于“蓝领”员工，它的基本思想是根据员工的通过证书或培训所证明的技术水平支付其薪酬，而不管这种技术是否在实际工作中被应用。

73. D 【考点】经营者年薪制

【解析】经营者年薪制是指以企业的一个经济核算年度(通常为一年)为时间单位确定经营者(主要是企业的厂长、经理，即法人代表)的基本薪酬，并根据其年终经营成果确定其效益收入(可变薪酬)的一种薪酬制度。年薪制不能简单地理解为就是按照年度支付给经营者薪酬的制度，年薪制有其特定的内涵：①实行年薪制的企业，经营者的利益与员工的利益相分离，而与企业利益相联系；②经营者的年薪与员工薪酬制度相分离，而与工作责任、决策风险、经济效益挂钩；③年薪不在员工薪酬总额内列支：固定薪酬从管理费用中支出，浮动薪酬则从企业税后利润中支出；④经营者的年薪及调整由企业的董事会或股东大会决定。

74. A 【考点】以技能为导向的薪酬结构

【解析】以技能为导向的薪酬结构的优点是有利于激励员工提高技术、能力，但也有不足：①忽略了工作绩效及能力的实际发挥程度等因素；②企业薪酬成本比较高；③适用范围窄，只适用于技术复杂程度高、劳动熟练程度差别大的企业，或是处在艰难期，急需提高企业核心能力的企业。

75. B 【考点】宽带薪酬体系设计流程

【解析】宽带薪酬体系设计流程如下：①理解企业战略；②整合岗位评价；③完善薪酬调查；④构建薪酬结构；⑤加强控制调整。

76. B 【考点】企业年金计划的申报和备案

【解析】企业在完成年金计划设计方案以后，应该向所在地区县级以上地方政府的社会保险行政部门上报自己的年金计划，中央所属大型企业企业年金方案，应当报送人力资源和社会保障部。社会保险行政部门自收到企业年金方案文本之日起15日内未提出异议的，企业年金方案即行生效。

77. C 【考点】劳务派遣协议

【解析】劳务派遣协议规定劳务派遣机构与用工单位双方的权利义务，从而使劳务派遣机构与用工单位建立起民事法律关系。正是通过这种民事关系将不完整的形式劳动关系和实际劳动关系合并构成组合劳动关系。

78. A 【考点】工资集体协商

【解析】工资集体协商是指企业工会(雇员)代表与企业(雇主)代表依法就企业内部工资分配制度、工资分配形式、工资收入水平等事项进行平等协商，在协商一致的基础上签订工资协议的行为。工资集体协商制度是我国集体合同制度的重要组成部分，是调整劳动关系运行的重要机制。

79. C 【考点】工资指导线

【解析】工资指导线有三条线：上线(预警线)、基准线、下线。其中，工资指导线的上线又称预警线，是对工资增长较快、工资水平较高企业提出的预警和提示。在符合“工资总额的增长低于经济效益的增长；实际平均工资的增长低于劳动生产率的增长”的原则下，工资增长水平不宜突破的警戒线。

80. A 【考点】工资协商的审查

【解析】工资协议报送15日后，协商双方未收到劳动保障行政部门的《工资协议审查意见书》，视为劳动保障行政部门同意，该工资协议即行生效。

81. C 【考点】安全生产责任制度

【解析】安全生产责任制度是从企业组织体系上规定企业各类人员的劳动安全卫生责任，使各个层次的安全卫生责任与管理责任、生产责任统一起来。其中，企业法定代表人对本单位安全卫生负全面责任，分管安全卫生的负责人和专职人员对安全卫生负直接责任，总工程师负安全卫生技术领导责任，各职能部门、各级生产组织负责人在各自分管的工作范围内对安全卫生负责，工人在各自的岗位上承担严格遵守劳动安全技术规程的义务。

82. A 【考点】营造劳动安全卫生观念环境

【解析】企业树立安全第一、预防为主的劳动安全卫生观念，使其成为企业劳动安全卫生保护工作的主导观念。安全第一是处理生产与安全两者之间关系的基本准则。预防为主，防重于治，是处理职业危害的预防与治理关系应遵循的原则。

83. B 【考点】劳动争议处理的原则

【解析】解决劳动争议，应当根据事实，遵循合法、公正、及时、着重调解的原则，依法保护当事人的合法权益。具体分析如下：①在查清事实的基础上依法处理；②当事人在适用法律上一律平等；③及时处理，着重调解。

84. A 【考点】合议制度

【解析】合议制度即仲裁庭裁决劳动争议，实行少数服从多数原则，裁决应当按照多数仲裁员的意见作出，少数仲裁员的不同意见应当记入笔录。仲裁庭不能形成多数意见时，裁决应当按照首席仲裁员的意见作出。

85. A 【考点】团体劳动争议

【解析】团体劳动争议是指集体合同双方当事人因签订集体合同和履行集体合同所发生的争议。与一般的劳动争议相比，具有以下特点：①争议主体的团体性；②争议内容的特定性；③影响的广泛性。

二、多项选择题(第86~125题，每题1分，共40分。每题有多个答案正确，请在答题卡上将所选答案的相应字母涂黑。错选、少选、多选，均不得分)

86. ADE 【考点】福利

【解析】员工福利的支付方式大体划分为实物支付和延期支付两种，员工福利的特征包括：①福利支付以劳动为基础，但并不与个人劳动量直接相关；②法定性；③企业自定性和灵活性。

87. BDE 【考点】劳动法律关系

【解析】劳动关系以及与劳动关系密切联系的其他一些社会关系经过劳动法律规范、调整后转变为劳动法律关系。劳动法律关系包括劳动合同关系、劳动行政法律关系和劳动服务法律关系。

88. ABCDE 【考点】心理定价策略

【解析】具体的心理定价策略有：①整数定价策略；②尾数定价策略；③声望定价策略；④招徕定价策略；⑤分级定价策略。

89. ACE 【考点】心理测量方法

【解析】心理测量方法在培训和开发中的作用主要体现在：①它是培训需求分析的必要

工具；②为培训内容和培训效果提供依据；③它是员工职业生涯管理的重要步骤。

90. ACE 【考点】多维立体组织结构

【解析】多维立体组织结构中，产品事业部经理、地区经理和总公司专业职能参谋部门三方代表共同组成产品事业委员会，对各类产品的生产与销售进行领导。

91. CD 【考点】企业组织结构变革的程序

【解析】企业组织结构变革的程序为：①组织诊断，②实施变革；③组织评价。其中，实施变革阶段的主要内容包括：①提出改革方案，即提出若干可行的改革方案可供选择；②确定实施计划，即明确方法、步骤、具体措施和工作重点。AB 两项属于组织评价的内容；E 项属于组织诊断的内容。

92. ABCD 【考点】设置岗位应考虑的事项

【解析】具体设置岗位时，应充分考虑并处理好以下五个方面的关系：①根据企业发展的总体发展战略的要求，对当前的组织结构模式以及组织机构的设置进行评价，是否存在着资源配置不合理、运行规则不适应、纵向管理不顺畅、横向管理不协调的地方？如有必要，应当对当前组织进行何种调整或重大的变革？②在组织结构模式和组织机构设置科学合理的前提下，所有岗位工作责任和目标是否具体、明确？是否足以保证组织的总任务和总目标的实现？③岗位设置的总数目是否符合最低数量的要求，即是否以尽可能少的岗位设置承担尽可能多的工作任务？④站在组织总体系统的高度上俯视每个岗位，各个岗位之间的上下左右关系如何？它们之间的关系是否协调？能否在组织中发挥积极有效的作用？⑤最后，再对组织中的每个工作岗位进行剖析，它的存在是否体现了科学化、合理化和系统化的设置要求？更具体地说，这一岗位的工作内容是否充实、丰富和饱满？责任权限是否明确、具体和清晰？

93. ABCE 【考点】企业人力资源规划的外部环境

【解析】企业人力资源规划面临的外部环境有：①经济环境；②人口环境；③科技环境；④文化法律等社会因素。其中，人口环境因素主要包括：社会或本地区的人口规模，劳动力队伍的数量、结构和质量等特征。

94. ABCD 【考点】编制人员需求计划

【解析】企业的生产性部门人员的需求量是根据生产任务总量和劳动生产率、计划劳动定额以及有关定员标准来确定。而企业的各职能部门的行政、服务人员的计划，应根据组织机构的设置、职责范围、业务分工、工作总量和工作定额标准来制定。

95. ACD 【考点】内部供给预测的方法

【解析】企业人力资源内部供给预测的方法包括人力资源信息库、管理人员接替模型和马尔可夫模型三种。

96. ACDE 【考点】诊断性测评

【解析】诊断性测评是以了解现状或查找根源为目的的测评，例如需求层次调查。诊断性测评的特点是：①测评内容或者十分精细（查找原因），或者全面广泛（了解现状）；②结果不公开；③有较强的系统性。B 项属于选拔性测评的主要特点。

97. ABDE 【考点】能力测评的内容

【解析】员工素质测评中的能力测评包括：①一般能力测评，即通常所说的智力测验，按照测验方式的不同，常将其分为个别智力测验和团体智力测验。②特殊能力测评，指对于某些行业、组织与岗位特定能力的测评，这种测评具有专业特色与要求，主要包括文书能力测评、操作能力测评和机械能力测评。③创造能力测评，在人才选拔尤其是选拔高层管理人才和技术型人才时，创新能力的高低是一个重要的考虑因素。④学习能力测评，有多种方式，如心理测验、面试、情境测验等，其中最简单有效的是心理测验，具体的应用形式是笔试。

98. BC 【考点】员工分类

【解析】对员工进行分类的标准有两种：①调查分类标准，是以调查方式确定的分类标准；②数学分类标准，是根据被测评对象的测评结果和测评结果的数学分布，使用数理统计的方法，按照测评结果的分析要求，对被测评对象进行分类的标准。

99. BCD 【考点】面试的发展趋势

【解析】面试的发展趋势有：①面试形式丰富多样；②结构化面试成为面试的主流；③提问的弹性化；④面试测评的内容不断扩展；⑤面试考官的专业化；⑥面试的理论和方法不断发展。

100. ABC 【考点】结构化面试的开发

【解析】结构化面试开发的内容包括：①测评标准的开发，即选拔性素质模型的构建；②结构化面试问题的设计；③评分标准的确定。

101. ACE 【考点】广泛收集资料的方式

【解析】信息的占有量直接关系到题目编写的代表性，占有丰富的资料会使设计工作变得更加轻松。一般来说，可以通过以下几种方式获得信息：①与人力资源部门沟通；②与直接上级沟通；③查询相关信息。

102. ABD 【考点】员工职业生涯分析

【解析】确定员工培训需求时，要重视员工的职业生涯设计。其目的有三：①借助这种分析可以了解员工参与培训的动机、员工的期望值、他们对培训规划的选择，职业生涯理念的变化对员工所需的知识产生何种影响；②通过这种分析为每一位员工提供一个令人满意的环境，员工可以根据自己的实际情况选择职业生涯发展途径；③组织有可能优化人力资源管理。只有把工作分析和职业生涯设计结合起来考虑，才有可能明确培训的需要和目的。

103. ABE 【考点】企业的培训目标

【解析】企业的培训目标一般分为端正员工态度、更新员工知识和提高员工业务技能三种。确立培训目标的意义在于明确培训要达到的效果，以及为培训效果的评估提供切实可行的标准。

104. BCE 【考点】企业课程培训方式

【解析】企业课程培训方式包括：①内部培训，指由公司内部提供的培训项目，培训部负责与培训师合作开发培训课程，协调培训时间安排与人员安排；②外部培训，指当公司所需要的培训不能由公司内部提供时，向外部购买的培训方式；③网络培训，网络教育和培训提供了在任何时间、任何地点进行有效教学和学习的机会。

105. ABDE 【考点】培训前评估的作用

【解析】培训前评估的作用有：①保证培训需求确认的科学性；②确保培训计划与实际需求的合理衔接；③帮助实现培训资源的合理配置；④保证培训效果测定的科学性。

106. ABCDE 【考点】企业培训评估

【解析】企业培训效果评估的全过程，包括培训前的评估，培训中的评估和培训后的评估三个具体阶段。培训前的评估内容主要包括：①培训需求的整体评估；②培训对象的知识、技能和工作态度评估；③培训对象的工作成效及其行为评估；④培训计划的可行性评估。培训中评估的主要内容有：①培训活动参与状况的评估；②培训内容的评估；③培训进度与中间效果的评估；④培训环境的评估；⑤培训机构和培训人员的评估。培训后的评估内容包括：①培训目标达成情况的评估；②实施培训效果效益的综合评估；③培训主管工作绩效的评估；④受训者知识技能的提高与接受培训的相关度评估。

107. ABC 【考点】正式评估的优点

【解析】正式评估的优点是：①在数据和事实的基础上作出判断，使评估结论更有说服力；②更容易将评估结论用书面形式表现出来，如记录和报告等；③可将评估结论与最初计划比较核对。

108. BCDE 【考点】头脑风暴法

【解析】在使用"头脑风暴法"进行集体讨论时，应遵守以下原则：①任何时候都不批评别人的想法；②思想愈激进愈开放愈好；③强调产生想法的数量；④鼓励别人改进想法。

109. ABCE 【考点】KPI 指标标准体系的可测性

【解析】KPI 指标标准体系必须具有可测性，不但各个指标标准有明确的界定和简便易行的计算方法，还能够有利于管理人员采集获取和处理，以保障相关数据资料的可靠性、公正性和准确性。

110. ABCD 【考点】定期会面式的绩效沟通

【解析】对于定期会面式的绩效沟通，应当注意以下两个问题：①不论是一对一的面谈还是团队式的会谈，会谈形式最大的问题就是容易造成事件的无谓耗费。因此，掌握一定的沟通技巧对管理者而言非常必要。②沟通频率是管理者需要考虑的另一个重要问题。

111. CDE 【考点】宽厚误差产生的原因

【解析】宽厚误差亦称宽松误差，即评定结果是负偏态分布，也就是大多数员工被评为优良。究其原因，有几种可能：①因为评价标准过低造成的；②主管为了缓和关系，避免冲突和对抗，给下属过高的评价；③采用了主观性很强的考评标准和方法；④在考评中曾与被考评者反复多次进行沟通；⑤"护短"心理，为了避免本单位不光彩事情的扩散，担心如不良记录人员过多，会"砸牌子"，影响本部门的声誉；⑥对那些已经付出很大努力的员工进行鼓励，或希望提高那些薪资水平低的员工的薪酬待遇；⑦"水至清则无鱼，人至察则无徒"，认为考评过于严格和精确，不利于激励员工；⑧尽量避免产生长久的、消极的影响，如怕影响员工今后的提升；⑨对那些一贯优秀的业务骨干，即使他们有一定的失误，也要予以保护。

112. ABCE 【考点】培训的目的

【解析】人力资源管理部门应设计出完善的考评者培训制度，通过培训者考评达到以下几个方面的目的：①使考评者认识到绩效考评在人力资源管理中的地位和作用，认识到自身在绩效考评过程中的作用；②统一各个考评者对于考评指标和考评标准的理解；③使考评者理解具体的考评方法，熟悉绩效考评中使用的各种表格，并了解具体的考评程序；④避免考评者误区的产生，使考评者了解如何尽可能地消除误差与偏见；⑤帮助管理者学习如何进行绩效反馈和绩效指导。

113. ABCDE 【考点】绩效管理系统总体评估

【解析】绩效管理系统总体评估的内容有：①对管理制度的评估；②对绩效管理体系的评估；③对绩效考评指标体系的评估；④对考评全面全过程的评估；⑤对绩效管理系统与人力资源管理其他系统的衔接的评估。

114. BCD 【考点】市场薪酬调查的种类

【解析】从调查的组织者来看，正式调查可分为三类：①商业性薪酬调查，即由咨询公司完成的调查；②专业性薪酬调查，是由专业协会针对薪酬状况所进行的调查；③政府薪酬调查，是指由国家劳动、人事、统计等部门进行的薪酬调查。

115. ACDE 【考点】薪酬政策

【解析】在薪酬调查中，除了直接薪酬和间接薪酬信息之外，调查者还应当调查询问一些有关企业薪酬政策、策略，以及薪酬管理实践方面的信息。其中包括：①被调查企业在加薪时的百分比；②公司的加班与工作轮班方面的政策；③试用期长短，新毕业学生的起薪点；④薪酬水平地区差异的控制；⑤员工异地调配时的薪酬处理；⑥兼职员工的薪酬管理等。

116. AD 【考点】岗位分类

【解析】职系和职组是按照岗位的工作性质和特点对岗位所进行的横向分类，岗级和岗等是按照岗位的责任大小、技能要求、劳动强度、劳动环境等要素指标对岗位所进行的纵向分级。

117. ABCE 【考点】基本薪酬

【解析】基本薪酬主要根据以下几个要素确定：①市场薪酬水平；②企业经济效益水平；③生产经营规模④企业员工平均薪酬水平。

118. ABDE 【考点】薪酬制度设计的原则

【解析】薪酬制度设计的原则包括：①公平性原则；②激励性原则；③竞争性原则；④经济性原则；⑤合法性原则。

119. ABDE 【考点】制订薪酬计划所需资料

【解析】在制订薪酬计划前需要搜集有关资料，对所有信息进行分析、检查。所需的资料包括员工薪酬的基本资料、企业人力资源规划资料、物价、市场薪酬水平，国家薪酬、税收政策的变动资料，企业薪酬支付能力资料等。

120. ABC 【考点】劳务派遣单位对被派遣劳动者的管理职责

【解析】劳务派遣机构既然是劳动关系中的雇主，有义务向被派遣劳动者支付工资、缴纳社会保险、提供福利待遇等。用工单位作为实际得到劳动给付的一方，行使和承担劳务派遣协议中规定的权利和义务，包括为被派遣劳动者提供实现劳动给付的工作岗位和其他劳动条件，进行劳动组织和监督管理、劳动安全卫生教育等，并承担向劳务派遣机构支付派遣费用的义务。DE 两项属于被派遣劳动者的用工单位的职责。

121. ABCDE 【考点】制定工资指导线应考虑的因素

【解析】工资指导线水平的制定应密切结合当地的宏观经济状况，综合考虑地区年度经济增长率、社会劳动生产率、城镇居民消费价格指数、城镇就业状况、劳动力市场价格、人工成本水平和对外贸易状况等相关因素制定。

122. BDE 【考点】工资指导价位

【解析】A 项，工资指导价位要在公共职业介绍机构专项公布，供企业、劳动者和其他需要者查询。C 项，为保证统计调查的规范和统一，应按照相关规定的要求进行统计调查，职业按国家的职业大类大典和劳动力市场职业分类和代码确定，使收集的数据资料准确、真实、具有可比性。

123. ABC 【考点】劳动安全卫生环境

【解析】营造劳动安全卫生环境是预防劳动安全卫生事故的基本对策。企业营造的劳动安全卫生环境包括：①营造劳动安全卫生观念环境；②营造劳动安全卫生制度环境；③营造劳动安全卫生技术环境。

124. ABCD 【考点】调解委员会调解与人民法院处理劳动争议时的调解的区别

【解析】调解委员会调解与劳动争议仲裁委员会、人民法院处理劳动争议时的调解的区别包括：①在劳动争议处理中的地位不同；②主持调解的主体不同；③调解案件的范围不同；④调解的效力不同。

125. ABCD 【考点】申请仲裁的条件

【解析】劳动争议当事人申请仲裁应当符合下列条件：①申请人与本案有直接利害关系；②有明确的被申请人；③有具体的仲裁请求以及所依据的事实、理由；④申请仲裁的劳动争议属于仲裁委员会的受理范围和受理仲裁委员会的管辖；⑤申请时间符合申请仲裁的时效规定。

卷册二：专业能力

一、简答题(本题共3题，第1小题15分，第2小题15分，第3小题16分，共46分)

1. 简述员工培训规划设计的基本程序。(15分)

答：员工培训规划设计的基本程序包括：

(1)明确培训规划的目的。企业培训规划必须以服从和服务于企业发展战略需要为基点，包括：①能够协调企业组织目标和职能目标，兼顾集体和个人利益；②注重时空上的结合，长期、中期、短期互补，岗前、在岗、脱岗协调；③具有超前性和预见性；④具有一定的量化基础；⑤有成本预算并提供必要的成本控制和费用节约方案。

(2)获取培训规划的信息。进行培训规划设计时，应尽可能多获取各种有用的相关信息，具体包括：企业的发展战略、真实的培训需求、各部门工作计划、可以掌控各种培训的资源、工作岗位特征及受训者特点、绩效考核结果、以往各个年度各种突发事件，以及其他相关数据资料。

(3)培训规划的研讨与修正。可以开展如下工作：①召开有关培训规划的专题会议；②加强部门经理间沟通；③领导作出科学决策。

(4)把握培训规划设计的关键点。企业员工培训规划的设计，应当充分体现“信念、远景、任务、目标、策略”等基本要素的统一性和综合性。

(5)撰写培训规划方案。培训规划方案的总报告应当包括：①规划背景说明；②规划概况说明；③制定规划的工作过程说明；④规划信息的陈述和分析；⑤规划目的与预期成效；⑥培训规划实施工作安排与建议等。

2. 简述采用要素图示法设计绩效考评指标体系的具体步骤。(15分)

答：绩效要素图示法就是将某类人员的绩效特征，用图表描绘出来，然后加以分析研究，确定需考评的绩效要素。这种方法一般将某类人员的绩效要素按需要考评程度分档，然后根据少而精的原则进行选取。

一般来说，工作岗位分析是绩效考评要素的选择的前提和基础。采用绩效要素图示法设计绩效考评指标体系的具体步骤如下：

(1)根据工作岗位分析所提供资料，将各个相关要素和指标一一列出，经过初选后排列在要素分析图的横坐标上，纵坐标为极为(完全)需要、较为需要和需要三个档次(见图1)。

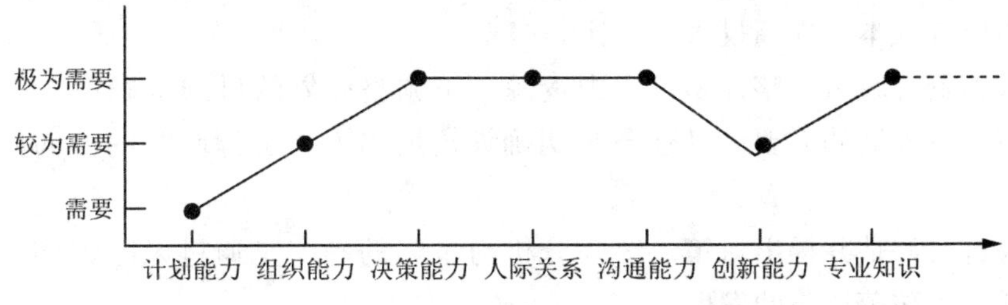

图1　某类管理人员绩效考评要素图示法举例

(2)请专家和有关人员进行图上作业，在集中大多数人意见的基础上，优选出若干项指标，从而构成绩效考评指标体系。

3. 简述制订企业薪酬计划的工作程序。（16分）

答： 制订薪酬计划的工作程序如下：

（1）通过薪酬市场调查，比较企业各岗位与市场上相对应岗位的薪酬水平（这里的薪酬水平是指总薪酬水平，包括工资、奖金、福利、长期激励等）。

（2）了解企业财力状况，根据企业人力资源策略，确定企业薪酬水平采用何种市场薪酬水平，是90%点处、75%点处，还是50%点处、25%点处。

（3）了解企业人力资源规划。

（4）将前三个步骤结合画出一张薪酬计划计算表。

（5）根据经营计划预计的业务收入和前几步骤预计的薪酬总额，计算薪酬总额/销售收入的比值，将计算出的比值与同行业的该比值或企业往年的该比值进行比较，如果计算的比值小于或等于同行业或企业往年水平，则该薪酬计划可行；如果大于同行业或企业往年水平，可以根据企业董事会对薪酬计划的要求将各岗位的薪酬水平适当降低。

（6）各部门根据企业整体的薪酬计划和企业薪酬分配制度规定，考虑本部门人员变化情况、各员工的基本情况如工龄、业绩考核结果、能力提高情况等，做出部门的薪酬计划，并上报到人力资源部，由人力资源部进行所有部门薪酬计划的汇总。

（7）如果汇总的各部门薪酬计划与整体薪酬计划不一致，需要再进行调整。

（8）将确定的薪酬计划上报企业薪酬管理委员会。

二、综合题（本题共3题，第1小题18分，第2小题18分，第3小题18分，共54分）

1. 请结合本案例，回答以下问题：

（1）为满足公司人力资源管理的需要，应当编制哪些人员计划？（10分）

（2）各类人员计划之间，存在着何种关系？（8分）

答：（1）为满足公司人力资源管理的需要，应当编制的人员计划有：

①编写人员配置计划。企业的人员配置计划要根据企业的发展战略，结合企业的工作岗位分析所制作的工作岗位说明书和企业人力资源盘点的情况来编制。

②编制人员需求计划。人员需求预测计划的形成必须参考人员配置计划。

③编制人员供给计划。人员供给计划是人员需求计划的对策性计划。

④编写人员培训计划。在选择人员的供给方式的基础上，为了员工适应工作岗位的需要，制定相应的培训计划，对员工进行培训是相当必要的。

⑤编写人力资源费用计划。人力资源活动需要相应的费用，人员规划的一个重要任务就是控制人力资源成本，提高投入产出比。

⑥编写人力资源政策调整计划。人力资源政策调整计划的目的是确保人力资源管理工作主动地适应企业发展的需要。其任务是明确计划期内人力资源政策的方向、范围、步骤以及方式等。

⑦对风险进行评估并提出对策。风险分析与策略的制定是通过风险识别、估计、监控等一系列的活动来防范风险的发生。

（2）企业各类人员计划的相互关系如图2所示。

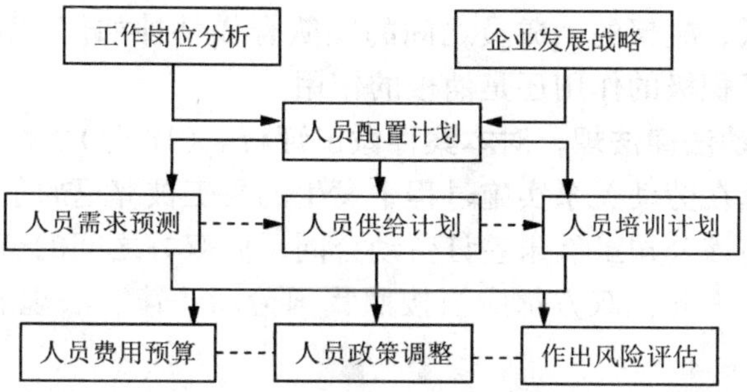

图2　企业各类人员计划的关系图

2．请结合本案例，回答以下问题：

（1）在组织面试时，应该注意避免哪些常见的问题？（10分）

（2）在实施无领导小组讨论时，考官应着重评估应聘者哪些表现？（8分）

答：（1）在组织面试时，应该注意避免以下常见的问题：

①面试目的不明确。在进行面试前，面试考官应考虑：通过本次面试，要达到什么目的，面试的重点是什么，要不要先向应试者介绍工作岗位的真实情况，允许应试者提问吗，其他面试考官会问一些什么问题等等。

②面试标准不具体。许多主持面试的人把重点放在问一些能使他们洞悉应试者是否能够成功的问题。可是在很多情况下，对于究竟是什么原因能使他们获得成功并不明确。对任何一个岗位来说，是胜任工作的才能，即工作成功所必需的相关知识、技能、能力和动力等范畴。

③面试缺乏系统性。面试的系统性要求设计出结构完整的面试流程，各个流程之间应密切联系起来。为了保证面试的系统性，面试考官应事先根据招聘岗位的要求制定出完善的面试提纲。面试的流程应该有怎样的顺序，每一个步骤要完成什么工作，获取什么信息，在制定面试提纲时都应该考虑到。

④面试问题设计不合理。如直接让应聘者描述自己的能力、特点、个性的问题；多项选择式的问题。

⑤面试考官的偏见。包括首因效应、晕轮效应、对比效应、与我相似心理和录用压力。

（2）在讨论过程中，考官应该着重评估被测者以下几方面的表现：

①参与程度。可以通过计时表的记录看出被测评者发言次数与时间，以此作为衡量参与程度的一个重要指标。还需要观察的是在讨论的过程中有没有变化，一个人的参与量有没有转折，转折点在哪里；在讨论中那些表现不活跃的成员的态度是怎样的，原因是什么；在讨论遇到困难的时候，有没有人在故意推卸。

②影响力。观测的指标不是发言的次数与时间，而是是否引起小组其他成员的注意，对达成意见是否起到了决定性作用。

③决策程序。测评者要观察在决策形成过程中，被测评者是否具有清晰的决策思路，是谁最后做的决策，最后决策时的依据是否充分，做决策的时候有没有考虑到对小组其他成员的影响等。

④任务完成情况。最终讨论的结果是考察讨论效果的一个重要指标，要观察是谁为促成目标的实现提供了好的建议。

⑤团队氛围和成员共鸣感。测评者应观察讨论过程中的氛围如何，是混乱、沉闷、松

散的，还是明晰、活跃、凝聚的。成员之间的团队合作精神如何。每个成员在形成一个有效团队的过程中是起了积极的作用还是消极的作用。

3. 请依据我国劳动法律法规，对本案件做出评析。（18 分）

答：本案件是一起在劳动关系实施过程中发生的员工被辞退的争议案件。

在本案中，田某与该公司虽然未签订劳动合同，但双方之间的劳动法律关系是明确的，即存在事实劳动关系。因此，双方都应当按照我国劳动法律、法规的规定来行使权利、履行义务。

按照《劳动法》的有关规定，用人单位与劳动者之间形成事实劳动关系，而用人单位故意拖延不签订劳动合同，劳动行政部门应予以纠正，用人单位因此给劳动者造成损害的，应当承担赔偿责任。

《劳动合同法》规定，严重违反用人单位规章制度的员工，用人单位可以解除劳动合同。该公司在法律规定的范围内，根据本企业的特点制定的规章制度，田某与该公司双方均应遵守。根据该公司的《临时工管理制度（试行）》，田某的行为属于严重违纪，已经具备了被辞退的条件，因此，该公司在征得工会同意后做出的辞退决定是合理合法的。

田某在上班时与员工张某吵架被罚款 50 元，而根据该公司制定的《公司文明生产管理条例》，上班吵架劝阻无效罚款 15 元，该公司多收的罚款 35 元也应予以退还。

2017 年 11 月 人力资源和社会保障部
国家职业资格全国统一鉴定

职　　业：企业人力资源管理师

等　　级：国家职业资格二级

卷 册 一：职业道德
　　　　　理论知识

注意事项：1. 考生应首先将自己的姓名、准考证号等用钢笔、圆珠笔等写在试卷册和答题卡的相应位置上，并用铅笔填涂答题卡上的相应位置处。

2. 考生同时应将本页右上角的科目代码填涂在答题卡右上角的相应位置。

3. 本试卷册包括职业道德和理论知识两部分：

第一部分，1～25 小题，为职业道德试题；

第二部分，26～125 小题，为理论知识试题。

4. 每小题选出答案后，用铅笔将答题卡上对应题目的答案涂黑。如需改动、用橡皮擦干净后，再选涂其他答案。所有答案均不得答在试卷上。

5. 考试结束时，考生务必将本卷册和答题卡一并交给监考人员。

6. 考生应按要求在答题卡上作答。如果不按标准要求进行填涂，则均属作答无效。

地　　区：________________

姓　　名：________________

准考证号：________________

人力资源和社会保障部职业技能鉴定中心监制

第一部分　职业道德

（第1～25题，共25道题）

一、职业道德基础理论与知识部分（第1～16题）

答题指导：

◆该部分均为选择题，每题均有四个备选项。其中，单项选择题只有一个选项是正确的，多项选择题有两个或两个以上选项是正确的。

◆请根据题意的内容和要求答题，并在答题卡上将所选答案的相应字母涂黑。

◆错选、少选、多选，则该题均不得分。

（一）单项选择题（第1～8题）

1. 世界500强企业关于优秀员工的12条核心标准，要求建立“良好的人际关系”。对从业人员来说，践行这一标准的意义在于（　　）。

A. 通过建立良好的人际关系，能够增强员工的工作舒适感

B. 良好的人际关系会成为员工一生中最珍贵的资产

C. 可以减少管理中的矛盾

D. 人际关系好，自然好办事

2. 关于职业道德的说法中，正确的是（　　）。

A. 企业利益至上日益成为职业道德的主导价值观

B. 职业道德具有激励功能，表明它能够给从业人员以强大精神动力

C. 职业道德具有鲜明的行业性，说明职业道德缺乏共性特征

D. 职业道德只有在接受和认可的前提下才能发挥作用

3. 《公民道德建设实施纲要》提出的我国从业人员应该遵循的职业道德要求是（　　）。

A. 爱岗敬业、诚实守信、公道正派、服务社会、创业进取

B. 爱岗敬业、诚实守信、办事公道、服务群众、奉献社会

C. 爱国守法、诚实守信、崇尚科学、团结和谐、创新进取

D. 遵纪守法、敬业奉献、公道正派、崇尚科学、开拓进取

4. 职业化的核心是（　　）。

A. 职业化技能　　B. 职业化管理　　C. 职业化素养　　D. 职业化理念

5. 古语说：“进学不诚则学杂，处事不诚则事败。”下列说法中，对此理解正确的是（　　）。

A. 进学之道在于防止学杂，处世之道在于防止失败

B. “诚”通“成”，求学不诚会庞杂，办事不诚会败露

C. 不讲诚信，用心不专，终究难以成功

D. 求学不成则莫如当学徒，自然办事不成会导致失败

6. 我国社会主义职业道德的原则是（　　）。

A. 人道主义　　B. 民主集中制　　C. 群众路线　　D. 集体主义

7. 从职业活动内在的道德准则看，“审慎”的根本含义是（　　）。

A. 不冒险　　B. 多请示汇报，同时集思广益

C. 谨慎，少言多做　　D. 以最佳手段取得最优效果

8. “通用”总裁杰克·韦尔奇曾说：“任何一家想竞争取胜的公司必须设法使每个员工

敬业。”下列说法中，与韦尔奇上述言论意思相符的是(　　)。

A. 敬业精神高于企业发展战略

B. 想方设法使员工敬业是企业管理的核心目的

C. 只要员工具备敬业精神，企业必会无往而不胜

D. 员工的敬业精神是企业竞争取胜的重要保障

(二)多项选择题(第9~16题)

9. 关于操作规程，从业人员在业务工作中必须明确的有(　　)。

A. 操作时要多尝试使用新方法　　B. 上岗时必须坚持操作规程

C. 岗前加强操作规程演练　　D. 心中时刻牢记操作规程

10. 关于“合作”，正确的说法有(　　)。

A. 宽容忍让、不计较是非，是推动合作的现实条件

B. 公平竞争、创先争优，是优化合作的文化环境

C. 换位思考、理解他人，是促进合作的思想基础

D. 合理安排的工序流程，是加强合作的必要措施

11. 在企业经营过程中，应该秉持的正确利益观有(　　)。

A. 社会利益第一、经济利益第二　　B. 客户利益第一、公司利益第二

C. 公司利益第一、员工利益第二　　D. 眼前利益第一、长远利益第二

12. 关于践行“公道”的理解中，正确的有(　　)。

A. 所谓公私分明，即只要不是牟取个人利益，就必然是为公的

B. 所谓按照贡献取酬，即多劳多得，不劳动者不得食

C. 所谓坚持原则，即首先要立场坚定，同时要方法适当灵活

D. 所谓平等待人，即尊重人格，但服务方式可以有所不同

13. 近现代以来，西方国家职业道德建设取得了许多进展，主要表现在(　　)。

A. 职业重点由“群体”转向“个体”　　B. 管理思想从“物本”转向“人本”

C. 管理作风从“控制”转向“参与”　　D. 职业观念由“尽本职”转向“尽天职”

14. 关于“奉献”的特征，正确的是(　　)。

A. 非功利性　　B. 不稳定性　　C. 可为性　　D. 普遍性

15. 依照“节约”的价值差异性，在具体实践中(　　)。

A. 在社会领域倡导节约，所有人应像陈光标那样摒弃汽车改骑自行车

B. 企业厉行节约，需要建立相应的企业操作规范或计量标准

C. 在部门实行节约，应该建立目标责任制

D. 为促进社会和谐，在个人“节约”上，对挥霍无度者应予包容

16. 社会主义核心价值体系所包含的内容有(　　)。

A. 马克思主义指导思想　　B. 共同富裕的社会理想

C. 以改革创新为核心的时代精神　　D. 社会主义荣辱观

二、职业道德个人表现部分(第17~25题)

答题指导：

◆该部分均为选择题，每题均有四个备选项，您只能根据自己的实际状况选择其中一个选项作为您的答案。

◆请在答题卡上将所选择答案的相应字母涂黑。

17．本来工作做得很好，结果因为你的小疏忽而略显瑕疵。对此你会(　　)。

A．对自己的表现非常满意

B．对自己感到满意，人非圣贤，孰能无错

C．后悔不迭，真的希望这个工作能够重来

D．多少感到有点遗憾，但也没有关系

18．对于日常交流中时不时使用网络语言的人，你的感觉是(　　)。

A．不解　　B．新鲜　　C．别扭　　D．不在意

19．分配任务后，在执行任务时，你一般会(　　)。

A．跟着感觉走

B．自己先定个计划，然后按照计划执行

C．一边和同事们讨教商量，一边执行

D．时时请示上司，按照上司的要求执行

20．某个员工一向对你有成见，最近他工作上犯了一个严重错误，受到处罚，对此你会(　　)。

A．提醒自己别犯类似的错误　　B．当面说几句解解气的话

C．多少有些幸灾乐祸的感觉　　D．引以为戒，但并不希望他犯错误

21．员工甲因忙于工作，于是委托同事乙代为购买彩票、结果中了百万大奖。乙认为，号码是自己选的，钱也是自己付的，自己没有要全部奖金已经不错了，所以，这笔奖金应该至少分给自己一半。对此，甲不予认可，坚持只给乙一万元作为报酬。如果由你来调解二人的纠纷，你会(　　)。

A．要求甲再多分配一些奖金给乙　　B．找几个人一起研究

C．赞同乙的意见　　D．赞同甲的意见

22．你能够认可的说法是(　　)。

A．钱是身份的象征　　B．钱是能力的标志

C．钱是人生的风向标　　D．有了钱就有了幸福

23．你工作已经很努力了，但上司依然有些不满，你会(　　)。

A．问心无愧，不要当一回事儿　　B．寻找原因

C．生气，决定找主管当面说一说　　D．觉得委屈

24．两个同事都是你的好朋友，不知何故闹起别扭，你会(　　)。

A．不介入，装作不知　　B．找主管来处理

C．警告双方这样做的危害　　D．谁都不帮，顺其自然

25．某企业长期排污受到国家环保部门处罚，一是巨额罚款，二是停业整顿。如果停业整顿，将导致企业利润减少，员工工资无法保障。如果你是该企业的员工，你的态度是(　　)。

A．边生产边整顿　　B．考虑离开该企业

C．只接受罚款　　D．接受罚款，停业整顿

第二部分　理论知识

（第26～125题，共100道题，满分为100分）

一、单项选择题（第26～85题，每题1分，共60分。每小题只有一个最恰当的答案，请在答题卡上将所选答案的相应字母涂黑）

26.（　　）是生产要素的需求者。

A. 市场　　B. 居民户　　C. 劳动者　　D. 企业

27. 劳动者在就业岗位之间的变换所形成的失业称为（　　）。

A. 技术性失业　　B. 结构性失业　　C. 摩擦性失业　　D. 季节性失业

28. 劳动法所规定的劳动标准为（　　）。

A. 最高标准并具有强制性　　B. 最低标准并具有非强制性

C. 最高标准并具有非强制性　　D. 最低标准并具有强制性

29. 工作岗位设计的基本方法不包括（　　）。

A. 工业工程方法　　B. 工效学的方法　　C. 心理学的方法　　D. 方法研究技术

30.（　　）又称为“华德决策准则”。

A. 悲观决策标准　　B. 中庸决策标准

C. 乐观系数决策标准　　D. 最小后悔决策标准

31.（　　）是指导致行为或事件的相对不容易变化的因素。

A. 外因　　B. 稳因　　C. 内因　　D. 非稳因

32.（　　）不是人力资源开发目标的特性。

A. 整体性　　B. 层次性　　C. 针对性　　D. 多元性

33. 组织设计理论一般可以区分为（　　）。

A. 静态与动态组织设计理论　　B. 生产与服务组织设计理论

C. 一般与特殊组织设计理论　　D. 近代与现代组织设计理论

34. 企业发展战略决定了组织结构的不同模式，以产品为中心设立事业部的大型跨国公司，宜采用（　　）组织结构模式。

A. 事业部制　　B. 直线职能制　　C. 矩阵制　　D. 多维立体

35. 以下关于流程型组织模式的表述，不正确的是（　　）。

A. 以系统、整合理论为指导原则

B. 坚持以业务流程为主、职能服务为辅的设计原则

C. 纵向管理链长而横向管理链短，更加强调横向关系

D. 管理者职权很大，业务流程较长，实行全程式管理

36. 企业组织结构整合的全过程包括：(1)互动阶段；(2)拟定目标阶段；(3)控制阶段；(4)规划阶段。正确的排序是（　　）。

A. (2)(4)(3)(1)　　B. (4)(2)(1)(3)　　C. (2)(4)(1)(3)　　D. (1)(2)(4)(3)

37.（　　）不是制定企业人员规划的基本原则。

A. 与内外环境相适应　　B. 确保人力资源需求

C. 降低员工流动性　　D. 与战略目标相适应

38. 人力资源需求预测的准备阶段有以下步骤：(1)岗位分类；(2)构建人力资源需求预测系统；(3)预测环境与影响因素分析；(4)资料采集与初步处理。正确的排序

是(　　)。

A. (4)(3)(2)(1)　B. (2)(3)(1)(4)　C. (1)(3)(4)(2)　D. (1)(4)(3)(2)

39. 人力资源需求预测的方法中，(　　)的主要思路是通过观察历年企业内部各级别人数的变化，找出人事变动规律，以此推断未来人事变动趋势和状态。

A. 计量经济模型　B. 马尔可夫分析法

C. 计算机模型法　D. 定员定额分析法

40. 以下关于制度化管理特征的表述，不正确的是(　　)。

A. 需要提高管理者权力的自由度

B. 管理者应忠于职守而不是忠于某个人

C. 把责任和权力作为明确规范而制度化

D. 以文字形式规定岗位特性，提出员工应具备的素质

41. 以下关于员工素质的表述，不正确的是(　　)。

A. 先天因素可以造成素质差异　B. 员工素质测评的对象是心理素质

C. 人的素质是有差异的　D. 后天因素可以造成素质差异

42. 员工素质测评标准体系的纵向结构要素不包括(　　)。

A. 测评目标　B. 测评指标　C. 测评标准　D. 测评内容

43. 以下测评指标中，(　　)不属于客观指标。

A. 工作数量　B. 作业次数　C. 工作时间　D. 工作难度

44. 面试评分中的量化方法往往是(　　)。

A. 一次量化　B. 二次量化　C. 类别量化　D. 模糊量化

45. 由于某人某方面的品质和特征特别明显，使观察者容易产生错觉，忽略了其他的品质和特征，这属于(　　)。

A. 感情效应　B. 近因相似效应　C. 以点概面效应　D. 对比效应

46. 以下关于笔试主观题的表述，不正确的是(　　)。

A. 试题内容综合度高，命题量少，题干比较简单

B. 试题具有一定的发散性，鼓励应聘者自由发挥

C. 测试的内容范围广，题目分数所占的比重较大

D. 主观题的答案是非唯一的、开放性的

47. 面试官从应聘者某一优缺点出发去评价其他方面，这种偏见属于(　　)。

A. 录用压力　B. 晕轮效应　C. 主观效应　D. 首因效应

48. “你好像不太适合我们这里的工作，你看呢?”属于(　　)面试问题。

A. 思维性　B. 知识性　C. 经验性　D. 压力性

49. 设计无领导小组讨论评分表时，评分指标应控制在(　　)以内。

A. 30 个　B. 10 个　C. 40 个　D. 5 个

50. (　　)是培训管理者为实现整体培训规划而制定的支持性规划。

A. 员工培训开发战略规划　B. 员工培训开发管理规划

C. 员工培训项目评估规划　D. 培训需求分析规划

51. (　　)属于培训需求诊断项目。

A. 企业战略目标　B. 任职条件　C. 工作绩效　D. 员工个人素质

52. 一般来说，对下级主管人员进行培训的培训者主要是(　　)。

A. 内部各级主管人员
B. 外部聘请学校教师
C. 外部聘请的专职培训师
D. 企业内部优秀技术专家

53. 培训课程设计的本质目标是(　　)。

A. 进行人力资源开发
B. 体现现代系统理论基本原理
C. 满足企业员工需求
D. 体现成年人的认知规律

54. 处于成熟期的企业，一般(　　)组织员工培训。

A. 从大专院校聘请教师
B. 从内部开发教师资源
C. 委托专业性培训机构
D. 聘请企业外部培训师

55. 管理人员培训需求的相关信息，无法从(　　)中获得。

A. 人员与绩效分析
B. 岗位与薪酬分析
C. 工作与任务分析
D. 战略与环境分析

56. 以团队为核心的管理培训模式中，“三位一体”不包括(　　)。

A. 个体学习　B. 教师指导　C. 团队培训　D. 组织开发

57. 培训评估层次的确定可采用科克帕蒂克(Kirkpartrik)的(　　)模型。

A. 四层次　B. 三层次　C. 双层次　D. 单层次

58. 受训者从培训项目中学到了一些基本原理和方式方法，这种培训成果属于(　　)。

A. 技能成果　B. 认知成果　C. 情感成果　D. 绩效成果

59. 根据绩效考评的具体目的和要求，用于培训的考评应以(　　)为重点。

A. 工作过程　B. 工作效率　C. 工作结果　D. 工作方式

60. 绩效考评指标体系设计的程序包括：(1)理论验证；(2)工作分析；(3)修改调整；(4)指标调查。正确排序是(　　)。

A. (1)(3)(2)(4)　B. (1)(2)(3)(4)　C. (2)(1)(4)(3)　D. (1)(4)(2)(3)

61. KPI 指标法的核心是从众多绩效考评指标中(　　)。

A. 确立完善考评的标准
B. 构建新型的激励机制
C. 提取重要和关键指标
D. 明确企业的战略目标

62. 对于企业的成本指标如单位产品的成本、投资回报率等，可以通过(　　)获取绩效数据。

A. 财务部门　B. 人事部门　C. 生产部门　D. 计划部门

63. 加权选择量表法属于(　　)绩效考评方法。

A. 结果导向型　B. 行为导向型　C. 品质导向型　D. 综合导向型

64. 绩效考评的(　　)会造成“好人不好，强人不强，弱者不弱”的考评结果。

A. 宽厚误差　B. 苛严误差　C. 对比偏差　D. 中间倾向

65. 绩效沟通的主要内容不包括(　　)。

A. 绩效辅导沟通　B. 绩效改进沟通　C. 绩效考评沟通　D. 绩效计划沟通

66. 对考评者培训的具体内容不包括(　　)。

A. 考评指标　B. 绩效反馈　C. 考评方法　D. 考评程序

67. 按照具体过程及其特点进行区分，绩效面谈不包括(　　)。

A. 深入沟通式面谈
B. 解决问题式面谈
C. 双向倾听式面谈
D. 单向劝导式面谈

68. (　　)一般由企业外部专业的咨询公司完成。

A. 企业薪酬调查　　B. 商业性薪酬调查
C. 政府薪酬调查　　D. 专业性薪酬调查

69. (　　)不是处理薪酬调查数据的集中趋势分析方法。
A. 简单平均法　B. 百分位法　C. 加权平均法　D. 中位数法

70. 薪酬满意度调查的主要对象是(　　)。
A. 企业的员工　　B. 竞争对手的员工
C. 同行业从业人员　　D. 企业的客户

71. 岗位横向分类的最后一步是划分(　　)。
A. 职系　B. 岗级　C. 岗等　D. 职级

72. (　　)的薪酬标准不以金额表示。
A. 一岗多薪制　B. 薪点制　C. 提成制　D. 一岗一薪制

73. 企业管理人员薪酬的构成一般不包括(　　)。
A. 基本薪酬　B. 奖金和红利　C. 浮动薪酬　D. 福利与津贴

74. 以(　　)为导向的薪酬结构有利于激发员工的工作热忱和责任心。
A. 行为　B. 工作　C. 绩效　D. 技能

75. (　　)薪酬策略的特点是员工的薪酬与实际绩效关系不大。
A. 高稳定类　B. 高风险类　C. 折中类　D. 高弹性类

76. 采用(　　)制定薪酬计划，不易控制总体的人工成本。
A. 从上而下法　B. 从下而上法　C. 由内到外法　D. 由外到内法

77. 被派遣劳动者应当与劳务派遣单位订立(　　)。
A. 劳务协议　B. 劳动合同　C. 派遣协议　D. 劳务合同

78. 以下关于劳务派遣的说法，正确的是(　　)。
A. 被派遣劳动者不得与劳务派遣单位解除劳动合同
B. 实际用工单位可以将被派遣劳动者派遣到其他用人单位
C. 被派遣劳动者的派遣期限到期应当提前告知
D. 用人单位可以将连续用工期限分割，订立数个短期劳务派遣协议

79. 以下关于制定工资指导线的表述，不正确的是(　　)。
A. 应当符合国家的宏观经济政策　　B. 应当密切结合本地宏观经济状况
C. 主要用于微观调控　　D. 应实行协商原则

80. 工资集体协商的双方可书面委托本企业外的人士作为本方协商代表，但委托人数不得超过本方代表的(　　)。
A. 1/4　B. 1/3　C. 1/5　D. 1/2

81. 下列关于劳动力市场工资指导价位的说法，不正确的是(　　)。
A. 坚持市场取向　　B. 坚持系统科学性原则
C. 坚持实事求是　　D. 每年6~7月份发布一次

82. 企业应安排员工定期进行体检，发现疾病时应当及时(　　)。
A. 上报　B. 治疗　C. 解聘　D. 转岗

83. 劳动关系当事人基于集体合同、劳动合同约定的权利与义务所发生的争议属于(　　)。
A. 权利争议　B. 利益争议　C. 集体争议　D. 个别争议

84．以下关于劳动争议仲裁的表述，不正确的是（　　）。

A．仲裁主体具有特定性

B．仲裁施行非强制性原则

C．仲裁对象具有特定性

D．仲裁施行一次裁决制度

85．劳动争议一方当事人提出协商要求后，另一方当事人应当积极作出口头或者书面回应。（　　）内未作出回应的，视为不愿协商。

A．5日　　B．10日　　C．3日　　D．15日

二、多项选择题（第86～125题，每题1分，共40分。每题有多个答案正确，请在答题卡上将所选答案的相应字母涂黑。错选、少选、多选，均不得分）

86．劳动法的构成体系包括（　　）。

A．职业培训制度

B．劳动争议处理制度

C．劳动标准制度

D．社会保险和福利制度

E．促进就业法律制度

87．售后服务包括（　　）。

A．提供零件　　B．特种服务　　C．质量三包　　D．产品介绍

E．安装调试

88．路径—目标理论认为的领导行为类型有（　　）。

A．反馈型　　B．指导型　　C．支持型　　D．参与型

E．成就导向型

89．企业在确定内部上下级管理权力分工时，应考虑的因素主要有（　　）。

A．企业生产技术的特点

B．企业规模的大小

C．各项专业工作的性质

D．人员素质的高低

E．各个单位的管理层级

90．企业部门结构的横向设计方法包括（　　）。

A．按产品划分法　　B．按时序划分法　　C．按地区划分法　　D．按人数划分法

E．按专业划分法

91．影响工作岗位的因素有（　　）。

A．劳动对象的复杂性

B．相关的技术状态

C．软环境条件的影响

D．部门对岗位目标的定位

E．企业生产业务系统的决策

92．员工薪酬激励计划的作用有（　　）。

A．有利于充分调动员工的工作积极性

B．保证人工成本与企业经营状况的恰当比例

C．提高企业在市场上的竞争力

D．对未来的薪酬总额进行预测

E．充分发挥薪酬的激励功能

93．影响人力资源需求预测的一般因素包括（　　）。

A．规章制度　　B．工作时间　　C．生产需求　　D．工资状况

E．市场需求

94．影响企业外部劳动力供给的因素有（　　）。

A．社会就业意识

B．企业人员的自然流失

C. 劳动力市场发育程度　　D. 地域性因素

E. 社会择业心理偏好

95. 人口的(　　)等因素都对劳动力供给有影响。

A. 城乡结构　　B. 素质结构　　C. 年龄结构　　D. 性别化

E. 总体规模

96. 人岗匹配包括(　　)相匹配。

A. 不同员工之间　　B. 不同岗位之间

C. 工作要求与员工素质　　D. 工作报酬与员工贡献

E. 工作权限与员工愿望

97. 品德测评主要包括(　　)。

A. 问卷法　　B. 抽样法　　C. 投射技术　　D. 访谈法

E. FRC 测评法

98. 引起员工素质测评结果误差的原因包括(　　)。

A. 近因误差　　B. 测评参照标准不明确

C. 测评指标体系不明确　　D. 模糊效应

E. 感情效应

99. 面试根据标准化程度的不同，可分为(　　)。

A. 非结构化面试　　B. 一次性面试　　C. 分阶段面试　　D. 半结构化面试

E. 结构化面试

100. 行为描述面试的假设前提包括(　　)。

A. 人的行为具有多变性　　B. 人的行为具有多样性

C. 过去行为能预示未来行为　　D. 说和做是截然不同的两码事

E. 人的言行具有高度的统一性

101. 无领导小组讨论的题目应具备(　　)等共性。

A. 实用性　　B. 科学性　　C. 可评性　　D. 易评性

E. 简洁性

102. 企业员工培训规划的设计，应当充分体现(　　)等基本要素的统一性和综合性。

A. 信念　　B. 目标　　C. 远景　　D. 策略

E. 方向

103. 企业发展期应集中力量提高中层管理人员的(　　)。

A. 管理观念和管理技能　　B. 客户沟通能力

C. 管理知识水平　　D. 管理能力

E. 营销公关能力

104. 培训课程需求度调查需要回答的问题包括(　　)。

A. 要使学员的哪些具体行为或表现得到改进

B. 实施课程教学的资源和手段是否可以实现

C. 课程设置要达到什么目的

D. 课程效果如何考核及评价

E. 课程的科学性如何

105. 培训过程中印制的工作任务表，其作用包括(　　)。

A. 提高学习的效果
B. 提高培训的水平
C. 强调课程的目标
D. 关注信息的反馈
E. 强调课程的重点

106. 培训前评估的作用有( )。
A. 确保培训计划与实际需求的合理衔接
B. 帮助实现培训资源的合理配置
C. 保证培训需求确认的科学性
D. 保证培训效果测定的科学性
E. 保证培训活动按照计划进行

107. 撰写培训评估报告的要求包括( )。
A. 评估者必须关注培训的整体效果
B. 可以美化和粉饰培训评估的结果
C. 评估者必须以一种圆熟的方式论述培训结果中的消极方面
D. 注意接受调查的受训者的代表性
E. 当评估方案持续一年以上时间时，评估者需要作中期评估报告

108. 绩效考评指标是实施绩效考评的基础，其主要作用有( )。
A. 有利于企业绩效管理制度健全与完善
B. 有助于指引员工行为朝正确方向转变
C. 有助于改善组织的内部管理
D. 有利于促进企业产品竞争力不断增强
E. 有助于战略的落实和达成

109. KPI 体系的特点包括( )。
A. 自下而上分解目标
B. 以控制为中心
C. 自上而下分解目标
D. 以战略为中心
E. 财务考评指标为主

110. 绩效辅导的最佳时机包括( )。
A. 当员工本期的绩效考评已经结束时
B. 当员工通过培训掌握了某种新技能时
C. 当员工希望征求主管的意见时
D. 当员工希望主管帮助解决某个问题时
E. 当主管发现一个可以改进员工绩效的机会时

111. 以下对品质主导型考评方法的表述，正确的有( )。
A. 技能优异员工未必会有良好的工作业绩
B. 主观性强，标准设定和描述较为困难
C. 能够促进员工不断提高职业素质
D. 操作比较复杂，适用于变化不大的职业
E. 能够激励员工不断提高自身技能

112. 绩效考评标准( )是考评工具失常的主要原因。
A. 不规范
B. 不简洁
C. 不清楚
D. 不全面
E. 不明确

113. 采用双向倾听式面谈反馈考评结果时，应当注意的事项包括( )。
A. 上级主管应了解下属员工的工作优缺点
B. 对员工的过激言词应予以制止，以缓解抵触情绪
C. 遇到不同意见时，主管应当允许下属保留自己的看法

D. 主管应事先准备一些问题，并掌握提问时机

E. 让被考评者无顾忌地表达自己对考评结果的真实看法

114. 对企业员工而言，薪酬的功能包括(　　)。

A. 配置功能　B. 保障功能　C. 增值功能　D. 激励功能

E. 社会信号功能

115. 市场薪酬调查的被调查岗位，应在(　　)等几个方面与本企业岗位具有可比性。

A. 任职资格　B. 岗位人数　C. 薪酬水平　D. 岗位职责

E. 工作性质

116. 影响员工薪酬满意度的因素包括(　　)。

A. 薪酬制度的激励性　B. 薪酬调查方式

C. 薪酬的期望值　D. 薪酬制度的公平性

E. 薪酬管理政策

117. 绩效薪酬制的主要形式有(　　)。

A. 岗位薪酬制　B. 薪点薪酬制　C. 技能薪酬制　D. 提成薪酬制

E. 计件薪酬制

118. (　　)属于以工作为导向的薪酬结构。

A. 效益薪酬制　B. 岗位薪酬制　C. 提成薪酬制　D. 技能薪酬制

E. 职务薪酬制

119. 从具体内容来看，企业薪酬调整包括(　　)。

A. 效益性调整　B. 政策性调整　C. 物价性调整　D. 薪酬定级性调整

E. 奖励性调整

120. 以下关于劳务关系特征的表述，正确的有(　　)。

A. 双方当事人在人身上不具有隶属关系

B. 工作风险一般由双方当事人承担

C. 劳务关系的内容具有广泛性特征

D. 劳务关系基于民事法律规范成立

E. 劳务关系的主体具有不特定性

121. 工资协商指导员应(　　)。

A. 熟悉人力资源管理知识　B. 了解企业综合治理与管控

C. 了解企业生产经营管理　D. 熟悉劳动和社会保障政策

E. 了解本地区相关行业工资水平

122. 工资集体协商确定职工年度工资水平应考虑的因素有(　　)。

A. 地区、行业、企业的人工成本水平

B. 地区、行业的职工平均工资水平

C. 过去三年企业职工工资总额和职工平均工资水平

D. 本地区城镇居民消费价格指数

E. 企业劳动生产率和经济效益

123. 伤亡事故报告和处理制度的内容包括(　　)。

A. 伤亡事故报告　B. 伤亡事故调查

C. 伤亡事故案例分析　D. 伤亡事故处理

E. 企业伤亡事故分类

124. 按照劳动争议标的的不同，可以把劳动争议划分为(　　)。

A. 权利争议

B. 利益争议

C. 由于劳动条件而发生的争议

D. 劳动合同争议

E. 由于劳动报酬而发生的争议

125. 劳动争议当事人的义务包括(　　)。

A. 尊重其他仲裁参加人的义务

B. 按规定交纳仲裁费的义务

C. 尊重对方当事人的义务

D. 回答仲裁员提问的义务

E. 如实陈述案情的义务

2017年11月　人力资源和社会保障部
国家职业资格全国统一鉴定

职　　业：企业人力资源管理师

等　　级：国家职业资格二级

卷 册 二：专业能力

注意事项：1. 请按要求在试卷的标封处填写您的姓名、准考证号、身份证号和所在地区。

2. 请仔细阅读各种题目的回答要求，并在规定的位置填写您的答案。

3. 请保持卷面整洁，不要在试卷上作任何与答题无关的标记，也不得在标封区填写无关的内容。

一、简答题(本题共3题，第1小题15分，第2小题16分，第3小题16分，共47分)

1. 企业人力资源整体结构由哪些亚结构组成？(15分)

2. 简述绩效反馈面谈的步骤。(16分)

3. 简述企业岗位分类与岗位纵向分级的步骤。(16分)

二、综合题(本题共3题，第1小题17分，第2小题18分，第3小题18分，共53分)

1. 某大型生产制造型企业经过几年的努力，生产经营管理水平不断提高，特别是在人力资源管理方面，确立了一套完整的人力资源管理体系。今年年初，企业高层决定在健全完善定编定岗定员定额工作基础上，采取计划式变革的方法，对企业组织结构进行调整，重新对各职能和业务部门进行再设计，以求大幅度地压缩管理层次，提高管理幅度，增加组织的运行效率。

请结合本案例，回答以下问题：

(1)设计企业的组织管理层次，应采用哪些具体步骤和方法？(8分)

(2)管理幅度受到哪些因素影响？设计管理幅度有哪几种方法？(9分)

2. 某大型超市人力资源部正在进行年度总结汇报会议。培训项目主管在汇报时认为，一年来全公司员工培训工作取得了较好成绩，从培训需求分析到年度培训计划的制定和贯彻落实，从各类人员培训课程的设计和完善到各个培训环节的评估反馈等都达到了预定目标。但就总体来看，依然还存在一些问题和不足，特别是与企业培训计划管理相配套措施还不尽如人意，应当给予重视。

请结合本案例，回答以下问题：

(1)为了有效实施培训计划管理，企业应健全哪些配套措施？(12分)

(2)在建立健全员工培训激励与约束机制方面，可以采取哪些措施？(6分)

3. 2014年1月，郭某被A公司聘为专职汽车司机，经过双方协商正式签订为期5年的劳动合同。合同中约定：乙方(即郭某)若严重违反劳动纪律或企业规章制度，甲方(即A公司)可以解除合同，《驾驶员安全须知》以及公司的各项规章制度，均为本合同的附件，与本合同具有同等的法律效力。

2014年8月5日，郭某左眼受伤。此后，郭某一直以治疗眼病为由没有上班。2015年8月4日，A公司人事部书面通知郭某解除劳动合同，理由是医疗期满不能从事原岗位工作。郭某认为公司解除劳动合同的理由不能成立，于是到当地劳动争议仲裁委员会提出申诉。在庭审中，A公司诉称，“自去年8月以来，郭某未经准许，也没有提交病假条，始终没有到公司上班，直至现在。在此期间公司曾多次通知郭某递交病假条，否则按旷工处理，但郭某一直没有提交。因此，公司是在多次通知郭某无效的情况下才作出解除劳动合同的决定”。经过审理，因A公司无法提供足够证据，仲裁委员会作出裁决书，认定A公司解除劳动合同的行为无效，要求双方继续履行劳动合同。双方对此未提出异议，该裁决书即日生效。

此后，A公司一直让郭某在家等待安排工作，并按公司规定的标准，每月支付郭某1500元病假工资。直至2016年8月上旬，A公司再次以郭某自2015年8月5日至2016年8月4日的一年中，存在旷工行为，违反双方劳动合同规定，再次与郭某解除劳动合同。

郭某不服，再次向当地劳动争议委员会申请仲裁。在第二次仲裁庭审中，因A公司仍未能提供充分的证据，证明其曾通知郭某上班并为郭某安排工作，致使再次败诉，只能继续与郭某履行劳动合同。

请根据我国现行劳动法律法规，对本案例进行全面的剖析。(18分)

2017年11月二级企业人力资源管理师真题答案及详解

卷册一：职业道德、理论知识

第一部分　职业道德

（第1～25题，共25道题）

一、职业道德基础理论与知识部分（第1～16题）

（一）单项选择题（第1～8题）

1B　2B　3B　4C　5C　6D　7D　8D

（二）多项选择题（第9～16题）

9BCD　10ABCD　11ABC　12BCD　13BC　14ACD　15BC　16ACD

二、职业道德个人表现部分（第17～25题）

第17～25题无标准答案，根据自己的价值观作答。

第二部分　理论知识

（第26～125题，共100道题，满分为100分）

一、单项选择题（第26～85题，每题1分，共60分。每小题只有一个最恰当的答案，请在答题卡上将所选答案的相应字母涂黑）

26. D　**【考点】**生产要素市场

【解析】在生产要素市场，居民户是生产要素的供给者，企业是生产要素的需求者。企业由于生产要素的使用须向居民户支付要素报酬（如工资）。在商品市场中，居民户是商品和服务的需求者，企业则是供给者，居民户向企业支付货币，交换商品和服务。

27. C　**【考点】**失业及其类型

【解析】摩擦性失业是指劳动者进入劳动力市场寻找工作直至获得就业岗位时所产生的时间滞差，以及劳动者在就业岗位之间的变换所形成的失业。摩擦性失业是一种正常性失业，即使劳动力市场处于劳动力供求均衡状态时也会存在这种类型的失业。A项，技术性失业是在生产过程中，由于引进先进技术替代人力，以及改善生产方法和管理而造成的失业；B项，结构性失业是由于经济结构的变动，造成劳动力供求结构上的失衡所引致的失业；D项，季节性失业是由于气候状况有规律的变化对生产、消费产生影响所引致的失业。

28. D　**【考点】**劳动标准法

【解析】劳动法律是劳动法的最主要的表现形式，其主要内容分为劳动关系法与劳动标准法。其中，劳动标准通常为最低标准，实际的劳动标准一般高于最低标准规定的水平。而且，劳动法律所规定的标准通常属于强制性规范，具有单方面的强制力，不能由劳动关系的当事人协议予以变更。

29. C　**【考点】**岗位设计的基本方法

【解析】工作岗位设计的基本方法主要包括：①传统的方法研究技术。②现代工效学的方法。③其他可以借鉴的方法。对企业的岗位设计来说，除了上述可采用的两种方法之外，最具现实意义的是工业工程所阐明的基本理论和基本方法。

30. A 【考点】不确定型决策方法

【解析】不确定型决策方法包括：①悲观决策标准；②乐观系数决策标准；③中庸决策标准；④最小后悔决策标准；⑤同等概率标准(机会均等标准)。其中，悲观决策标准又称“华德决策准则”，是按照“保守”态度采用“小中取大”法(或称“不利中求有利”准则)，即宁可把情况估计得坏一些，先选取各方案收益最低值，经比较，再从中选一个收益最高或最有利的方案。

31. B 【考点】归因

【解析】归因是利用有关的信息资料对人的行为进行分析，从而推论其原因的过程。行为的原因可以分为内因和外因，也可以分为稳因和非稳因。内因即内在原因，是指导致行为或事件的行为者本身可以控制的因素，包括行为者的人格、品质、情绪、心境、能力、需要和努力程度等。外因即外在原因，是指导致行为或事件的外部因素，包括行为者所处的各种环境和机遇、所从事工作的特点和难度，以及工作与人的相互作用，他人对行为者的强制或约束、激励的作用等。稳因即稳定原因，是指导致行为或事件的相对不容易变化的因素，如行为者的能力、人格、品质、工作难度、职业要求、法律、制度和规范等。非稳因即非稳定原因，如行为者的情绪、努力程度、机遇、多变的环境等。

32. C 【考点】人力资源开发目标的特性

【解析】人力资源开发目标的特性主要包括：①人力资源开发目标的多元性；②人力资源开发目标的层次性；③人力资源开发目标的整体性。包括目标制定的整体性和目标实施的整体性。

33. A 【考点】组织设计理论

【解析】组织设计理论一般可以分为静态的组织设计理论和动态的组织设计理论。静态的组织设计理论主要研究组织的体制(权、责结构)、机构(部门划分的形式和结构)和规章(管理行为规范)。动态的组织设计理论除了包含上述内容之外，还加进了人的因素，加进了组织结构设计以及组织运行过程中的各种问题，诸如协调、信息控制、绩效管理、激励制度、人员配备及培训等。

34. D 【考点】新型组织结构模式

【解析】多维立体组织又称多维组织、立体组织、多维立体矩阵制等，它是矩阵组织的进一步发展。它把矩阵组织结构形式与事业部制组织结构形式有机地结合在一起，形成了一种全新的管理组织结构模式。它主要应用于跨国公司和规模巨大的跨地区公司。多维立体组织把产品事业部经理、地区经理和总公司专业职能参谋部门很好地统一协调起来，由三方代表共同组成产品事业委员会，对各类产品的生产与销售进行管理。他们三方中的任何一方都不能单独做出决定，必须通过共同的协调才能采取统一行动。

35. C 【考点】流程型组织

【解析】C 项，流程型组织纵向管理链较短，而横向管理链较长。与传统的职能型组织结构相比，流程型组织结构更加强调组织各要素之间的横向关系。

36. C 【考点】企业结构整合的过程

【解析】企业结构整合的过程包括以下几个阶段：①拟定目标阶段。组织设计人员预先制定出组织的目标，以使结构分化有所遵循。它是整分合中“整”的阶段。②规划阶段。由于组织结构分化已经出现了某些消极现象，如部门、单位间的冲突和不恰当竞争，需要通过组织规划和多余资源的运用来达到整合的目的。③互动阶段。这是执行规划的阶段。④控制阶段。即当组织运行过程中出现某些人不合作的倾向时，进行有效的控制，以保证目标和规划的最终实现。

37. C 【考点】制定企业人员规划的基本原则

【解析】在制定狭义的企业人力资源规划，即企业各类人员规划时，为了保证规划的正确性、科学性和有效性，应遵循以下的原则：①确保人力资源需求的原则；②与内外环境相适应的原则；③与战略目标相适应的原则；④保持适度流动性的原则。

38. B 【考点】人力资源需求预测

【解析】人力资源需求预测包括现实人力资源预测、未来人力资源需求预测、未来流失人力资源预测分析，不管是哪一种预测，其具体程序如下：①准备阶段；②预测阶段；③编制人员需求计划。其中，人力资源需求预测的准备阶段有以下步骤：①构建人力资源需求预测系统；②人员预测环境与影响因素分析；③岗位分类；④资料采集与初步处理。

39. B 【考点】马尔可夫分析法

【解析】马尔可夫分析法的主要思路是通过观察历年企业内部人数的变化，找出组织过去人事变动的规律，由此推断未来的人事变动趋势和状态，既可以预测企业的人力资源需求，也可以预测企业内部的人员供给情况。马尔可夫模型方法实际上是一种转移概率矩阵，使用统计技术预测未来的人力资源变化。

40. A 【考点】制度化管理的特征

【解析】从管理方式的内容和制度化管理的实质来看，制度化管理的主要特征如下：①在劳动分工的基础上，明确规定每个岗位的权力和责任，并且把这些权力和责任作为明确规范而制度化。②按照各机构、各层次不同岗位权力的大小，确定其在企业中的地位，从而形成一个有序的指挥链或等级系统，并以制度形式巩固下来。③以文字形式规定岗位特性以及对人员应具有的素质、能力等要求，根据通过正式考试或者教育训练而获得的技术资格，来挑选组织中的所有成员。④在实行制度管理的企业中，所有权与管理权相分离。⑤管理人员在实施管理时有三个特点：a. 根据因事设人的原则，每个管理人员只负责特定的工作；b. 每个管理者均拥有执行自己职能所必要的权力；c. 管理人员所拥有的权力要受到严格的限制，要服从有关章程和制度的规定。⑥管理者的职务是管理者的职业，他有固定的报酬，具有按资历、才干晋升的机会，他应忠于职守，而不是忠于某个人。

41. B 【考点】员工素质测评的基本原理

【解析】员工测评的对象是人的素质。员工测评的基本假设认为，人的素质是有差异的。这种差异是客观存在的，是不为意志所转移的。造成人们素质差异的因素是多方面的，既有先天的因素，也有后天的自然、社会因素。

42. C 【考点】员工素质测评标准体系

【解析】测评标准体系设计的纵向结构是指将每一项素质用规范化的行为特征或表征进行描述与规定，并按层次细分。纵向结构是对横向结构各项素质的层层分解并将其推向可操作化。员工素质测评标准体系的纵向结构包括：①测评内容；②测评目标；③

测评指标；④测评指标设计的原则。

43. D 【考点】标准

【解析】标准是指测评标准体系的内在规定性，常常表现为各种素质规范化行为特征或表征的描述与规定。标准的形式多种多样，从它揭示的内涵来看，有客观形式、主观评价、半客观半主观三种。例如，岗位测评指标中，诸如打字的数量、时间、来回取活的次数、耗氧量等均属于客观指标；工作难度、重要性、喜欢程度等则属于主观指标；能力测验分数、抽样调查的数据、试验中确定的工作平均时间等，属于半客观半主观指标，因为这些指标所反映的内容与结果，既受客观因素影响又受主观因素影响。

44. A 【考点】员工素质测评量化技术

【解析】一次量化是指素质测评的量化过程可以一次性完成。素质测评的最后结果可以由原始的测评数据直接综合与转换。面试评分中的量化往往是一次量化，面试的结果直接由主试的评分相加再平均得到。

45. C 【考点】晕轮效应

【解析】晕轮效应又称以点概面效应，考核者在对人的各种品质进行考核时，会有一种偏高或偏低的习性，即由于某人某方面的品质和特征特别明显，使观察者容易产生清晰明显的错觉，忽略其他的品质和特征，从而作出片面的判断。

46. C 【考点】知识测验的题型设计

【解析】主观题的答案往往是开放性、非唯一的，给应聘者很大的自由度，能够看出应聘者的综合能力和思维深度。题目的判断由批阅人结合答案参考要点和自己的主观经验给分，因此会受到批阅人的个人认识、判断力的影响。主观题的主要优点是：①试题的内容综合度高；②具有一定的发散性，鼓励应聘者自由发挥，有利于考查知识的运用能力、深层次的认识思维能力；③主观试题命题量少，题干比较简单。但主观题也有一定的局限性：①测试的内容范围有局限性，分数占的比重大，考生一道题目的得失对结果的影响偏大；②主观题没有统一的答案，容易受到批阅人自身的知识及其专业水平，以及评判标准等主客观因素的制约和影响；③批阅主要靠人工完成，效率比较低，不能用现代化的评分手段替代。

47. B 【考点】晕轮效应

【解析】晕轮效应又称以点概面效应。考核者在对人的各种品质进行考核时，会有一种偏高或偏低的习性，即由于某人某方面的品质和特征特别明显，使观察者容易产生清晰明显的错觉，忽略其他的品质和特征，从而作出片面的判断。

48. D 【考点】结构化面试试题的类型

【解析】压力性问题将应聘者置于一个充满压力的情境中，观察其反应，以对其情绪稳定性、应变能力等进行考察。如“你好像不太适合我们这里的工作，你看呢?”“你怎么连这么简单的问题都不懂?”等。

49. B 【考点】无领导小组讨论

【解析】设计无领导小组讨论评分表时，应注意以下几点：①应从岗位分析中提取特定的评价指标。②评价指标不能太多、太复杂，通常应将评价指标控制在10个以内，否则测评者无法在短时间内准确给出评判。③确定各能力指标在整个能力指标中的权重以及其所占分数，然后根据优、良、中、差四等级分配分值。

50. B 【考点】员工培训开发管理规划

【解析】员工培训开发管理规划，即培训管理者为实现整体培训规划而制定的支持性规划，主要内容有企业培训目标的细化、部门培训规划、培训实施工作方案等。它是联系整体培训规划和部门培训规划的关键，其作用是在明确“谁最需要培训，培训什么”的基础上，决定企业采用什么样的方式方法，以及通过哪些有效的管理手段和途径，切实保证员工培训开发的质量，促进企业员工职业素质的全面提高。

51. B 【考点】培训需求的诊断分析

【解析】明确培训需求来源是年度培训计划制定的第一环，是否能准确地预测和把握真实的需求直接决定了培训的合理性和有效性。一般可通过以下诊断分析获得企业员工培训需求。培训需求的诊断项目包括工作任务、工作责任、任职条件、督导与组织关系和企业文化。

52. A 【考点】企业培训师资队伍的建设

【解析】一般来说，在对下级主管人员进行培训时，主要是依靠组织内各级主管人员作为培训者。由于上级主管人员和下级主管人员同处于一个组织中，因而他们能结合组织的具体问题进行培训，便于下级主管人员理解和接受。同时，他们的经验对下级也有直接的指导作用，便于下级主管人员的借鉴和运用，从某种意义上说，组织内的各级主管人员是最好的培训师。

53. A 【考点】培训课程设计

【解析】培训课程设计的本质目标是进行人力资源开发。培训课程是实现培训功能的具体体现。现代科技的迅速发展和组织环境的日益复杂化，要求将组织培养成一个不断学习和提高能力以适应环境的、动态的、具有学习能力和发展潜力的组织。

54. B 【考点】培训教师的来源

【解析】对于培训已经处于成熟期的企业或一些需要定期开展的培训项目来说，企业一般从内部开发教师资源。内部开发的教师与外部教师相比，在某些方面有着很大的优势，如他们对企业文化、企业环境、培训需求等方面比较了解，而且他们可能与学员熟识，这样也有利于相互之间的交流。

55. B 【考点】管理人员培训需求分析

【解析】管理人员的培训需求分析，可围绕战略与环境分析、工作与任务分析，以及人员与绩效分析三个方面展开。

56. B 【考点】以团队为核心的管理培训模式

【解析】工作团队中个体学习、团队培训、组织开发三位一体，便于培训与企业管理者开发目标协调一致，产生培训开发的高效益。

57. A 【考点】Kirkpartrik 的四层次模型

【解析】培训评估层次的确定是培训评估的一个重要环节。可应用 Kirkpartrik 的四层次模型，即反应层、学习层、行为层和结果层。因为参加一次这样的培训对受训人员的行为和组织效率不可能立刻产生明显的效果，所以一般可将本次评估的层次确定在前两个层次，即反应层和学习层。

58. B 【考点】培训成果评估的五项重要指标

【解析】培训成果评估的五项重要指标包括：①认知成果；②技能成果；③情感成果；④绩效成果；⑤投资回报率。其中，认知成果可以用来测量受训者对培训项目中所强调的基本原理、程序、步骤、方式、方法或过程等所理解、熟悉和掌握的程度。员工培训的认知成果是学习评估的主要对象和内容，即衡量受训者从培训项目中学到了哪些基本概念、基本原理和基本方法。

59. A 【考点】个人绩效考评指标体系

【解析】除了按岗位横向分类对担任不同岗位的人员分别制定绩效考评指标体系外，制定时还应充分考虑绩效考评的具体目的和要求，如用于奖励的考评应侧重于考评工作成果，而用于培训的考评则应侧重于考评工作过程。

60. C 【考点】绩效考评指标体系的设计程序

【解析】确定绩效考评指标体系，一般可分为四个步骤：①工作分析；②理论验证；③进行指标调查，确定指标体系；④进行必要的修改和调整。

61. C 【考点】关键绩效指标

【解析】关键绩效指标法(KPI)是检测并促进宏观战略决策执行效果的一种绩效考评方法，它首先是企业根据宏观的战略目标，经过层层分解之后，提出具有可操作性的战术目标，并将其转化为若干个考评指标，然后借用这些指标，从事前、事中和事后多个维度，对组织或员工个人的绩效进行全面跟踪、监测和反馈。关键绩效指标法的核心是从众多的绩效考评指标体系中提取重要性和关键性指标。

62. A 【考点】成本指标

【解析】关键绩效指标主要可以区分为数量指标、质量指标、成本指标和时限指标四种类型。其中，成本指标如单位产品的成本、投资回报率等，可以通过财务方面获取有关数据。

63. B 【考点】绩效考评方法的种类

【解析】绩效考评的方法，按照所选择的效标不同，可以区分为五种类型：行为导向型的主观考评方法、行为导向型的客观考评方法、结果导向型的绩效考评方法、综合型的绩效考评方法和品质主导型的考评方法。其中，行为导向型客观考评方法包括关键事件法、强迫选择法、行为定位法、行为观察法和加权选择量表法。

64. D 【考点】分布误差

【解析】集中趋势和中间倾向又称居中趋势，即评定结果相近，都集中在某一分数段或所有的员工被评为“一般”，使被考评者全部集中于中间水平，或者说是平均水平，没有真正体现员工之间的实际绩效存在的差异，这往往是评定标准不明确或主管在评定工作中平均心理造成的。这种考评结果造成绩效管理的扭曲，出现“好人不好，强人不强，弱者不弱”，某些人的考评结果偏高，而某些人偏低的现象。

65. C 【考点】绩效沟通的内容

【解析】企业绩效管理就是上下级间就绩效目标的设定及实现而进行持续不断的双向沟通的一个过程。在这一过程中，管理者与被管理者从绩效目标的设定开始，一直到最后的绩效考评，都必须保持持续不断的沟通。任何的单方面决定都将影响绩效管理的有效开展，阻碍绩效管理体系效用的发挥。绩效沟通的内容主要包括：绩效计划沟通、绩效辅导沟通、绩效反馈沟通、绩效改进沟通。

66. D 【考点】考评者培训的主要内容

【解析】考评者培训主要包括以下六个方面的内容：①考评者误区培训；②关于绩效信息收集方法的培训；③绩效考评指标培训；④关于如何确定绩效标准的培训；⑤考评方法培训；⑥绩效反馈培训。

67. A 【考点】绩效面谈的类型

【解析】按照绩效面谈的具体过程及其特点，绩效面谈可以分为：①单向劝导式面谈；②双向倾听式面谈；③解决问题式面谈；④综合式绩效面谈。

68. B 【考点】市场薪酬调查的种类

【解析】从调查的组织者来看，正式调查可分为三类，即商业性薪酬调查、专业性薪酬调查和政府薪酬调查。其中，商业性薪酬调查一般是由咨询公司完成的，其中有的是应客户需要对某一行业进行调查，有的是咨询公司为获利而主动进行的调查。

69. B 【考点】测评结果处理的常用分析方法

【解析】集中趋势分析是统计数据处理分析的重要方法之一，具体包括以下几种方法：简单平均法、加权平均法、中位数法。B 项，百分位法属于离散分析方法。

70. A 【考点】薪酬满意度调查

【解析】薪酬满意度调查的对象是企业内部所有员工。薪酬满意度就是员工对自己薪酬的满意度，是员工对自己所获薪酬进行评价而产生的主观心理感受。员工薪酬满意度是一个相对的概念，超出期望值满意，达到期望值基本满意，低于期望值不满意。

71. A 【考点】岗位横向分类的步骤与方法

【解析】岗位横向分类的步骤如下：①将企事业单位内全部岗位，按照工作性质划分为若干大类，即职门。②将各职门内的岗位，根据工作性质的异同继续进行细分，把业务相同的岗位归入相同的职组，即将大类细分为中类。③将同一职组内的岗位再一次按照工作的性质进行划分。即将大类下的中类再细分为若干个小类，把业务性质相同的岗位组成一个职系。职系的划分是岗位横向分类的最后一步，每一个职系就是一种专门的职业。

72. B 【考点】岗位薪点薪酬制

【解析】薪点薪酬制是在岗位评价的基础上，用点数和点值来确定员工薪酬的薪酬制度。岗位薪点薪酬制的主要特点是薪酬标准不是以金额表示的，而是用薪点表示的，而且点值的大小由企业或部门的经济效益确定。

73. C 【考点】管理人员薪酬制度

【解析】管理人员薪酬主要由以下几部分构成：①基本工资，是管理人员的薪酬体系中最基本也是最重要的部分，因为其他薪酬项目的确定，比如奖金、红利、福利津贴都是根据基本工资的多少来进行确定的。②奖金和红利，是薪酬体系中的弹性部分。它们与管理人员的工作绩效之间的联系最为密切，它们将管理人员的利益与企业的整体利益结为一体。③福利与津贴。管理人员可享用的福利津贴很多，主要有丰厚的养老金计划、住房补贴、各种商业保险、舒适的工作环境等，这也是企业为吸引和稳定管理人才的竞争手段之一。

74. B 【考点】以工作为导向的薪酬结构(岗位薪酬制)

【解析】以工作为导向的薪酬结构，其特点是员工的薪酬主要根据其所担任的岗位(或职位)的重要程度、任职要求的高低以及劳动环境对员工的影响等来决定。薪酬随着岗位(或职位)的变化而变化，岗位薪酬制、职务薪酬制等都属于这种薪酬结构。以工作为导向的薪酬结构有利于激发员工的工作热忱和责任心，缺点是无法反映在同一岗位(或职位)上工作的员工因技术、能力和责任心不同而引起的贡献差别。

75. A 【考点】薪酬结构策略

【解析】薪酬结构的类型从性质上可以分为三类：①高弹性类；②高稳定类；③折中类。其中，高稳定类薪酬结构的特点是：员工的薪酬与实际绩效关系不太大，而主要取决于年功及企业整体经营状况，员工的薪酬相对稳定，给人一种安全感。采用这类薪酬结构的企业，员工薪酬中基本薪酬所占的比重相当大，而奖金则根据企业整体经营状况，按照个人基本薪酬的一定比例发放，如日本的年功序列薪酬制度。

76. B 【考点】薪酬计划的制订方法

【解析】制订薪酬计划的方法有两种：①从下而上法。“下”指员工，“上”指各级部门，以至企业整体。从下而上法的工作程序是：根据部门的人力资源规划和企业的每一位员工在未来一年薪酬的预算估计数字，计算出整个部门所需要的薪酬支出，然后汇集所有部门的预算数字，编制出企业整体的薪酬计划。通常，从下而上法比较实际、灵活，且可行性较高，但不易控制总体的人工成本。②从上而下法。

77. B 【考点】劳务派遣合同体系

【解析】劳动派遣单位应当与被派遣劳动者订立两年以上的固定期限劳动合同，按月支付劳动报酬。被派遣劳动者在无工作期间，劳务派遣单位应当按照所在地人民政府规定的最低工资标准，向其按月支付报酬。

78. C 【考点】被派遣劳动者的管理

【解析】C 项，被派遣劳动者的派遣期限到期，应提前告知，并应协同劳务派遣单位办理劳动合同的终止手续和工作交接。A 项，被派遣劳动者与正式雇员享有平等的法定劳动权利，因此被派遣劳动者可以与劳务派遣单位解除劳动合同。B 项，用工单位应当履行连续用工的，实行正常的工资调整机制的义务。用工单位不得将被派遣劳动者再派遣到其他用人单位。D 项，用工单位应当根据工作岗位的实际需要与劳务派遣单位确定派遣期限，不得将连续用工期限分割订立数个短期劳务派遣协议。

79. C 【考点】制定工资指导线应遵循的原则

【解析】制定工资指导线应遵循的原则包括：①工资指导线的制定应符合国家宏观经济政策和对工资增长的总体要求，坚持企业工资总额的增长低于企业经济效益的增长，平均工资的增长低于劳动生产率的增长的原则。②由于我国幅员辽阔，地区之间经济文化发展并不均衡，经济发展水平及发展速度、生活费水平与其他价格水平亦存在着比较大的差异，因而国家不实行全国统一的工资指导线标准，允许各地根据其具体情况确定当地工资指导线水平。工资指导线水平的制定应密切结合当地的宏观经济状况。③制定工资指导线实行协商原则，由省、自治区、直辖市人民政府劳动行政主管部门会同同级工会、企业家协会研究制定，并将当年工资指导线方案报人力资源和社会保障部审核后，经地方政府审批，由地方政府(或其委托劳动行政主管部门)颁布。

80. B 【考点】工资集体协商代表的确定

【解析】由于工资集体协商会涉及一系列宏观和微观经济形势分析，法律、法规和政策以及协商谈判的技能技巧等专业问题，故此协商双方均可书面委托本企业以外的专业人士作为本方协商代表，但委托人数不得超过本方代表的1/3。

81. B 【考点】劳动力市场工资指导价位

【解析】A 项，劳动力市场工资指导价位的制定坚持市场取向。依据市场上劳动力供求关系、就业状况、物价水平及居民生活水平制定各职位劳动力市场工资指导价位。C 项，坚持实事求是。信息调查采集必须真实、规范，各类数据应是各行业、各经济类型企业实际支付劳动者的工资水平，以此为基础确定各职业(工种)劳动力市场工资指导价位。调查数据应以列入劳动工资统计年报的范围为准，反映的是全年的平均工资水平。D项，工资指导价位在每年6~7月发布，每年发布一次。发布采用文件、资料等形式或通过新闻广播、电视台、咨询单位、报纸及其他媒体、渠道发布。

82. B 【考点】劳动者健康检查制度

【解析】健康检查制度包括两类制度：①员工招聘健康检查。企业对拟招聘人员进行体检，一般岗位为常规体检，岗位对员工的健康有特定需要者应进行特定体检，以便决定是否招聘或从事某项特定工作岗位的需要。②企业员工的定期体检，发现疾病及时治疗以及预防职业病的发生。

83. A 【考点】劳动争议的分类

【解析】按照劳动争议的性质划分，可分为权利争议和利益争议。其中，权利争议又称既定权利争议，是指劳动关系当事人基于劳动法律、法规的规定，或集体合同、劳动合同约定的权利与义务所发生的争议。

84. B 【考点】劳动争议仲裁

【解析】劳动争议仲裁是劳动争议仲裁机构根据劳动争议当事人一方或双方的申请，依法就劳动争议的事实和当事人应承担的责任作出判断和裁决的活动。劳动争议仲裁的特征为：①仲裁主体具有特定性；②仲裁对象具有特定性；③仲裁施行强制原则；④劳动争议仲裁施行仲裁前置、裁审衔接制。同时，劳动争议仲裁实行一个裁级一次裁决制度，一次裁决即为仲裁程序的最终裁决，除法律规定的终局裁决外，当事人不服仲裁裁决，只能向法院提起诉讼，不能向上一级仲裁委员会申请复议或要求重新处理。

85. A 【考点】企业劳动争议的协商解决

【解析】劳动争议的协商解决是处理劳动争议的一个独立程序。根据《企业劳动争议协商调解规定》的规定，协商的具体步骤是：①发生劳动争议，一方当事人可以通过与另一方当事人约见、面谈等方式协商解决。②劳动争议当事人的劳动者一方可以要求所在企业工会参与或者协助其与企业进行协商。③一方当事人提出协商要求后，另一方当事人应当积极作出口头或者书面回应，5日内不作出回应的，视为不愿协商。协商的期限由当事人书面约定，在约定的期限内没有达成一致的，视为协商不成。④协商达成一致，应当签订书面和解协议。和解协议对双方当事人具有约束力，当事人应当履行。⑤发生劳动争议，当事人不愿协商、协商不成或者达成和解协议后，一方当事人在约定的期限内不履行和解协议的，可以依法向调解委员会或者乡镇、街道劳动就业社会保障服务所(中心)等其他依法设立的调解组织申请调解，也可以依法向劳动人事争议仲裁委员会申请仲裁。

二、**多项选择题**(第86~125题，每题1分，共40分。每题有多个答案正确，请在答题卡上将所选答案的相应字母涂黑。错选、少选、多选，均不得分)

86. ABCDE 【考点】劳动法的体系

【解析】劳动法的体系是指劳动法的各项具体劳动法律制度的构成和相互关系。我国劳动法的构成体系包括：①促进就业法律制度；②劳动合同和集体合同制度；③劳动标准制度；④职业培训制度；⑤社会保险和福利制度；⑥劳动争议处理制度；⑦工会和职工民主管理制度；⑧劳动法的监督检查制度。

87. ABCE 【考点】售后服务

【解析】售后服务是指产品销售以后的各项服务工作。它包括以下几个方面：①安装调试。对于大型设备、仪器及一些大宗消费品，到现场为顾客进行安装与调试，使购买的产品尽快投入使用。②提供维修。对于大多数工业品和相当一部分耐用消费品，在产品出现故障时，能否得到及时有效的维修，是影响购买的重要因素。③提供零件。如果未能及时地提供零配件，顾客出现故障的产品就不能得到及时维修。企业应重视为顾客提供零配件的服务工作。④质量三包。在规定的使用条件下和保修期内，若产品出现质量问题，企业负责为顾客包修、包换和包退，必要时须承担由此产生的经济损失。⑤技术培训。为顾客提供技术培训，培训技术人员或技术工人。⑥特种服务。根据顾客的特殊要求，提供特殊方式的服务。

88. BCDE 【考点】路径—目标理论

【解析】路径—目标理论是加拿大多伦多大学伊万斯提出，后由豪斯开发确立的。这一理论采用俄亥俄大学的结构和关系两个维度观点，确定了四种领导行为，分别是：①指导型(结构维度)。让下属明了对他的期望，以及完成工作的方法、程序和时间等。②支持型(关系维度)。对下属亲切友善，关心他们的需求。③参与型。与下属共同磋商，在决策前充分考虑下属的建议。④成就导向型。设定富有挑战性的目标，期望下属充分发挥自己的最佳水平。

89. ABCD 【考点】组织设计的基本原则

【解析】企业在确定内部上下级管理权力分工时，主要应考虑的因素有：企业规模的大小、企业生产技术特点、各项专业工作的性质、各单位的管理水平和人员素质的要求等。不同的行业和企业，集权和分权的程度应有差别。就一个企业而言，所属各分厂、车间也有大有小，情况各异，也应区别对待。一个企业处于不同的成长发展时期，集权与分权的程度也会发生变化，不能固定不变。

90. ABCD 【考点】部门的横向结构设计

【解析】部门横向划分的方法，主要有以下两大类方法：①从企业总体结构来看，部门结构的横向设计方法可以分为：自上而下法、自下而上法、业务流程法。②按照不同对象和标志，部门结构的横向设计方法，除以上方法外，还包括：按人数划分法、按时序划分法、按产品划分法、按地区划分法、按职能划分法、按顾客划分法。

91. ABCDE 【考点】影响工作岗位的因素

【解析】影响工作岗位的因素包括：①相关的技术状态，从事劳动活动所使用的设备工具的影响。②劳动条件和劳动环境的状况。③服务、加工的劳动对象的复杂性、多样性的影响。④本部门对岗位任务和目标的定位，主管对本岗位工作的分配指派，以及领导行为的影响。⑤本岗位不同时段不同经历任职者思想意识、主观判断、个人意志等，对岗位工作任务和目标所产生的反作用。⑥企业生产业务系统的决策，对岗位工作目标和活动的定位与调整的影响。⑦工业工程师、劳动定额师等职能性技术专家对岗位设计的影响。⑧软环境条件的影响，如所在单位的文化、传统、价值观、组织氛围、人际关系、各种制度规范等。

92. ABDE 【考点】员工薪酬激励计划的作用

【解析】员工薪酬激励计划一方面是为了保证企业人工成本与企业经营状况之间恰当的比例关系，另一方面是为了充分发挥薪酬的激励功能。企业通过薪酬激励计划，可以在预测企业发展的基础上，对未来的薪酬总额进行预测，并设计、制定、实施未来一段时期的激励措施，如激励方式的选择等，以充分调动员工的工作积极性。

93. BCDE 【考点】影响人力资源需求预测的一般因素

【解析】影响人力资源需求预测的一般因素有：顾客的需求变化(市场需求)、生产需求(或者企业总产值)、劳动力成本趋势(工资状况)、劳动生产率的变化趋势、追加培训的需求、每个工种员工的移动情况、员工的出勤率、政府的方针政策的影响、工作小时的变化、退休年龄的变化以及社会安全福利保障。

94. ACDE 【考点】影响企业外部劳动力供给的因素

【解析】影响企业外部劳动力供给的因素主要包括：①地域性因素；②人口政策及人口现状；③劳动力市场发育程度；④社会就业意识和择业心理偏好。

95. BCE 【考点】人口现状对企业外部劳动力供给的影响

【解析】人口现状直接决定了企业现有外部人力供给状况，其主要影响因素包括人口规模、人口年龄和素质结构、现有的劳动力参与率等。

96. ABCD 【考点】人岗匹配原理

【解析】人岗匹配就是按照人适其事、事宜其人的原则，根据个体间不同的素质和要求，将其安排在各自最合适的岗位上，从而做到人尽其才、物尽其用。人岗匹配包括：①工作要求与员工素质相匹配；②工作报酬与员工贡献相匹配；③各类员工与员工之间相匹配；④各类岗位与岗位之间相匹配。

97. ACE 【考点】品德测评

【解析】品德测评主要包括：①FRC 品德测评法，是事实报告计算机辅助分析的考核性品德测评方法。②问卷法，是一种实用、方便、高效的方法。③投射技术。广义的投射技术是指那些把真正的测评目的加以隐蔽的一切间接测评技术。狭义的投射技术是指把一些无意义的、模糊的、不确定的图形、句子等呈现在被测评者面前，不给任何提示、说明或要求，然后问被测评者看到、听到或想到什么。

98. ABCE 【考点】引起员工素质测评结果误差的原因

【解析】引起员工素质测评结果误差的原因包括：①测评的指标体系和参照标准不够明确；②晕轮效应；③近因误差；④感情效应；⑤参评人员训练不足。

99. ADE 【考点】面试的类型

【解析】根据面试的标准化程度，面试可分为结构化面试、非结构化面试和半结构化面试。结构化面试又称为规范化面试，是指依照预先确定的题目、程序和评分标准进行面试，要求做到程序的结构化、题目的结构化和评分标准的结构化；非结构化面试是指在面试中事先没有固定的框架结构，也不使用有确定答案的固定问题的面试；半结构化面试是介于结构化与非结构化之间的一种面试形式。

100. CD 【考点】行为描述面试的假设前提

【解析】行为描述面试的假设前提是：①一个人过去的行为最能预示其未来的行为。作为面试考官，提出的问题应该让应聘者用其言行实例来回答，通过了解应聘者过去工作经历中的一些关键细节，来判断应聘者的能力，而不要轻信应聘者自己的评价。②说和做是截然不同的两码事。与应聘者自称“通常在做”的、“老在做”的、“能够做”的、“可能会做”的或者“应该做”的事情相比，其过去实际行为的实例更为重要。

101. ABCD 【考点】无领导小组讨论

【解析】无领导小组讨论题目的质量直接影响到无领导小组讨论的有效性。在进行无领导小组讨论题目的编制时，应对所编制出的备选答案进行甄别、筛选，确定出最符合本岗位工作特点的题目，对其进行检验、修正，使其真正成为具备科学性、实用性、可评性、易评性的测试题目。

102. ABCD 【考点】培训规划设计的关键点

【解析】企业员工培训规划的设计，应当充分体现“信念、远景、任务、目标、策略”等基本要素的统一性和综合性。信念是企业文化的内涵，远景是企业发展的宏伟蓝图，任务是企业员工培训所肩负的责任和义务，目标是为了推动企业与员工共同发展，策略是实现战略的具体措施和办法。

103. ACD 【考点】企业培训课程设计的特征

【解析】在企业不同的发展阶段应该采用不同的培训课程。在发展期，企业应集中力量提高中层管理人员的管理能力，如培养并影响他们的管理风格和思维习惯，使之适应企业的要求；提高他们的管理知识，加深他们对行业发展的认识，以建立适应企业未来发展的管理体制；培养他们的管理观念和管理技能，促进企业的长远发展。

104. ABCD 【考点】培训课程的需求度调查

【解析】课程需求度调查需要回答下面五个主要问题：①课程设置要达到什么目的？②通过课程教学要使学员的哪些具体行为或表现得到改进？③课程的可行性如何？④实施课程教学的资源和手段是否可以实现？⑤课程效果如何考核及评价？

105. ADE 【考点】培训中印刷材料的准备

【解析】培训中使用的印刷材料有：工作任务表、岗位指南、学员手册、培训者指南和测验试卷。其中，工作任务表的作用包括：①强调课程的重点；②提高学习的效果；③关注信息的反馈。

106. ABCD 【考点】培训效果评估的作用

【解析】培训前评估的作用包括：①保证培训需求确认的科学性；②确保培训计划与实际需求的合理衔接；③帮助实现培训资源的合理配置；④保证培训效果测定的科学性。

107. ACDE 【考点】撰写评估报告的要求

【解析】撰写评估报告的要求包括：①调查培训结果时必须注意接受调查的受训者的代表性，必须保证他们能代表整个受训者群体回答评估者提出的问题，避免因调查样本缺少代表性而作出不充分的归纳。②组织对培训投入大量的时间和精力，必然力图通过评估来证明培训的价值。在这种情况下，评估者(尤其是内部评估者)在撰写评估报告时要尽量实事求是，切忌过分美化和粉饰评估结果。③评估者必须综观培训的整体效果，以免以偏概全。④评估者必须以一种圆熟的方式论述培训结果中的消极方面，避免打击有关培训人员的积极性。⑤当评估方案持续一年以上时间时，评估者需要作中期评估报告。⑥要注意报告的文字表述与修饰。

108. BCE 【考点】绩效考评指标的作用

【解析】绩效考评指标是实施绩效考评的基础，它不仅影响着绩效考评的成败，而且对组织和员工都具有重要的影响作用，具体包括：①绩效考评指标有助于战略的落实和达成；②有效的绩效指标有助于改善组织的内部管理；③有效的绩效指标有助于指引员工的行为朝向组织正确的方向上来。

109. CD 【考点】关键绩效指标

【解析】战略导向的 KPI 体系与一般绩效考评体系的主要区别是：①从绩效考评的目的来看，战略导向的 KPI 体系是以战略为中心，指标体系的设计与运用都是为战略目标服务的；②从考评指标产生的过程来看，战略导向的 KPI 体系是在组织内部自上而下对战略目标进行层层分解产生；③从考评指标的构成上看，战略导向的 KPI 体系是通过财务与非财务指标相结合，体现关注短期效益，兼顾长期发展的原则，指标本身不仅传达了结果，也传递了产生结果的过程；④从指标的来源看，战略导向的 KPI 体系的考评指标来源于组织的战略目标与竞争的需要，有助于推进组织战略的实施。

110. BCDE 【考点】绩效辅导的时机与方式

【解析】为了对员工进行有效的辅导，帮助员工发现问题、解决问题，更好地实现绩效目标，管理者必须掌握进行辅导的时机，确保及时、有效地对员工进行指导。一般来说，在以下时间进行指导会获得较好的效果：①当员工需要征求你的意见时；②当员工希望你解决某个问题时；③当你发现了一个可以改进绩效的机会时；④当员工通过培训掌握了新技能时。

111. ABCE 【考点】绩效考评方法的比较

【解析】品质主导型考评方法的优点是操作简单，能够激励员工提高技能或培养职业需要的个人素质；缺点是主观性强，标准设定和描述比较困难，技能好未必会带来良好的工作业绩。适用于变化剧烈、需要大量的知识能力作为业绩支持的行业，比如 IT 行业。

112. ACE 【考点】评价标准对考评结果的影响

【解析】工作绩效评价标准的科学性、系统性和精确程度，对考评方法即工具运用和考评的结果具有重要的影响和制约作用。绩效考评标准不明确、不清楚、不规范是考评工具失常的主要客观原因。

113. ACDE 【考点】双向倾听式面谈

【解析】双向倾听式面谈并没有严格的程序和格式。这种面谈形式为下属提供了一次参与考评以及与上级主管进行交流的机会。在面谈中，首先要求下属回顾总结自己的工作，然后上级主管根据下属的自评报告，在综合归纳各个方面的考评意见的基础上，提出自己的看法，并作出总体的评估。最后，主管再听取下属的意见，给下属充分发表意见的机会，使其毫无顾忌地表达自己对考评结果的直接感受和真实看法；遇到不同意见时，也允许下属保留自己的看法。采用这种面谈方式时，上级主管应具有与员工沟通其工作优缺点的能力，主管应能够认真地倾听员工的不同意见，对员工的陈述或过激的言辞不予反驳，不置可否，以缓解员工的抵触情绪。采用这种方式，可以在员工受到挫折时，减少或消除员工的不良情绪。双向倾听式面谈要求参加者事先准备一些问题，而且要掌握提问和聆听的时机。

114. BDE 【考点】薪酬的功能

【解析】对企业员工来讲，传统的工资主要有两种功能：满足基本物质需求的功能和满足安全保障需求的功能。现代薪酬不仅具有这两种功能，而且日益体现出对员工精神需求满足的作用。具体功能如下：①保障功能。交换是薪酬的主要功能。②激励功能。从人力资源管理的角度看，薪酬应主要体现和发挥其激励功能。③社会信号功能。薪酬作为流动社会中的一种市场信号，很好地说明了一个人在社会上所处的位置。

115. ADE 【考点】薪酬市场调查

【解析】确定被调查的岗位时，应当遵循可比性原则，即选择被调查岗位时，应注重岗位之间在时间和空间多个维度上的可比性。选择确定被调查的岗位，应在工作性质、难易复杂程度、岗位职责、工作权限、任职资格、能力要求、劳动强度、环境条件等方面，与本企业需调查的岗位具有可比性。

116. CDE 【考点】影响员工薪酬满意度的因素

【解析】员工对薪酬的满意度是一种态度，它直接影响着员工的行为。影响员工薪酬满意度的因素有：①薪酬管理政策；②员工对薪酬的期望值；③边际效应规律；④薪酬制度的公平性；⑤员工职业生涯的阶段。

117. DE 【考点】绩效薪酬制的主要形式

【解析】现在企业主要的绩效薪酬形式有：①计件薪酬制（计件工资制），根据员工生产的合格产品的数量或完成的作业量，按照预先规定的计件单价支付的劳动报酬。②佣金制（提成制），主要用于营销人员的薪酬支付制度。它直接按照营销人员营销额的一定比例确定其薪酬报酬，是一种典型的绩效薪酬形式。

118. BE 【考点】薪酬结构类型

【解析】以工作为导向的薪酬结构，其特点是员工的薪酬主要根据其所担任的岗位（或职位）的重要程度、任职要求的高低以及劳动环境对员工的影响等来决定。薪酬随着岗位（或职位）的变化而变化，岗位薪酬制、职务薪酬制等都属于这种薪酬结构。以工作为导向的薪酬结构比较适用于各工作之间的责、权、利明确的企业。

119. ACDE 【考点】薪酬调整

【解析】薪酬调整是保证薪酬正常运行和调整的一个重要组成部分，也是薪酬能增能减的调整机制的具体体现。从具体内容来看，企业薪酬调整可以分为：①薪酬定级性调整；②物价性调整；③工龄性调整；④奖励性调整；⑤效益性调整；⑥考核性调整。

120. ACDE 【考点】劳务关系

【解析】劳务关系具有下述特征：①劳务关系双方当事人的法律地位平等，在人身上不具有隶属关系，当事人之间不存在管理与被管理、指挥、命令和服从的关系。②工作风险一般由劳务供给者自行承担。但由劳务需求者提供工作环境和工作条件的以及法律另有规定的除外。③劳务关系是基于民事法律规范成立，并受民事法律规范的调整和保护。④劳务关系主体具有不特定性，劳务需求方与供给方可以是自然人、法人或是其他组织。劳务关系的内容具有广泛性特征等。

121. ACDE 【考点】工资集体协商咨询指导员

【解析】工资协商指导员应同时具备以下条件：①具有中专以上文化程度，能熟练运用劳动法法律法规，熟悉相关劳动、工资方面的政策并能熟练运用政策分析处理问题。②了解本地区相关行业的工资水平和企业生产经营管理等方面的专业知识，熟悉企业人力资源管理、劳动工资和社会保障等方面的专业知识。③具有一定的指导和综合协调能力，有丰富的实践经验和较高的协商谈判艺术，能够熟练地组织和处理集体协商、集体合同签订、工资集体协商工作的相关事宜。

122. ABDE 【考点】工资集体协商的实施步骤

【解析】协商代表在进行工资集体协商、确定工资水平时应保证协商确定的职工年度工资水平符合国家有关工资分配的宏观调控政策，并综合参考下列因素，包括：①地区、行业、企业的人工成本水平；②地区、行业的职工平均工资水平；③当地政府发布的工资指导线、劳动力市场工资指导价位；④本地区城镇居民消费价格指数；⑤企业劳动生产率和经济效益；⑥上年度企业职工工资总额和职工平均工资水平；⑦其他与工资集体协商有关的情况。

123. ABDE 【考点】伤亡事故报告和处理制度

【解析】伤亡事故报告和处理制度是国家制定的对劳动者在劳动生产过程中发生的和生产有关的伤亡事故的报告、登记、调查、处理、统计和分析的规定。其目的是及时报告、统计、调查和处理职工伤亡事故，采取预防措施，总结经验，追究事故责任，防止伤亡事故再度发生。伤亡事故报告和处理制度包括以下内容：①企业职工伤亡事故分类；②伤亡事故报告；③伤亡事故调查；④伤亡事故处理。

124. CDE 【考点】劳动争议的分类

【解析】按照劳动争议的标的不同，可以把劳动争议划分为：①劳动合同争议。解除、终止劳动合同而发生的争议。因开除、除名、辞职等对适用条件的不同理解与实施而发生的争议。②关于劳动安全卫生、工作时间、休息休假、保险福利而发生的争议。③关于劳动报酬、培训、奖惩等因适用条件的不同理解与实施而发生的争议等。

125. ABCDE 【考点】劳动争议当事人的义务

【解析】劳动争议中的当事人，是指因劳动权利义务发生争议，以自己的名义提请仲裁，请求劳动争议仲裁委员会行使仲裁权的人。劳动争议当事人的义务主要包括：①当事人有正当行使权利的义务。②当事人有遵守仲裁庭纪律和程序的义务。③当事人有如实陈述案情、提供证据、回答仲裁员提问的义务。④当事人有尊重对方当事人和其他仲裁参加人的义务。⑤当事人有自觉履行发生效力的仲裁调解书和仲裁书的义务。⑥当事人有按规定交纳仲裁费的义务。

卷册二：专业能力

一、简答题（本题共3题，第1小题15分，第2小题16分，第3小题16分，共47分）

1. 企业人力资源整体结构由哪些亚结构组成？（15分）

答：企业人力资源整体结构是指人力资源系统中，各种不同类型的人力资源配置的方式及其比例关系。它是一个多维的、多层次的、多要素的、动态的综合体，其内部构成要素有着上下、纵横交叉的联系。企业人力资源整体结构具体表现为以下几种亚结构：年龄结构、性别结构、知识结构、专业结构，以及生理心理素质结构。企业人力资源结构的合理化是在这些亚结构合理化的基础上形成的。

（1）年龄结构合理化。年龄结构是指企业人力资源中具有不同年龄员工的构成方式和比例关系。年龄结构的合理化是力求建立一个老年、中年和青年比例合理的人力资源综合体，并使之处于不断发展的动态平衡之中。合理的年龄结构有利于发挥处于老、中、青三个年龄阶段上员工的各自优势，取得较佳的合成效应。

（2）性别结构合理化。性别结构是指企业人力资源中男女员工的构成方式和比例关系。性别结构的合理化，有利于充分发挥不同性别的员工在从事体力和脑力劳动方面的优势，使不同性别的员工适才适所、各尽其能。

（3）知识结构合理化。知识是指企业人力资源中具有不同文化和专业知识水平（如一般初级、中级、高级、尖端知识）的员工构成方式和比例关系。知识结构合理化是要保证企业人力资源中具有不同文化和专业知识水平的员工按照合理比例进行组合，形成一个适应企业生产经营需要的文化知识有机体。知识结构合理化的一般标志是：企业中有不同文化和专业知识水平的员工，按高、中、低三个层次呈上尖下宽的宝塔形分布。

（4）专业结构合理化。专业结构是指企业人力资源中具有不同类别专业技能的员工构成方式和比例关系。现代企业中，由于生产任务繁重，技术、工艺复杂，员工在精细的劳动组织和严格的分工条件下，从事着生产、技术、经营、管理、研究、设计、工艺、检测、施工、维修、运输、供应、服务、基建等项不同性质和特点的工作。为了实现企业的生产经营目标，需要将企业中具有不同专业技能的员工按一定比例进行合理配置，使他们能满足各类工作岗位的要求，通力协作，密切配合，共同努力，从而发挥出其最大的整体效能。

（5）生理心理素质结构的合理化。生理心理素质结构是指企业人力资源中不同体质、性格、气质、兴趣、爱好、能力、品德的员工构成方式和比例关系。生理心理素质结构的合理化就是使具有不同生理心理素质的员工按一定比例和要求组合在一起，从而保证他们兼容并蓄、协调一致，将员工之间因性格、气质、兴趣、爱好、品德等产生冲突和摩擦的可能性降到最低限度，聚积具有不同能力特质和技术特长的员工，扬长避短，优势互补，协调优化，从而更好地发挥团队的集体力。

2. 简述绩效反馈面谈的步骤。（16分）

答：绩效反馈面谈包括以下八个步骤：

（1）为双方营造一个和谐的面谈气氛。

（2）说明面谈的目的、步骤和时间。

（3）讨论每项工作目标考评结果。

(4)分析成功和失败的原因。

(5)与被考评者讨论考评的结果，特别是双方要围绕优势与不足、存在的重要困难和问题、在计划期内亟待改进的方面进行深入的讨论，并达成共识。

(6)与被考评者围绕培训开发的专题进行讨论，提出培训开发的需求，共同为下一阶段的员工培训开发工作设定目标。

(7)对被考评者提出的需要上级给予支持和帮助的问题进行讨论，提出具体建议。

(8)双方达成一致，在绩效考评表上签字。

3. 简述企业岗位分类与岗位纵向分级的步骤。(16分)

答：(1)工作岗位分类是一项较为复杂的、知识性、技术性很强的工作，它的具体步骤一般为：

①岗位的横向分类，即根据岗位的工作性质及特征，将它们分为若干类别；

②岗位的纵向分级，即根据每一岗位的繁简难易程度、责任轻重以及所需学识、技能、经验水平等因素，将它们归入一定的档次级别；

③根据岗位分类的结果，制定各类岗位的岗位规范即岗位说明书，并以此作为各项人力资源管理工作的依据；

④建立企业岗位分类图表，说明企业各类岗位的分布及其配置情况，为企业员工的分类管理提供依据。

(2)岗位纵向分级的步骤包括：

①按照预定的标准进行岗位排序，并划分出岗级。分别把每一个职系中的岗位，按照业务工作的繁简难易、责任大小以及所需人员资格条件等因素，对其进行分析和评价，并把它们按照一定的顺序，如从“简”“轻”“低”到“繁”“重”“高”进行排序，将相近相似的岗位划分为同一岗级，直至将全部岗位划分完为止。

②统一岗等。必须在划分岗级的基础上，根据岗位工作的繁简难易程度、责任大小和所需人员资格条件等因素，对各职系的岗级进行横向的分析比较，然后将它们归入统一的岗等内，从而使不同职系、不同岗级的岗位，纳入一个由岗等、岗级与职系组成的三维岗位体系之中。

二、综合题(本题共3题，第1小题17分，第2小题18分，第3小题18分，共53分)

1. 请结合本案例，回答以下问题：

(1)设计企业的组织管理层次，应采用哪些具体步骤和方法？(8分)

(2)管理幅度受到哪些因素影响？设计管理幅度有哪几种方法？(9分)

答：(1)管理层次的设计步骤与方法如下：

①按照企业的纵向职能分工，确定企业的管理层次。管理层次分为上、中、下三层。上层主要职能是从整体利益出发，对组织实行统一指挥和综合管理，并制定组织目标和大政方针。中层主要职能是为达到组织总的目标，为各职能部门制定具体的管理目标，拟定和选择计划的实施方案、步骤和程序，评价生产经营成果和制定纠正偏离目标的措施等。下层主要职能是按照规定的计划和程序，协调基层组织的各项工作和实施计划。

②有效的管理幅度与管理层次成反比。企业在管理幅度确定的情况下，可以计算出具体的管理层次。

③选择具体的管理层次。根据管理幅度确定具体的管理层次。

④对个别管理层次作出调整。影响企业组织幅度的因素是调整管理层次的依据。

(2)①管理幅度是影响组织层次的重要因素，所以影响管理幅度的因素也必将影响到管理层次的设计。其主要影响因素包括：

a. 工作的性质。工作复杂程度越高，变化性越大，管理幅度就越小；反之，则越大。

b. 人员素质状况。如果领导具有较强的工作能力、组织能力、理解能力、协调能力，管理幅度可以适当加大；反之，必须降低管理幅度。如果下级受过良好的训练，能够独立完成工作任务，同样管理幅度可以加大；反之，应降低幅度。

c. 管理业务的标准化程度。作业程序标准化程度越高，管理幅度可越大；作业程序标准化程度越低，则管理幅度越小。

d. 授权的程度。善于分权的领导者可设置较宽的管理幅度；而对于善于集权的领导者，管理幅度就应该窄些。

e. 管理信息系统的先进程度。如果组织的管理信息系统较先进，则管理幅度可以加大；反之，则应减小。此外，组织的凝聚力、组织变革的速度、人员分布的相近性等，对管理幅度的设计也有很大的影响，在进行部门设计时一定要加以重视。

②设计管理幅度时，可以采用以下两种方法：

a. 经验统计法

管理幅度的确定是通过对多个企业管理幅度进行抽样调查，以调查所得到的统计数据为依据，结合本企业的具体情况来实现的。比如在抽样所得的数据中发现大多数与本企业具有相似性的企业，最高领导层的管理幅度为7~9人，那么就以7~9人为基准，进行适当的调整来确定企业的管理幅度。可见，经验统计法是一种简单而易于操作的设计方法。但如果只是简单照搬其他企业的管理幅度标准，难免与本企业的实际情况不相符，从而影响到组织设计的科学性和有效性。

b. 变量测评法

20世纪70年代，美国洛克希德导弹与航天公司通过对管理的主要变量与管理幅度关系的研究，提出了本设计方法。它是将影响管理幅度的各种因素作为变量，采用定性分析与定量分析相结合的方法来确定组织的管理幅度。

运用变量测评法时，首先必须找出影响管理幅度的主要变量；其次要分析各变量对管理者负荷的影响程度，求出权数；最后将管理人员的总权数与管理幅度的标准值进行比较，以确定具体的管理幅度。

2. 请结合本案例，回答以下问题：

(1)为了有效实施培训计划管理，企业应健全哪些配套措施？(12分)

(2)在建立健全员工培训激励与约束机制方面，可以采取哪些措施？(6分)

答：(1)培训计划实施过程的管理关系到培训能否顺利进行及培训效果的好坏，因此需要进行有效的管理和控制。企业培训计划配套措施包括以下几点：

①企业全员培训文化的培育。培训文化是组织文化的重要组成部分，更是考察组织中培训发展现状的重要标志，它对组织培训工作的有效开展起着很大的促进作用。

②企业全员培训环境的营造。培训环境，是指直接或间接影响和作用于培训活动的诸要素的总和。

③企业培训师资队伍的建设。

a. 选择培训教师的原则与标准。对于不同性质、不同目标的课程，选择最好教员的标准是不一样的。

b. 根据课程的性质选择培训师。

④企业培训课程的开发与管理。培训课程是一个直接用于为企业服务的课程系统，具有服务性、经营性、实践性、针对性、经验性、功利性、时效性等特性。培训课程的特性源于培训活动的本质属性，即培训既属于一种教育活动，同时又是企业的一种生产行为。

⑤企业员工培训成果的跟进。为了了解培训的成果，为以后有针对性的培训提供分析依据，在培训结束后要定期对经过培训的员工进行培训后跟踪，这种培训跟踪在一定程度上可以起到强化和督促受训员工在工作岗位上自觉应用所学知识技能进行工作的作用。

⑥企业员工培训档案的管理。培训结束后，要对受训员工的培训档案和各类培训资料进行分类存档，以便为日后的培训提供参考，同时将相关的资料提供给人力资源部作为员工考核、晋升、奖励的依据。

⑦员工培训激励机制的确立。在实施培训活动中，培训主管部门要制定规章制度与控制措施，将受训人员的参与态度及成绩同奖罚措施挂钩，以监督培训活动的贯彻落实。

（2）建立员工培训激励、约束和管理机制，是实施培训、考核、使用、晋升、薪酬一体化的根本举措，是员工培训向持续、稳定和健康发展的重要保证。在建立和健全员工培训激励与约束机制方面，可以采取以下措施：

①全面实行目标管理责任制。全面实行数字管理；根据是否重视培训给予奖惩；对长期不重视培训和人力资源开发，造成企业人员素质和经济效益滑坡的企业领导者，给予岗位调整。

②对员工实行“培训、考核、使用、薪酬、晋升”相配套的终身培训机制。做到培训与使用相一致，使用与结合相一致，使用与晋升、薪酬相协调；制定“三不准”政策，即不经培训不准就业、不经培训不准上岗转岗、不经培训不准评聘；做到培训符合需求、用人发挥特长、业绩及时考核、劳动获取报酬的一体化。

3. 请根据我国现行劳动法律法规，对本案例进行全面的剖析。（18分）

答：根据《企业职工患病或非因工负伤医疗期规定》第二条规定，医疗期是指企业职工因患病或非因工负伤停止工作治病休息不得解除劳动合同的时限。第三条规定，企业职工因患病或非因工负伤，需要停止工作医疗时，根据本人实际参加工作年限和在本单位工作年限，给予3个月到24个月的医疗期。第六条规定，企业职工非因工致残和经医生或医疗机构认定患有难以治疗的疾病，在医疗期内医疗终结，不能从事原工作，也不能从事用人单位另行安排的工作的，应当由劳动鉴定委员会参照工伤与职业病致残程度鉴定标准进行劳动能力的鉴定。被鉴定为一至四级的，应当退出劳动岗位，终止劳动关系，办理退休、退职手续，享受退休、退职待遇；被鉴定为五至十级的，医疗期内不得解除劳动合同。第七条规定，企业职工非因工致残和经医生或医疗机构认定患有难以治疗的疾病，医疗期满，应当由劳动鉴定委员会参照工伤与职业病致残程度鉴定标准进行劳动能力的鉴定。被鉴定为一级至四级的，应当退出劳动岗位，解除劳动关系，并办理退休、退职手续，享受退休、退职待遇。

案例中，郭某眼睛受伤后，可以停止工作去进行治疗，在医疗期内A公司不得与其解除劳动合同。郭某治疗结束后，应恢复工作，如果不能从事原工作，A公司应为其另行安排合适的工作。如果郭某不能从事原工作，也不能从事A公司另行安排的工作，应当由劳动鉴定委员会参照工伤与职业病致残程度鉴定标准进行劳动能力的鉴定。被鉴定为一至四级的，应当退出劳动岗位，终止劳动关系，办理退休、退职手续，享受退休、退职待遇；被鉴定为五至十级的，医疗期内不得解除劳动合同。另外，A公司在两次仲裁庭审中，均未能提供充分的证据，证明其曾通知郭某上班并为郭某安排工作，所以两次仲裁均败诉了。因此，仲裁机构的两次仲裁结果都是正确的，A公司应继续与郭某履行劳动合同，为其安排合适的工作。

2017年5月　人力资源和社会保障部
国家职业资格全国统一鉴定

职　　业：企业人力资源管理师

等　　级：国家职业资格二级

卷 册 一：职业道德
　　　　　理论知识

注意事项：1. 考生应首先将自己的姓名、准考证号等用钢笔、圆珠笔等写在试卷册和答题卡的相应位置上，并用铅笔填涂答题卡上的相应位置处。

2. 考生同时应将本页右上角的科目代码填涂在答题卡右上角的相应位置。

3. 本试卷册包括职业道德和理论知识两部分：
第一部分，1～25小题，为职业道德试题；
第二部分，26～125小题，为理论知识试题。

4. 每小题选出答案后，用铅笔将答题卡上对应题目的答案涂黑。如需改动、用橡皮擦干净后，再选涂其他答案。所有答案均不得答在试卷上。

5. 考试结束时，考生务必将本卷册和答题卡一并交给监考人员。

6. 考生应按要求在答题卡上作答。如果不按标准要求进行填涂，则均属作答无效。

地　　区：________________________

姓　　名：________________________

准考证号：________________________

人力资源和社会保障部职业技能鉴定中心监制

第一部分　职业道德

（第1～25题，共25道题）

一、职业道德基础理论与知识部分(第1～16题)

答题指导：

◆该部分均为选择题，每题均有四个备选项。其中，单项选择题只有一个选项是正确的，多项选择题有两个或两个以上选项是正确的。

◆请根据题意的内容和要求答题，并在答题卡上将所选答案的相应字母涂黑。

◆错选、少选、多选，则该题均不得分。

(一)单项选择题(第1～8题)

1. 社会主义职业道德的核心是(　　)。

A. 为人民服务　　B. 集体主义　　C. 爱岗敬业　　D. 奉献社会

2. 某员工将一块青铜塑造成为门柄，所得价值为21美元，又将其塑造成为一件工艺品所得价值为28万美元，其中所体现的是(　　)。

A. 诚信品质　　B. 创新精神　　C. 金钱至上　　D. 合作意识

3. 在中国传统儒家道德思想中，处于核心地位的范畴是(　　)。

A. “礼”　　B. “气”　　C. “诚”　　D. “仁”

4. 加强社会主义职业道德建设，从业人员要牢固树立时代精神，时代精神的核心是(　　)。

A. 崇尚科学　　B. 社会主义荣辱观

C. 改革创新　　D. 爱国主义

5. 按照美国学者詹姆斯·H. 罗宾斯的说法，所谓“敬业”就是(　　)。

A. 始终在一个岗位上干工作，不“跳槽”

B. 尊敬、尊崇自己的职业，甚至对职业怀有敬畏态度

C. 拿多少钱，干多少活

D. 不过多地索取公司的报酬

6. 一个能力强的员工可以带10个人，一个能力更强的人可以带100个人，但假如没有数字中的权数“1”，那么，能力再强也无法带领一个人。从职业道德的角度来说，与这句话意思相近的选项是(　　)。

A. 海纳百川，有容乃大　　B. 不义且富贵，于我如浮云

C. 民为邦本，本固邦宁　　D. 才者，德之资也；德者，才之帅也

7. 职业化的中间层次是(　　)。

A. 职业化语言　　B. 职业化习惯　　C. 职业化理想　　D. 职业化技能

8. 孔子曾说过，君子“敏于事而慎于言”，其含义是(　　)。

A. 言多有失，少说为佳

B. 遇事多动脑筋，但表面上要装作若无其事的样子

C. 谨慎言语，不要因夸口而失信

D. 想明白了事情的原委，然后再去行动

(二)多项选择题(第9～16题)

9. 作为职业道德规范，“诚信”的特征有(　　)。

A. 通识性　　B. 智慧性　　C. 代价性　　D. 被动性

10. 下列关于“职业纪律”的说法中，正确的有(　　)。

A. 严守职业纪律是职业成功与发展的基础

B. 遵守职业纪律会抑制人们的思维活力

C. 当纪律与自由发生冲突时，首先要选择自由

D. 企业具有良好的执行力靠的是纪律

11. 社会主义职业道德的特征有(　　)。

A. 继承性和创造性的统一　　B. 阶级性和人民性的统一

C. 先进性和广泛性的统一　　D. 强制性和被动性的统一

12. 经营者违背《中华人民共和国反不正当竞争法》规定的做法有(　　)。

A. 使用与知名商品近似的名称、包装、装潢

B. 通过给予对方单位某技术人员提成的方式换取他手里的技术资料

C. 处理有效期即将到期的商品或者其他积压的商品

D. 采取抽奖式的有奖销售，最高奖的金额为3000元

13. 关于“奉献”的说法中，正确的有(　　)。

A. 全力以赴是奉献的基本要求　　B. 奉献就是把职业作为事业来做

C. 为人民服务是奉献的落脚点　　D. 奉献是企业立足社会的道德资本

14. 作为道德规范的“诚信”，其中“诚”的意思有(　　)。

A. 自然万物的客观实在性

B. “天道”的真实反应

C. 尊重事实和忠实本心的待人对物的态度

D. 只要赤诚，勿需隐含智慧

15. 下列关于“节约能源”的说法中，正确的有(　　)。

A. 经有关部门鉴定批准的节能新产品，按照相关规定长期免征产品税、增值税

B. 严格控制柴油发电机组用油

C. 企业应当把各种能源消耗定额分配到车间、班组、机台

D. 企业应当根据规定配备能源计量器具，加强能源计量管理

16. 职业活动内在的道德准则有(　　)。

A. 服从　　B. 谦虚　　C. 审慎　　D. 勤勉

二、职业道德个人表现部分(第17～25题)

答题指导：

◆该部分均为选择题，每题均有四个备选项，您只能根据自己的实际状况选择其中一个选项作为您的答案。

◆请在答题卡上将所选择答案的相应字母涂黑。

17. 少数员工一遇领导讲话就打瞌睡，你认为导致这一现象的主要原因是(　　)。

A. 这些员工了解领导讲话的重要性　　B. 这些员工不懂得尊重领导

C. 这些员工可能太疲劳了　　D. 领导讲的多是空话、套话

18. 假如你所在的单位有这样一个人，平时他会花费一些时间收集整理废旧纸张，以便加以利用。你对他的评价是(　　)。

A. 吝啬　　B. 工作抓不住重点

C. 节俭　　D. 无聊

19. 某员工上班时总爱开着电灯，你认为其主要原因可能是(　　)。

A. 用的是公家的电　　B. 不了解公司的规定

C. 习惯使然　　D. 做事不注意细节

20. 办公室的同事们都在聚精会神地工作，这时窗子外面传来一阵儿嘈杂的声音，请你预测一下大家的反应是(　　)。

A. 少部分人会去围观

B. 行为上不会有太大反应，但精力不会太集中了

C. 都会放下手头的工作，探头看一看

D. 基本上不会有太大反应

21. 单位某职工患重病，工会已经组织过两次捐款，现在又号召大家再次捐助，但你因为购房已债台高筑，实在无力相助，你会(　　)。

A. 向同事们说明自己的情况，请他们理解

B. 向患病职工说明自己的难处，请他谅解

C. 向工会领导说明自己的情况，让他了解

D. 自己无力捐款，但也不解释

22. 如果你早上赶着去上班，在小区里不巧踩上一团狗粪，你的感觉是(　　)。

A. 晦气　　B. 郁闷　　C. 恶心　　D. 痛恨养狗的人

23. 尽管单位职工的工资一涨再涨，但是大家依然不满，你认为导致这一现象的可能原因是(　　)。

A. 企业与员工的收入比例严重失衡造成的

B. 由人的贪欲所导致的

C. 由企业内部横向分配不公所造成的

D. 企业的价值取向错位导致的

24. 某乘客患重大传染性疾病，你与他乘同一航班，卫生防疫部门发现后要求所有乘客马上到当地医疗部门进行登记，而你觉得自己身体没有什么异常反应，你会(　　)。

A. 响应号召，马上去登记　　B. 少接触他人，不去登记

C. 自我观察几天再作决定　　D. 认为自己身体好，不去登记

25. 一次某同事悄悄对你说：“××尽在背地说你的坏话”。你问：“那个人是谁?”对方回答：“这个我不能说。”你反复追问，对方就是不答。你会(　　)。

A. 尽管自己很生气，但也懒得为这样的事情费心思

B. 日后一定要要弄明白说自己坏话的人是谁

C. 怀疑对方在说假话

D. 觉得这个同事不义气，以后尽量少接触他

第二部分 理论知识

（第26～125题，共100道题，满分为100分）

一、单项选择题（第26～85题，每题1分，共60分。每小题只有一个最恰当的答案，请在答题卡上将所选答案的相应字母涂黑）

26. 在商品市场中，（ ）是商品和服务的供给者。

A. 市场　B. 劳动者　C. 居民户　D. 企业

27. （ ）是因就业岗位变换形成的失业。

A. 季节性失业　B. 结构性失业　C. 技术性失业　D. 摩擦性失业

28. 关于劳动法的监督检查制度的表述，正确的是（ ）。

A. 它规定了劳动关系的调整规则

B. 它规定了实现和保证各项劳动法律制度实施的手段

C. 它规定了劳动关系的运行规则

D. 它规定了劳动关系的全部内容

29. 制订企业计划的原则不包括（ ）。

A. 战略计划与战术计划相结合　B. 可行性与创造性相结合

C. 稳定性与灵活性相结合　D. 短期计划和长期计划相结合

30. 满足权力需要的行为不包括（ ）。

A. 解决复杂问题　B. 控制他人和活动

C. 战胜对手或敌人　D. 对资源进行控制

31. 人力资源开发不包括（ ）。

A. 生理开发　B. 心理开发　C. 制度开发　D. 环境开发

32. （ ）以行为科学为理论依据，强调人的因素，从组织行为学的角度来研究组织结构。

A. 近代组织理论　B. 现代组织理论　C. 当代组织理论　D. 古典组织理论

33. 网络型组织与一般流程型组织不同，它是一种（ ）组织。

A. 产品竞争型　B. 利润驱动型　C. 市场驱动型　D. 消费导向型

34. 组织结构诊断的基本内容与程序包括：(1)组织结构分析；(2)组织结构调查；(3)组织关系分析；(4)组织决策分析。正确的排序是（ ）。

A. (2)(4)(3)(1)　B. (2)(1)(3)(4)

C. (2)(1)(4)(3)　D. (1)(2)(3)(4)

35. 工作岗位设计的基本原则不包括（ ）。

A. 先进科学可行　B. 责权利相对应　C. 合理分工协作　D. 明确任务目标

36. 关于岗位设计的方法研究技术的表述，正确的是（ ）。

A. 流线图记录了生产工艺加工的确切情况

B. 流程图用平面图或立体图来显示产品加工制作的全过程

C. 作业程序图是分析生产程序的工具之一

D. 流线图分为单柱型和多栏型

37. 人力资源规划的核心内容不包括（ ）。

A. 人力资源供给预测　B. 人力资源供需综合平衡

C. 人力资源需求预测　　　　　　　　D. 人力资源计划与修正

38. 企业在预测2017年人力资源需求时，下列资料中，(　　)最具参考价值。

A. 该企业2016年度核心员工流失率　　B. 2016年度当地劳动力市场的供求状况

C. 该企业2016年度人工成本统计情况　　D. 2016年度竞争对手的平均工资水平

39. (　　)根据计划期内任务总量与劳动定额标准和劳动生产率系数，计算出企业生产岗位人员的需求量。

A. 比例定员法　　　　B. 劳动效率定员法

C. 计量经济模型　　　　D. 劳动定额分析法

40. 关于企业制度化管理的表述，不正确的是(　　)。

A. 管理人员所拥有的权力受严格的限制

B. 遵循效率优先的原则

C. 每个管理者都拥有执行自己职能所必要的权力

D. 遵循因事设人的原则

41. 下列关于选拔性素质测评的表述，正确的是(　　)。

A. 测评标准应具有弹性　　　　B. 测评标准要尽可能精确

C. 强调定性描述测评结果　　　　D. 强调测评无区分功能

42. 在员工素质测评中，(　　)是对素质行为特征或表现的范围、强度和频率的规定。

A. 标度　　B. 标记　　C. 标准　　D. 标志

43. 在员工素质测评标准体系的纵向结构要素中，(　　)是对测评内容的明确规定。

A. 测评对象　　B. 测评主体　　C. 测评指标　　D. 测评目标

44. 在员工素质测评中，(　　)是先定性描述后再定量刻画的量化形式。

A. 类别量化　　B. 模糊量化　　C. 二次量化　　D. 一次量化

45. 某主管总是给自己的助手打高分，给其他人员打低分，这属于测评的(　　)。

A. 近因效应　　B. 感情效应　　C. 首因效应　　D. 晕轮效应

46. 关于面试的说法，不正确的是(　　)。

A. 面试过程中，考官与应聘者的地位平等

B. 面试按预先设计的程序来进行

C. 面试以谈话和观察为主要工具

D. 面试具有明确的目的性

47. 合格的面试考官不应该有的行为是(　　)。

A. 尽量创造和谐的氛围　　　　B. 面试过程中要善于察言观色

C. 面试前做好充分准备　　　　D. 努力营造高压的面试氛围

48. 在结构化面试之前，企业需要为构建选拔性素质模型组建专门的测评小组，该小组的成员不包括(　　)。

A. 人力资源管理人员　　　　B. 招聘岗位的资深任职人员

C. 招聘岗位所在部门的主管　　　　D. 企业优秀员工代表

49. 组织无领导小组讨论时，如果被测评者为7人左右，讨论的时间一般应控制在(　　)分钟以内。

A. 90　　B. 120　　C. 60　　D. 150

50. (　　)是联系整体培训规划和部门培训规划的关键。

A. 战略导向的全局性培训规划　　B. 员工长期培训开发规划
C. 员工培训开发战略规划　　D. 员工培训开发管理规划

51. （　　）使培训计划中的每项工作都有具体的责任人、执行人。
A. 培训规划体系　　B. 培训管理控制体系
C. 培训组织体系　　D. 培训开发评估体系

52. 培训的（　　）是以特定的行为术语，如“分析”“应用”“评价”等各类认知指标，对培训目标作出界定。
A. 课程内容　B. 课程教材　C. 课程目标　D. 课程评价

53. （　　）课程设计的主要目的是解决“适”的问题，即要适应外部环境的变化。
A. 观念培训　B. 思维培训　C. 技能培训　D. 知识培训

54. 培训课程系列计划以（　　）为导向，将看似独立的相关课程联系在一起。
A. 培训战略　B. 培训目标　C. 培训需求　D. 培训任务

55. 管理人员培训体系设计的原则，不包括（　　）。
A. 差异性原则　B. 计划性原则　C. 有效性原则　D. 战略性原则

56. （　　）的首要工作是组织好部门员工实施项目任务和协调上下左右的关系。
A. 中层管理人员　B. 高层管理人员　C. 基层管理人员　D. 一线工作人员

57. 关于培训评估的表述，正确的是（　　）。
A. 可选用单一的定性或定量评估方法
B. 只在培训结束时进行评估
C. 是对整个培训活动实施成效的评价和总结
D. 是可有可无的环节

58. 培训的（　　）是指受训者培训项目的感性认识，包括对培训设施、培训师和培训内容的感觉。
A. 反应成果　B. 绩效成果　C. 技能成果　D. 认知成果

59. （　　）可以说明员工在某一方面的表现，以及完成工作任务的方式。
A. 品质特征型指标　　B. 工作结果型指标
C. 行为过程型指标　　D. 工作态度型指标

60. 绩效考评标准主要由（　　）构成。
A. 标志和尺度　B. 指标和数值　C. 指标和标度　D. 标志和标度

61. 战略导向的 KPI 体系更加强调对员工的（　　）。
A. 行为激励　B. 心理激励　C. 目标激励　D. 培训激励

62. （　　）绩效指标的考评标准通常是一个范围，即上限和下限。
A. 目标化　B. 描述性　C. 质量化　D. 数量化

63. 关于一对一会面式绩效沟通的表述，不正确的是（　　）。
A. 与书面报告不同，其主要缺陷是涉及的信息仅在两人之间共享
B. 大多数管理者都会犯的一个错误就是过多地“教训”而忘记倾听
C. 在面谈的最后留出足够的时间让员工有机会表达他的意见和观点
D. 在每次会面的开始，管理者应该让员工了解面谈的目的和重点

64. （　　）不属于结果导向型绩效考评方法。
A. 劳动定额法　B. 排列法　C. 短文法　D. 成绩记录法

65. 考评者仅凭被考评者最初的绩效信息，对考评期内的全部表现作出总评价，由此所产生的考评误差属于(　　)。

A. 近期效应　　B. 后继效应　　C. 初次效应　　D. 优先效应

66. 关于360度考评的表述，正确的是(　　)。

A. 以工作产出为导向　　B. 不利于强化企业的核心价值观

C. 具有全方位、多角度特点　　D. 阻碍管理者与员工的双向交流

67. (　　)绩效面谈为下属提供了参与考评以及与上级主管进行交流的机会，特别是在员工受到挫折时，有助于减少或消除员工的不良情绪。

A. 解决问题式　　B. 双向倾听式　　C. 综合式　　D. 单向劝导式

68. 关于政府薪酬数据的表述，不正确的是(　　)。

A. 涵盖的范围广，可涵盖多种行业的不同岗位

B. 分类细致，包括企业类型、岗位类型等诸多细类

C. 数据来源比较规范可靠，具有很强的可比性

D. 数据处理的方法精细复杂，误差的可能性小

69. 百分位法将岗位薪酬调查数据从低到高排列，分为(　　)组。

A. 5　　B. 10　　C. 4　　D. 20

70. (　　)是由工作性质和基本特征相似相近，而责任大小、任务轻重、繁简难易程度和要求不同的岗位所构成的岗位序列。

A. 职系　　B. 职组　　C. 职门　　D. 职等

71. 岗位评价要素的特点，不包括(　　)。

A. 共通性　　B. 可观察性　　C. 显著性　　D. 可衡量性

72. (　　)需要企业营造一种比较开放的、有利于员工参与的企业文化。

A. 技能薪酬制　　B. 计件薪酬制　　C. 组合薪酬制　　D. 计时薪酬制

73. 经营者年薪制的基本薪酬，一般是按(　　)支付。

A. 季　　B. 月　　C. 年　　D. 周

74. 关于以工作为导向的薪酬结构的表述，不正确的是(　　)。

A. 员工的薪酬取决于所在岗位的性质和特征

B. 有利于激发企业员工的工作热忱和责任心

C. 岗位薪酬制和职务薪酬制是它的主要形式

D. 能反映员工的责任心、知识和技能的差别

75. 岗位不同，薪酬结构会有所不同。(　　)的浮动薪酬应占较大比重。

A. 一般管理人员　　B. 执行层的员工　　C. 高级管理人员　　D. 专业技术人员

76. 企业年金适用于(　　)。

A. 试用期满的员工　　B. 临时员工

C. 新进员工　　D. 全体员工

77. 劳动派遣协议规定了(　　)的权利义务，从而使双方建立起民事法律关系。

A. 劳务中介机构与用工单位　　B. 劳务用工单位与劳动者

C. 劳务派遣单位与用工单位　　D. 劳务派遣单位与劳动者

78. 劳务派遣单位违反法律规定，未经许可擅自经营劳务派遣业务的，由劳动行政部门责令停止违法行为，没收违法所得，并处违法所得(　　)的罚款。

A. 1倍以上

B. 1倍以上3倍以下

C. 3倍以上

D. 1倍以上5倍以下

79. 制定工资指导线水平应考虑的因素不包括(　　)。

A. 劳动力市场价格

B. 企业经营状况

C. 人工成本水平

D. 社会劳动生产率

80. 工资集体协商开始前(　　)内，协商双方应提供与工资集体协商有关的真实情况和资料。

A. 5日　B. 7日　C. 10日　D. 15日

81. 在安全生产责任制中，(　　)对本单位安全卫生负有全面责任。

A. 企业法定代表人

B. 总工程师

C. 工人

D. 分管安全卫生的负责人

82. (　　)是企业劳动安全卫生保护工作的职业道德行为准则。

A. 安全第一、预防为主、以人为本

B. 安全第一、预防为主、及时报告

C. 预防为主、防重于治、以人为本

D. 安全第一、及时报告、以人为本

83. 当事人因主张有待确定的权利和义务所发生的争议，属于(　　)。

A. 权利争议　B. 利益争议　C. 集体争议　D. 个别争议

84. 劳动争议仲裁委员会的成员不包括(　　)。

A. 用人单位代表

B. 劳动者代表

C. 同级工会代表

D. 劳动行政部门代表

85. 在(　　)的情况下，调解委员会制作调解协议书。

A. 调解期限届满不能结案

B. 调解达不成协议

C. 在当事人约定期限内仍未达成协议

D. 调解达成协议

二、多项选择题(第86~125题，每题1分，共40分。每题有多个答案正确，请在答题卡上将所选答案的相应字母涂黑。错选、少选、多选，均不得分)

86. 根据单位时间标准的不同，工资率可分为(　　)。

A. 计时工资率　B. 小时工资率　C. 货币工资率　D. 计件工资率

E. 日工资率

87. 劳动标准法包括(　　)。

A. 定员标准法

B. 工作时间法

C. 职业标准法

D. 劳动安全卫生标准法

E. 工资法

88. 常见的成本导向定价方法包括(　　)。

A. 随行就市定价法

B. 成本加成定价法

C. 盈亏平衡定价法

D. 目标收益定价法

E. 边际成本定价法

89. 心理测验的技术标准包括(　　)。

A. 难度　B. 灵敏度　C. 效度　D. 标准化

E. 信度

90. 矩阵制组织结构的优点包括(　　)。

A. 有利于加强各职能部门间的沟通协作，及时解决问题

B. 可以随时组建、重建和解散团队，提高组织灵活性

C. 能解决组织结构相对稳定和管理任务多变之间的矛盾

D. 将不同部门专业人员集中在一起，使其学到更多技能

E. 对于高层管理者而言，矩阵制是一种有效的集权工具

91. 企业组织发展的战略主要有(　　)。

A. 优质创新战略　B. 纵向整合战略　C. 扩大地区战略　D. 增大数量战略

E. 多种经营战略

92. 在进行岗位设计时，必须首先明确岗位的(　　)。

A. 任职资格　B. 利益　C. 权限　D. 所受监督

E. 责任

93. 人员培训开发规划的具体内容有(　　)。

A. 培训的目标　B. 受训人员的资格

C. 培训费用的预算　D. 培训的内容

E. 受训人员的数量

94. 竞争五要素分析法的分析内容包括(　　)。

A. 竞争策略　B. 顾客群　C. 新加入竞争者　D. 供应商

E. 自己产品的替代品

95. 影响企业外部人员供给的人口因素包括(　　)。

A. 人口规模　B. 人口年龄结构　C. 民族政策　D. 人口素质结构

E. 劳动力参与率

96. 考核性素质测评的主要特点是(　　)。

A. 具有较强的概括性　B. 结果要求有较高信度与效度

C. 测评标准刚性强　D. 具有较强的系统性

E. 测评结果不公开

97. 美国教育学家布卢姆提出了“教育认知目标分类学”，把认知目标由低到高分为若干层次，其中包括(　　)。

A. 理解　B. 比较　C. 分析　D. 应用

E. 记忆

98. 处理员工素质测评结果的常用方法有(　　)。

A. 离散趋势分析　B. 因素分析　C. 相关分析　D. 外推趋势分析

E. 集中趋势分析

99. 面试根据进程不同，可分为(　　)。

A. 分阶段面试　B. 小组面试　C. 一次性面试　D. 单独面试

E. 团体面试

100. 在进行行为描述面试时，面试考官应当把握住(　　)等关键要素。

A. 目标　B. 结果　C. 过程　D. 行动

E. 情境

101. 关于无领导小组讨论场地选择与布置的表述，不正确的是(　　)。

A. 考场要庄重给人压迫感　B. 考官和被测评者应保持一定距离

C. 考场要求安静、宽敞、明亮　D. 座次安排要体现主次

E. 考桌一般应排成圆形或菱形

102. (　　)属于间接培训成本。

A. 培训项目的设计费用　　B. 培训项目教师的费用
C. 受训者往来的交通费　　D. 受训者培训期间的工资
E. 教室设备的租赁费用

103. 制定员工培训规划需要在(　　)等几个方面进行综合平衡。

A. 员工培训与个人职业生涯规划之间　　B. 员工培训与各类岗位工作任务之间
C. 员工培训需求与师资来源之间　　D. 企业正常生产与培训项目之间
E. 培训投资与人力资源规划之间

104. 对新老员工进行培训的内容包括(　　)。

A. 领导能力　　B. 技术能力
C. 创新决策能力　　D. 人际关系沟通能力
E. 知识理解能力

105. 企业开展某一专业理论问题或前沿技术问题的相关培训，培训师资来源包括(　　)。

A. 聘请本专业的专家、学者　　B. 从顾问公司聘请培训师
C. 从企业技术部门中聘任技术人员　　D. 聘请专职的培训师
E. 从大中专院校聘请教师

106. 管理技能培训开发的一般方法有(　　)。

A. 无领导小组讨论法　　B. 案例点评法
C. 专家演讲学习班　　D. 敏感性训练
E. 职务之间的轮换

107. 对企业培训实施过程中评估，主要作用包括(　　)。

A. 过程监测和评估有助于科学解释培训的实际效果
B. 找出培训不足，总结教训，以便改进今后的培训
C. 有助于实现企业员工培训资源的合理配置
D. 有利于培训执行情况的反馈和培训计划的调整
E. 保证培训活动按照计划进行

108. 绩效考评指标体系的设计方法包括(　　)。

A. 个案研究法　　B. 问卷调查法　　C. 座谈研讨法　　D. 头脑风景法
E. 要素图示法

109. 企业绩效管理中，提取和设定 KPI 的意义在于(　　)。

A. 有利于改善企业组织工作的氛围
B. 找出绩效表现与期望之间的差距
C. 有助于提高组织绩效和员工个人绩效
D. 有助于满足企业绩效管理的各种需要
E. 有利于被考评者明确工作的努力方向

110. 绩效计划沟通的具体内容包括(　　)。

A. 目标制定　　B. 计划改进　　C. 目标细化　　D. 实施措施
E. 目标实施

111．可以从(　　)等方面，对绩效考评方法进行对比分析。

A．有效性　　B．功能性　　C．规范性　　D．可行性

E．经济性

112．以下做法中，(　　)可以有效防止绩效考评可能出现的各种偏误。

A．以岗位分析为基础，制定科学合理的评价指标和标准

B．提高绩效管理质量和水平，加强考评各个环节的管理

C．尽可能建立以品质、行为为导向的综合型指标体系

D．采用自下而上的考评方法，提高考评的质量和水平

E．加强对考评者的培养训练，使其掌握绩效考评方法

113．关于绩效面谈方式的表述，正确的是(　　)。

A．解决问题式面谈适应于促进员工潜能开发和全面发展

B．双向倾听式面谈能使员工立即提出下一步工作改进的具体目标

C．综合式面谈可以灵活地从一种面谈形式转换到另一种面谈形式

D．单向劝导式面谈适用于评估绩效计划目标的实现程度

E．综合式面谈有助于达到绩效面谈的多重目标

114．工资总额的准确统计是衡量和计算(　　)的重要依据。

A．社会保险金　　B．员工离退休金　　C．经济补偿金　　D．员工的购买力

E．员工生活水平

115．薪酬调查的信息包括(　　)。

A．与股票期权或影子股票计划等长期激励计划相关的信息

B．与支付各类津贴补贴相关的信息

C．与企业各种福利计划相关的信息

D．与薪酬政策相关的信息

E．与基本薪酬相关的信息

116．关于岗位分类的表述，正确的是(　　)。

A．岗位分类结构要合理，一般应呈金字塔形

B．岗位分类的基本依据，是客观存在的“事”

C．岗位分类反映了岗位工作诸因素上的差别

D．岗位分类是静态与动态分类相结合的产物

E．岗位分类要力求适用、准确、可靠和精简

117．实行经营者年薪制应具备的条件包括(　　)。

A．健全的经营者人才市场　　B．完善的组织机构

C．完善的竞争机制　　D．明确的经营者业绩考核指标体系

E．完善的群众监督机制

118．(　　)属于以工作为导向的薪酬结构。

A．技能薪酬制　　B．岗位薪酬制　　C．效益薪酬制　　D．提成薪酬制

E．职务薪酬制

119．薪酬标准档次的调整包括(　　)。

A．“龄变”晋档　　B．“学变”晋档　　C．“职变”晋档　　D．“技变”晋档

E．“考核”变档

120. (　　)不属于劳务派遣现象的表述术语。

A. 劳动力派遣　　B. 劳动租赁　　C. 劳务输出　　D. 劳动派遣

E. 人才租赁

121. 实行工资指导线制度的主要目的是(　　)。

A. 逐步提高工资水平　　B. 实现社会公平

C. 调整、规范工资分配关系　　D. 使员工工资收入随企业效益增长而增长

E. 保证所有劳动者分享经济社会发展的成果

122. 工资指导价位在不同职业间的价差由(　　)等因素决定。

A. 企业的生产规模　　B. 劳动力供求结构

C. 劳动力总量规模　　D. 劳动力供求总量

E. 经济发展水平

123. 以下属于企业劳动安全卫生保护费用的有(　　)。

A. 工伤保险费　　B. 工伤医疗费用

C. 工伤认定、评残费用　　D. 健康检查费用

E. 职业病防治费用

124. 一般来说，劳动争议的解决机制包括(　　)。

A. 社会救济　　B. 社会救济与自力救济相结合

C. 自力救济　　D. 公力救济

E. 社会救济与公力救济相结合

125. 关于劳动争议处理基本程序的表述，正确的是(　　)。

A. 不愿协商、协商不成或达成和解协议后不履行的，向调解组织申请调解

B. 不愿调解、调解不成或达成调解协议后不履行的，可申请劳动争议仲裁

C. 对劳动争议仲裁裁决不服的，当事人一方或双方可以到人民法院申诉

D. 当发生劳动争议时，劳动争议双方当事人应当协商解决

E. 争议仲裁是进行诉讼必经的前置程序，未经仲裁的，人民法院不予受理

2017年5月　人力资源和社会保障部
国家职业资格全国统一鉴定

职　　业：企业人力资源管理师

等　　级：国家职业资格二级

卷 册 二：专业能力

注意事项：1. 请按要求在试卷的标封处填写您的姓名、准考证号、身份证号和所在地区。

2. 请仔细阅读各种题目的回答要求，并在规定的位置填写您的答案。

3. 请保持卷面整洁，不要在试卷上作任何与答题无关的标记，也不得在标封区填写无关的内容。

一、简答题（本题共3题，第1小题15分，第2小题16分，第3小题15分，共46分）

1. 简述企业人力资源供给预测的步骤。（15分）

2. 简述无领导小组讨论题目的设计流程。（16分）

3. 简述利用问卷调查法设计绩效考评指标体系的步骤。（15分）

二、综合题（本题共3题，每小题18分，共54分）

1. 某大型超市为了提高服务质量，减少顾客在收银台结账排队的等待时间，调整了收银台通道的整体布局，使通道总数由原来的16个增加到24个，并新招聘了一批收银员。人力资源部对收银员的入职培训以及入职后的技能培训非常重视。为了保证培训能够切实达到预期效果，人力资源部决定加强培训评估工作，要求尽快设计收银员培训的技能成果评估方案。

请结合本案例回答以下问题：

（1）收银员培训的技能成果评估应包括哪些内容？并举例说明。（12分）

（2）可以采用哪些方法对收银员培训的技能成果进行评估？（6分）

2. 欧威新能源汽车公司是一家从传统国有企业发展起来的集研发、生产、销售为一体的大型企业集团。随着生产规模的不断扩大，集团公司以下属子公司的形式成立了产品设计中心、生产中心、销售中心。由于各种原因，集团总部及各下属中心的薪酬体系均保持了原来国有企业岗位技能工资的模式，整个薪酬体系存在26个级别，员工如果想要获得较高水平的收入，只有通过职位晋升来实现。今年，公司计划借助外部咨询公司的力量，对整个薪酬体系进行大胆改革，拟采用宽带薪酬替代现有的薪酬体系。

请结合本案例回答以下问题：

（1）宽带薪酬体系的设计，包括哪些基本的步骤？（10分）

（2）构建宽带薪酬结构的工作要点和步骤有哪些？（8分）

3. 2011年9月，A研究所根据人才培养和事业发展需要，选派张某到B大学工程学院进修博士学位。为此，双方订立了学习培训服务期协议，并约定学习期间由研究所发放张某的工资，报销寒暑假回单位的往返车船费，张某可享受在职人员同等福利待遇；张某取得学位证书后报销其进修费用，张某毕业后，其学位证书交由研究所代管，并在研究所服务满10年（之前劳动合同中约定服务期自2011年7月1日至2021年6月30日）；服务期未满，张某若调离研究所，则应向研究所赔偿进修费，进修期间工资、奖金和其他费用及利息，另按每未满一年服务期向研究所支付10000元违约金。2014年7月，张某如期毕业，如约回到研究所工作，研究所共向张某支付了学习培训费用、差旅费等合计82786元。

2015年，研究所进行改制，组建成立设计院。2015年12月31日，张某同研究所签订了解除劳动合同协议书，该协议书规定：张某应得39375元解除劳动合同补偿金，全部转为新改制后设计院的资本金，张某在原研究所的劳动权利义务由设计院承续。张某仍在改制后的设计院工作，但未再签订劳动合同。

2016年3月31日，张某向该设计院请事假，从此离岗并到另外一家研究机构工作。2016年9月30日，该设计院人事部书面通知张某，由于其擅自脱离工作岗位累计达183天，设计院决定对张某予以除名，同时要求张某全面履行与原研究所签订的培训服务期协议，承担违约责任，偿还其培训费用等82786元，并依约定支付违约金。对此，张某不服，到当地劳动争议仲裁委员会申请仲裁，要求被申请人即该设计院撤销上述支付违约金的决定。

请依据我国劳动法律法规，对本案做出全面评析。（18分）

2017年5月二级企业人力资源管理师真题答案及详解

卷册一：职业道德、理论知识

第一部分 职业道德

（第1～25题，共25道题）

一、职业道德基础理论与知识部分（第1～16题）

（一）单项选择题（第1～8题）

1A 2B 3D 4C 5B 6D 7D 8C

（二）多项选择题（第9～16题）

9AB 10AD 11ABC 12AB 13ABCD 14ABC 15BCD 16CD

二、职业道德个人表现部分（第17～25题）

第17～25题无标准答案，根据自己的价值观作答。

第二部分 理论知识

（第26～125题，共100道题，满分为100分）

一、单项选择题（第26～85题，每题1分，共60分。每小题只有一个最恰当的答案，请在答题卡上将所选答案的相应字母涂黑）

26. D 【考点】经济系统的收入循环模型

【解析】依据经济系统的收入循环模型，在商品市场中，居民户是商品和服务的需求者，企业则是供给者，居民户向企业支付货币，交换商品和服务。

27. D 【考点】摩擦性失业

【解析】摩擦性失业是劳动者进入劳动力市场寻找工作直至获得就业岗位时所产生的时间滞差，以及劳动者在就业岗位之间的变换所形成的失业。A项，季节性失业是由于气候状况有规律的变化对生产、消费产生影响所引致的失业。B项，结构性失业是由于经济结构的变动，造成劳动力供求结构上的失衡所引致的失业。C项，技术性失业是在生产过程中，由于引进先进技术替代人力，以及改善生产方法和管理而造成的失业。

28. B 【考点】劳动法的监督检查制度

【解析】劳动法的监督检查制度与其他各项劳动法律制度的区别之一是，其他各项劳动法律制度主要规定劳动关系的内容、运行规则和调整原则与方式；而劳动法的监督检查制度主要是规定以何种手段实现和保证各项劳动法律制度的实施。

29. A 【考点】制订企业计划的原则

【解析】制订企业计划的原则包括：①可行性与创造性相结合的原则。企业在确定计划期目标时必须考虑各种关键性限制条件，据此提出各种可行性方案，最大限度地发挥创造性，实现企业最大利益。②短期计划和长期计划相结合的原则。③稳定性与灵活性相结合的原则。

30. A 【考点】满足权力需要的行为

【解析】满足权力需求的行为包括：①影响他人并改变他们的态度和行为；②控制他人和活动；③占据一个高于别人的权威性位置；④对资源进行控制；⑤战胜对手或敌人。

31. C 【考点】人力资源开发理论体系的构成

【解析】人力资源开发以提高效率为核心，以挖掘潜力为宗旨，以立体开发为特征，形成一个相对独立的理论体系。这一理论体系包括了人力资源的心理开发、生理开发、伦理开发、智力开发、技能开发和环境开发。

32. A 【考点】组织理论的依据

【解析】组织理论的发展大致经历了古典组织理论、近代组织理论和现代组织理论三个阶段。古典组织理论主要是以韦伯、法约尔等人的行政组织理论为依据的，强调组织的刚性结构；近代组织理论则是以行为科学为理论依据，甚至作为行为科学的一部分而存在，它着重强调人的因素，从组织行为的角度来研究组织结构；现代组织理论则是从行为科学中分离出来，主要是以权变管理理论为依据，它既吸收了以前各种组织理论的有益成果，又强调应按照企业面临的内外部条件而灵活地进行组织设计。

33. C 【考点】网络型组织的特点

【解析】网络型组织与一般流程型组织相比，它具有以下特点：①具有更大的灵活性，是一种"市场驱动型"组织；②组织结构的扁平化；③流程的动态化特征更为明显，能够实现对市场的敏捷响应；④具有突出企业自身的核心能力；⑤工作地点离散化，能够充分利用外部人力、物力、财力资源，实现成本共担，降低生产成本；⑥企业之间是为了完成一定的目标而结成的一种短暂的动态联盟；⑦各企业的核心能力得到最大限度的发挥，从而拥有得天独厚的竞争优势；⑧企业规模小型化趋势更为明显；⑨要求有更为完善的网络技术。

34. C 【考点】组织结构诊断的基本内容与程序

【解析】组织结构诊断的基本内容与程序如图1所示。

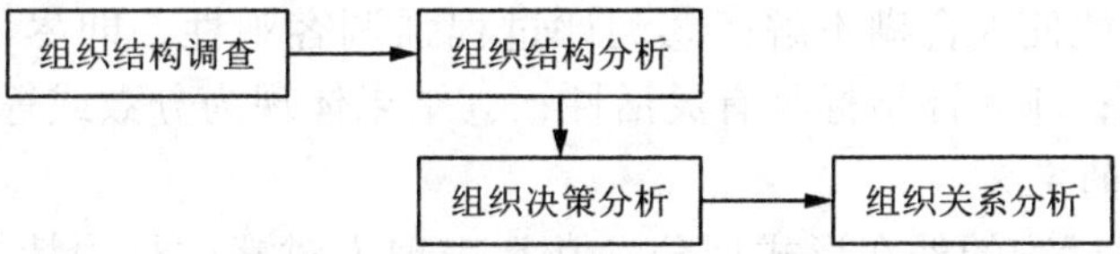

图1 组织结构诊断程序图

35. A 【考点】工作岗位设计的基本原则

【解析】工作岗位作为现存组织系统中的基本单元，既是整个组织系统运行的支撑点，又是分系统或分支系统下的子系统，工作岗位设计需要遵循三大原则：①明确任务目标的原则；②合理分工协作的原则；③责权利相对应的原则。

36. C 【考点】岗位设计的方法研究技术

【解析】AC两项，作业程序图是分析生产程序的工具之一，记录了工艺加工的确切情况，可为岗位劳动定额标准的制定提供依据；B项，流线图是用平面图或立体图来显示产品加工制作的全过程；D项，流程程序图按照表示方式的不同，可分为单柱型和多栏型。

37. D 【考点】人力资源规划的核心内容

【解析】人力资源规划有广义与狭义之分，广义的人力资源规划泛指各种类型人力资源规划，而狭义的人力资源规划是特指企业人员规划。狭义的人力资源规划作为人力资源管理的一项基础性活动，其核心部分包括人力资源需求预测、人力资源供给预测和人力资源供需综合平衡三项工作。

38. C 【考点】企业人力资源需求预测当中的资料采集

【解析】在企业人力资源的需求预测中，一般而言，收集资料的方法主要有查阅资料、实地调研两种，无论哪一种方法都需要设计相应的调查表。针对人员需求预测，可以设计多种调查表，包括企业总成本和人工成本统计表、企业投资情况调查表、新产品研发项目情况调查表等等。

39. D 【考点】劳动定额分析法

【解析】人力资源需求预测的定员定额分析法包括：①劳动定额分析法。该方法是通过对作业过程、操作方法等进行系统全面的观察和技术分析，应用方法研究、动作研究的基本原理，在操作方法合理化的基础上，测算出某项作业的标准时间，然后赋予必要的技术组织，准备与结束、疲劳与生理需要等宽放时间之后，制定出企业工时定额标准。最后，再以劳动定额以及劳动生产率变动系数，核算出企业一线生产岗位的定员人数。②设备看管定额定员法。③效率定员法。④比例定员法。

40. B 【考点】企业制度化管理

【解析】制度化管理是以制度规范为基本手段协调企业组织集体协作行为的管理方式。在这种管理方式下，管理人员在实施管理时有三个特点：①根据因事设人的原则，每个管理人员只负责特定的工作；②每个管理者均拥有执行自己职能所必要的权力；③管理人员所拥有的权力要受到严格的限制，要服从有关章程和制度的规定。这些规定不受个人情感的影响，普遍适用于所有情况和所有的人。

41. B 【考点】员工素质测评中的选拔性测评

【解析】选拔性测评是指以选拔优秀员工为目的的测评。其主要特点有：①强调测评的区分功能，即要把不同素质、不同水平的人区别开来；②测评标准刚性强，即测评标准应该精确，不能使人含糊不解；③测评过程强调客观性，即尽可能实现测评方法的数量化和规范化；④测评指标具有灵活性；⑤结果体现为分数或等级。

42. A 【考点】标度的定义

【解析】标度即对标准的外在形式划分，常常表现为对素质行为特征或表现的范围、强度和频率的规定。从目前现实中的测评指标分析来看，测评指标的标度大致有量词式、等级式、数量式、定义式、综合式等。

43. D 【考点】员工素质测评标准体系的要素

【解析】测评内容、测评目标与测评指标是测评标准体系的不同层次。测评内容是测评所指向的具体对象与范围，测评目标是对测评内容的明确规定，测评指标则是对测评目标的具体分解。

44. C 【考点】二次量化

【解析】二次量化是指对素质测评的对象进行间接的定量刻画，即先定性描述后再定量刻画的量化形式。

45. B 【考点】引起测评结果误差的原因

【解析】引起测评结果误差的原因包括：①测评的指标体系和参照标准不够明确。②晕轮效应。③近因误差。④感情效应。测评人员和被测对象之间的关系，也是影响测评结果的重要原因。如果两者关系好，测评得分会较高；反之亦然。当测评指标偏重“软性”时，这种情况更为明显。⑤参评人员训练不足。

46. A 【考点】面试的特点

【解析】面试的特点如下：①以谈话和观察为主要工具；②面试是一个双向沟通的过程；③面试具有明确的目的性；④面试是按照预先设计的程序进行的；⑤面试考官与应聘者在面试过程中的地位是不平等的。

47. D 【考点】面试实施的技巧

【解析】面试的实施技巧有：①充分准备。②灵活提问。在面试过程中，应察言观色，认真观察应聘者的行为与反应。所提问题可根据简历或应聘申请表中发现的疑点，先易后难逐一提出，尽量创造和谐自然的环境。③多听少说。④善于提取要点。⑤进行阶段性总结。⑥排除各种干扰。⑦不要带有个人偏见。⑧倾听时注意思考。⑨注意肢体语言沟通。

48. D 【考点】基于选拔性素质模型的结构化面试

【解析】企业为构建选拔性素质模型组建专门的测评小组，应包含公司高层管理人员、人力资源管理人员、招聘岗位所在部门的主管、招聘岗位的资深任职者。

49. A 【考点】无领导小组讨论

【解析】无领导小组讨论是评价中心方法的主要组成部分，是指由一定数量的一组被评人(6 ~9 人)，在规定时间内(约 1 小时)就给定的问题进行讨论，讨论中各个成员处于平等的地位，并不指定小组的领导者或主持人。组织无领导小组讨论时，如果被测评者人数为 7 人左右，讨论时间一般控制在一个半小时以内(人数加减则时间也要相应地加减)。

50. D 【考点】员工培训开发管理规划

【解析】员工培训开发管理规划，即培训管理者为实现整体培训规划而制定的支持性规划。它是联系整体培训规划和部门培训规划的关键，其作用是在明确“谁最需要培训，培训什么”的基础上，决定企业采用什么样的方式方法，通过哪些有效的管理手段和途径，切实保证员工培训开发的质量，促进企业员工职业素质的全面提高。

51. B 【考点】培训管理控制体系

【解析】培训管理职责划分必须保证每一项工作职责均有责任部门和责任人，使培训体系真正成为一个有机体。建立培训管理控制体系，就是使计划中的每项培训工作都有具体的责任人、执行人。

52. C 【考点】培训课程的构成要素

【解析】课程目标是指学习的方向和学习过程中各个阶段应达到的标准，应根据环境的需求来确定。在课程设计中，课程的目标是通过联系课程内容，以特定的行为术语作出表述，如采用“记住”“了解”“掌握”等一般认知指标；“分析”“应用”“评价”等较高级的认知指标；以及“价值”“信念”和“态度”等情感性指标，对培训目标作出界定。

53. A 【考点】培训课程性质与任务层次

【解析】现代培训按其性质分为五个层次：①知识培训；②技能培训；③思维培训；④观念培训；⑤心理培训。其中，观念培训的主要任务是使参训者持有的与外界环境不适应的观念得到改变。课程设计的主要目标是要解决“适”的问题。不论是对组织还是对个人而言，那些成功的措施和观念很快会变得过时，转变观念、适应环境往往成为人们取得成功的关键。课程设计本身也面临着转变观念的要求。

54. B 【考点】培训课程系列计划的定义

【解析】课程系列计划是指按一定的顺序组合起来的目标一致的课程组合。课程系列计划以目标为导向，将看似独立的相关课程联系在一起，把所有的课程目标都集中到一个学习方向上。

55. A 【考点】管理培训体系设计的原则

【解析】管理培训体系设计的总体原则是有利于企业总体目标的实现，有利于增强企业经营管理人员队伍整体素质，有利于企业竞争能力、获利能力和获利水平的提高。具体原则包括：①战略性原则；②有效性原则；③计划性原则；④规范性原则；⑤持续性原则；⑥实用性原则。

56. A 【考点】各层管理人员的职责与行为要求

【解析】所有管理人员，无论他处于哪个层次上，都要进行其职权范围的决策，履行规划、组织、领导、控制职能，只是他们花在每项职能上的时间不同。高层管理人员首要的工作是及时发现问题和正确决策。因此，他们首先必须具备获取信息、分析问题和决策的能力。中层管理人员首要的工作是组织好部门员工实施项目任务和协调上下左右的关系。因此，他们最重要的是应该具备服务于企业目标与战略的计划与组织实施能力。基层管理人员的首要任务是利用自己丰富的工程知识和经验完成好上级交办的任务，因此，他们应该具有丰富的专业知识和专业技术能力。

57. C 【考点】培训评估

【解析】A 项，在评估方法的选择上，应避免单一的定性或定量考核。B 项，培训评估在现代培训管理中占有非常重要的地位，贯穿于培训整个过程，起着承上启下的关键性作用。D 项，员工培训效果评估是企业培训工作最后的也是极为重要的一个阶段。

58. A 【考点】培训成果评估的指标

【解析】培训成果评估的五项重要指标包括：①认知成果；②技能成果；③情感成果；④绩效成果；⑤投资回报率。其中，反应成果是情感成果的一种具体类型，它是指受训者对培训项目的感性认识，包括对设施、培训师和培训内容的感觉。

59. C 【考点】行为过程型指标

【解析】行为过程型的绩效考评指标体系是以反映员工在劳动工作过程中的行为表现的各种指标为主体构成的指标体系。这些行为指标可以说明员工在某个方面是如何表现的，他们又是采用什么样方式方法完成本职工作任务的。

60. D 【考点】绩效考评标准的构成

【解析】绩效考评标准主要由两部分构成：①标志。它是指考评指标中用于区分各个级别的特征规定，通常用字母(如 A、B、C、D 等)、汉字(如甲、乙、丙、丁等)或数字来表示。②标度。它用于对标志所规定的各个级别包含的范围做出规定，即用于揭示各级别之间差异的规定。

61. A 【考点】战略导向的 KPI 体系

【解析】建立战略导向的 KPI 体系具有以下意义：①使 KPI 体系不仅成为激励约束企业员工行为的一种新型的机制，同时还要发挥 KPI 体系战略导向的牵引作用。②通过企业战略目标的层层分解，将员工的个人行为与部门的目标相结合，使 KPI 体系有效地诠释与传播企业的总体发展战略，成为实施企业战略规划的重要工具。③彻底转变传统的以控制为中心的管理理念。战略导向的 KPI 体系更加强调对员工的行为激励，最大限度地激发员工的斗志，调动全员的积极性、主动性和创造性。

62. D 【考点】根据绩效指标设定考评标准

【解析】对于数量化的绩效指标，设定的考评标准通常是一个范围，如果被考评者的绩效表现超出标准的上限，则说明被考评者做出了超出期望水平的卓越绩效；如果被考评者的绩效表现低于标准的下限，则表明被考评者存在明显的不足和缺陷，需要加以改进。

63. A 【考点】一对一会面式绩效沟通

【解析】A 项，不论是书面报告还是一对一的双方会谈，一个共同的缺陷就是涉及的信息只在两个人之间共享。

64. B 【考点】结果导向型绩效考评方法

【解析】结果导向型的绩效考评方法，主要有目标管理法、绩效标准法、短文法、直接指标法、成绩记录法和劳动定额法。B 项属于行为导向型的主观考评方法。

65. D 【考点】优先效应

【解析】优先效应是指考评者根据下属最初的绩效信息，对其考评期内的全部表现作出的总评价，以前期的部分信息替代全期的全部信息，从而出现了“以偏概全”的考评偏差。

66. C 【考点】360 度考评

【解析】360 度考评方法又称全视角考评方法，其优点包括：①具有全方位、多角度的特点；②不仅考虑工作产出，还考虑深层次的胜任特征；③有助于强化企业的核心价值观，增强企业的竞争优势，建立更为和谐的工作关系；④采用匿名考评方式，消除考评者的顾虑，使其能够客观地进行评价，保证了考评结果的有效性；⑤充分尊重组织成员的意见，这有助于组织创造更好的工作气氛，从而激发组织成员的创新性；⑥加强了管理者与组织员工的双向交流，提高了组织成员的参与性；⑦促进员工个人发展。

67. B 【考点】双向倾听式面谈

【解析】双向倾听式面谈并没有严格的程序和格式，它为下属提供了一次参与考评以及与上级主管进行交流的机会。采用这种面谈方式时，上级主管应具有与员工沟通其工作优缺点的能力，主管应能够认真地倾听员工的不同意见，对员工的陈述或过激的言辞不予反驳，不置可否，以缓解员工的抵触情绪，采用这种方式，可以在员工受到挫折时，有助于减少或消除员工的不良情绪。

68. D 【考点】政府薪酬数据的特点

【解析】政府薪酬数据的优点有：①涵盖的范围广。可以涵盖多个城市、多种企业类型、多种行业不同职位的薪酬数据。②内容分类细致。分类标准除了地区、行业和岗位之外，还包括企业类型，所有制类型，劳动者的年龄、工龄、性别和学历等诸多细类。③各部分可比性强。④结果可靠。调查由各地的人力资源社会保障部门执行，被调查的企事业单位的劳资部门配合填写，数据来源比较规范可靠。D 项，政府薪酬数据的缺点之一是数据的处理方法很简单，仅仅是算出平均数或比例而已，没有做进一步的统计分析。

69. B 【考点】百分位法

【解析】在薪酬调查分析中，百分位法首先将某种岗位的所有薪酬调查数据从低到高排列，划分为 10 组，每组中所包括的样本数分别为企业调查总数的 10%。在百分位中的第 5 个小组中的最后一个数据必然是所有数据的中值，可以用它来近似地代表当前市场上的平均薪酬水平。

70. A 【考点】职系的概念

【解析】职系是由工作性质和基本特征相似相近，而任务轻重、责任大小、繁简难易程度和要求不同的岗位所构成的岗位序列。一个职系就相当于一种专门职业，职系是岗位分类中的细类。

71. C 【考点】岗位评价要素的特点

【解析】所选用的岗位评价因素，应该能够适用组织中的全部岗位，或大部分岗位，或某一类岗位，即应具有共通性。而且这些因素在意义上不能重叠，参与岗位评价与分类的有关人员也必须了解并掌握这些因素的重要性。最后，各因素必须是可观察到的，可以衡量的。

72. A 【考点】技能薪酬制

【解析】技能薪酬制是一种以员工的技术和能力为基础的薪酬。技能薪酬制与传统的岗位薪酬制不同，它强调根据员工的个人能力提供薪酬，但要求企业要有一种比较开放的、有利于员工参与的企业文化，这样才能保证企业充分利用员工获得的新技术和新知识。

73. C 【考点】经营者年薪制的基本薪酬

【解析】经营者年薪制是指以企业的一个经济核算年度（通常为一年）为时间单位确定经营者（主要是企业的厂长、经理，即法人代表）的基本薪酬，并根据其年终经营成果确定其效益收入（可变薪酬）的一种薪酬制度。

74. D 【考点】以工作为导向的薪酬结构

【解析】AC 两项，以工作为导向的薪酬结构，其特点是员工的薪酬主要根据其所担任的岗位（或职位）的重要程度、任职要求的高低以及劳动环境对员工的影响等来决定。薪酬随着岗位（或职位）的变化而变化。岗位薪酬制、职务薪酬制等都属于这种薪酬结构。BD 两项，以工作为导向的薪酬结构有利于激发员工的工作热忱和责任心，缺点是无法反映在同一岗位（或职位）上工作的员工因技术、能力和责任心不同而引起的贡献差别。

75. C 【考点】薪酬结构的确定

【解析】不同薪酬水平的员工薪酬结构比例也应有所不同。如高级管理人员由于其工作的成果对企业影响较大，其劳动绩效基本可以自己控制，所以在其薪酬结构中浮动薪酬应占较大比重；而位于企业执行层的员工（除了实行计件薪酬或提成薪酬的员工）由于工作的成果对企业影响较小，其劳动绩效自己无法控制，并不能通过自己努力就能提高，所以在其薪酬结构中浮动薪酬应占较小比重。

76. A 【考点】企业年金

【解析】企业年金是指企业及其员工在依法参加基本养老保险的基础上，自愿建立的补充养老保险制度。它适用于企业试用期满的员工。

77. C 【考点】劳动派遣协议

【解析】劳务派遣协议规定劳务派遣机构与用工单位双方的权利义务，从而使劳务派遣机构与用工单位建立起民事法律关系。正是通过这种民事关系将不完整的形式劳动关系和实际劳动关系合并构成组合劳动关系。

78. D 【考点】劳务派遣单位违法罚款

【解析】劳务派遣单位违反法律规定，未经许可，擅自经营劳务派遣业务的，由劳动行政部门责令停止违法行为，没收违法所得，并处违法所得 1 倍以上 5 倍以下的罚款；

没有违法所得的，可以处5万元以下的罚款。

79. B 【考点】工资指导线水平的制定

【解析】工资指导线水平的制定应密切结合当地的宏观经济状况，综合考虑地区年度经济增长率、社会劳动生产率、城镇居民消费价格指数、城镇就业状况、劳动力市场价格、人工成本水平和对外贸易状况等相关因素制定。

80. A 【考点】工资集体协商的实施

【解析】在工资集体协商的过程中，在不违反有关法律、法规的前提下，协商双方有义务按照对方的要求，在协商开始前5日内，提供与工资集体协商有关的真实情况和资料。

81. A 【考点】安全生产责任制企业法定代表人的责任

【解析】安全生产责任制度是从企业组织体系上规定企业各类人员的劳动安全卫生责任，使各个层次的安全卫生责任与管理责任、生产责任统一起来。其中，企业法定代表人对本单位安全卫生负全面责任，分管安全卫生的负责人和专职人员对安全卫生负直接责任，总工程师负安全卫生技术领导责任，各职能部门、各级生产组织负责人在各自分管的工作范围内对安全卫生负责，工人在各自的岗位上承担严格遵守劳动安全技术规程的义务。

82. A 【考点】企业劳动安全卫生保护工作的职业道德行为准则

【解析】安全第一、预防为主、以人为本是企业所有员工在劳动安全卫生保护工作中的职业道德行为准则。它可以规范、引导企业员工的劳动行为和管理行为向着正确的方向发展。

83. B 【考点】劳动争议的分类

【解析】劳动争议按照性质划分，可分为：①权利争议，又称既定权利争议。它是劳动关系当事人基于劳动法律、法规的规定，或集体合同、劳动合同约定的权利和义务所发生的争议。②利益争议。它是当事人因主张有待确定的权利和义务所发生的争议。劳动争议按照主体划分，可分为：①个别争议；②集体争议；③团体争议。

84. B 【考点】劳动争议仲裁委员会的成员构成

【解析】劳动争议仲裁委员会是国家授权、依法独立处理劳动争议案件的专门机构，是劳动行政范畴内的一种特殊执法机构。劳动争议仲裁委员会由以下3项构成：①劳动行政部门代表；②同级工会代表；③用人单位方面的代表。

85. D 【考点】调解协议书

【解析】经调解达成调解协议的，由调解委员会制作调解协议书。调解协议书应当写明双方当事人基本情况、调解请求事项、调解的结果和协议履行期限、履行方式等。调解协议书由双方当事人签名或者盖章，经调解员签名并加盖调解委员会印章后生效。

二、多项选择题(第86～125题，每题1分，共40分。每题有多个答案正确，请在答题卡上将所选答案的相应字母涂黑。错选、少选、多选，均不得分)

86. BE 【考点】工资率的分类

【解析】工资率是指单位时间的劳动价格。根据单位时间标准的不同，可分为小时工资率、日工资率等。

87. BDE 【考点】劳动标准法

【解析】劳动标准法是劳动法体系的一部分，它包括：①工作时间法；②工资法；③劳动安全卫生标准法。

88. BCDE 【考点】成本导向定价方法

【解析】成本导向定价法是指以产品成本为中心来制定价格，按卖方意图定价的方法。其主要理论依据是：在定价时，要考虑收回企业在营销中投入的全部成本，再考虑获得一定的利润。常见的成本导向定价方法包括：①成本加成定价法；②盈亏平衡定价法；③目标收益定价法；④边际成本定价法。A 项属于竞争导向定价法。

89. ACDE 【考点】心理测验的技术标准

【解析】一个好的测验应该是而且必须是可信的、有效的和可以比较的，这涉及心理测验的一系列技术指标：①信度，又称稳定性或可信性，指一个人在同一心理测量中几次测量结果的一致性。②效度，指一个测验的测验结果与被测验者行为的公认标准之间的相关程度，即一个测验希望测量的心理特征的有效性和准确性。③难度。难度的指标通常以通过率表示，究竟难度多高合适，则取决于测验的目的、性质和题目的形式。④标准化和常模。一个好的测验在编制和使用时必须经过标准化的过程，常模的功用是可以作为以后该测验的其他被试的比较标准。

90. ABCD 【考点】矩阵制组织结构的优点

【解析】矩阵制组织结构的主要优点包括：①将企业横向联系和纵向联系较好地结合起来，有利于加强各职能部门之间的沟通、协作和配合，及时解决问题；②提高了组织的灵活性，可以随时组建、重建和解散团队，能在不增加机构设置和人员编制的前提下，充分利用组织的人力资源；③将不同部门的专业人员集中在一起，使员工有机会学到更多的技能；④能较好地解决组织结构相对稳定和管理任务多变之间的矛盾，使一些临时性的、跨部门工作的执行变得不再困难；⑤为企业综合管理与专业管理的结合提供了一种新组织结构形式，对于高层管理者而言，矩阵制组织结构是一种有效的分权工具；⑥由于项目团队成员享有较高的决策权，因而团队成员对组织的承诺水平以及组织对团队成员的激励水平均较高。

91. BCDE 【考点】组织发展战略

【解析】企业发展到一定阶段，其规模、产品和市场都发生了变化，这时，企业应采用适合的组织发展战略，对组织结构做出相应的调整。主要战略有：①增大数量战略；②扩大地区战略；③纵向整合战略；④多种经营战略。

92. BCE 【考点】工作岗位设计的要求

【解析】工作岗位设计的责权利相对应的原则要求，在进行工作岗位设计时，必须首先要明确每一岗位的责任、权限和利益。岗位责任是任职者应尽的义务，岗位权限是赋予岗位员工应有的对人、财、物的各种支配、使用、调动权，权力是保证岗位运行顺畅的工具，利益是驱使岗位员工更好完成任务的动力。

93. ACDE 【考点】人员培训开发规划内容

【解析】人员培训开发计划就是企业通过对员工有计划的培训，引导员工的技能发展与企业的发展目标相适应的策略方案。人员培训计划的具体内容包括：①受训人员的数量；②培训的目标；③培训的方式方法；④培训的内容；⑤培训费用的预算等。

94. ABCDE 【考点】竞争五要素分析法的分析内容

【解析】竞争五要素分析法是美国人迈克尔·波特在 1980 年出版的《竞争战略：分析行业和竞争对手的方法》一书中提出的一种分析模型。在这个模型中，企业要进行以下五项分析：①对新加入竞争者的分析；②对竞争策略的分析；③对自己产品替代品的分析；④对顾客群的分析；⑤对供应商的分析。波特认为，只要企业对以上的五个方面做出了科学、客观、准确的分析，企业所做出的策略与规划将会使企业在竞争中处于不败之地。

95. ABDE 【考点】影响企业外部人员供给的因素

【解析】影响企业外部劳动力供给的因素：①地域性因素；②人口政策及人口现状，主要影响因素包括人口规模、人口年龄和素质结构、现有的劳动力参与率等；③劳动力市场发育程度；④社会就业意识和择业心理偏好。

96. AB 【考点】考核性素质测评的特点

【解析】考核性测评又称鉴定性测评，是指以鉴定或验证某种素质是否具备以及具备的程度为目的的测评，它经常穿插在选拔性测评中，其主要特点有：①概括性。测评的范围比较广泛，涉及素质表现的各个方面，是一种总结性的测评。②结果要求有较高的信度与效度。即其结论要有据可查，而且充分全面；结果要能验证和保持一致。

97. ACDE 【考点】教育认知目标分类学

【解析】知识测评可以从不同的层次进行。美国教育学家布卢姆提出了著名的“教育认知目标分类学”，把认知目标由低到高分为六个层次，各层次体现了不同的知识要求，六个知识测评层次是：①记忆；②理解；③应用；④分析；⑤综合；⑥评价。

98. ABCE 【考点】员工素质测评结果处理的常用分析方法

【解析】员工素质测评结果处理的常用数理统计方法主要有：①集中趋势分析；②离散趋势分析；③相关分析；④因素分析法。

99. AC 【考点】面试的分类

【解析】根据面试的进程，面试可分为：①一次性面试，是指用人单位将应聘者集中在一起一次性完成的面试；②分阶段面试，是指用人单位分几次对应聘者进行面试。

100. ABDE 【考点】行为描述面试

【解析】在进行行为描述面试时，面试考官应把握住四个关键的要素：①情境，即应聘者经历过的特定工作情境或任务。②目标，即应聘者在这情境当中所要达到的目标。③行动，即应聘者为达到该目标所采取的行动。④结果，即该行动的结果，包括积极的和消极的结果，生产性的和非生产性的结果。

101. ADE 【考点】无领导小组讨论场地选择与布置

【解析】A 项，考场布置整体要求得体庄重、朴素大方，不能让人产生压力感。D 项，座位的安排无主次之分，座位上依次标明数字，由被测评者在考前以抽签的方式决定座位顺序。E 项，考桌一般排成圆形或方形，被测评者之间的距离应适合从事所欲完成的工作任务，相互之间彼此能看到。

102. AD 【考点】间接培训成本

【解析】间接培训成本是指在培训组织实施过程之外企业所支付的一切费用总和。如培训项目的设计费用、培训项目的管理费用、培训对象受训期间的工资福利，以及培训项目的评估费用等。BCE 三项属于直接培训成本。

103. ACDE 【考点】制定员工培训规划的注意事项

【解析】制定员工培训规划主要从四个方面进行综合平衡：①在培训投资与人力资源规划之间进行平衡；②在企业正常生产与培训项目之间进行平衡；③在员工培训需求与

师资来源之间进行平衡；④在员工培训与个人职业生涯规划之间进行平衡。

104. BCD 【考点】对新老员工进行培训的内容

【解析】对新老员工的培训内容，大体上可以分为技术能力、人际关系沟通能力和创新决策能力三类。具体包括：①新员工培训课程；②生产人员培训课程；③新产品开发人员培训课程；④管理人员培训课程；⑤对其他业务人员的培训。

105. ABDE 【考点】外部培训资源的开发途径

【解析】一般来说，培训教师主要有企业外部聘请和企业内部开发两大来源。从企业外部获取培训教师资源是大多数中小型企业采取的做法，对于一些涉及比较深的一些专业理论方面问题或前沿技术问题的培训项目，企业常从外部聘请教师。外部培训资源的开发途径包括：①从大中专院校聘请教师；②聘请专职的培训师；③从顾问公司聘请培训顾问；④聘请本专业的专家、学者；⑤在网络上寻找并联系培训教师。

106. BCD 【考点】管理技能培训开发的一般方法

【解析】管理技能培训开发的一般方法有：①替补训练；②敏感性训练；③案例评点法；④事件过程法；⑤理论培训；⑥专家演讲学习班；⑦大学管理学习班；⑧阅读训练。

107. ABDE 【考点】培训中评估的作用

【解析】培训效果评估可以分为三个阶段，即培训前的评估、培训中的评估和培训后的评估。其中，培训中评估的作用有：①保证培训活动按照计划进行；②培训执行情况的反馈和培训计划的调整；③可以找出培训的不足，归纳出教训，以便改进今后的培训，同时能发现新的培训需要，从而为下一轮的培训提供重要依据；④过程监测和评估有助于科学解释培训的实际效果。C 项属于培训前评估的作用。

108. ABCDE 【考点】绩效考评指标体系的设计方法

【解析】绩效考评指标体系的设计方法有：①要素图示法；②问卷调查法；③个案研究法；④面谈法，包括个别面谈法和座谈讨论法；⑤经验总结法；⑥头脑风暴法。

109. BCDE 【考点】提取和设定 KPI 的意义

【解析】企业进行绩效管理时强调要提取和设定关键绩效指标(KPI)的原因包括：①从绩效管理的全过程来看，不提取并设定关键绩效指标对绩效进行管理，就无从提高组织或员工个人的绩效。不设定关键绩效指标，就无法知道现在的绩效表现与期望是否有差距，也不知道该提高到什么程度。②对于管理者来说，提取并设定关键绩效指标对组织或员工个人的绩效进行考评，能够把握全局，明确目标，突出重点，简化程序，满足企业绩效管理的各种需要。③对于被考评者来说，提取并设定关键绩效指标，有利于被考评者有明确的努力方向和清晰的目标地位。

110. AE 【考点】绩效计划沟通的内容

【解析】现代绩效管理的观点认为，绩效目标计划需要通过上级与下级之间的双向沟通而形成，因此在绩效计划阶段，绩效沟通非常重要。绩效计划沟通的内容主要包括以下两个方面：①目标制定的沟通；②目标实施的沟通。

111. ABDE 【考点】绩效考评方法的分析要点

【解析】可以从以下几个方面对绩效考评方法进行对比分析：①经济性；②可行性；③准确性；④功能性；⑤开发性；⑥有效性。

112. ABE 【考点】避免考评者误差的方法

【解析】为了有效避免、防止和解决在绩效考评中可能出现的各种各样的偏误，以及其他方面不利的情况和问题，应注意采取以下各种必要措施和方法：①以工作岗位分析和岗位实际调查为基础，制定出科学合理、具体明确、切实可行的评价要素指标和标准体系；②从企业单位的客观环境和生产经营条件等出发，选择恰当的考评工具和方法；③绩效考评的侧重点应当放在绩效行为和产出结果上，尽可能建立以行为和成果为导向的考评体系；④为了避免个人偏见等错误，可以采用360度的考评方式，由多个考评者一起来参与；⑤企业单位必须重视对考评者的培养训练，定期总结考评的经验并进行专门的系统性培训；⑥为了提高绩效管理的质量和水平，还应当重视绩效考评过程中各个环节的管理。

113. ACDE 【考点】绩效面谈方式

【解析】B项，双向倾听式面谈的主要缺点是难以向被考评者立即提出下一步工作改进的具体目标，虽然员工对考评结果感到满意，但其工作的改进程度不会太大。

114. ABCE 【考点】企业员工工资总额管理

【解析】事实上，对于国家来说，工资总额的准确统计是国家从宏观上了解人民的收入，衡量员工的生活水平，计算离退休金、有关保险金和经济补偿金的重要依据；对于企业来说，工资总额是人工成本的一部分，是企业掌握人工成本的主要信息来源，是企业进行人工成本控制的重要方面。

115. ABCDE 【考点】薪酬调查的信息

【解析】通常情况下，薪酬调查应当涉及以下信息：①与员工基本工资相关的信息；②与奖金相关的信息；③股票期权或影子股票计划等长期激励计划；④与企业各种福利计划相关的信息；⑤与薪酬政策诸方面有关的信息。总之，薪酬调查的信息要尽可能做到全面、深入和准确，既要调查货币性薪酬，如工资、奖金、津贴、补贴、劳动分红等，也要调查非货币性薪酬，如为员工提供的住房、培训、社会保险和商业保险等。

116. ABCE 【考点】岗位分类的要求

【解析】岗位分类总的原则是：以“事”为中心，从实际出发，岗位的划类、归级、列等要力求适用、准确、可靠和精简。在岗位分类的过程中，应注意达到以下几点要求：①根据系统性原则，按照岗位的业务性质对岗位进行横向归类；②岗位分类的结构要合理，一般应呈金字塔形；③岗位分类的依据，是客观存在的“事”；④岗位分类反映了岗位工作诸因素上的差别；⑤岗位分类一般是静态分类。

117. ACDE 【考点】经营者年薪制应具备的条件

【解析】经营者年薪制是指以企业的一个经济核算年度（通常为一年）为时间单位确定经营者（主要是企业的厂长、经理，即法人代表）的基本薪酬，并根据其年终经营成果确定其效益收入（可变薪酬）的一种薪酬制度。实行经营者年薪制应具备的条件包括：①健全的经营者人才市场，完善的竞争机制；②明确的经营者业绩考核指标体系；③健全的职工代表大会制度，完善的群众监督机制。

118. BE 【考点】薪酬结构的分类

【解析】以工作为导向的薪酬结构，其特点是员工的薪酬主要根据其所担任的岗位（或职位）的重要程度、任职要求的高低以及劳动环境对员工的影响等来决定。岗位薪酬制、职务薪酬制等都属于这种薪酬结构。A项属于以技能为导向的薪酬结构；CD两项属于以绩效为导向的薪酬结构。

119. ABDE 【考点】薪酬标准档次的调整

【解析】管理人员提升职务等级，工人到高于现任等级的岗位上工作，按照新的岗位(职务)等级确定相应的薪酬等级。当员工需要调整到比现任岗位等级较低的岗位时，也按调低后的岗位等级确定相应的薪酬等级。薪酬标准档次的调整，包括以下情况：①“技变”晋档；②“学变”晋档；③“龄变”晋档；④“考核”变档。

120. BC 【考点】劳务派遣现象的表述术语

【解析】劳务派遣现象由来已久，是非正规就业的一种重要形式。关于劳务派遣现象有多种术语表述，如有雇员租赁、雇员派遣、劳动派遣、人才派遣、人才租赁、劳动力派遣等。

121. ABCE 【考点】实行工资指导线制度的主要目的

【解析】工资指导线制度是在市场经济体制下，政府宏观调控工资总量和水平，调节工资分配关系，指导工资增长，指导企业工资分配的办法、规定的总称。其主要目的是调整、规范工资分配关系，逐步提高工资水平，保证所有的劳动者分享经济社会发展的成果，实现社会公平。

122. BD 【考点】工资指导价位的决定因素

【解析】工资指导价位的制定是将同一职业(工种)调查全部的职工工资收入从高到低进行排列，对有关数据进行检查、分析及做必要调整后，分别确定本职业(工种)工资指导价位的高位数、中位数和低位数。工资指导价位在不同职业(工种)的价差，由劳动力市场上劳动力供求总量与结构关系等因素决定。

123. ACDE 【考点】企业劳动安全卫生保护费用

【解析】劳动安全卫生保护费用的类别主要是以下各类：①劳动安全卫生保护设施建设费用；②劳动安全卫生保护设施更新改造费用；③个人劳动安全卫生防护用品费用；④劳动安全卫生教育培训经费；⑤健康检查和职业病防治费用；⑥有毒有害作业场所定期检测费用；⑦工伤保险费；⑧工伤认定、评残费用等。

124. ACDE 【考点】劳动争议的解决机制

【解析】劳动争议的解决机制包括四种方式：①自力救济。指劳动争议的当事人在没有争议主体以外的第三人的介入或帮助下，依靠当事人自身的力量解决纠纷。②社会救济。指依靠社会力量，即社会各类调解组织，依据法律、惯例以及道德等规范，对劳动争议当事人的纠纷进行疏导沟通，促成当事人双方相互谅解和让步，从而解决争议。③公力救济。指利用国家公权力解决劳动争议的机制，包括劳动争议诉讼和行政裁决。④社会救济与公力救济相结合。在一般的民事纠纷的解决机制中，不存在此种纠纷解决机制。

125. ABCD 【考点】劳动争议处理的基本程序

【解析】根据我国劳动法立法的有关规定，当发生劳动争议时，争议双方应当协商解决；当事人不愿协商、协商不成或达成和解协议后不履行的，可以向调解组织申请调解；不愿调解、调解不成或达成调解协议后不履行的，可以向劳动争议仲裁委员会申请仲裁；对仲裁裁决不服的，除法律规定的终局裁决外，当事人一方或双方则可申诉到人民法院，由人民法院依法审理并做出最终判决。

卷册二：专业能力

一、简答题(本题共3题，第1小题15分，第2小题16分，第3小题15分，共46分)

1. 简述企业人力资源供给预测的步骤。(15分)

答：企业人员供给包括内部供给和外部供给两种，其预测类型也包括两种：内部供给预测和外部供给预测。企业未来内部人力资源供给一般来说是企业人力资源供给的主要部分(除新建企业外)。但企业职位空缺不可能完全通过内部供给解决，企业人员因各种主观和自然原因退出工作岗位是不可抗拒的规律，这必然需要企业从外部不断补充人员。

在具体的实施过程中，企业人力资源供给预测的步骤如下：

(1)对企业现有的人力资源进行盘点，了解企业员工队伍的现状。

(2)分析企业的职务调整政策和历年员工调整数据，统计出员工调整的比例。

(3)向各部门的主管人员了解将来可能出现的人事调整状况。

(4)将上述的所有数据进行汇总，得出对企业内部人力资源供给量的预测。

(5)分析影响外部人力资源供给的各种因素(主要是地域性因素和全国性因素)，并依据分析结果得出企业外部人力资源供给预测。

(6)将企业内外部人力资源供给预测进行汇总，得出企业人力资源供给预测。

2. 简述无领导小组讨论题目的设计流程。(16分)

答：无领导小组讨论是评价中心方法的主要组成部分，是指由一定数量的一组被评人(6~9人)，在规定时间内(约1小时)就给定的问题进行讨论，讨论中各个成员处于平等的地位，并不指定小组的领导者或主持人。通常，被评人通过讨论得到一个全体成员一致认可的用于问题解决的决策方案，评价者通过被评人在讨论中的语言及行为的观察评价被评人的领导能力、人际沟通技巧、主动性、口头表达能力、说服力、自信心等能力。

无领导小组讨论的有效性很大程度取决于题目的设计，以下是题目设计的一般流程：

(1)选择题目类型

无领导小组讨论的题目可以分为开放式问题、两难式问题、排序选择型问题、资源争夺型问题以及实际操作型问题。要结合所招聘岗位的特点及该岗位直接上级领导的建议，选择本次无领导小组讨论的题目类型。在实际运用当中，由于选择排序型和资源争夺型问题能够比较全面地考察被测评者，且比较容易引起争辩，所以在一般的甄选过程中，特别是甄选企业的中高层管理人员时，更多地会选择使用这两类问题。

(2)编写试题初稿

题目类型确定后，开始收集资料、案例，尽可能多地占有相关信息。然后进行初稿的编写。在撰写试题初稿时，应特别注意团队合作和广泛收集资料，集思广益，使题目更具代表性。

(3)进行试题复查

初稿设计出来后，应该采用多种方式，通过各种渠道，对试题进行复查。如通过互联网、报纸杂志、书籍资料等进行检索，详细调查所编写题目是否曾经有过雷同，以避免被测评者事先对此种题目有所准备。如果调查得知已出现过类似题目，或其他企业同种岗位也曾使用过相似题目，应立刻更换或修改。

(4)聘请专家审查

在进行试测之前，应该把方案提请有关专家进行初审复查，以尽量消除题目设计中常识性的错误，减少试测的次数。在某些情况下可能还会得到更好的建议，便于及时修改。复查的内容主要包括：①题目是否与实际工作相联系，能否考察出被测评者的能力；②如果是资源争夺型问题或两难式问题，案例是否能均衡；③题目是否需要继续修改、完善。

(5)组织进行试测

初稿送请专家审阅之后，还需要进入一个关键步骤——试测，试测的效果直接关系到题目设计的成败。试测的成员选定是重点问题，所选取的员工应和实际目标被测评者有一定的相似性。试测时要着重观测题目的难易度和平衡性。

(6)反馈、修改和完善

试测结束后，工作员工要收集试测结果及反馈信息，并对其进行分析。主要是以下三方面的意见：①参与者的意见；②测评者的意见；③统计分析的结果。

修改完后，如有必要，可进行再次试测，重新作出修改，进一步使题目得到完善，直至最终定稿。

3. 简述利用问卷调查法设计绩效考评指标体系的步骤。(15分)

答：问卷调查法是采用专门的调查表，在调查表中将所有与本岗位工作有关的要素和指标一一列出，并用简单明确的文字对每个指标作出科学的界定，再将该调查表分发给有关人员填写，收集、征求不同人员意见，最后确定绩效考评指标体系的构成。

问卷调查法的具体步骤是：

(1)根据绩效考评目的和对象，查阅工作岗位说明书，通过必要的现场调查，详细地采集与工作绩效各种要素和指标相关的数据和资料。

(2)列出所有相关的影响和制约工作绩效的要素及具体的指标，并进行初步筛选。

(3)用简洁精练的语言或计算公式，对每个相关要素(指标)概念的内涵和外延，作出准确的界定。

(4)根据调查的目的和单位的具体情况，确定调查问卷的具体形式、所调查对象和范围，以及具体的实施步骤和方法。

(5)设计调查问卷。将需要调查的内容，以一定的格式编制成问卷。对于调查问卷中所提的问题、问题的回答方式、答题次序等都要慎重考虑。调查问卷中所提的问题，应当“直截了当，不能绕弯子”。在一个问题中不要包含两个或两个以上问题，提问的措辞要认真推敲，要防止诱导。回答问题的方式可采用封闭式或开放式，两者各有优点，应根据实际的需要作出选择。调查问卷中需要回答或作出判定的问题，在次序上应按逻辑性、先易后难的顺序排列。

(6)发放调查问卷。通过一定的渠道将调查问卷分发给调查者，选择的渠道应是可靠的。

(7)回收调查问卷，进行整理汇总和统计分析，取得最后的调查结果。

二、综合题(本题共3题，每小题18分，共54分)

1. 请结合本案例回答以下问题：

(1)收银员培训的技能成果评估应包括哪些内容？并举例说明。(12分)

(2)可以采用哪些方法对收银员培训的技能成果进行评估？(6分)

答：(1)技能成果可以用来评价受训者对培训项目中所强调的操作技巧、技术或技能以及行为方式等所达到的水准。员工培训后所获得的技能成果，主要表现在所掌握的技能水平，以及在实践活动中被应用的程度，即技能学习与技能转换两个方面。故本案例中，收银员培训的技能成果评估应包括以下内容：

①学习评估

学习评估着眼于对学习效果的度量，即评估学员在知识、技能、态度或行为方式方面的收获。可对收银员进行技能上的阶段性测评，摸清阶段学习成果。如设计考卷考查其对收银员作业守则的熟悉程度和对退货等流程的掌握程度。

②行为评估

行为评估主要评估学员在工作中的行为方式有多大程度的改变。可测评收银员现场上机操作收银设备的熟练程度，也可观察收银员在实际工作中的行为是否符合规范。

(2)员工培训的技能成果可采用现场观察、工作抽样等方法进行评判。现场观察、工作抽样的方法，既可用来评判受训者掌握技能的真实水平，也可以用来评判员工所掌握的技能实际被应用的程度。

2. 请结合本案例回答以下问题：

(1)宽带薪酬体系的设计，包括哪些基本的步骤？(10分)

(2)构建宽带薪酬结构的工作要点和步骤有哪些？(8分)

答：(1)宽带薪酬是一种新型的薪酬结构设计方式，它是对传统上那种带有大量等级层次的垂直型薪酬结构的一种改进或替代。根据美国薪酬管理学会的定义，宽带薪酬是指对多个薪酬等级以及薪酬变动范围进行重新组合，从而变成只有相对较少的薪酬等级以及相应的较宽薪酬变动范围。

宽带薪酬体系的设计包括以下五个基本的步骤：

①理解企业战略。企业人力资源战略是依据企业总体战略而制定的，同时为企业总体战略的实现提供强有力的支持，而薪酬战略又是企业人力资源战略的一种量化体现。因此在设计宽带薪酬时，首先要考虑企业的自身战略。

②整合岗位评价。岗位评价是宽带薪酬的基础，其目的在于确定企业内每个岗位的相对价值，以确保薪酬体系的内部公平。

③完善薪酬调查。企业的薪酬水平除了符合内部公平的原则，还应该满足外部公平的要求，以提高企业在人力资源市场上的吸引力与竞争力。

④构建薪酬结构。企业根据内部岗位评价和外部薪酬调查的结果可以确定每一级薪酬的“带宽”，并设定每一级的上限和下限，即企业愿意支付的最高薪酬和最低薪酬。

⑤加强控制调整。宽带薪酬的灵活性增强了企业对环境变化的反应能力，但这种特点也具有一定的副作用。这就需要企业在宽带薪酬的实施过程中重视对细微环节的反馈，收集来自行业、市场、员工与管理等各方面的信息，根据变化及时控制，采取合理措施化解危机。

(2)企业根据内部岗位评价和外部薪酬调查的结果可以确定每一级薪酬的“带宽”，并设定每一级的上限和下限，即企业愿意支付的最高薪酬和最低薪酬。这需要注意两个指标，即每一级薪酬的浮动幅度和中点。中点由市场的薪酬水平和企业的薪酬策略决定，反映受到良好培训的员工在其工作达到规定标准时应该得到的薪酬。

构建宽带薪酬结构的步骤如下：

①确定宽带的数量。企业要确定使用多少个薪酬带，在这些薪酬等级之间通常有一个

分界点。在每一个薪酬宽带对人员的技能、能力的要求都是不同的。

②确定宽带内的薪酬浮动范围。根据薪酬调查的数据及职位评价结果来确定每一个宽带的浮动范围以及级差，同时在每一个宽带中每个职能部门根据市场薪酬情况和岗位评价结果，确定不同的薪酬等级和水平。

③宽带内横向岗位轮换。同一宽带中薪酬的增加与不同等级薪酬增加相似，在同一薪酬宽带中，建立不同职能部门的员工跨部门流动机制以增强组织的适应性，提高多角度思考问题、解决问题的能力。

④做好任职资格及薪酬评级工作。宽带薪酬虽然有很多优点，但由于企业在决定员工薪酬时有更大的自由，使用人力成本有可能大幅度上升。为了有效地控制人力成本，在建立宽带薪酬体系的同时，还必须构建相应的任职资格体系，明确工资评级标准及办法，营造一种以绩效和能力为导向的企业文化氛围。

3. 请依据我国劳动法律法规，对本案做出全面评析。(18 分)

答：本案例争议的焦点是张某在改制后的设计院工作，未签订劳动合同，双方关系是否有效。根据《劳动和社会保障部关于确立劳动关系有关事项的通知》对确立劳动关系做出的规定，用人单位招用劳动者未订立书面劳动合同，但同时具备下列情形的，劳动关系成立：

(1)用人单位和劳动者符合法律、法规规定的主体资格。

(2)用人单位依法制定的各项劳动规章制度适用于劳动者，劳动者受用人单位的劳动管理，从事用人单位安排的有报酬的劳动。

(3)劳动者提供的劳动是用人单位业务的组成部分。

案例中，研究所进行改制，组建成立设计院。张某同研究所签订了解除劳动合同协议书，其在原研究所的劳动权利义务由设计院承续。张某在改制后的设计院工作，但未再签订劳动合同，且在该设计院工作了三个月，并在 2016 年 3 月 31 日向该设计院请事假后离岗。这说明，张某与设计院新的劳动合同关系成立。

根据《劳动合同法》第二十二条规定，用人单位为劳动者提供专项培训费用，对其进行专业技术培训的，可以与该劳动者订立协议，约定服务期。劳动者违反服务期约定的，应当按照约定向用人单位支付违约金。违约金的数额不得超过用人单位提供的培训费用。用人单位要求劳动者支付的违约金不得超过服务期尚未履行部分所应分摊的培训费用。本案例中，张某在离岗后到了另外一家研究机构工作，且擅自脱离工作岗位累计达 183 天，违反了服务期的约定。因此，张某应按照约定向设计院偿还培训费用，并承担违约金。

2016年11月 人力资源和社会保障部
国家职业资格全国统一鉴定

职　　业：企业人力资源管理师

等　　级：国家职业资格二级

卷 册 一：职业道德
理论知识

注意事项：1．考生应首先将自己的姓名、准考证号等用钢笔、圆珠笔等写在试卷册和答题卡的相应位置上，并用铅笔填涂答题卡上的相应位置处。

2．考生同时应将本页右上角的科目代码填涂在答题卡右上角的相应位置。

3．本试卷册包括职业道德和理论知识两部分：

第一部分，1～25小题，为职业道德试题；

第二部分，26～125小题，为理论知识试题。

4．每小题选出答案后，用铅笔将答题卡上对应题目的答案涂黑。如需改动、用橡皮擦干净后，再选涂其他答案。所有答案均不得答在试卷上。

5．考试结束时，考生务必将本卷册和答题卡一并交给监考人员。

6．考生应按要求在答题卡上作答。如果不按标准要求进行填涂，则均属作答无效。

地　　区：________________

姓　　名：________________

准考证号：________________

人力资源和社会保障部职业技能鉴定中心监制

第一部分　职业道德

（第 1～25 题，共 25 道题）

一、职业道德基础理论与知识部分（第 1～16 题）

答题指导：

◆**该部分均为选择题，每题均有四个备选项。其中，单项选择题只有一个选项是正确的，多项选择题有两个或两个以上选项是正确的。**

◆**请根据题意的内容和要求答题，并在答题卡上将所选答案的相应字母涂黑。**

◆**错选、少选、多选，则该题均不得分。**

（一）单项选择题（第 1～8 题）

1. 在社会主义核心价值体系中，居于指导地位的是（　　）。

A. 马克思主义　B. 科学发展观　C. 人道主义　D. 集体主义

2. 从职业活动内在道德准则看，与“勤勉”内涵符合的是（　　）。

A. 自我勤奋，拒绝加班　B. 努力工作，免于处罚

C. 鞠躬尽瘁，死而后已　D. 舍我其谁，当仁不让

3. 关于职业化管理，正确的说法是（　　）。

A. 实施职业化管理的目的是确立从业行为规范化和身份固定化的格局

B. 职业化管理要求不靠灵活应变，而靠职业道德、制度和标准

C. 职业化管理是一种建立在职业活动程序化和强制化基础上的法治

D. 一旦建立了职业化管理体系，“跳槽”等事情就很难发生

4. 下列属于“比尔·盖茨十大优秀员工准则”的是（　　）。

A. 对其他公司的产品抱有极大的兴趣　B. 始终站在自己的立场上为企业着想

C. 思考如何让客户更适合自己的产品　D. 跟随公司的目标，把握自己努力的方向

5. 下列关于职业道德规范“诚信”的说法，正确的是（　　）。

A. 诚信是从业人员的道德底线

B. 讲求诚信的企业一定会取得市场竞争的最后胜利

C. 经营的复杂性要求企业在讲求诚信时采取灵活性而非原则性策略

D. 诚信的特征包括通识性、止损性、条件性、前置性

6. 根据“中国商业企业诚信公约”，下列说法中，正确的是（　　）。

A. 限制消费者的合法权益，必须按照适度、公示和听证原则进行

B. 促销活动中的降价让利行为属于公司内部管理范畴，可完全自主进行

C. 建立健全商品进货检查验证制度，抵制假冒伪劣商品进入流通领域

D. 严格履行“三包”规定，对售出商品实行商品质量倒推负责制

7. 下列关于职业道德规范“公道”的说法中，正确的是（　　）。

A. 公道的制度是公道的最高表现

B. 公道的品德是在长期的公道行为中逐渐养成的

C. 是否公道是次要的，赢得主管信任才是重要的

D. 任何一家公司都不会把公道作为追求目标

8. 根据“禁止商业贿赂行为的暂行规定”，下列说法中，正确的是（　　）。

A. 经营者的职工为经营者购销商品的贿赂行为，认定为职工个人行为

B. 在账外暗中给予对方单位或者个人回扣的，以行贿论处

C. 经营者销售商品，可以以明示方式给予对方折扣，无需入账

D. 经营者给中间人佣金必须如实入账，中间人接受佣金则无需入账

（二）多项选择题（第 9～16 题）

9. 关于享乐主义，正确的说法是（　　）。

A. 享乐主义认为，人生的意义在于追求物质享受和感官快乐

B. 享乐主义把握了人的自然属性，忽视了人的社会属性

C. 享乐主义是一种庸俗腐朽的价值观，是败家误国的思想根源

D. 享乐主义危害很多，但对搞活市场、拉动经济具有积极作用

10. 贯彻“忠诚、审慎、勤勉”的道德准则，要求做到（　　）。

A. 按计划开展工作，不无故拖延工作

B. 以最佳手段实现职责最优的效果

C. 坚持尊重客观，但激发主观尤其重要

D. 忠诚于职责，有时候甚至意味着不听上级的话

11. 弗兰克林曾说：“有诚信的人能够花别人口袋里的钱。”下列对这句话的理解，你认为正确的是（　　）。

A. 只要讲求诚信，就能够套取别人的利益

B. 这句话体现了“诚信”作为职业道德规范的资质性特征

C. 投资与合作的成功建立在“诚信”基础之上

D. 只要讲诚信，别人就会给予无私支援

12. 企业管理人员对待下属时贯彻“诚信”原则，要做到的是（　　）。

A. 下属工作出错时，要加大处罚力度，以儆效尤

B. 遵守与下属约定的事项

C. 尊重下属的自尊心，从下属的立场考虑问题

D. 以诚相待，透明沟通

13. 根据《中华人民共和国反不正当竞争法》，下列做法中属于违法行为的是（　　）。

A. 使用与知名商品近似的包装、装潢

B. 广告经营者在不知情的情况，发布了虚假广告

C. 以低于成本的价格销售积压的商品

D. 采取抽奖式的销售，最高奖的金额达到一万元

14. 关于职业纪律，正确的说法是（　　）。

A. 职业纪律不重要，职业技能最重要　　B. 职业纪律是领导制定的，员工无权参与

C. 职业纪律是企业管理的重要手段　　D. 职业纪律状况影响企业绩效

15. 下列关于职业道德规范“合作”的说法，正确的是（　　）。

A. 现代企业发展客观上要求实现员工、工种和企业相互间的普遍合作

B. 善于换位思考和加强深度沟通，这是促进合作的重要措施

C. 竞争性的合作往往导致合作失败，这是企业发展的一般规律

D. 合作是手段，竞争是目的

16. 从业人员践行职业道德规范“奉献”的要求是（　　）。

A. 尽职尽责　　B. 尊重集体　　C. 为人民服务　　D. 树立全球观

二、职业道德个人表现部分(第17～25题)

答题指导：

◆该部分均为选择题，每题均有四个备选项，您只能根据自己的实际状况选择其中一个选项作为您的答案。

◆请在答题卡上将所选答案的相应字母涂黑。

17. 上司最近总是指定要你去做一些你不情愿做的工作。对此，你会(　　)。

A. 觉得上司是在故意刁难自己

B. 与上司沟通，努力改变他的主意

C. 虽然不情愿，但还是“装作”高兴地去做

D. 想办法拉近与上司的关系，努力改变他的主意

18. 上司要外出到兄弟单位考察，让你联系对方。本来一切已经安排妥当，但临近启程时，对方单位突然来电话，说他们有急事，原定出席接待的领导无法出席。你知道，你的上司最讨厌临时变卦的事。这时，你会(　　)。

A. 马上把情况报告上司，请他做决定

B. 按照原计划启程

C. 请对方主管领导直接给上司打电话说明情况

D. 与对方沟通，争取让对方按照原计划进行

19. 单位树立一个劳模，号召全体员工向他学习。你觉得自己十分了解这个人，他虽然有一些优点，但是毛病更多，离劳模差得很远。对此，你会(　　)。

A. 觉得他不够劳模的标准，对单位的号召不予理会

B. 按照单位要求，想一想该如何向他学习

C. 把这个人的真实情况跟别的同事讲一讲

D. 看看大家怎么做，跟着一起做

20. 某同事是你的好友，他告诉你，说公司里好些人都在传你的绯闻，而且传得绘声绘色、有鼻子有眼。你心里明白，这纯属无中生有。这时，你会(　　)。

A. 气愤　　B. 好笑　　C. 无奈　　D. 悲伤

21. 你和同事约好一起参加一个活动，结果对方家里出了一点儿小事，计划取消了。对此，你会(　　)。

A. 有点遗憾，但不会在乎　　B. 以后不会轻易相信他的话

C. 责备他不守信用　　D. 理解他的决定

22. 你本来不善于说笑，但有时看人说说笑笑、插科打诨，气氛就会变得轻松融洽，所以你也想学一学。但是，很多次你试图用说笑来调节气氛，不但没有引起别人的兴趣，反而有时弄得大家都很尴尬。这时，你会(　　)。

A. 回归原来的自己，不学这些无聊的东西

B. 觉得说笑也不是那么容易的事，自己还是没有学到位

C. 突然觉得那些插科打诨的人真的很无聊

D. 不再去学这些，真诚相处就好

23. 对于当前年轻人之间频繁使用的“网络语言”，你的感受是(　　)。

A. 自己没有接触过，所以没什么感觉　　B. 自己也经常使用，是很好的沟通语言

C. 词不达意，很别扭，不会去使用　　D. 可以接受，但不倡导使用

24. 假如你觉得自己已经十分努力地工作了，但成效依然不如别的同事好。这时，你会(　　)。

A. 觉得自己不适合在这个单位工作　　B. 生自己的气，尝试换种工作方式

C. 着急也没用，慢慢来　　D. 怪自己没本事，就这样吧

25. 上司安排你独立去做一项以前你从没有做过的工作，你感觉十分茫然。这时，你会(　　)。

A. 向上司说明自己的顾虑，请上司斟酌

B. 婉言拒绝任务，向上司推荐别人

C. 无所谓，上司交代的就干吧

D. 很无奈，干好干坏听天由命

第二部分　理论知识

（第26～125题，共100道题，满分为100分）

一、单项选择题（第26～85题，每题1分，共60分。每小题只有一个最恰当的答案，请在答题卡上将所选答案的相应字母涂黑）

26.（　　）是指社会在一定时期内对产品和服务需求的总和。

A. 总需求　　B. 商品需求　　C. 投资品需求　　D. 消费品需求

27.（　　）是指劳动法的各项具体劳动法律制度的构成和相互关系。

A. 劳动法的体系　　B. 劳动法的渊源　　C. 劳动法的原则　　D. 劳动法的内容

28.（　　）不属于战略控制的基本要素。

A. 战略分解　　B. 实际成效　　C. 绩效评价　　D. 战略评价标准

29.（　　）是指对某个群体形成一种概括而固定的看法后，会据此去推断这个群体每个成员的特征。

A. 首因效应　　B. 光环效应　　C. 投射效应　　D. 刻板印象

30.（　　）是人通过自己的社会性的生命活动，形成或获得的全部属性的综合，亦即现实生活中的人所具有的全部规定性。

A. 人的本性　　B. 人的社会属性　　C. 人的特征　　D. 人的自然属性

31. 在企业生产过程所包含的基本要素中，（　　）是能动主体。

A. 劳动者　　B. 劳动对象　　C. 劳动资料　　D. 劳动环境

32. 关于组织理论与组织设计理论的说法，不正确的是（　　）。

A. 在逻辑上，组织理论包括组织设计理论

B. 组织理论与组织设计理论在外延上是相同的

C. 动态的组织设计理论包含静态的组织设计理论

D. 组织理论的研究对象包括组织运行的全部问题

33.（　　）是在直线职能制垂直形态组织系统的基础上，再增加一种横向的管理系统。

A. 矩阵制　　B. 超事业部制　　C. 事业部制　　D. 模拟分权制

34. 当行业处于发展阶段，为了扩大市场份额，企业会采取（　　）。

A. 增大数量战略　　B. 扩大地区战略　　C. 纵向整合战略　　D. 多种经营战略

35. 改变某个科室的职能或新设一个职位属于（　　）的组织结构变革。

A. 改良式　　B. 渐进式　　C. 计划式　　D. 爆破式

36.（　　）是指通过充实岗位的工作内容，增加岗位技术技能含量，使岗位工作变得多样化。

A. 工作满负荷　　B. 工作扩大化　　C. 工作丰富化　　D. 岗位的轮换

37. 人员培训开发计划的具体内容不包括（　　）。

A. 培训的目标　　B. 培训费用的预算

C. 培训的内容　　D. 培训人员的激励

38. 关于人力资源预测的说法，不正确的是（　　）。

A. 人力资源预测能引导员工进行职业生涯设计

B. 动态的组织条件下，人力资源预测非常必要

C. 静态的组织条件下，人力资源预测并非必要

D. 人力资源预测不利于调动员工的工作积极性

39. 关于人力资源预测方法的论述，不正确的是(   )。

A. 趋势外推法最为简单，其自变量只有一个

B. 经济计量模型法不需要考虑自变量之间的影响

C. 马尔可夫法可以进行企业人力资源供给的预测

D. 马尔可夫法可以进行企业人力资源需求的预测

40. (   )可以进行人力资源供给预测。

A. 定员定额法　　B. 灰色预测模型

C. 岗位分析法　　D. 管理人员接替模型

41. 销售工作要求执行者能说会道，秘书工作要求执行者细致周到，这体现了员工素质测评的(   )原理。

A. 全体差异　　B. 工作差异　　C. 人岗匹配　　D. 环境差异

42. 面试评分中的量化往往是(   )。

A. 一次量化　　B. 二次量化　　C. 类别量化　　D. 模糊量化

43. 美国教育学家布卢姆将教育认知目标由低到高分为六个层次，最高层是(   )。

A. 理解　　B. 应用　　C. 评价　　D. 分析

44. 以昨天的记忆代替整个测评时期的全部表现，这属于员工素质测评的(   )。

A. 晕轮效应　　B. 感情效应　　C. 近因误差　　D. 离散误差

45. (   )的阅卷方式是笔试测验的必然趋势。

A. 统一化与针对性　　B. 多样化与针对性

C. 统一化与普适性　　D. 多样化与普适性

46. (   )是当前人员招聘面试发展的主流。

A. 结构化面试　　B. 单独面试　　C. 非结构化面试　　D. 一次性面试

47. 面试考官过分强调应聘者的不利因素，以致不能全面了解应聘者，这属于面试考官偏见中的(   )。

A. 第一印象　　B. 对比效应　　C. 晕轮效应　　D. 感情效应

48. “你好像不太适合我们这里的工作，你看呢?”属于(   )面试问题。

A. 压力性　　B. 知识性　　C. 思维性　　D. 经验性

49. 企业员工的劳动活动按照工作性质进行区分，不包括(   )劳动。

A. 工艺性　　B. 技术性　　C. 辅助性　　D. 重复性

50. 企业员工培训规划的基础是(   )。

A. 人力资源开发体系　　B. 培训需求分析

C. 企业薪酬管理体系　　D. 组织结构分析

51. (   )不是企业年度培训。

A. 目录模块　　B. 需求分析模块　　C. 计划概要模块　　D. 主体计划模块

52. 科学有效的培训管理，培训计划的实施与管理控制中体现(   )的指导思想。

A. 经济、高效　　B. 计划、有序　　C. 经济、适用　　D. 实用、有序

53. 在企业成熟期，企业培训课程设计应以(   )为重点。

A. 建设企业文化　　B. 提高创业者的营销公关能力

C. 提高中层管理人员的管理能力　　D. 提高管理者的管理观念和技能

54. 岗位指南的优点不包括(　　)。

A. 重点突出　　B. 使用简易　　C. 精细深入　　D. 记忆方便

55. 对企业高层管理者的培训，应侧重于培训(　　)。

A. 经营理念　　B. 沟通技巧　　C. 专业知识　　D. 工作方法

56. 在进行管理人员培训需求分析时，工作任务分析的内容是(　　)。

A. 要求做到什么　　B. 实际做到什么　　C. 不应该做什么　　D. 应该做到什么

57. 编制管理人员培训开发计划，应坚持以(　　)为中心。

A. 服务培训对象　　B. 培训需求分析

C. 确定培训目标　　D. 培训实施和效果评估

58. (　　)是最基本、最普遍的培训效果评估。

A. 反应评估　　B. 学习评估　　C. 行为评估　　D. 结果评估

59. 对管理性组织和服务性组织的考评，一般不宜采用的指标是(　　)。

A. 工作方式　　B. 工作产出　　C. 组织气氛　　D. 工作效率

60. 一般而言，(　　)不是绩效考评指标的来源。

A. 部门职能与岗位职责　　B. 绩效短板与不足

C. 组织战略与经营规划　　D. 员工薪酬福利水平

61. 绩效考评量表不包括(　　)。

A. 比率量表　　B. 等距量表　　C. 等级量表　　D. 差异量表

62. 设定 KPI 指标和指标值时，一般不会选取(　　)作为参考标杆。

A. 本地区中等水平的企业　　B. 国内领先地位的最优企业

C. 本行业领先的最佳企业　　D. 世界领先地位的顶尖企业

63. 当绩效指标的跟踪和监控耗时过多时，可采取(　　)。

A. 缩短跟踪和监控的时间

B. 增加人力、物力的投入

C. 设置更为精细的跟踪指标

D. 由跟踪“正确率”指标转为跟踪“错误率”指标

64. 考量员工个人特质的效标属于(　　)。

A. 行为性效标　　B. 特征性效标　　C. 结果性效标　　D. 品质性效标

65. 绩效考评偏误中的(　　)，容易增加工作压力，降低工作满意度，不利于调动业务骨干的积极性、主动性和创造性。

A. 苛严误差　　B. 集中趋势　　C. 宽厚误差　　D. 晕轮误差

66. 因考评者主观因素造成的各种偏误，不包括(　　)。

A. 晕轮误差　　B. 自我中心效应　　C. 分布误差　　D. 评价标准误差

67. (　　)是基于胜任特征的考评方法，使用这种方法得出的结果更全面。

A. 平衡计分卡　　B. 行为定位法　　C. 评价中心法　　D. 360 度考评

68. (　　)是员工为企业提供劳动而得到的各种货币与实物报酬的总和。

A. 薪酬　　B. 工资　　C. 福利　　D. 奖金

69. 薪酬管理包括薪酬体系设计和(　　)两个方面。

A. 薪酬结构管理　　B. 薪酬日常管理　　C. 薪酬制度管理　　D. 薪酬预算管理

70. 可以用工资总额占(　　)的合理比重来推算合理的工资总额。

A. 附加值　　B. 人工成本　　C. 营业额　　D. 福利总额

71. 企业要采取薪酬领先策略，薪酬水平要定在市场薪酬水平的(　　)。

A. 15 到 30 分位　　B. 50 分位　　C. 45 分位　　D. 75 甚至 90 分位

72. 某企业属于新兴行业，宜采用(　　)的方式进行薪酬调查。

A. 调查问卷　　B. 企业之间相互调查

C. 委托中介机构　　D. 采集社会公开信息

73. 相比较而言，简单易行的市场薪酬调查方法是(　　)。

A. 电话调查　　B. 面谈调查　　C. 文献收集　　D. 趋势分析

74. (　　)是以事为标准，事在人先，以事择人。

A. 人员分类　　B. 职级分组　　C. 岗位分类　　D. 品位分类

75. 一般而言，(　　)不属于团队薪酬的组成部分。

A. 员工福利　　B. 激励性薪酬　　C. 基本薪酬　　D. 绩效认可奖励

76. 从广义上讲，(　　)是指医疗保障体系中除基本医疗保险之外的其他所有医疗保险形式。

A. 短期医疗保险　　B. 补充医疗保险

C. 长期医疗保险　　D. 特殊医疗保险

77. 关于劳动关系的表述，不正确的是(　　)。

A. 劳动关系的内容是劳动　　B. 劳动关系就是指劳动法律关系

C. 劳动关系具有平等性和隶属性　　D. 劳动关系有人身关系和财产关系属性

78. 已建立劳动关系，未同时订立书面劳动合同的，自用工之日起(　　)内订立书面劳动合同，其行为不违法。

A. 1 个月　　B. 2 个月　　C. 3 个月　　D. 6 个月

79. 经营劳务派遣业务的劳务派遣单位，注册资本不得少于(　　)元。

A. 50 万　　B. 100 万　　C. 200 万　　D. 500 万

80. 企业的工资指导线不包括(　　)。

A. 下线　　B. 均值线　　C. 基准线　　D. 预警线

81. 企业的总工程师对本单位的安全生产负有(　　)。

A. 全面责任　　B. 担保责任

C. 直接责任　　D. 安全卫生技术领导责任

82. 作为劳动争议主体的职工一方当事人，人数为(　　)以上，有共同争议理由的，属于集体劳动争议。

A. 2 人　　B. 5 人　　C. 10 人　　D. 20 人

83. (　　)不属于劳动争议仲裁委员会的组成人员。

A. 企业职工代表　　B. 劳动行政部门代表

C. 同级工会代表　　D. 用人单位方面代表

84. 劳动争议申请仲裁的时效期间为(　　)。

A. 2 个月　　B. 6 个月　　C. 1 年　　D. 2 年

85. 拖欠劳动报酬的用人单位在收到法院的支付令后，如果属实，可以在(　　)内完成支付，以避免进入强制执行程序。

A. 15 日　　B. 30 日　　C. 60 日　　D. 90 日

二、多项选择题(第 86 ~ 125 题，每题 1 分，共 40 分。每题有多个答案正确，请在答题卡上将所选答案的相应字母涂黑。错选、少选、多选，均不得分)

86. 财政政策的内容主要包括(　　)。

A. 降低利率　　B. 增减预算支出水平

C. 增减政府税收　　D. 发展社会保险事业

E. 调节法定准备金率

87. 企业战略的实质是实现(　　)之间的动态平衡。

A. 外部环境　B. 内部环境　C. 企业实力　D. 战略目标

E. 人文环境

88. 人的实际能力又可分为(　　)。

A. 一般能力　B. 管理能力　C. 特殊能力　D. 适应能力

E. 理解能力

89. 人本管理的原则包括(　　)。

A. 人的管理第一　　B. 和谐人际关系

C. 使员工个人与组织共同发展　　D. 满足社会需要

E. 构建以人为中心的组织形态

90. 多维立体组织结构形成了(　　)等管理组织机构系统。

A. 产品利润中心　B. 专业成本中心　C. 地区利润中心　D. 部门利润中心

E. 服务管理中心

91. 根据组织成员的特征及其相互关系，网络型组织可分为(　　)等多种类型。

A. 内部网络　B. 虚拟网络　C. 垂直网络　D. 市场网络

E. 机会网络

92. 属于组织结构爆破式变革的有(　　)。

A. 新设一个部门　　B. 两家企业合并

C. 企业组织结构的整合　　D. 局部改变某个科室的职能

E. 组织结构从职能制改为事业部制

93. 工作岗位设计的基本方法中，工业工程的功能具体表现为(　　)。

A. 创新　B. 规划　C. 评价　D. 改进

E. 设计

94. 企业各类人员计划包括(　　)。

A. 人员配备计划　B. 人员考核计划　C. 人员薪酬计划　D. 人员福利计划

E. 人员供给计划

95. 定员定额分析法的具体方法包括(　　)。

A. 劳动定额分析法　　B. 效率定员法

C. 类推比较定员法　　D. 比例定员法

E. 设备看管定额定员法

96. 人岗匹配包括(　　)相匹配。

A. 工作报酬与员工贡献　　B. 不同岗位之间

C. 工作要求与员工素质　　D. 不同员工之间

E. 工作权限与员工愿望

97. 关于 FRC 品德测评法的表述，正确的有(　　)。

A. 需要借助计算机分析技术　B. 报告方式可以是个别谈话

C. 属于考核性品德测评方法　D. 报告的方式可以是班组座谈

E. 可以做出定性与定量评定

98. (　　)能够引起员工素质测评结果的误差。

A. 晕轮效应　B. 感情效应

C. 参评人员训练不足　D. 近因误差

E. 测评指标不够明确

99. 在面试过程中要理解肢体语言，其中目光接触的典型含义包括(　　)。

A. 友好　B. 紧张　C. 真诚　D. 自信

E. 冷淡

100. 知识测验主观题的优点有(　　)。

A. 试题内容综合度高　B. 有利于考查知识运用能力

C. 命题量少，题干比较简单　D. 评判更科学、客观

E. 考点覆盖面较广

101. 按照配置方式的不同，可将企业人力资源配置分为(　　)的优化配置。

A. 结构　B. 数量　C. 时间　D. 质量

E. 空间

102. 以战略为导向的培训需求分析包括(　　)。

A. 组织分析　B. 任务分析　C. 企业战略分析　D. 人员分析

E. 工作环境分析

103. 年度培训计划设计的基本程序有(　　)。

A. 培训调查与分析研究　B. 前期准备

C. 年度培训计划的制订　D. 培训课程设计

E. 年度培训计划的审批及开展

104. 培训课程设计的基本原则包括(　　)。

A. 满足市场发展要求　B. 满足企业与学习者的需求

C. 兼顾实用性和系统性　D. 体现成年人的认知规律

E. 体现现代系统理论的基本原理

105. 培训中使用的印刷材料有(　　)。

A. 岗位说明书　B. 工作任务表　C. 学员手册　D. 培训者指南

E. 测验试卷

106. 企业培训管理中的工作团队具有以下特点(　　)。

A. 具有更多的工作自主权

B. 注重个体自我开发

C. 体现流程团队的特性

D. 注重团队成员的同质性

E. 体现个体学习、团队培训、组织开发三位一体

107. 在设定培训评估标准时，应当注重评估指标和标准的(　　)。

A. 相关度　B. 信度　C. 区分度　D. 重合度

E. 可行性

108. 根据组织工作性质的不同，组织绩效考评可分为(　　)。

A. 生产性组织的绩效考评　　B. 科研性组织的绩效考评

C. 技术性组织的绩效考评　　D. 管理性组织的绩效考评

E. 服务性组织的绩效考评

109. 关于等距量表的说法，正确的有(　　)。

A. 有绝对零点　　B. 数量差距相同

C. 数量差距以相同的比例变化　　D. 没有绝对零点

E. 可以进行加减乘除四则运算

110. 利用客户关系图来提取关键绩效指标，能够(　　)。

A. 分析客户的满意度　　B. 了解企业的内外客户

C. 掌握为客户提供的具体产出　　D. 提高员工的服务意识

E. 设定考评标准衡量团队或个人绩效

111. 行为导向型的考评方法包括(　　)。

A. 排列法　　B. 关键事件法　　C. 行为观察法　　D. 强制分配法

E. 绩效标准法

112. 下列管理行为或管理意图中，(　　)易造成绩效考评的苛严误差。

A. 主管为了缓和与员工的关系　　B. 拟扩大提薪或奖励人数比例

C. 为有计划地减员提供证据　　D. 惩罚那些不服管理的员工

E. 设定了高水平的绩效评定标准

113. 360 度考评的实施程序包括(　　)。

A. 反馈面谈　　B. 评价实施效果　　C. 培训考评者　　D. 实施 360 度考评

E. 设计考评项目

114. 非货币性薪酬是指由(　　)等因素带给员工的愉悦和满足感。

A. 直接薪酬　　B. 工作本身　　C. 间接薪酬　　D. 组织特征

E. 工作环境

115. 政府部门的薪酬数据具有(　　)等优点。

A. 结果可靠　　B. 内容分类细致　　C. 处理方法简单　　D. 范围比较集中

E. 涵盖的范围广

116. (　　)是按照岗位的工作性质及其特征，对岗位所进行的横向分类。

A. 职系　　B. 岗级　　C. 职组　　D. 岗等

E. 职门

117. 薪点薪酬制的优点包括(　　)。

A. 体现了效率优先的原则

B. 有利于提高员工素质和绩效

C. 有利于增强团队的协作精神

D. 容易使薪酬向关键岗位倾斜

E. 薪酬标准用金额表示，加大了激励强度

118. (　　)属于以绩效为导向的薪酬结构。

A. 计件薪酬制　　B. 薪点薪酬制　　C. 销售提成制　　D. 岗位薪酬制

E. 技术薪酬制

119. 企业员工薪酬制度的调整包括(　　)。

A. 物价性调整　B. 季节性调整　C. 工龄性调整　D. 政策性调整

E. 考核性调整

120. 用人单位招用劳动者未订立书面劳动合同，但同时具备(　　)等条件的，劳动关系成立。

A. 劳动者受用人单位的劳动管理

B. 劳动者从事用人单位安排的有报酬的劳动

C. 劳动者提供的劳动是用人单位业务的组成部分

D. 用人单位和劳动者符合法律、法规规定的主体资格

E. 用人单位依法制定的各项劳动规章制度适用于劳动者

121. 劳务派遣用工只能在(　　)的工作岗位上实施。

A. 临时性　B. 辅助性　C. 长期性　D. 主营性

E. 替代性

122. 关于制定工资指导线的说法，正确的有(　　)。

A. 只需符合企业的需求

B. 应注意与国际经济发展状况相适应

C. 坚持平均工资的增长低于劳动生产率的增长

D. 坚持企业工资总额的增长低于企业经济效益的增长

E. 应符合国家宏观经济政策和对工资增长的总体要求

123. 解决劳动争议，应当根据事实，遵循(　　)的原则，依法保护当事人的合法权益。

A. 合法　B. 公正　C. 及时　D. 着重调解

E. 强制调解

124. 依照《劳动争议调解仲裁法》的规定，劳动争议调解组织主要包括(　　)。

A. 企业劳动争议调解委员会

B. 依法设立的基层人民调解组织

C. 省级人民政府专设的省级劳动争议调解机构

D. 市一级人民政府专设的地市级劳动争议调解组织

E. 乡镇、街道设立的具有劳动争议调解职能的组织

125. 劳动争议解决的基本途径包括(　　)。

A. 仲裁　B. 调解　C. 协商解决　D. 向人民法院起诉

E. 向政府申述

2016年11月 人力资源和社会保障部
国家职业资格全国统一鉴定

职　　业：企业人力资源管理师

等　　级：国家职业资格二级

卷 册 二：专业能力

注意事项：1. 请按要求在试卷的标封处填写您的姓名、准考证号、身份证号和所在地区。

2. 请仔细阅读各种题目的回答要求，并在规定的位置填写您的答案。

3. 请保持卷面整洁，不要在试卷上作任何与答题无关的标记，也不得在标封区填写无关的内容。

一、简答题(本题共3题，第1小题15分，第2小题15分，第3小题16分，共46分)

1. 简述基于选拔性素质模型的结构化面试的主要步骤。(15分)

2. 简述企业培训需求分析在任务分析阶段的工作步骤。(15分)

3. 简述员工工资标准个体调整和整体调整的内容。(16分)

二、综合题(本题共3题，每小题18分，共54分)

1. 某空港地面设备设施管理公司自组建以来，业务范围不断扩大，到今年7月，其负责维修维护的机电设备已超过3000台，其他设备如行李分拣、安全检查、电子通信等工作任务量也有了大幅度的增加，该公司的人员规模已由原来的1000人扩大到3000人，职能部门由原来的4个增加到8个，所属的业务部门和子公司增加到12个。随着各项管理制度改革进程的加快，该公司出现了机构膨胀，人浮于事，管理层次过多，部门之间相互扯皮推诿等一系列问题。在今年第三季度形势分析会上，董事会作出决定，要求公司主管领导在充分调研的基础上对公司组织结构进行一次全面的变革。

请结合本案例回答以下问题：

(1)公司全面推进组织结构变革，应按照什么样的程序和步骤?(12分)

(2)公司对现有组织结构进行变革时，应当注意做好哪些工作?(6分)

2. 某公司拟在明年推行一套全新的绩效管理体系，其中绩效考评指标及其标准由人力资源部负责组织设计。为此，人力资源部组织并召集专家进行了多次研讨。在讨论会上，有的专家提出，考评指标越多越细越好，这样才能体现出各类岗位的工作差别和贡献大小；有的专家则认为绩效考评不能过于复杂，应针对不同类别的岗位分别设计关键绩效指标；还有的专家提出，采用平衡计分卡的方法更能提高绩效考评的质量。人力资源部认真总结了专家的意见，拟采用目标分解法，从平衡计分卡的四个维度设计公司的关键绩效指标。

请结合本案例回答以下问题：

(1)采用目标分解法提取关键绩效指标时应关注哪些问题?(8分)

(2)提取和设定关键绩效指标时应当遵循哪几项基本原则?(10分)

3. 王先生于2015年4月1日与A电器公司签订了《直销业务员聘任合同》，有效期至2016年3月31日，合同约定：乙方(王先生)代表甲方(A电器公司)和最终顾客洽谈销售业务。销售甲方产品：甲方向乙方收取企业信誉保证金3000元，乙方的工作报酬为销售价与产品出厂价的差额(3%)，甲方不负担乙方销售活动的任何费用；乙方销售产品向甲方付清出厂价全款，双方概不拖欠。

2016年3月31日合同到期后，双方同意续延合同一年，同时A电器公司向王先生颁发上岗资格证。2016年4月9日，王先生与B公司洽谈了一份产品销售合同，从A电器公司提取三套产品销售至B公司。4月12日，A电器公司绕过王先生与B公司直接签订了《产品销售合同》，并为B公司开具四套产品共计160000元销售发票一张。4月15日，王先生向总经理办公会提出工作报酬诉求，再一次遭到拒绝，双方有言语冲突。4月17日，A电器公司向王先生发出通报，该通报称："销售人员王先生2016年4月15日上午在公司内无理取闹，严重干扰了公司正常的生产秩序，经公司研究决定，取消王先生的销售资格，其今后的所有行为与本公司无关。"

王先生遂向当地劳动争议仲裁委员会提请仲裁，并提出以下申诉请求：①A电器公司按照双方签订的《直接业务员聘任合同》规定，向王先生支付应得的提成款4800元；②退还风险抵押金3000元；③撤销公司的除名决定，恢复劳动关系；④按照月工资5000元计算，支付 2016 年 4 月 17 日起至裁决之日止的工资及补偿金；⑤补办劳动合同存续期间的社会保险手续并缴纳社会保险费。

调查事实如下：①《直销业务员聘任合同》约定：乙方(王先生)代表甲方与最终顾客洽谈销售业务，销售甲方产品；乙方的工作报酬为销售价与产品出厂价的差额，每笔业务结清后即可领取差价。②甲方不负责为乙方办理社会保险。③上岗资格证是履行《直销业务员聘任合同》的资格条件证明，并要求直销人员负有保守 A 电器公司的商业秘密、维护公司形象等义务。

请结合本案例论述劳动争议仲裁的受理过程、结果及其具体理由。(18 分)

2016年11月二级企业人力资源管理师真题答案及详解

卷册一：职业道德、理论知识

第一部分　职业道德

（第1～25题，共25道题）

一、职业道德基础理论与知识部分（第1～16题）

（一）单项选择题（第1～8题）

1A　2C　3B　4D　5A　6C　7B　8B

（二）多项选择题（第9～16题）

9ABC　10ABCD　11BC　12BCD　13AD　14CD　15AB　16ABC

二、职业道德个人表现部分（第17～25题）

第17～25题无标准答案，根据自己的价值观作答。

第二部分　理论知识

（第26～125题，共100道题，满分为100分）

一、单项选择题（第26～85题，每题1分，共60分。每小题只有一个最恰当的答案，请在答题卡上将所选答案的相应字母涂黑）

26. A 【考点】总需求

【解析】总需求是指社会在一定时期内对产品和服务需求的总和。消费品的需求是指居民户对各类消费品的支出、住房租金以及其他服务支出的总和。投资品的需求是指企业用于厂房、设备等固定资产的投资，用于原材料、半成品和存货增量的支出等。

27. A 【考点】劳动法的体系

【解析】劳动法的体系是指劳动法的各项具体劳动法律制度的构成和相互关系。我国劳动法的体系是根据劳动关系法律调整的特点和内容而构成的，《中华人民共和国劳动法》的颁布和实施，使我国劳动法的体系趋于完善。

28. A 【考点】战略控制的基本要素

【解析】战略控制是将预先制定的战略目标与反馈回来的战略执行信息进行比较，以检查战略计划与实际执行的偏离程度并采取措施纠正偏差的一系列活动的过程。战略控制的基本要素包括：①战略评价标准；②实际成效；③绩效评价。

29. D 【考点】社会知觉

【解析】刻板印象是指对某个群体形成一种概括而固定的看法后，会据此去推断这个群体的每个成员的特征。A项，首因效应是指最先的印象对人的知觉产生的强烈影响；B项，光环效应是指当对一个人的某些特性形成好或坏的印象之后，人们就倾向于据此推论其他方面的特性；C项，投射效应是指在知觉他人时，知觉者以为他人也具备与自己相似的特性，这种把自己的特点归因到他人身上的倾向称为投射。

30. A 【考点】人性的含义

【解析】人性即人的本性，是人通过自己的社会性的生命活动，形成或获得的全部属性的综合，亦即现实生活中的人所具有的全部规定性。这种多方面的属性或规定性被概括为自然属性和心理属性两方面的内容。

31. A 【考点】企业生产过程的基本要素

【解析】企业生产过程所包含的基本要素，如劳动者、劳动对象、劳动资料和劳动环境是一个互相联系、互相制约的有机系统，其中，劳动者是能动主体。

32. B 【考点】组织理论与组织设计理论的对比分析

【解析】B项，组织理论与组织设计理论在外延上是不等的，从逻辑上说，组织理论应该包括组织设计理论。组识设计理论被称为狭义的组织理论。

33. A 【考点】矩阵制组织形式

【解析】矩阵制组织结构又称规划—目标结构、非长期固定性或项目性组织结构。矩阵制组织形式是在直线职能制垂直形态组织系统的基础上，再增加一种横向的管理系统。这是一种横、纵两套系统交叉形成的复合结构组织。

34. A 【考点】企业战略与组织结构的关系

【解析】企业发展到一定阶段，其规模、产品和市场都发生了变化。这时的主要战略包括：①增大数量战略。当行业处于发展阶段，企业只需采用简单的结构或形式。②扩大地区战略。随着行业进一步发展，要求企业将产品或服务扩展到其他地区。为了协调这些产品和服务，形成标准化和专业化，企业组织要求建立职能部门结构。③纵向整合战略。在行业增长阶段后期，竞争更加激烈，为了减少竞争的压力，企业会采取纵向整合战略。此时，组织应选择事业部制结构。④多种经营战略。当行业进入成熟期，企业往往选择多种经营战略，这时企业应根据规模和市场的具体情况，分别采用矩阵结构或经营单位结构。

35. A 【考点】企业组织结构变革的方式

【解析】改良式变革即日常的小改小革，修修补补。如局部改变某个科室的职能，新设一个职位等。这是企业中常用的方式。这种方式符合企业实际需要，局部变革，阻力较小。

36. C 【考点】岗位工作扩大化与丰富化

【解析】企业针对工作单调乏味，劳动者情绪低落等情况，可采用以下措施：①工作扩大化，包括横向扩大工作、纵向扩大工作。②工作丰富化。在岗位现有工作的基础上，通过充实工作内容，增加岗位的技术和技能的含量，使岗位的工作更加多样化、充实化，消除因从事单调乏味工作而产生的枯燥厌倦情绪，从心理、生理上满足员工的合理要求。

37. D 【考点】人员培训开发计划的具体内容

【解析】人员培训开发计划是企业通过对员工有计划的培训，引导员工的技能发展与企业的发展目标相适应的策略方案，其具体内容包括：①受训人员的数量；②培训的目标；③培训的方式方法；④培训的内容；⑤培训费用的预算等。

38. D 【考点】人力资源预测的作用

【解析】D项，人力资源预测有助于调动员工的积极性。人力资源预测能引导员工进行职业生涯设计和职业生涯发展，对调动员工的积极性有很大的帮助。

39. B 【考点】人力资源需求预测的定量方法

【解析】趋势外推法和回归分析法本质上都是经济计量模型法，不同的是，趋势外推法最简单，其自变量只有一个，即时间变量；回归分析法也比较简单，不考虑不同自变量之间的相互影响；而经济计量模型法则综合考虑多种因素，且考虑各因素间的交互作用。

40. D 【考点】内部供给预测的方法

【解析】企业内部供给预测的方法包括：①人力资源信息库，是计算机运用于企业人事管理的产物，它是通过计算机建立的、记录企业每个员工技能和表现的功能模拟信息库；②管理人员接替模型，是最简单有效的方法，能比较直观地反映各类管理人员的变动情况；③马尔可夫模型，是分析组织人员流动的典型矩阵模型。

41. C 【考点】员工素质测评的基本原理

【解析】员工素质测评的基本原理包括个体差异原理、工作差异原理和人岗匹配原理。其中，人岗匹配是按照人适其事、事宜其人的原则，根据个体间不同的素质和要求，将其安排在各自最合适的岗位上，从而做到人尽其才、物尽其用，具体包括：①工作要求与员工素质相匹配；②工作报酬与员工贡献相匹配；③各类员工与员工之间相匹配；④各类岗位与岗位之间相匹配。

42. A 【考点】员工素质测评量化技术

【解析】A项，一次量化是指素质测评的量化过程可以一次性完成。素质测评的最后结果可以由原始的测评数据直接综合与转换。例如，面试评分中的量化往往是一次量化，面试的结果直接由主试的评分相加平均得到。B项，二次量化是指整个素质测评量化过程要分两次计量才能完成。C项，类别量化是把素质测评对象划分到事先确定的几个类别中去，然后每个类别赋予不同的数字。D项，模糊量化要求把素质测评对象同时划分到事先确定的每个类别中去，根据该对象的隶属程度分别赋值。

43. C 【考点】知识测评

【解析】美国教育学家布卢姆提出了著名的“教育认知目标分类学”，把认知目标由低到高分为六个层次，各层次体现了不同的知识要求，六个知识测评层次为：①记忆。要求应试者对知识的记忆，包括对具体知识及抽象知识的识记和辨认，是认知目标的最低层次。②理解。要求应试者对知识的叙述、解释、归纳，比识记知识进了一步，是理解基础上的记忆。③应用。要求应试者对概念、原理、法则加以应用，测评应试者应用知识解决问题的能力。④分析。要求应试者把某一事实材料分解成若干组成部分，再阐述它们之间的内在联系，测评应试者分析问题的能力。⑤综合。要求应试者将各部分、各要素重新组合成一个更合理的新的整体，测评应试者创造性地解决问题的能力。⑥评价。要求应试者对某个结论、某种方法做出较深刻的理性判断，是在内在证据和外部标准基础上的逻辑推断，是认知目标的最高层次。

44. C 【考点】引起测评结果误差的原因

【解析】引起测评结果误差的原因有：①测评的指标体系和参照标准不够明确。②晕轮效应。考核者在对人的各种品质进行考核时，会有一种偏高或偏低的习性，即由于某人某方面的品质和特征特别明显，使观察者容易产生清晰明显的错觉，忽略其他的品质和特征，从而作出片面的判断。③近因误差。由于测评人员对被测对象近期印象深刻、记忆清楚，而对远期表现印象模糊、记忆不清。因此，以近期的记忆代替整个测评时期的全部实际表现，导致产生测评结果的误差。④感情效应。测评人员和被测对象之间的关系，也是影响测评结果的重要原因。⑤参评人员训练不足。对测评系统的参照标准理解不统一或认识不深，测评方法掌握得不熟练，测评人员之间相互影响等，均会对测评产生影响。

45. B 【考点】阅卷方式

【解析】阅卷是笔试测验的重要环节。多样化与针对性的阅卷方式是笔试测验的必然趋势。目前，全国人员选拔党政应聘者考试的试题类型主要有客观性试题和主观性试题两类。由于题型的不同，阅卷方式可以灵活运用。

46. A 【考点】面试的发展趋势

【解析】面试的发展趋势表现在：①面试形式丰富多样；②结构化面试成为面试的主流；③提问的弹性化；④面试测评的内容不断扩展；⑤面试考官的专业化；⑥面试的理论和方法不断发展。

47. C 【考点】面试考官的偏见

【解析】晕轮效应就是“以点代面”，从某一优点或缺陷出发去评价应聘者其他方面。如过分强调应聘者的不利因素，以致不能全面了解这个人。A 项，第一印象又称首因效应，即面试考官根据开始几分钟，甚至是面试前从资料(如笔试、个人简历等)中得到的印象对应聘者作出评价；B 项，对比效应即面试考官相对于前一个接受面试的应聘者来评价目前正在接受面试的应聘者的倾向；D 项，感情效应即测评人员和被测对象之间的关系，也是影响测评结果的重要原因。

48. A 【考点】结构化面试试题的类型

【解析】结构化面试试题的类型有：①背景性问题；②知识性问题；③思维性问题；④经验性问题；⑤情境性问题；⑥压力性问题；⑦行为性问题。其中，压力性问题将应聘者置于一个充满压力的情境中，观察其反应，以对其情绪稳定性、应变能力等进行考察。如“你好像不太适合我们这里的工作，你看呢?”“你怎么连这么简单的问题都不懂?”等。

49. D 【考点】劳动活动的分类

【解析】按照企业员工的工作性质，将其劳动活动分为：①工艺性劳动，即直接改变劳动对象的劳动活动；②辅助性劳动，即为了保证工艺性劳动正常进行而从事的劳动活动；③技术和管理性劳动，即从事产品设计、研发、组织、经营、统计、计量、检验、信息等以脑力劳动为主的活动。

50. B 【考点】企业员工培训规划的概念

【解析】员工培训规划是在培训需求分析的基础上，从企业总体发展战略的全局出发，根据企业各种培训资源的配置情况，对计划期内的培训目标、对象和内容，培训的规模和时间，培训评估的标准，负责培训的机构和人员、培训师的指派、培训费用的预算等一系列工作所作出的统一安排。

51. B 【考点】年度培训计划构成的五大模块

【解析】年度培训计划构成的五大模块包括：①封面模块，主要是确定封面形式；②目录模块，主要是目录，简要体现了年度培训计划包含的所有内容；③计划概要模块，包括计划制订依据，计划制订要求，培训工作的原则、方针等内容；④主体计划模块，包含背景分析与需求调查结果分析、关键问题分析、培训目标确定、培训课程安排、培训实施计划、预期效果与评估方法以及培训预算等内容；⑤附录模块，包含年度培训计划中出现的各类表单。

52. A 【考点】人力资源部门的培训管理职责

【解析】实施科学有效的培训管理，就是要合理地确定职责，在培训计划的实施与管理控制中体现经济高效的指导思想。培训管理职责划分必须保证每一项工作职责均有责任部门和责任人，使培训体系真正成为一个有机体。建立培训管理控制体系，就是使计划中的每项培训工作都有具体的责任人、执行人。

53. A 【考点】企业培训课程设计的特征

【解析】企业成熟期是指企业完成规模扩张，成为行业内主要竞争者的时期。在此阶段，企业应集中力量建设企业文化，将企业长期发展所必需的观念、规则和态度传播到每名员工中去，并提升员工对企业目标的认同、对企业的归属感。

54. C 【考点】岗位指南的优点

【解析】岗位指南是对最常用、最关键的任务的描述，使包含许多复杂步骤的任务简单化，它具有重点突出、使用简易、查阅快捷、记忆方便等优点。

55. A 【考点】高层管理者培训

【解析】高层管理者培训的目的是培养经营理念、服务意识、企业集团化发展、战略规划能力、资本运营与投资决策能力、人才开发与制度创新能力、统率全局的能力、控制能力等高级工商管理方面的培训和英语培训。

56. D 【考点】管理人员培训需求分析

【解析】管理人员的培训需求分析，可围绕战略与环境分析、工作与任务分析以及人员与绩效分析三个方面展开。其中，工作与任务分析的内容包括：①应该做到什么？②依据管理人员素质模型和职业化行为标准寻找绩效差距的原因：是个人胜任能力问题？还是任职者与工作岗位不匹配？

57. A 【考点】管理人员培训开发计划的编制

【解析】管理人员培训开发计划的编制应坚持以"服务培训对象"为中心，以"培训需求分析、确定培训目标、设计培训内容"和"培训实施与效果评估"为基本点。

58. A 【考点】反应评估

【解析】评估某培训项目所取得的成果时，可从反应评估、学习评估、行为评估和结果评估四个层面对培训的效果进行评估。其中，反应评估是第一级评估，即在课程刚结束时，了解学员对培训项目的主观感觉或满意程度。这个层面的评估易于进行，是最基本、最普遍的评估方式。

59. B 【考点】组织绩效考评指标体系

【解析】对于管理性组织和服务性组织，其性质是比较相似的，它们一般不会有客观的物质性成果的产出，因此考评中应主要考评其整体素质、工作效率、出勤率、工作方式、组织的气氛等指标。

60. D 【考点】绩效考评指标的来源

【解析】绩效考评指标的来源主要包括以下三个方面：①组织战略与经营规划，是企业绩效考评指标的首要来源，对绩效指标的设计具有指引作用。②部门职能与岗位职责。部门职责主要包括企业设立本部门的目的、本部门职权以及部门工作对企业战略实施的帮助。③绩效短板与不足。在绩效内容选取时，需要把握一个原则，即"要什么，考什么；缺什么，考什么"。

61. D 【考点】绩效考评标准量表的分类

【解析】从实验心理学和测量学的角度看，按照测量水平的不同，考评量表可以分成以下四类：①名称量表；②等级量表；③等距量表；④比率量表。

62. A 【考点】标杆基准法

【解析】标杆基准法是企业将自身的关键绩效行为，以那些在行业中领先的、最具影响的或最具竞争力企业的关键绩效行为作为基准，进行深入全面的比较研究，探究这些基准企业的绩效形成原因，在此基础上建立企业可持续发展的关键绩效标准，并提出改进员工绩效的具体程序、步骤和方法。在 KPI 指标和指标值的设定上，可以选择的参考企业至少存在三种情况：①本行业领先的最佳企业；②居于国内领先地位的最优企业；③居于世界领先地位的顶尖企业。

63. D 【考点】设定关键绩效指标时常见的问题与解决方法

【解析】设定关键绩效指标常见问题包括：①工作的产出项目过多；②绩效指标不够全面；③对绩效指标的跟踪和监控耗时过多；④绩效标准缺乏超越的空间。其中，对绩效指标的跟踪和监控耗时过多时，跟踪“正确率”比较困难，但可以跟踪“错误率”。

64. B 【考点】绩效考评的效标

【解析】根据内容的不同，效标可以分为以下三种类型：①特征性效标，即考量员工是怎样的一个人，侧重点是员工的个人特质。②行为性效标。其侧重点是考量“员工如何执行上级指令，如何工作的”，这类效标对人际接触和交往频繁的工作岗位尤其重要。③结果性效标。其侧重点是考量“员工完成哪些工作任务或生产了哪些产品，其工作成效如何?”结果性效标最常见的问题是若干质化指标较难以量化。

65. A 【考点】苛严误差

【解析】苛严误差又称严格、偏紧误差，即评定结果是正偏态分布，也就是大多数员工被评为不合格或勉强合格。其考评结果过于苛刻，对组织来说，容易造成紧张的组织氛围；对个体来说，容易增加工作压力，涣散员工的士气和斗志，降低工作的满意度，不利于调动业务骨干的积极性、主动性和创造性。

66. D 【考点】绩效考评误差的识别

【解析】D 项，工作绩效评价标准的科学性、系统性和精确程度，对考评方法即工具运用和考评的结果具有重要的影响和制约作用。绩效考评标准不明确、不清楚、不规范是考评工具失常的主要客观原因。

67. D 【考点】360 度考评方法

【解析】360 度考评方法考虑的不仅仅是工作产出，还考虑深层次的胜任特征。胜任特征是指能将绩效优秀者与绩效一般者区分开来的个体潜在的深层次特征。360 度考评是基于胜任特征的一种考评方法，通过这种方法得出的考评结果更加全面、深刻。

68. A 【考点】薪酬的概念

【解析】薪酬是员工为企业提供劳动而得到的各种货币与实物报酬的总和，包括工资、福利和社会保险、企业补充保险等各种直接或间接的报酬。

69. B 【考点】薪酬管理的内容

【解析】薪酬管理包括薪酬体系设计、薪酬日常管理两个方面。薪酬体系设计主要包括薪酬水平设计、薪酬结构设计和薪酬构成设计；薪酬日常管理是由薪酬预算、薪酬支付、薪酬调整组成的循环，这个循环可以被称为薪酬成本管理循环。

70. A 【考点】企业员工工资总额管理

【解析】工资总额的管理方法，首先要权衡确定合理的工资总额需要考虑的因素，如企业支付能力、员工的生活费用、市场薪酬水平以及员工现有薪酬状况等，然后计算合理的工资总额，可以采用工资总额与销售额的方法推算合理的工资总额，或采用盈亏平衡点方法推算合理的工资总额，还可以采用工资总额占附加值比例的方法来推算合理的工资总额。

71. D 【考点】薪酬水平的市场定位

【解析】企业可以根据实际情况选择下列四种薪酬水平的市场定位策略：①市场领先策略。企业的薪酬水平高于市场平均水平，向 75 分位甚至 90 分位看齐。②市场跟随策略。根据市场平均水平来确定本企业的薪酬定位，向 50 分位看齐。③市场滞后策略。企业的薪酬水平落后于市场平均水平，向 25 分位看齐。④混合策略。企业在确定薪酬水平时，根据职位类型或员工类型来分别制定不同的薪酬水平策略。

72. C 【考点】薪酬调查方式的选择

【解析】委托调查是指委托商业性、专业性的人力资源咨询公司进行调查。尤其是当企业需要确定薪酬水平的岗位难以在类似企业中找到对等的岗位时，或者该企业属于新兴行业时，例如当首次设立“网络编辑”这个岗位时，企业将面临确定其薪酬水平的困难，这时可考虑选择委托企业外部的人力资源咨询公司帮助搜集所需的薪酬信息。

73. C 【考点】薪酬市场调查的主要方法

【解析】薪酬市场调查的主要方法包括：①问卷调查法，是通过向目标企业或个人发送事先根据企业自身需要而设计好的调查问卷，以书面语言与被调查者进行交流，来获取企业所需信息和资料的一种方法。②面谈调查法，是调查者通过与调查对象面对面谈话来收集信息资料的方法，是获取信息的主要方法之一，也是常用的薪酬调查方法之一。③文献收集法，是指通过查阅、收集、分析和综合有关薪酬调查的文献材料，以获取所需要的信息、知识、数据和资料的研究方法。这是一种比较简单易行的薪酬调查方法。④电话调查法，是一种高效快速、操作方法简单的调查方式，通过电话可以与一个特定区域或整个国家范围内相关组织的薪酬管理人员进行快速联系，以获取所需要的数据和信息。

74. C 【考点】品位分类与岗位分级的区别

【解析】品位分类与岗位分级的区别包括：①分类标准不同。岗位分类以事为标准，事在人先，以事择人；而品位分类则以人为标准，人在事先，以人择事。②分类的依据不同。岗位分类是根据工作或岗位的性质、繁简难易、责任轻重和所需资格条件进行，对事不对人；而品位分类则根据对人员资历、学历、劳动态度、综合绩效和贡献率的分析，达到对人员进行分类的目的，其对人不对事。③适用范围不同。岗位分类适用于专业性、机械性、事务性强的岗位；而品位分类则适合于工作经常变化，工作效果不易量化的岗位或工作。

75. A 【考点】团队薪酬制

【解析】在团队薪酬制度中，主要有以下几种组成要素：①基本薪酬；②激励性薪酬；③绩效认可奖励，包括货币性奖励和非货币性奖励两种形式。

76. B 【考点】企业补充医疗保险

【解析】补充医疗保险从广义上讲，是指医疗保障体系中除基本医疗保险以外的其他所有医疗保险形式；从狭义上讲，是指企业在参加基本医疗保险的基础上，自愿建立的满足在职职工和退休人员较高医疗需求的医疗保险补充形式，用于对城镇职工基本医疗保险制度支付以外在职职工和退休人员医疗费用个人负担部分的补助。

77. B 【考点】劳动关系的特征

【解析】劳动关系与一般经济学中所概括的劳动关系，以及其他各种社会关系相比，具有如下特征：①劳动关系的内容是劳动；②劳动关系具有人身关系属性和财产关系属性相结合的特点；③劳动关系具有平等性和隶属性的特点。B 项，劳动关系是指在劳动过程中雇员与雇主之间的关系。实际上，劳动关系还有另一层含义——劳动法律关系。而劳动法律关系是指劳动法律规范在调整劳动关系过程中所形成的雇员与雇主之间的权利义务关系，即雇员与雇主在实现现实的劳动过程中所发生的权利义务关系。

78. A 【考点】关于事实劳动关系的法律规定

【解析】《劳动合同法》放宽了订立劳动合同的时间要求，规定已建立劳动关系，未同时订立书面劳动合同的，如果在自用工之日起一个月内订立了书面劳动合同，其行为即不违法。

79. C 【考点】劳务派遣机构的管理

【解析】经营劳务派遣业务的劳务派遣单位应当依照公司法的有关规定设立，并应当具备下列条件：①注册资本不得少于人民币 200 万元；②有与开展业务相适应的固定的经营场所和设施；③有符合法律、行政法规规定的劳务派遣管理制度；④法律、行政法规规定的其他条件。

80. B 【考点】工资指导线

【解析】工资指导线有三条线：①上线（预警线），是对工资增长较快、工资水平较高企业提出的预警和提示；②基准线，是年度货币工资平均增长目标，是对生产经营正常、有经济效益的企业合理的工资增长水平；③下线，主要适用于经济效益较差或亏损企业，这类企业的货币平均工资增长在工资指导线适用的年度内允许零增长或负增长，但在法定工作时间内向提供正常劳动的劳动者支付的工资不得低于当地最低工资标准。

81. D 【考点】安全生产责任制度

【解析】安全生产责任制度是从企业组织体系上规定企业各类人员的劳动安全卫生责任，使各个层次的安全卫生责任与管理责任、生产责任统一起来。其中，企业法定代表人对本单位安全卫生负全面责任，分管安全卫生的负责人和专职人员对安全卫生负直接责任，总工程师负安全卫生技术领导责任，各职能部门、各级生产组织负责人在各自分管的工作范围内对安全卫生负责，工人在各自的岗位上承担严格遵守劳动安全技术规程的义务。

82. C 【考点】劳动争议的分类

【解析】按照劳动争议的主体划分，劳动争议可分为：①个别争议。职工一方当事人人数为 10 人以下，有共同争议理由的。②集体争议。职工一方当事人人数为 10 人以上，有共同争议理由的。③团体争议。工会与用人单位因签订或履行集体合同发生的争议。

83. A 【考点】劳动争议仲裁委员会

【解析】劳动争议仲裁的组织机构是劳动争议仲裁委员会，它是国家授权、依法独立处理劳动争议案件的专门机构。它由劳动行政部门代表、同级工会代表、用人单位方面的代表三方组成，是劳动关系协调中贯彻“三方原则”在劳动争议处理体制中的具体表现。

84. C 【考点】仲裁的时效制度

【解析】《劳动争议调解仲裁法》规定，劳动争议申请仲裁的时效期间为一年。仲裁时效期间从当事人知道或者应当知道其权利被侵害之日起计算。

85. A 【考点】人民法院的支付令

【解析】拖欠劳动报酬的用人单位在收到法院的支付令后，必须予以充分重视。拖欠属实的，可以在支付期限内(15日内)支付，避免进入强制执行程序。

二、多项选择题(第86～125题，每题1分，共40分。每题有多个答案正确，请在答题卡上将所选答案的相应字母涂黑。错选、少选、多选，均不得分)

86. BC 【考点】财政政策的内容

【解析】财政政策是指政府运用财政预算来调节总需求水平，以促进充分就业、稳定物价和经济增长的一种宏观经济管理对策。财政政策的内容包括通过增减政府税收和预算支出水平来调节经济。

87. ACD 【考点】企业战略

【解析】企业战略是在对未来外部环境的变化趋势和企业自身实力进行充分分析的基础上，通过一系列科学决策的程序绘制出来的，是企业经营思想的集中体现，其实质是实现外部环境、企业实力和战略目标三者之间的动态平衡。

88. AC 【考点】能力差异

【解析】人的实际能力可分为：①一般能力，即平常所指的智力；②特殊能力，是从事某项活动或者专业的能力。

89. ABCE 【考点】人本管理的原则

【解析】企业进行以人为本的管理，必须遵循一定的标准、要求或原则。具体包括：①人的管理第一；②满足人的需要，实施激励；③优化教育培训，完善人、开发人、发展人；④以人为本、以人为中心构建企业的组织形态和机构；⑤和谐的人际关系；⑥员工个人与组织共同发展。

90. ABC 【考点】多维立体组织

【解析】多维立体组织结构综合考虑了产品、地区与职能参谋机构，形成了三类主要的管理组织机构系统：①按产品划分的事业部，即产品利润中心；②按职能(如市场研究、生产、调查、财务、人事、质量控制等)划分的专业参谋机构，即专业成本中心；③按地区划分的管理机构，即地区利润中心。

91. ACDE 【考点】网络型组织

【解析】根据组织成员的特征及其相互关系，网络型组织可分为以下四种基本类型：①内部网络，是在组织内部通过减少管理层级，打破部门间的界限，使企业成为一个扁平的、由多个部门界限不明显的员工组成的网状联合体；②垂直网络，是在特定行业中由处于价值链不同环节的企业共同组成的企业之间的网络型组织；③市场网络，是指代表不同市场的企业之间的联系，这些企业之间发生着业务往来，在一定程度上相互依存；④机会网络，是由不同的组织为了实现一个共同目标暂时组成一个联合体，一旦目标实现，这种网络结构也就随之解体。

92. BE 【考点】企业组织实施结构变革

【解析】企业组织结构变革的方式包括：①改良式变革。即日常的小改小革，修修补补。如局部改变某个科室的职能，新设一个职位等。②爆破式变革。短期内完成组织结构的重大的以至根本性变革。如两家企业合并，从职能制结构改为事业部制结构等，这种方式常因考虑不周，造成员工丧失安全感、阻力增大等的后果，必须十分谨慎地使用。③计划式变革。对改革方案经过系统研究，制定全面规划，然后有计划、分阶段地实施，如企业组织结构的整合。

93. ABCE 【考点】工业工程的功能

【解析】针对一个企业的总体系统来说，工业工程的功能具体表现在四个方面：①规划。确定一个组织在未来一定时期内从事生产所应采取的特定行动的预备活动。②设计。实现某一既定目标而创建具体实施系统的前期工作。③评价。对现存的各种系统、各种规划和计划方案以及个人与组织的业绩作出是否符合既定目标或准则的评审与鉴定活动。④创新。对现存各种系统的改进和提出崭新的、富于创造性和建设性见解的活动。

94. AE 【考点】企业各类人员计划的编制

【解析】企业各类人员计划的编制包括：①编写人员配置计划；②编制人员需求计划；③编制人员供给计划；④编写人员培训计划；⑤编写人力资源费用计划；⑥编写人力资源政策调整计划；⑦对风险进行评估并提出对策。

95. ABDE 【考点】定员定额分析法

【解析】定员定额分析法的具体方法包括：①劳动定额分析法；②设备看管定额定员法，是根据需要开动的设备台数、班次和设备看管定额以及出勤率，对设备看管岗位人员进行需求预测的一种方法；③效率定员法，即劳动效率定员法，是根据生产任务量和人员的劳动效率，对某类岗位人员进行需求预测的一种方法；④比例定员法，是根据企业某一类岗位人员与另一类岗位人员的比例依存关系，对某一类岗位人员进行需求预测的一种方法。

96. ABCD 【考点】人岗匹配原理

【解析】人岗匹配是按照人适其事、事宜其人的原则，根据个体间不同的素质和要求，将其安排在各自最合适的岗位上，从而做到人尽其才、物尽其用。人岗匹配包括：①工作要求与员工素质相匹配；②工作报酬与员工贡献相匹配；③各类员工与员工之间相匹配；④各类岗位与岗位之间相匹配。

97. ABCE 【考点】FRC 品德测评法

【解析】FRC 品德测评法是事实报告计算机辅助分析的考核性品德测评方法。这种品德测评方法的基本思路是借助计算机分析技术，从个体品德结构要素中确定一些基本要素，再从基本要素中选择一些表征行为或事实，然后要求被测者就自己是否具备这些表征行为与事实予以报告。报告的方式既可以是个别的谈话，也可以是集体的问卷。每个人所表征的行为事实，经过光电信息处理后，即储存于个人品行信息库中，然后计算机根据专家仿真测评系统对被测评人报告的表征行为进行分析，作出定性与定量的评定。

98. ABCDE 【考点】引起测评结果误差的原因

【解析】引起测评结果误差的原因有：①测评的指标体系和参照标准不够明确。②晕轮效应。考核者在对人的各种品质进行考核时，会有一种偏高或偏低的习性，即由于某人某方面的品质和特征特别明显，使观察者容易产生清晰明显的错觉，忽略其他的品质和特征，从而作出片面的判断。③近因误差。由于测评人员对被测对象近期印象深刻、记忆清楚，而对远期表现印象模糊、记忆不清。因此，以近期的记忆代替整个测评时期的全部实际表现，导致产生测评结果的误差。④感情效应。测评人员和被测对象之间的关系，也是影响测评结果的重要原因。⑤参评人员训练不足。

99. ACD 【考点】肢体语言信息的含义

【解析】肢体语言是语言的有效补充，在面试中不仅传递了语言信息，同时也传递了肢体语言信息。肢体语言中，目光接触的典型含义是友好、真诚、自信、果断。

100. ABC 【考点】主观题的优点

【解析】主观题的答案往往是开放性、非唯一的，给应聘者很大的自由度，能够看出应聘者的综合能力和思维深度。主观题的主要优点包括：①试题的内容综合度高；②具有一定的发散性，鼓励应聘者自由发挥，有利于考查知识的运用能力、深层次的认识思维能力；③主观试题命题量少，题干比较简单。DE 两项属于客观题的优点。

101. CE 【考点】企业人力资源配置

【解析】企业人力资源配置可按不同标志对其做出区分：①从配置的方式上看，可以将其区分为空间上和时间上的优化配置；②从配置的性质上看，可以分为数量配置与质量配置；③从配置的成分上看，可以分为企业人力资源的总量与结构配置；④从配置的范围上看，可以分为企业人力资源的个体配置与整体配置。

102. ABCD 【考点】企业员工培训需求分析

【解析】培训需求分析是培训管理工作的第一环，是否能准确地预测和把握真实的需求直接决定了培训的合理性和有效性，从而影响到整个组织的绩效和经营目标的实现。传统的培训需求分析包括组织分析、任务分析和人员分析，而以战略为导向的培训需求分析，还包括企业战略分析和员工职业生涯分析。

103. ABCE 【考点】年度培训计划设计的基本程序

【解析】年度培训计划设计的基本程序有：①前期准备。本阶段工作自上而下启动。②培训调查与分析研究。本阶段要求召开统一培训会议来推动。③年度培训计划的制订。本阶段采用自下而上的方法，初步形成年度培训计划。④年度培训计划的审批以及开展。培训管理部门整合年度培训计划，遵从一定流程，获得审批后，下发各部门或机构进行传导，并督促其完成年度培训计划的二次修订。

104. BDE 【考点】培训课程设计的基本原则

【解析】培训课程设计的基本原则具体如下：①培训课程设计的根本任务是满足企业与学习者的需求；②培训课程设计的基本要求是应体现成年人的认知规律；③培训课程设计的主要依据是现代系统理论的基本原理。

105. BCDE 【考点】培训中印刷材料的准备

【解析】在培训所使用的各种媒体中，印刷材料是最常用、最可靠(不存在设备出故障的问题)、最易携带、最便宜的教学材料。培训中使用的印刷材料有：工作任务表、岗位指南、学员手册、培训者指南和测验试卷。

106. ABE 【考点】以团队为核心的管理培训模式

【解析】工作团队的管理实施形式是扁平型组织在企业培训活动中的具体体现，具有如下特点：①培训工作团队具有更多的工作自主权；②注重个体自我开发；③三位一体，即个体学习、团队培训、组织开发三位一体。

107. ABCE 【考点】制定培训评估标准的要求

【解析】在设定培训评价标准时，应当注重评估指标和标准的相关度、信度、区分度和可行性。相关度是指衡量培训成果的标准与培训计划预定训练或学习的目标之间的相关性；信度是指对培训项目所取得的成效进行测试时，其测量结果的长期稳定程度；区分度是指受训者取得的成果能真正反映其绩效的差别；可行性是指在对培训成果进行评估时，采集其测量结果的难易程度。

108. ACDE 【考点】组织绩效考评指标体系的分类

【解析】按考评对象的对象和范围，绩效考评可以分为组织绩效考评和个体绩效考评。其中，组织绩效考评根据其工作性质的不同，又可分为生产性组织的绩效考评、技术性组织的绩效考评、管理性组织的绩效考评和服务性组织的绩效考评等。

109. BD 【考点】等距量表

【解析】ADE 三项，等距量表没有绝对的零点，只能做加减的运算，不好做乘除的运算。BC 两项，等距量表要求一定数量差距在整个量表的阶梯上都是相同的。

110. ABCE 【考点】提取关键绩效指标的程序和步骤

【解析】通过绘制客户关系图，不但可以观察到某一团队或个体为哪些内外客户提供了工作产出，全面掌握为每个客户所提供的工作产出的具体项目和构成，还可以根据绩效考评的要求，分析内外客户对这些工作产出的满意度标准，从而设定考评标准用来衡量团队或个体的绩效。

111. ABCD 【考点】绩效考评方法

【解析】行为导向型的主观考评方法主要有排列法、选择排列法、成对比较法、强制分配法和结构式叙述法。行为导向型的客观考评方法有关键事件法、强迫选择法、行为定位法、行为观察法、加权选择量表法。E 项属于结果导向型的绩效考评方法。

112. CDE 【考点】苛严误差

【解析】苛严误差又称严格、偏紧误差，即评定结果是正偏态分布，也就是大多数员工被评为不合格或勉强合格。其原因主要包括：①评定标准过高；②惩罚那些难以对付不服管理的人；③迫使某些有问题的员工辞职或为有计划的减员提供有说服力的证据；④压缩提薪或奖励人数的比例；⑤自认为应当严格执行上级对优秀者的评估标准。

113. ABCDE 【考点】360 度考评的实施程序

【解析】360 度考评的方法主要强调全方位客观地对员工进行考评，它既注重考评员工的最终成果，又将员工的行为、过程和个人努力的程度纳入考评的内容，使得绩效考评更能客观全面地反映员工的表现和业绩。360 度考评的实施程序包括：①考评项目设计；②培训考评者；③实施 360 度考评；④反馈面谈；⑤效果评价。

114. BDE 【考点】非货币薪酬的概念

【解析】非货币薪酬是指由工作本身、工作环境和组织特征带来的愉悦和满足感等，主要是一种心理效用。非货币薪酬主要可分成两种：①与职业发展有关，主要是个人能力的提高和事业的发展；②与工作环境有关，主要是指和谐、优越的工作环境和人际环境带来的身心愉悦。

115. ABE 【考点】政府部门的薪酬数据的优点

【解析】政府部门的薪酬数据的优点包括：①涵盖的范围广；②内容分类细致；③各部分可比性强；④结果可靠。C 项属于政府部门的薪酬数据的缺点；D 项属于专业公司薪酬数据的优点。

116. ACE 【考点】岗位分类与分级

【解析】A项，职系是由工作性质和基本特征相似相近，而任务轻重、责任大小、繁简难易程度和要求不同的岗位所构成的岗位序列；B项，岗级是在同一职系中，岗位性质、任务轻重、繁简难易程度、责任大小以及所需人员资格条件相同或相近的岗位的集合；C项，职组是由岗位性质和特征相似相近的若干职系所构成的岗位群；D项，岗等是由工作性质不同，但繁简难易程度、责任大小以及所需资格条件相同或相近的岗位组成的组合；E项，职门是工作性质和特征相近的若干职组的集合。职系、职组和职门是按照岗位的工作性质和特点对岗位所进行的横向分类；岗级和岗等是按照岗位的责任大小、技能要求、劳动强度、劳动环境等要素指标对岗位所进行的纵向分级。

117. ABCD 【考点】岗位薪点薪酬制

【解析】薪点薪酬制有以下优点：①岗位薪点薪酬制使薪酬分配直接与企业效益和员工的工作业绩相联系，体现了效率优先的原则，符合市场取向的要求。②薪酬用薪点表示，比岗位等级薪酬制更容易做到将薪酬分配向关键岗位、技术岗位倾斜，通过规定员工个人薪点点数的标准，可以促进员工学习技术，提高其素质和业绩水平，充分发挥了薪酬的激励作用。③在薪点值的确定过程中，浮动值是按照部门的效益或业绩来确定的，这就要求员工必须加强单位或部门的团队合作，有利于提高团队的协作精神。

118. AC 【考点】薪酬结构类型

【解析】以绩效为导向的薪酬结构，其特点是员工的薪酬主要根据其近期绩效来决定。员工的薪酬随绩效量的不同而变化，并不是处于同一岗位(或职位)或者技能等级的员工都能拿到相同数额的薪酬。计件薪酬、销售提成制、效益薪酬等都属于这种薪酬结构。B项属于组合薪酬结构；D项属于以工作为导向的薪酬结构；E项属于以技能为导向的薪酬结构。

119. ACE 【考点】薪酬制度调整

【解析】薪酬调整是保证薪酬正常运行的一个重要组成部分，也是薪酬能增能减的调整机制的具体体现。从具体内容来看，薪酬调整可以分为：①薪酬定级性调整；②物价性调整；③工龄性调整；④奖励性调整；⑤效益性调整；⑥考核性调整。

120. ABCDE 【考点】关于事实劳动关系的法律规定

【解析】用人单位招用劳动者未订立书面劳动合同，但同时具备下列情形的，劳动关系成立：①用人单位和劳动者符合法律、法规规定的主体资格；②用人单位依法制定的各项劳动规章制度适用于劳动者，劳动者受用人单位的劳动管理，从事用人单位安排的有报酬的劳动；③劳动者提供的劳动是用人单位业务的组成部分。

121. ABE 【考点】被派遣劳动者的管理

【解析】劳务派遣用工是企业用工的补充形式。劳动合同用工是我国企业的基本用工形式，劳务派遣用工是补充形式，只能在临时性、辅助性或者替代性的工作岗位上实施。

122. CDE 【考点】制定工资指导线应遵循的原则

【解析】工资指导线的制定应符合国家宏观经济政策和对工资增长的总体要求，坚持企业工资总额的增长低于企业经济效益的增长，平均工资的增长低于劳动生产率的增长的原则。

123. ABCD 【考点】劳动争议处理的原则

【解析】《劳动争议调解仲裁法》第三条规定，解决劳动争议，应当根据事实，遵循合法、公正、及时、着重调解的原则，依法保护当事人的合法权益。具体表现为：①在查清事实的基础上依法处理；②当事人在适用法律上一律平等；③及时处理，着重调解。

124. ABE 【考点】劳动争议的调解组织

【解析】《劳动争议调解仲裁法》规定，劳动争议的调解组织为企业劳动争议调解委员会，依法设立的基层人民调解组织，在乡镇、街道设立的具有劳动争议调解职能的组织。

125. ABCD 【考点】劳动争议处理的基本程序

【解析】根据我国劳动立法的有关规定，当发生劳动争议时，争议双方应协商解决；当事人不愿协商、协商不成或者达成和解协议后不履行的，可以向调解组织申请调解；不愿调解、调解不成或者达成调解协议后不履行的，可以向劳动争议仲裁委员会申请仲裁；对仲裁裁决不服的，除法律规定的终局裁决外，当事人一方或双方则可申诉到人民法院，由人民法院依法审理并做出最终判决。

卷册二：专业能力

一、简答题（本题共3题，第1小题15分，第2小题15分，第3小题16分，共46分）

1. 简述基于选拔性素质模型的结构化面试的主要步骤。（15分）

答：基于选拔性素质模型的结构化面试的步骤具体如下：

（1）构建选拔性素质模型

①组建测评小组，测评小组应包含公司高层管理人员、人力资源管理人员、招聘岗位所在部门的主管、招聘岗位的资深任职者，并对测评小组进行培训；

②从招聘岗位的优秀任职人员中选出一定的人员组成测验样本；

③对测验样本进行人格测验，总结各个被测人员的素质特征；

④将测评结果进行综合，列出招聘岗位选拔性素质表；

⑤将岗位选拔性素质表中的各个素质进行分级，绘制选拔性素质线，构建选拔性素质模型。

（2）设计结构化面试提纲

结构化面试提纲的设计实际上是结构化面试过程中所要提问的问题的设计，它的主要依据是选拔性素质模型。主要步骤如下：

①将选拔性素质模型分解为一组选拔性素质，每一个选拔性素质就是一个测评指标；

②请专家针对每一个测评指标设计出一系列的问题，并对这些问题进行修改完善，形成问卷；

③将问卷发放给该岗位的部分员工，进行预先测试，检验其有效性；

④编写结构化面试大纲。

（3）制定评分标准及等级评分表

以测评指标的等级为横坐标，以选拔性素质水平线与选拔性素质等级的交点为零点，给指标的各个等级赋予相应的分数，分数越趋于零，候选人与岗位拟合得越好。

（4）培训结构化面试考官，提高结构化面试的信度和效度

要求面试考官具有相关的专业知识、有丰富的社会工作经验、掌握相关的员工测评技术、有良好的个人品德和修养。

（5）结构化面试及评分

根据应聘者对每一个问题的行为反应，结构化面试考官利用指标等级评分表对其进行评分，评分结果汇总于等级评分表中。

（6）决策

参照模型指标等级得分情况，对比岗位和候选员工的选拔性素质水平线，为招聘、选拔、安置和晋升进行"人—岗位—组织"匹配的决策。

2. 简述企业培训需求分析在任务分析阶段的工作步骤。（15分）

答：任务分析通过确定重要的任务以及需要具备知识、技能、行为方式等，以帮助员工胜任本职岗位的工作任务。一般分为四个步骤：

（1）根据组织的经营目标和部门职责选择有代表性的工作岗位。

（2）根据该工作岗位的说明书列出初步的任务及完成这些任务所需要的知识、技能和能

力清单。

(3)工作任务和所需技能的确认，包括：

①反复观察员工的工作过程，特别是操作性、重复性较强的工作，以确认工作说明书中的工作任务、工作技能要求是否符合实际。

②与有经验的员工、离休人员、部门主管以及制定工作说明书的部门负责人进行访谈，以对工作任务和所需技能进行进一步确认。

③向专家或组织顾问委员会再次求证，以确定任务的执行频率，完成每一项任务所需的时间、质量标准，以及完成任务所需的技能要求和规范的操作程序等。

(4)为该工作岗位制定针对培训需要分析的任务分析表，包括已经量化的指标，如工作量要素、工作质量要求、工作技能要求、工作操作规范等内容。

3. 简述员工工资标准个体调整和整体调整的内容。(16 分)

答：(1)员工个体薪酬标准调整的内容

①薪酬等级调整

管理人员提升职务等级，工人到高于现任等级的岗位上工作，按照新的岗位(职务)等级确定相应的薪酬等级。当员工需要调整到比现任岗位等级较低的岗位时，也按调低后的岗位等级确定相应的薪酬等级。由于岗位的调整，晋升薪酬等级或下调薪酬等级，一律从新任岗位(职务)的次月起执行。

②薪酬标准档次的调整

薪酬标准档次的调整，包括以下情况：

a. “技变”晋档。专业技术等级、技术等级提高，应当调整薪酬档次的，一般从取得有效证书之月起调整。

b. “学变”晋档。员工取得比现有等级高一等级的有效学历证书，一般从取得高一等级证书之月起晋升薪酬档次。

c. “龄变”晋档。专业技术年限、技术年限或工作年限增长，需要调整薪酬档次的，一般从当年的 1 月 5 日起调整。

d. “考核”变档。考核变档是指在按照本人条件纳入或调整薪酬档次的基础上，连续 2 年或 3 年考核优秀、业绩突出的，可以晋升一个薪酬档次；如果考核结果较差，可以降低薪酬档次。考核变档的时间一般从变档年度的 1 月 5 日起。

(2)员工薪酬标准整体调整的内容

①定期普遍调整薪酬标准

根据上年度企业所在地区社会平均薪酬的增长，同行业、同类人员的平均薪酬增长，在企业生产经营基本正常，具备支付能力的前提下，参照当地政府劳动部门公布的薪酬指导线，每年或每两年调整一次薪酬标准。

②根据业绩决定加薪幅度

为了将员工薪酬水平的提高与他们对企业的贡献率有效地结合在一起，可以根据员工绩效水平，确定其薪酬调整的幅度。

基本做法是：在每个年度的年终，通常由员工的直接主管对其进行评价，并根据绩效等级决定基本薪酬的加薪幅度。其核心是，只要员工和雇主保持雇佣关系，那么，员工每年的工作就会得到相应的有效回报。这样，计入基本薪酬的金额，就会持续地增加。

二、综合题（本题共3题，每小题18分，共54分）

1. 请结合本案例回答以下问题：

(1)公司全面推进组织结构变革，应按照什么样的程序和步骤？(12分)

(2)公司对现有组织结构进行变革时，应当注意做好哪些工作？(6分)

答：(1)完整、合理的组织机构变革程序和步骤，可归纳为一个模型，如图1所示。

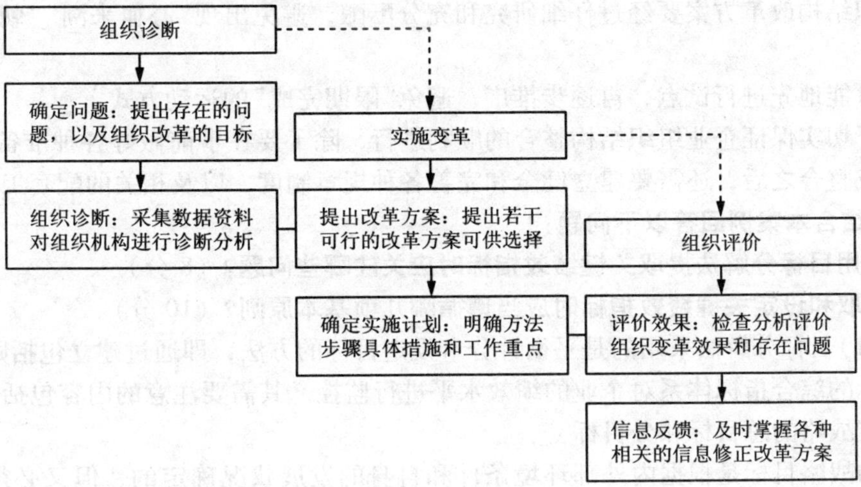

图1 组织结构变革程序图

①组织结构诊断

a. 组织结构调查。本阶段要对组织结构的现状和存在的问题进行充分调查，掌握资料和情况。系统地反映组织结构的主要资料包括工作岗位说明书、组织体系图和管理业务流程图。

b. 组织结构分析。通过分析研究，明确现行组织结构存在的问题和缺陷，并为提出改进方案打下基础。

c. 组织决策分析。在分析决策应当放在哪个层次或部门时，要考虑的因素有决策影响的时间、决策对各职能的影响面、决策者所需具备的能力、决策的性质。

d. 组织关系分析。分析某个单位应同哪些单位和个人发生联系，要求别人给予何种配合和服务，它应对别的单位提供什么协作和服务。

②实施结构变革

a. 发现企业组织结构变革的征兆，包括企业经营业绩下降；组织结构本身病症的显露；员工士气低落，不满情绪增加，合理化建议减少，员工的旷工率、病假率、离职率增高等。

b. 选择企业组织结构变革的方式，包括改良式变革、爆破式变革、计划式变革。

c. 排除组织结构变革的阻力，应采取的措施有：

第一，让员工参加组织变革的调查、诊断和计划，使他们充分认识变革的必要性和变革的责任感。

第二，大力推行与组织变革相适应的人员培训计划，使员工掌握新的业务知识和技能，适应变革后的工作岗位。

第三，大胆起用年富力强和具有开拓创新精神的人才，从组织方面减少变革的阻力。

③企业组织结构评价

对变革后的组织结构进行分析，考察组织变革的效果和存在的问题，将相关信息反馈给变革实施者，修正变革方案，并为以后的调整和变革做好准备。

(2)组织结构变革是一项既复杂又细致的工作，牵涉面广，涉及各个下属部门的功能、责任、权限和利益的分配与再分配，各种人力、物力和财力资源的分解与再分解。因此，需要认真论证，反复评估，慎重对待，稳步推进，不能草率从事，并且要做到：

①组织结构改革方案要经过仔细研究和充分酝酿，避免出现“心血来潮”“朝令夕改”的现象。

②尽可能地先进行试点，再逐步推广，避免“限期完成”的运动方式。

③为了切实保证企业组织结构整合的顺利进行，除了要在事前做好各种准备工作之外，在初步完成整合之后，还需要建立健全和完善各种规章制度，以及相关的配套工作。

2. 请结合本案例回答以下问题：

(1)采用目标分解法提取关键绩效指标时应关注哪些问题？(8分)

(2)提取和设定关键绩效指标时应当遵循哪几项基本原则？(10分)

答：(1)目标分解法采用的是平衡计分卡设定目标的方法，即通过建立包括财务指标与非财务指标的综合指标体系对企业的绩效水平进行监控。其需要注意的内容包括：

①确定战略的总目标和分目标

企业的战略目标是根据内外部环境条件和自身的发展状况确定的，但又必须不断地随着形势的变化进行调整，企业及其下属的各个部门在不同的发展阶段会有不同的生产经营或工作的重点。

②进行业务价值树的决策分析

战略目标确定以后，就要利用业务价值树进行决策分析，对战略方案和计划进行评价，并按照它们对企业价值创造的贡献大小进行排序，分别建立企业的价值体系，并以此找出企业中数目有限的关键战略价值驱动因素，进而确定关键的部门和岗位。

③各项业务关键驱动因素分析

a. 进行关键驱动因素的敏感性分析，找出对企业整体价值最有影响的几个财务指标；

b. 将滞后的财务价值驱动因素与先行的非财务价值驱动因素连接起来。

(2)提取和设定关键绩效指标时应当遵循的原则包括：

①整体性。关键绩效指标必须具有整体性，它应当是一个完整的用于管理被考评者绩效的定量化、行为化的指标和标准体系。即关键绩效指标必须是定量化的。

②增值性。关键绩效指标标准体系必须具有增值性，它作为一个完整的指标和标准体系，应当对企业的发展具有举足轻重的作用，能够对公司整体价值和业务重点产生重要的影响，使组织目标不断增值。

③可测性。KPI指标标准体系必须具有可测性，不但各个指标标准有明确的界定和简便易行的计算方法，还能够有利于管理人员采集获取和处理，以保障相关数据资料的可靠性、公正性和准确性。

④可控性。KPI指标标准体系必须具有可控性，KPI体系的结构和内容，不但应当在相关岗位人员可以控制范围之内，而且指标的先进与落后，其数值的大小或高低，也都应当限定在员工通过积极努力和辛勤劳作可以达到的水平上。

⑤关联性。KPI指标之间必须具有一定的关联性，这不但有利于组织和员工个人绩效目标的确定、实施、执行和评估，同时，也有利于各级主管与下属员工围绕着工作期望、

工作表现、工作成果和未来发展等方面的问题进行沟通，促进组织和员工绩效水平的不断提高。

3. 请结合本案例论述劳动争议仲裁的受理过程、结果及其具体理由。（18分）

答：根据《劳动争议调解仲裁法》和《劳动人事争议仲裁办案规则》的有关规定，本案不属于劳动争议，劳动争议仲裁委员会应裁定不予受理。具体分析如下：

(1)《直接业务员聘任合同》约定：乙方(王先生)代表甲方(A电器公司)和最终顾客洽谈销售业务，销售甲方产品；乙方的工作报酬为销售价与产品出厂价的差额，每笔业务结清后即可领取差价，甲方不负担乙方销售活动的任何费用。由合同可知，双方之间不存在劳动关系。乙方向甲方提供劳动服务，甲方依照约定向乙方支付劳务报酬，这是一种比较典型的劳务关系，前述合同为劳务合同而非劳动合同，劳务关系是基于民事法律规范成立，并受民事法律规范的调整和保护。

(2)当事人双方是平等关系，乙方只是按照约定提供劳务，甲方只是按照约定支付劳务价格即销售价与出厂价的差价，双方不存在隶属关系，没有管理与被管理、指挥、命令和服从的关系。

(3)上岗资格证是表明甲方对乙方销售行为实施监督的一种形式，以维护企业的合法权益，符合合同约定或商业惯例。

(4)申请人关于A电器公司按照签订的《直接业务员聘任合同》的规定给付其应得的提成款4800元、退还风险抵押金3000元等项因非劳动争议处理事项应另行处理。

(5)2016年4月17日，甲方(A电器公司)向乙方发出通报是取消乙方销售甲方产品的资格，而不是与其解除劳动关系，双方之间不存在劳动关系。

(6)按照月工资5000元计算，支付2016年4月17日起至裁决之日止的工资及补偿金、补办劳动合同存续期间的社会保险手续并缴纳社会保险费等项请求因无法律依据和证据证明，不应支持。

综上，决定不予受理。

2016年5月 人力资源和社会保障部
国家职业资格全国统一鉴定

职　　业：企业人力资源管理师

等　　级：国家职业资格二级

卷 册 一：职业道德
理论知识

注意事项：1. 考生应首先将自己的姓名、准考证号等用钢笔、圆珠笔等写在试卷册和答题卡的相应位置上，并用铅笔填涂答题卡上的相应位置处。

2. 考生同时应将本页右上角的科目代码填涂在答题卡右上角的相应位置。

3. 本试卷册包括职业道德和理论知识两部分：

第一部分，1～25小题，为职业道德试题；

第二部分，26～125小题，为理论知识试题。

4. 每小题选出答案后，用铅笔将答题卡上对应题目的答案涂黑。如需改动、用橡皮擦干净后，再选涂其他答案。所有答案均不得答在试卷上。

5. 考试结束时，考生务必将本卷册和答题卡一并交给监考人员。

6. 考生应按要求在答题卡上作答。如果不按标准要求进行填涂，则均属作答无效。

地　　区：________________

姓　　名：________________

准考证号：________________

人力资源和社会保障部职业技能鉴定中心监制

第一部分　职业道德

（第1～25题，共25道题）

一、职业道德基础理论与知识部分（第1～16题）

答题指导：

◆该部分均为选择题，每题均有四个备选项。其中，单项选择题只有一个选项是正确的，多项选择题有两个或两个以上选项是正确的。

◆请根据题意的内容和要求答题，并在答题卡上将所选答案的相应字母涂黑。

◆错选、少选、多选，则该题均不得分。

（一）单项选择题（第1～8题）

1. 在职业活动中，“选择最佳手段以实现职责最优结果，努力规避风险”，这一做法体现的职业活动内在的道德准则是（　　）。

A. 谨慎　　B. 审慎　　C. 慎微　　D. 慎独

2. 关于现代职业观，正确的说法是（　　）。

A. 按照人的个性和需求，自由地选择职业，即为现代职业观

B. 每个人都有自己的职业观，不可能形成共同的现代职业观

C. 尊重自己所从事的职业并愿意努力付出，是现代职业观的基本价值尺度

D. 一切按法律要求办事是现代职业观的核心

3. 敬业的特征是（　　）。

A. 主动、务实、持久　　B. 遵约、守纪、爱岗

C. 加班、奉献、忠诚　　D. 细致、耐心、少言

4. 诚信的“智慧性”是指在坚持诚信宗旨前提下，还要（　　）。

A. 深藏不露　　B. 始终言语谨慎

C. 讲究方式策略　　D. 注重运用先进科技手段

5. 下列做法中，违反了国家《反不正当竞争法》规定的是（　　）。

A. 赵某以亏本的价格销售鲜活商品

B. 钱某以较低的价格处理了积压的商品

C. 孙某为了占有更多市场份额，开展了季节性降价

D. 李某打着清偿债务的旗号，降价促销牟利

6. 根据国家《节约能源管理暂行条例》，下列说法中正确的是（　　）。

A. 企业把能源消耗定额分解落实到车间、班组和每一个员工

B. 国家鼓励大力使用柴油发电机组发电，并优先保证其用油供应充足

C. 引进国外工艺和设备时，节能效果好的优先引进，能耗高的减少引进

D. 企业节能机构的管理人员和有关操作工人，应有计划地接受节能培训

7. 我国社会主义职业道德的核心是（　　）。

A. 为人民服务　　B. 效率优先，兼顾公平

C. 诚实守信　　D. 集体主义

8. 加强职业道德修养的正确方法是（　　）。

A. 在学习上，看别人怎样做，自己就怎样做

B. 在处理同事关系上，做到害人之心不可有、防人之心不可无

C. 在对外交往中坚持重大义、不计小利

D. 对自己的言行，坚持“吾日三省吾身”

(二)多项选择题(第9~16题)

9. 下列属于世界500强企业关于优秀员工核心标准的是(　　)。

A. 始终按照上司指示工作　　B. 注重细节，追求完美

C. 不找任何借口　　D. 具有鲜明的个性

10. 职业活动中，践行“信誉至上”的主要要求包括(　　)。

A. 充分信任，无需条件　　B. 积淀个人信誉

C. 分别对待，因人制宜　　D. 维护职业集体的荣誉

11. 关于集体主义，正确的理解是(　　)。

A. 一切从集体利益出发，把集体利益放在个人利益之上

B. 集体要尊重个人利益，帮助实现个人利益

C. 个人利益在集体利益面前微不足道

D. 集体利益与个人利益之间在本质上是一种博弈关系

12. 职业技能的特点是(　　)。

A. 推陈出新的时代性　　B. 岗位职责的专业性

C. 工种级别的层次性　　D. 履职过程的综合性

13. 对从业人员坚守工作岗位的具体要求是(　　)。

A. 从一而终　　B. 临危不退　　C. 履行职责　　D. 遵守规定

14. 下列选项中，企业上司对下属信任的正确做法包括(　　)。

A. 不强制下属工作　　B. 下属出现差错时，不要一味处罚下属

C. 关怀下属的成功　　D. 遵守与下属约定的事项

15. 企业上司在坚持“公道”规范时，要做到(　　)。

A. 以其人之道，还治其人之身

B. 坚持制度，把握策略

C. 坚持在制度、规则和纪律面前人人平等的原则

D. 扶弱抑强，促进和谐

16. 爱因斯坦说：“一个人的价值，应当看他贡献什么，而不应当看他取得什么。”关于这句话，正确的理解是(　　)。

A. 评价一个人，要看他是否乐于贡献，而不是能不能贡献

B. 评价一个人，要坚持贡献第一，反对回报

C. 一个人能够取得伟大成就是与其所具有的奉献精神密切相关的

D. 责任和人类的利益高于一切

二、职业道德个人表现部分(第17~25题)

答题指导：

◆该部分均为选择题，每题均有四个备选项，您只能根据自己的实际状况选择其中一个选项作为您的答案。

◆请在答题卡上将所选答案的相应字母涂黑。

17. 如果你在工作中连续遭遇上司误解，你最可能采取的行动是(　　)。

A. 调换一份新工作　　B. 找好朋友倾诉

C. 反思原因 D. 感到压抑，但会默默忍受

18. 假如长期以来，你的工作状态始终是又忙又累，你会(　　)。

A. 只要身体吃得消，就会坚持到底 B. 考虑调换工作岗位

C. 调整自己，不要求自己过分要强 D. 把标准调低一些

19. 上班途中快到单位了，你突然接到电话，说家里有急事要你立刻赶回去。家人并未说清到底发生了什么，等你把电话打回去时，已经无人接听，此时你单位也有许多事情需要完成。这时你会(　　)。

A. 立即赶往家中处理事情

B. 打电话向单位上司请假，同意后回家处理

C. 赶紧联系其他人帮助自己处理家里的事情

D. 边赶往单位，边想解决问题的办法

20. 如果你是公司主管，你下属中有这样一位员工——他自主性、独立性很强，不愿受人管束，偶尔会顶撞上司，但他对工作认真负责，对承诺的工作总能完成得很好。对这样的员工，你会(　　)。

A. 给他更高难度的工作，让他感受挑战性

B. 尽量回避与他接触，以免发生冲突

C. 维持目前的工作状况

D. 为他设置一个特殊的工作岗位

21. 上司安排给你一项任务，你对完成这项任务没有任何把握，觉得远远超出自己的能力范围，但你觉得这是上司对自己的信任，你最终会(　　)。

A. 感谢上司的信任，坦言自己无法完成任务

B. 求助于同事，请求他们帮助自己完成任务

C. 自己先干起来，实在完不成任务时再说

D. 觉得上司是在难为自己

22. 单位里新来一位员工，仅仅半年时间他便得到提拔重用，你的直接感受是(　　)。

A. 这位员工很能干

B. 肯定有靠山

C. 可能是公司出于启用年轻干部的缘故

D. 自己应该多向他学习

23. 自己因虑事不周，给工作造成损失，你会(　　)。

A. 后悔当初太粗心，设想要是当时采取其他措施就好了

B. 找人帮忙，尽量减轻对自己的处罚

C. 找人帮忙，尽量减轻工作上的损失

D. 考虑自己又不是故意的，猜想对自己的处罚不会太重

24. 由于经营不景气，公司员工正处于放假状态。你计划陪伴家人外出小住几天，正准备起程时，公司接到一批订单，要求一线员工立即返岗恢复生产，这对处境艰难的公司来说十分重要，而你只是一位非一线的普通行政管理人员，听到这个消息，你会(　　)。

A. 取消外出计划，到公司上班

B. 继续外出，但缩短外出时间

C. 取消外出计划，随时服从安排

D. 按休假期限，继续外出

25. 你工作中出了一点差错，一个平时爱打小报告的同事，跑到上司那里告了你一状，你觉得上司对你的态度发生了很大改变，你会(　　)。

A. 主动找上司进行解释

B. 找打小报告的同事说理

C. 找平时被打小报告的同事，一起研究对付办法

D. 反思自己的不足，尽量注意今后不被别人抓住“小辫子”

第二部分　理论知识

（第 26～125 题，共 100 道题，满分为 100 分）

一、单项选择题（第 26～85 题，每题 1 分，共 60 分。每小题只有一个最恰当的答案，请在答题卡上将所选答案的相应字母涂黑）

26. 在生产要素市场，(　　)是生产要素的供给者。

A. 居民户　　B. 市场　　C. 政府　　D. 企业

27. (　　)是劳动权的核心。

A. 择业权和劳动报酬权　　B. 平等就业权和自由择业权

C. 休息休假权和劳动保护权　　D. 劳动保护权和职业培训权

28. 研究经营微观环境中现有竞争对手的情况，不包括对(　　)的分析。

A. 竞争对手的数目　　B. 竞争对手的产品差异化

C. 竞争对手的变动成本　　D. 竞争对手的经营战略

29. 组织市场的类型不包括(　　)。

A. 劳动力市场　　B. 产业市场　　C. 转卖者市场　　D. 政府市场

30. 个体的沟通风格不包括(　　)。

A. 自我中心型　　B. 自我保护型　　C. 自我暴露型　　D. 自我实现型

31. 关于人力资本投资的说法，不正确的是(　　)。

A. 人力资本投资并不是越多越好　　B. 人力资本投资存在最优投资规模

C. 人力资本投资存在最优投资结构　　D. 人力资本投资存在收益递增规律

32. 静态组织设计理论研究的内容不包括(　　)。

A. 管理行为规范　　B. 组织的权、责结构

C. 组织信息控制　　D. 部门划分的形式和结构

33. 模拟分权组织结构模式的主要缺点不包括(　　)。

A. 企业内部的价格体系不容易完全理顺

B. 企业内部信息沟通较差，组织内纵向协调难度大

C. 各专业分公司生产经营计划目标和任务难以确定

D. 对各单位任务完成情况的考核显得比较困难而复杂

34. 企业发展战略决定了组织结构的不同形式，与项目为中心的经营活动相适应的是(　　)组织结构。

A. 事业部制　　B. 直线职能制　　C. 矩阵制　　D. 多维立体制

35. 企业组织结构整合的过程分为四个阶段：①规划阶段；②互动阶段；③控制阶段；④拟定目标阶段。排序正确的是(　　)。

A. ④②①③　　B. ④①②③　　C. ①④②③　　D. ①②③④

36. 从企业整个生产过程来看，工作岗位设计无须满足(　　)。

A. 企业劳动分工与协作的需要

B. 企业不断提高生产效率，增加产出的需要

C. 企业员工职业素质和技能不断提高的需要

D. 劳动者在安全健康舒适环境中从事劳动活动的心理需要

37. 影响企业人力资源活动的法律因素不包括(　　)。

A. 考核制度　　B. 政府有关劳动保护的规定

C. 户籍制度　　D. 政府有关安全生产的规定

38. 企业人力资源需求预测系统不包括(　　)。

A. 企业总体经济发展预测系统　　B. 企业人力资源预测数据处理系统

C. 企业人力资源预测模型与评估系统　　D. 企业人力资源总量与结构预测系统

39. (　　)首先建立企业员工需求量与影响需求量的主要因素之间的数学模型，然后依据此模型来预测企业的员工需求。

A. 计算机模型法　　B. 马尔可夫模型法

C. 定员定额分析法　　D. 经济计量模型法

40. 关于制度化管理的表述，不正确的是(　　)。

A. 也被称作“官僚制”　　B. 也被称作“泰勒制”

C. 主张所有权与管理权相分离　　D. 也被称作“科层制”

41. 销售工作要求执行者能说会道，秘书工作要求执行者细致周到，这体现了员工素质测评的(　　)原理。

A. 个体差异　　B. 工作差异　　C. 结构差异　　D. 人岗匹配

42. 素质测评标准体系的(　　)是指其内在规定性，常常表现为各种素质的规范化行为特征或表征的描述与规定。

A. 标度　　B. 标记　　C. 标准　　D. 准则

43. 员工素质测评标准体系的纵向结构要素不包括(　　)。

A. 工作绩效　　B. 测评目标　　C. 测评指标　　D. 测评内容

44. (　　)的对象一般具有明显的数量关系，量化后的数据直接提示了素质测评对象的实际特征。

A. 一次量化　　B. 二次量化　　C. 类别量化　　D. 模糊量化

45. (　　)是指测评者由于只关注到被测评者某方面的品质特征，而作出片面的判断。

A. 晕轮效应　　B. 第一印象　　C. 近因效应　　D. 首因效应

46. 关于笔试客观题的表述，不正确的是(　　)。

A. 题目干扰项不能对答案有指向性或明显可辨别性

B. 题目中容易存在一定的漏洞，使应聘者猜测答案

C. 组织一次考试需要耗费大量的人力、物力和时间

D. 客观题不能采用判断题、改错题和问答题等形式

47. 面试考官在面试前，根据简历信息对应聘者作出主观评价，这属于(　　)。

A. 第一印象　　B. 对比效应　　C. 晕轮效应　　D. 录用压力

48. “你怎么连这么简单的问题都不懂?”属于(　　)面试问题。

A. 压力性　　B. 知识性　　C. 思维性　　D. 经验性

49. 关于无领导小组讨论的表述，不正确的是(　　)。

A. 题目设计的质量影响测评的质量　　B. 对评价者和测评标准的要求较高

C. 应聘者的表现易受同组成员影响　　D. 被评价者的行为没有伪装的可能

50. 被培训者受训期间的工资福利(　　)。

A. 属于直接培训成本　　B. 属于企业固定成本

C. 属于间接培训成本　　D. 不属于培训成本

51. 培训管理工作的第一个环节是(　　)。

A. 培训需求分析　　B. 明确培训目标　　C. 制定培训规划　　D. 培训评估分析

52. 培训的(　　)主要是负责协调企业整体培训工作。

A. 资源管理　　B. 行政管理　　C. 需求管理　　D. 组织管理

53. 技能培训的主要任务是解决参训者(　　)的问题。

A. "知"　　B. "会"　　C. "创"　　D. "适"

54. 企业内部开发的培训师与外部培训师相比，其优势在于(　　)。

A. 对企业情况比较了解　　B. 内部可选择的范围较大

C. 易于在学员中树立威望　　D. 可带来许多全新的理念

55. 管理人员心智能力培训开发的内容不包括(　　)。

A. 心理素质　　B. 思维方式　　C. 价值观　　D. 工艺流程

56. 领导人员的继任计划侧重于(　　)。

A. 考察继任者的管理效果

B. 对继任者进行招募、选拔和培养

C. 考核继任者的绩效、技能和能力

D. 考察继任者的战略意识、影响力和价值观

57. (　　)贯穿于培训整个过程，起着承上启下的关键作用。

A. 培训需求分析　　B. 培训评估　　C. 培训课程设计　　D. 培训规划

58. 某企业通过开展培训降低了生产事故发生率，降低了生产成本，这种培训成果属于(　　)。

A. 认知成果　　B. 技能成果　　C. 情感成果　　D. 绩效成果

59. 用于奖励的考评应重点考评(　　)。

A. 工作过程　　B. 工作效率　　C. 工作成果　　D. 工作态度

60. 运用头脑风暴法进行集体讨论时，应遵守的原则不包括(　　)。

A. 鼓励别人改进想法　　B. 强调提出想法的数量

C. 思想愈激进愈开放愈好　　D. 强调提出想法的质量

61. 考评指标标准的系数评分法，包括(　　)。

A. 自然数法和相乘法　　B. 常数法和相乘法

C. 自然数法和常数法　　D. 函数法和常数法

62. 获取企业产品一次检验合格率、废品率、包装破损率等质量性指标数据的渠道，不包括(　　)。

A. 生产记录　　B. 客户反馈　　C. 财务报表　　D. 上级评估

63. (　　)是绩效管理的核心。

A. 绩效考评　　B. 绩效辅导　　C. 绩效沟通　　D. 绩效监控

64. 绩效考评方法按照效标的不同，可分为多种不同类型，但不包括(　　)考评方法。

A. 行为导向型　　B. 结果导向型　　C. 品质导向型　　D. 知识导向型

65. 纠正绩效考评中的晕轮误差，可采用的方法不包括(　　)。

A. 建立明确的考评标准体系　　B. 建立完善的数据

C. 对考评者进行适当培训　　D. 建立严谨的工作记录制度

66. 为避免考评过程中的个人偏见错误，可采用的考评方式包括(　　)。

A. 上级考评　　B. 360 度考评　　C. 下级考评　　D. 外部考评

67. 企业(　　)，不宜采用360 度考评。

A. 氛围积极向上，处于初创期　　B. 处于平稳发展期

C. 面临士气问题，处于过渡期　　D. 处于高速发展期

68. 间接薪酬不包括(　　)。

A. 年终资金　　B. 股票期权　　C. 社会保险　　D. 员工福利

69. 薪酬调查数据的统计分析方法，不包括(　　)。

A. 数据排列法　　B. 计量模型法　　C. 频率分析法　　D. 离散分析法

70. 薪酬满意度调查的步骤包括：①设计并发放调查表；②回收并处理调查表；③确定调查方式；④确定调查对象；⑤反馈调查结果；⑥确定调查内容。排序正确的是(　　)。

A. ④③⑥①②⑤　　B. ⑥④③①②⑤　　C. ①②③④⑤⑥　　D. ⑥③④①②⑤

71. 工作岗位横向分类的步骤包括：①职组的划分；②职门的划分；③职系的划分，排序正确的是(　　)。

A. ②③①　　B. ③②①　　C. ②①③　　D. ③①②

72. (　　)将报酬直接与企业效益和员工的工作业绩相联系。

A. 一岗一薪制　　B. 薪点薪酬制　　C. 一岗多薪制　　D. 提成制

73. 销售提成制属于(　　)。

A. 能力薪酬制　　B. 绩效薪酬制　　C. 技能薪酬制　　D. 岗位薪酬制

74. 以(　　)的薪酬结构会使员工只重视眼前效益，忽视未来的长期发展。

A. 绩效为导向　　B. 行为为导向　　C. 工作为导向　　D. 技能为导向

75. (　　)的薪酬结构具有高弹性。

A. 以绩效为导向　　B. 以行为为导向　　C. 以工作为导向　　D. 组合薪酬结构

76. 运用(　　)制定薪酬计划的优点是实际、灵活。

A. 从下而上法　　B. 从上而下法　　C. 由内到外法　　D. 由外到内法

77. (　　)有义务向被派遣劳动者支付工资、缴纳社会保险、提供福利待遇等。

A. 形式上的雇主　　B. 劳务用工单位　　C. 劳动行政部门　　D. 工作接收单位

78. 关于被派遣劳动者的管理，不正确的表述是(　　)。

A. 被派遣劳动者应与用工单位订立劳动合同

B. 被派遣劳动者的派遣期限应当在劳动合同中载明

C. 被派遣劳动者与正式雇员享有平等的法定劳动权利

D. 同一岗位使用的被派遣劳动者与正式雇员同工同酬

79. 政府在工资宏观调控方面的总原则不包括(　　)。

A. 平均工资的增长低于劳动生产率的增长

B. 平均工资的增长低于人均 GDP 的增长

C. 在工资调控上由总量控制向水平控制转变

D. 实施企业工资总额的增长低于经济效益的增长

80. 工资集体协商代表应依照法定程序产生，各方代表人数对等，每方(　　)。

A. 最多3 名　　B. 至少3 名　　C. 最多5 名　　D. 至少5 名

81. 关于工资指导价位和最低工资标准的说法，不正确的是(　　)。

A. 最低工资标准按照一定的法定程序制定

B. 工资指导价位的低位数不同于最低工资标准
C. 工资指导价位的低位数是由市场自然生成的
D. 在同一地区同一时期内只能有一个工资指导价位

82. 劳动争议申请仲裁的时效期间为( )。
A. 3个月 B. 6个月 C. 1年 D. 3年

83. 按照劳动争议的( )划分，可将劳动争议分为权利争议和利益争议。
A. 主体 B. 性质 C. 客体 D. 标的

84. 关于劳动争议仲裁的说法，不正确的是( )。
A. 仲裁裁决劳动争议实行少数服从多数原则
B. 需劳动争议双方申请调解，仲裁委员会才可受理
C. 仲裁庭对劳动争议调解不成时可直接行使裁决权
D. 反映平等主体关系的劳动争议遵循“谁主张，谁举证”原则

85. 与一般的劳动争议相比，团体劳动争议的特点不包括( )。
A. 争议主体的团体性 B. 影响的广泛性
C. 争议内容的特定性 D. 裁决程序的独特性

二、多项选择题(第86~125题，每题1分，共40分。每题有多个答案正确，请在答题卡上将所选答案的相应字母涂黑。错选、少选、多选，均不得分)

86. 劳动力市场均衡的意义在于( )。
A. 实现充分就业 B. 体现工资差异
C. 增大工资总额 D. 实现同质劳动力获得同样工资
E. 劳动力资源获得最优配置

87. 劳动权包括平等的( )。
A. 职业培训权 B. 劳动报酬权 C. 休息休假权 D. 劳动保护权
E. 地区流动权

88. 评价企业战略的定量标准可以选取( )。
A. 资金利用率 B. 战略与环境的一致性
C. 存在的风险 D. 战略与企业的协调性
E. 劳动生产率

89. 亨利·明茨伯格认为管理者的决策类角色主要包括( )。
A. 企业家 B. 发言人 C. 谈判者 D. 联络员
E. 资源分配者

90. 有效管理幅度不是一个固定值，它受( )等因素的影响。
A. 职务性质 B. 人员素质
C. 管理风格 D. 管理模式
E. 职能机构健全程度

91. 美国洛克希德公司认为，影响管理幅度的变量包括( )。
A. 职能的相似性 B. 指导与控制的工作量
C. 地区的临近性 D. 协调和计划的工作量
E. 职能的复杂性

92. 企业组织结构内部的不协调主要表现在( )。

A. 存在过多的委员会　　B. 生产经营情况恶化

C. 要求离职的人员增多　　D. 部门间经常出现冲突

E. 组织结构的冲突全靠某个权威来协调

93. 企业制定晋升计划时应全面衡量(　　)。

A. 晋升时间　B. 晋升比率　C. 晋升条件　D. 晋升成本

E. 晋升意向

94. (　　)是影响人力资源需求预测的因素。

A. 市场需求的变化　　B. 企业总产值

C. 劳动力成本趋势　　D. 追加培训的需求

E. 劳动生产率变化趋势

95. 企业内部人力资源供给预测必须考虑的因素包括(　　)。

A. 薪酬　B. 自然流失　C. 跳槽　D. 内部流动

E. 福利

96. 人岗匹配包括(　　)。

A. 各类岗位与岗位之间相匹配　　B. 各类员工与员工之间相匹配

C. 工作报酬与员工贡献相匹配　　D. 工作要求与员工素质相匹配

E. 工作报酬与员工学历相匹配

97. 员工测评标准体系的工作绩效要素包括(　　)。

A. 工作数量　B. 工作质量　C. 工作职责　D. 工作成果

E. 工作效率

98. 测评指导语的内容主要包括(　　)。

A. 强调测评与测验考试的共同点　　B. 员工素质测评的目的

C. 填表前准备工作与填表要求　　D. 举例说明填写的要求

E. 测评结果保密、处理及反馈

99. 知识测验中的主观题，其主要缺点有(　　)。

A. 测试内容范围有局限性，分数占的比重大

B. 不利于检测应聘者深层次的认知思维能力

C. 考生一道题目的得失对考试结果的影响偏大

D. 容易受到批阅人和评判标准等主客观因素的影响

E. 阅卷主要靠人工来完成，不能用现代化的评分手段

100. 关于行为描述面试的表述，正确的有(　　)。

A. 其实质是识别关键性工作要求　　B. 是一种特殊结构化面试

C. 用过去的行为预测未来的行为　　D. 探测行为样本

E. 用个人的行为预测集体的行为

101. 关于无领导小组讨论评分表的表述，正确的是(　　)。

A. 测评指标应当具有针对性　　B. 评价指标应控制在10个以内

C. 以品德测评指标为侧重点　　D. 应从岗位分析中提取评价指标

E. 对每一测评指标制定量化标准

102. 制定培训总体目标的主要依据有(　　)。

A. 企业的总体战略目标　　B. 企业培训需求分析

C. 企业的组织结构分析　　D. 企业宏观环境的分析
E. 企业人力资源的总体规划

103. 从培训的方式来看，企业员工培训包括(　　)。
A. 知识培训　B. 职内培训　C. 技能培训　D. 职外培训
E. 自我开发

104. 对培训计划实施全过程评估与管控，可以(　　)。
A. 使培训需求分析更加准确　　B. 使培训计划更加符合实际
C. 使培训目标任务更加明确　　D. 使培训资源分配更加合理
E. 使培训效果评估更加容易

105. 培训课程计划的内容包括(　　)。
A. 培训方式方法　　B. 培训范围的确定
C. 受训人员的确定　　D. 培训目标任务设定
E. 课程开发时间的估算

106. 培训前期评估包括(　　)。
A. 培训目标达成情况评估　　B. 培训方案设计评估
C. 培训效果效益综合评估　　D. 培训需求整体评估
E. 培训工作者的绩效评估

107. 培训中的评估包括(　　)。
A. 培训活动参与状况的评估　　B. 培训内容的评估
C. 培训进度与中间效果的评估　　D. 培训可行性评估
E. 培训机构和培训人员的评估

108. 工作结果型的绩效考评指标包括(　　)。
A. 专业知识面　B. 客户投诉率　C. 产品合格率　D. 产品销售量
E. 事业进取心

109. 战略导向 KPI 体系的意义体现在(　　)。
A. 具有战略导向的牵引作用
B. 是企业实施战略规划的重要工具
C. 能够最大限度地激发员工的斗志
D. 是激励和约束企业员工的新型机制
E. 能够调动全员的积极性、主动性和创造性

110. 绩效监控的有效性主要取决于(　　)。
A. 管理者绩效辅导的水平　　B. 管理者领导风格的选择
C. 绩效考评信息的有效性　　D. 绩效考评标准的有效性
E. 管理者与下属之间绩效沟通的有效性

111. 综合型绩效考评方法包括(　　)。
A. 合成考评法　　B. 直接指标法
C. 日清日结法　　D. 关键事件法
E. 图解式评价量表法

112. 考评过程中，考评者自我中心效应的表现形式不包括(　　)。
A. 优先效应　B. 近期效应　C. 后继效应　D. 对比偏差

E. 相似偏差

113. 对单向劝导式绩效面谈的表述，正确的有(　　)。

A. 对于那些参与意识不强的下属，效果不佳

B. 它对于改进员工行为和表现，效果十分突出

C. 属于单向性的面谈，缺乏双向的交流和沟通

D. 容易堵塞上下级交流渠道，难以给下属申诉的机会

E. 要求主管具有较强的说服力，能运用各种方法激励下属

114. 对企业而言，薪酬的功能包括(　　)。

A. 改善经营绩效　B. 支持企业改革　C. 塑造企业文化　D. 保障员工生活

E. 控制企业成本

115. 市场薪酬调查常用的方式，包括(　　)。

A. 企业之间相互调查　B. 问卷调查

C. 采集社会公开信息　D. 专家访谈

E. 委托中介机构调查

116. 员工薪酬满意度调查的内容包括(　　)。

A. 对薪酬水平的满意度　B. 对薪酬结构的满意度

C. 对薪酬差距的满意度　D. 对薪酬调整的满意度

E. 对薪酬发放方式的满意度

117. 企业在制定或实施技能薪酬制时，必须考察自身的(　　)。

A. 生产经营情况　B. 企业文化

C. 管理体制环境　D. 人员结构

E. 固定资产投资额度

118. 衡量企业规模的指标有(　　)。

A. 客户数　B. 员工总数　C. 销售额　D. 资产规模

E. 劳动生产率

119. 企业可采用多种方法对现行薪酬制度进行诊断，具体包括(　　)。

A. 管理性诊断　B. 激励性诊断　C. 正确性诊断　D. 安定性诊断

E. 能力性诊断

120. 事实劳动关系的形成原因包括(　　)。

A. 无视劳动法律法规而逐步形成　B. 无效劳动合同而形成

C. 没有订立书面劳动合同而形成　D. 双重劳动关系而形成

E. 以其他合同形式替代劳动合同而形成

121. (　　)属于工资集体协商的内容。

A. 工资协议的期限　B. 工资标准和分配形式

C. 变更、解除工资协议的程序　D. 员工福利水平及调整

E. 年度平均工资水平及调整幅度

122. 工资集体协商期间，雇员一方的首席代表(　　)。

A. 由工会主席担任

B. 由工会推举

C. 由企业高层决定

D. 由董事会任命

E. 由工会主席书面委托的其他雇员方面的代表担任

123. 国家制定企业伤亡事故报告和处理制度，其目的是及时(　　)职工伤亡事故。

A. 报告　　B. 调查　　C. 统计　　D. 预估

E. 处理

124. 根据争议性质的不同，劳动争议可分为(　　)。

A. 个别争议　　B. 集体争议　　C. 团体争议　　D. 权利争议

E. 利益争议

125. 劳动争议仲裁过程中，当事人的权利包括(　　)。

A. 直接回避的权利　　B. 强制执行的权利

C. 自行和解的权利　　D. 提出主张、提供证据的权利

E. 提起仲裁申请、答辩的权利

2016 年 5 月　人力资源和社会保障部
国家职业资格全国统一鉴定

职　　业： 企业人力资源管理师

等　　级： 国家职业资格二级

卷 册 二： 专业能力

注意事项： 1. 请按要求在试卷的标封处填写您的姓名、准考证号、身份证号和所在地区。

2. 请仔细阅读各种题目的回答要求，并在规定的位置填写您的答案。

3. 请保持卷面整洁，不要在试卷上作任何与答题无关的标记，也不得在标封区填写无关的内容。

一、简答题(本题共3题，第1小题14分，第2小题16分，第3小题14分，共44分)

1. 简述岗位工作扩大化的主要方法和具体形式。(14分)

2. 简述360度考评的实施程序及其工作内容。(16分)

3. 简述企业制定薪酬战略的基本步骤。(14分)

二、综合题(本题共3题，第1小题20分，第2小题18分，第3小题18分，共56分)

1. 某电子产品销售公司拟在本年度内为地区销售部门招聘20名营销经理，公司人力资源部制定了招聘计划，将招聘工作分为初选、复选和终选三个阶段，即：在对应聘人员的简历、求职表和推荐信等资料进行初选的基础上，对应聘人员进行一次笔试，然后采用员工素质测评，从80名应聘者中选拔出40名候选人。

请根据本案例，回答以下问题：

(1)笔试应包括哪些基本步骤？(12分)

(2)员工素质测评的量化技术主要有哪几种具体形式？(8分)

2. 三年来，某大型矿业集团先后从全国各类高校招聘了一大批毕业生，分配至各级经营管理岗位，去年，集团人力资源部为了掌握这批新生力量的成长情况，进行了一次全面的摸底调查，调查内容包括人员岗位适合度、主管领导满意度、学习成长环境满意度以及培训需求度等，集团人力资源部要求各下属子公司以及所属中心、研究院委根据本次调查结果，结合各单位实际情况，编制今年的经营管理人员的培训开发计划。

请结合本案例，回答以下问题：

(1)简要说明编制管理人员培训开发计划应遵循的基本原则。(10分)

(2)实施管理人员培训开发计划可分为几个阶段，各有何具体要求？(8分)

3. 去年1月，李某通过招聘进入A保健品公司下属的销售部门，任C区市场拓展部经理，双方拟立了为期3年的劳动合同。去年1月，在A公司举行的市场与销售业绩总结分析会上，总经理认为李某主导的市场拓展部和公关工作效果不明显，也导致了本地区同级别销售经理的业绩乏善可陈。于是，总经理决定将李某的薪资降低两个级别，从原来的8000元调整为6000元，并表示如果接下来两个季度市场工作仍无起色，公司将与李某解除劳动合同。而李某认为，上一年的销售业绩不佳，最重要的原因是市场整体滑坡，假冒伪劣产品泛滥等。而公司销售人员现行的薪酬制度多年没有调整，激励力度不高，也是销售业绩不好的主因。更何况，在自己所签订的劳动合同中，公司虽确定岗位是市场拓展部经理，但没有特别提到负责拓展与医院、社团及政府的公共关系。李某还认为，总经理做出减薪等决定的真实目的在于逼走自己，由他的亲信取而代之。于是，李某多次向公司人力资源部提出申述，要求公司总经理撤销上述不合理的决定，但是人力资源部未做出任何答复，于是李某到当地劳动争议仲裁委员会申请仲裁，仲裁庭经审理后做出裁决，认定该公司减薪行为违法，应予补发李某应得薪资。

请依据我国劳动法律法规对本案做出评析，并为企业提出避免此类劳动争议发生的对策建议。(18分)

2016年5月二级企业人力资源管理师真题答案及详解

卷册一：职业道德、理论知识

第一部分 职业道德

（第1~25题，共25道题）

一、职业道德基础理论与知识部分（第1~16题）

（一）单项选择题（第1~8题）

1B 2C 3A 4C 5D 6D 7A 8D

（二）多项选择题（第9~16题）

9BC 10BD 11AB 12ABCD 13BCD 14ABCD 15BC 16AC

二、职业道德个人表现部分（第17~25题）

第17~25题无标准答案，根据自己的价值观作答。

第二部分 理论知识

（第26~125题，共100道题，满分为100分）

一、单项选择题（第26~85题，每题1分，共60分。每小题只有一个最恰当的答案，请在答题卡上将所选答案的相应字母涂黑）

26. A **【考点】**劳动力市场

【解析】在生产要素市场，居民户是生产要素的供给者，企业是生产要素的需求者。企业由于生产要素的使用须向居民户支付要素报酬（如工资）。在商品市场中，居民户是商品和服务的需求者，企业则是供给者，居民户向企业支付货币，交换商品和服务。在劳动力市场上，居民户是劳动力的供给方，企业是劳动力的需求方，通过双方的无数次选择，按照一定的工资率（从供给的角度看，是要素服务收入；从需求的角度看，是要素使用成本）将劳动力配置于某种产品和服务的生产的职业岗位上。

27. B **【考点】**保障劳动者劳动权的原则

【解析】平等就业权和自由择业权是劳动权的核心。该项权利对于公民来说，不分性别、民族、政治信仰、财产状况，均有权实现就业，有权依法自由地选择职业，有权利用国家和社会提供的各种就业促进条件，以提高就业能力和增加就业机会，禁止任何形式的就业歧视和职业歧视；对于国家来说，应当为公民实现劳动权提供必要的保障，为提高促进经济和社会发展创造就业条件，扩大就业机会。

28. C **【考点】**经营环境的微观分析

【解析】经营环境的微观分析包括对现有竞争对手的分析、潜在竞争对手分析、替代产品或服务威胁的分析、顾客力量的分析和供应商力量的分析。其中，对现有竞争对手的分析包括：①现有竞争对手的数目；②现有竞争对手的经营战略；③竞争对手的产品差异化；④固定成本的高低；⑤行业成长过剩。

29. A **【考点】**组织市场的构成

【解析】组织市场是由各组织机构形成的对企业产品和劳务需求的总和。它可分为以下三种类型：①产业市场，又称生产者市场或企业市场，是指一切购买产品和服务，并将之用于生产其他产品或劳务，以供销售、出租或供应给他人的个人和组织；②转卖者市场，是指那些通过购买商品和劳务以转售或出租给他人获取利润为目的的个人和组织；③政府市场，是指那些为执行政府的主要职能而采购或租用商品的各级政府单位。

30. A 【考点】沟通的风格模式

【解析】依据周哈利窗模型，可以把个体的沟通风格划分成以下四种类型：①自我克制型。这种类型的人既不暴露也不反馈，他们居于双盲式的位置，自己不扩大信息的领域，也不希望对方扩大。②自我保护型。这种类型的人在给他人反馈方面偏高，但在对他人暴露方面偏低，喜欢探究他人，进行反馈是用以防卫自己。③自我暴露型。这种类型的人多有暴露而少有反馈，认为自己的观点有价值，而他人的观点一无是处。此种风格的管理者兴趣不在交流，而在于自己说个没完。④自我实现型。这种类型的人平衡地使用暴露和反馈的方法，达到最有效的人际沟通。

31. D 【考点】人力资本投资的内生收益率递减规律

【解析】人力资本投资的内生收益率递减规律是指随着受教育年限的延长和投资规模的上升，投资的边际收益出现下降的现象。人力资本投资报酬递减一般有以下三个方面的原因：①随着受教育年限延长，技能与知识边际增长率下降，从而使边际增长速度放慢，因而影响到内部收益率；②边际教育成本的快速增长；③人力资本投资与人的预期收益时间有关。给定预期寿命，读书时间越长，人的工作年限越短，从而受益时间越短，投资收益不能得到完全回报的概率就越大，造成平均预期收益下降。

32. C 【考点】组织设计理论的分类

【解析】组织设计是在组织设计理论的指导下进行的，组织设计理论是企业组织理论的一部分。组织设计理论可分为：①静态的组织设计理论，主要研究组织的体制（权、责结构）、机构（部门划分的形式和结构）和规章（管理行为规范）；②动态的组织设计理论，除了包含上述基本内容之外，还加进了人的因素，加进了组织结构设计，以及组织在运行过程中的各种问题，如协调、信息控制、绩效管理、激励制度、人员配备及培训等。

33. B 【考点】模拟分权组织结构的缺点

【解析】模拟分权组织结构的主要缺点包括：①内部的价格体系不容易完全理顺；②各专业分公司生产经营计划的目标和生产任务难以确定；③对各单位任务完成情况的考核显得比较困难而复杂；④企业内部的信息交流较差；⑤组织内横向协调的难度大。

34. C 【考点】企业战略与组织结构的关系

【解析】企业发展战略决定了组织结构的不同形式，具体包括：①与单一经营发展阶段相适应的是早期的层级结构（直线制、职能制、直线职能制）；②与市场和产品多样化阶段相适应的是分权事业部制；③与项目为中心的经营活动相适应的是矩阵结构；④以产品为中心划分事业部的大型跨国公司，采用的是与之相适应的多维立体制结构。

35. B 【考点】企业结构整合的过程

【解析】企业结构整合的过程分为四个阶段：①拟定目标阶段。组织设计人员预先制定出组织的目标，以使结构分化有所遵循。它是整分合中“整”的阶段。②规划阶段。组织规划主要是通过各种程序重新建立目标，或者通过改变组织成员的某些行为来达到整体目标。③互动阶段。这是执行规划的阶段。④控制阶段，即当组织运行过程中，出现某些人不合作的倾向时，进行有效的控制，以保证目标和规划的最终实现。

36. C 【考点】改进工作岗位设计的意义

【解析】工作岗位设计应遵循明确任务目标的原则、合理分工协作的原则和责权利相对应的原则。从企业整个生产过程来看，工作岗位的设计应当满足以下需要：①企业劳动分工与协作的需要；②企业不断提高生产效率，增加产出的需要；③劳动者在安全、健康、舒适的条件下从事劳动活动在生理上、心理上的需要。

37. A 【考点】影响人力资源活动的法律因素

【解析】影响人力资源活动的法律因素包括：政府有关的劳动就业制度、工时制度、最低工资标准、职业卫生、劳动保护、安全生产等规定，以及户籍制度、住房制度、社会保障制度等。因为这些制度、政策、规定会影响到人力资源管理工作的全过程，当然也会影响到企业的人员规划。

38. B 【考点】企业人力资源需求预测系统

【解析】企业人力资源需求预测系统的构成包括：①企业总体经济发展预测系统，包括企业总体战略发展规划，企业核心竞争力及产品发展预测，企业文化(使命、经营信念和价值观)；②企业人力资源总量与结构预测系统，包括企业各类人才拥有量与结构状况调查，企业各类岗位各类人才总量与结构比例规范；③人力资源预测模型与评估系统，包括 HR 预测模型。

39. D 【考点】经济计量模型法

【解析】经济计量模型法是先将公司的员工需求量与影响需求量的主要因素之间的关系用数学模型的形式表示出来，依此模型及主要因素变量来预测公司的员工需求。该方法综合考虑多种因素，且考虑各因素间的交互作用。

40. B 【考点】制度化管理的概念和特征

【解析】制度化管理是以制度规范为基本手段协调企业组织集体协作行为的管理方式。制度化管理通常称作“官僚制”“科层制”或“理想的行政组织体系”，是由德国马克斯·韦伯提出并为现代大型组织广泛采用的一种管理方式。其实质在于以科学确定的制度规范为组织协作行为的基本约束机制，主要依靠外在于个人的、科学合理的理性权威实行管理。在企业组织经营管理过程中，由于管理所依托的基本手段不同，存在着不同类型的管理方式。在实行制度管理的企业中，所有权与管理权相分离。管理人员不是所管理企业的所有者，管理人员只是根据法律所赋予的权力，暂时处于拥有权力的地位，原则上企业中所有员工都应服从制度的规定。

41. D 【考点】员工素质测评的基本原理

【解析】员工素质测评的基本原理包括个体差异原理、工作差异原理和人岗匹配原理。其中，人岗匹配是按照人适其事、事宜其人的原则，根据个体间不同的素质和要求，将其安排在各自最合适的岗位上，从而做到人尽其才、物尽其用。具体包括：①工作要求与员工素质相匹配；②工作报酬与员工贡献相匹配；③各类员工与员工之间相匹配；④各类岗位与岗位之间相匹配。

42. C 【考点】素质测评标准体系的要素

【解析】测评与选拔标准体系对测评对象的数量与质量的测评起着“标尺”作用，一般由标准、标度和标记三个要素组成。其中，标准是指测评标准体系的内在规定性，常常表现为各种素质规范化行为特征或表征的描述与规定，从它揭示的内涵来看，其形式主要有客观形式、主观评价、半客观半主观三种。

43. A 【考点】测评标准体系的构成

【解析】测评标准体系设计分为：①横向结构，是指将需要测评的员工素质的要素进行分解，并列出相应的项目；②纵向结构，是指将每一项素质用规范化的行为特征或表征进行描述与规定，并按层次细分。横向结构是基础，纵向结构是对横向结构各项素质的层层分解和推向可操作化。在测评标准体系的纵向结构中，一般根据测评目的来规定测评内容，在测评内容下设置测评目标，测评目标下设测评指标。

44. A 【考点】员工素质测评量化技术

【解析】A 项，一次量化是指对素质测评的对象进行直接的定量刻画，其对象一般具有明显的数量关系，量化后的数据直接提示了素质测评对象的实际特征，具有实质意义，因而又称为实质量化；B 项，二次量化是指对素质测评的对象进行间接的定量刻画，即先定性描述后再定量刻画的量化形式；C 项，类别量化是把素质测评对象划分到事先确定的几个类别中去，然后每个类别赋予不同的数字；D 项，模糊量化要求把素质测评对象同时划分到事先确定的每个类别中去，根据该对象的隶属程度分别赋值。

45. A 【考点】晕轮效应

【解析】晕轮效应又称以点概面效应。美国心理学家桑戴克根据心理实验证明，考核者在对人的各种品质进行考核时，会有一种偏高或偏低的习性，即由于某人某方面的品质和特征特别明显，使观察者容易产生清晰明显的错觉，忽略其他的品质和特征，从而作出片面的判断。

46. D 【考点】知识测验的题型设计

【解析】D 项，设计客观试题时，可以采用填空题、选择题、判断题、改错题等多种形式。

47. A 【考点】第一印象

【解析】第一印象又称首因效应，即面试考官根据开始几分钟，甚至是面试前从资料(如笔试、个人简历等)中得到的印象对应聘者作出评价。

48. A 【考点】结构化面试试题的类型

【解析】A 项，压力性问题将应聘者置于一个充满压力的情境中，观察其反应，以对其情绪稳定性、应变能力等进行考察，如“你好像不太适合我们这里的工作，你看呢?”“你怎么连这么简单的问题都不懂?”等。B 项，知识性问题，即与应聘者的应聘岗位相关的基本知识，如人事经理应该了解劳动人事制度和法令，财会员工应该了解财务制度等。C 项，思维性问题，这类问题旨在考察应聘者的理解、分析、辨别、综合、评价和推断的能力，如“你认为什么是一个人成功的标准?”“你怎么看待大学教师在外兼职的问题?”等。D 项，经验性问题，即关于应聘者过去所做过的事情的问题。

49. D 【考点】无领导小组讨论的缺点

【解析】无领导小组讨论是评价中心方法的主要组成部分，是指由一定数量的一组被评人(6 ~9 人)，在规定时间内(约 1 小时)就给定的问题进行讨论，讨论中各个成员处于平等的地位，并不指定小组的领导者或主持人。无领导小组讨论的缺点包括：①题目的质量影响测评的质量；②对评价者和测评标准的要求较高；③应聘者表现易受同组其他成员影响；④被评价者的行为仍然有伪装的可能性。D项，尽管无领导小组讨论的方法能够引发被评价者较为自然的行为表现，但由于被评价者努力猜测评价的意图，他们仍有可能做出故意迎合测评目的的行为表现。

50. C 【考点】间接培训成本

【解析】间接培训成本是指在培训组织实施过程之外企业所支付的一切费用总和，包括：①培训项目的设计费用；②培训项目的管理费用；③培训对象受训期间的工资福利；④培训项目的评估费用。

51. A 【考点】企业员工培训的需求分析

【解析】培训需求分析是培训管理工作的第一环，是否能准确地预测和把握真实的需求直接决定了培训的合理性和有效性，从而影响到整个组织的绩效和经营目标的实现。传统的培训需求分析包括组织分析、任务分析和人员分析，而以战略为导向的培训需求分析，还包括企业战略分析和员工职业生涯分析。

52. D 【考点】培训的组织管理

【解析】培训的组织管理是负责组织、协调企业整体培训工作。它是一个以管理为主要职能的部门或岗位，其中心任务是组织协调组成培训体系的其他部门或岗位，共同完成企业的在岗培训工作，满足人力资源的配置需要。

53. B 【考点】培训课程性质与任务层次

【解析】现代培训按其性质分为五个层次，包括：①知识培训；②技能培训；③思维培训；④观念培训；⑤心理培训。其中，技能培训的主要任务是对参训者所具有的能力加以补充。课程设计的主要目标是要解决“会”的问题，不断地加强对人的能力的补充，使现代人越来越具有把知识及时转化为能力的本领，使人才所拥有的能力越来越全面。

54. A 【考点】开发企业内部培训师的优点

【解析】开发企业内部培训师的优点包括：①对各方面比较了解，使培训更具有针对性，有利于提高培训的效果；②与学员相互熟识，能保证培训中交流的顺畅；③培训相对易于控制；④内部开发教师资源成本低。其缺点包括：①内部人员不易于在学员中树立威望，可能影响学员在培训中的参与态度；②内部选择范围较小，不易开发出高质量的教师队伍；③内部教师看待问题受环境决定，不易上升到新的高度。

55. D 【考点】管理人员心智能力培训

【解析】管理人员心智能力培训是现代经营管理方式的要求。现代企业经营管理方式已经发生了很大的变化，社会转型牵动管理转型，新兴的管理技术和管理方法不断涌现。如个体管理模式向团队管理模式转变等，均对管理人员提出了新的要求。管理人员不能仅仅满足于现有的知识结构和以往的管理经验，必须与时俱进，否则就可能被现代管理淘汰，因此需要管理方面的心理素质、思维方式、价值观的系统培训开发。

56. D 【考点】管理继任者培训

【解析】管理继任者培训，是指企业通过确定、评价关键岗位的高潜能的内部人才，对其进行系统开发和培养，以便为企业未来的组织战略和管理发展提供人力资本方面的储备和保障。企业接班人计划依据管理方式和管理重点的不同，可以分为：①领导人员的继任计划，侧重对其战略意识、影响力和价值观方面的考察，关注继任者的深层次特征；②管理人员继任计划，管理人员处于组织的中低层，其继任计划应注重从其绩效、技能和能力方面进行考核，侧重于对继任者进行选拔和培养的技术。

57. B 【考点】培训评估

【解析】一个企业完整的员工培训体系包括培训需求分析，培训规划、项目与课程设计、教材与师资开发，培训活动的组织与实施，以及培训效果评估等环节，培训评估在现代培训管理中占有非常重要的地位，贯穿于培训整个过程，起着承上启下的关键性作用。它是通过建立培训效果评估指标和标准体系，对员工培训是否达到了预期的目标，培训计划是否有效的实施等进行全面的检查、分析和评价，然后将评估结果反馈给主管部门，作为以后制订、修订员工培训计划，以及进行培训需求分析的依据。

58. D 【考点】绩效成果

【解析】绩效成果可以用来评价受训者通过该项目培训对个人或组织绩效所产生的影响程度，同时也为企业人力资源开发及培训费用计划等决策提供依据。绩效成果包括：①由于员工流动率或事故发生率的下降导致的成本降低；②产品产量质量的提高或顾客服务水平的改善。

59. C 【考点】个人绩效考评指标体系

【解析】按考评对象的对象和范围，绩效考评可以分为组织绩效考评和个人绩效考评。其中，在制定个人绩效考评指标体系时，除了按岗位横向分类对担任不同岗位的人员分别制定绩效考评指标体系外，制定时应充分考虑绩效考评的具体目的和要求，如用于奖励的考评应侧重于工作成果，而用于培训的考评则侧重于考评工作过程。

60. D 【考点】头脑风暴法

【解析】头脑风暴法的目的是寻求新的和异想天开的解决自己所面临难题的途径与方法。在使用“头脑风暴法”进行集体讨论时，应遵守以下四个基本原则：①任何时候都不批评别人的想法；②思想愈激进愈开放愈好；③强调产生想法的数量；④鼓励别人改进想法。

61. D 【考点】考评指标标准的评分方法

【解析】对考评指标、考评标准的计分，可采用自然数法和系数法。其中，系数法又称相乘法，可分为：①函数法，是借用模糊数学中隶属度函数的概念，按考评标准进行计分；②常数法，是在考评要素分值之前设定常数，将其乘积作为评定结果。

62. C 【考点】提取和设定绩效考评的指标

【解析】关键绩效指标主要分为：①数量指标，如产品产量、销货量、销售额、利润等指标，通常可通过工作记录、统计报表、财务票据等方式获取这类指标的数值；②质量指标，如破损率、独特性、准确性、一次检验合格率、废品率等，一般可通过生产记录、上级评估、客户反馈等方式获取这类指标的数值；③成本指标，如单位产品的成本、投资回报率等指标，可通过财务方面获取有关数据；④时限指标，主要有供货及时性、供货周期、到货时间、最后完工时间等，可通过上级评估或客户评估等方式获取数据。

63. C 【考点】绩效沟通

【解析】绩效沟通是绩效管理的核心，是指考核者与被考核者就绩效考评反映出的问题以及考核机制本身存在的问题展开实质性的面谈，并着力于寻求应对之策，服务于后一阶段企业与员工绩效改善和提高的一种管理方法。

64. D 【考点】绩效考评方法的种类

【解析】绩效考评的方法，按照所选择的效标不同，可以区分为下列五种类型：①行为导向型的主观考评方法；②行为导向型的客观考评方法；③结果导向型的绩效考评方法；④综合型的绩效考评方法；⑤品质主导型的考评方法。

65. B 【考点】纠正晕轮误差的方法

【解析】晕轮误差又称晕轮效应、晕圈错误、光环效应，是指在考评中，因某一个人格上的特征掩蔽了其他人格上的特征。纠正晕轮误差的方法包括：①建立严谨的工作记录制度；②评价标准要制定得详细、具体、明确；③对考评者进行适当培训，端正考评者的认识，提高考评的技巧技术水平，或者将评价结果与实际绩效的误差大小作为对考评者评价的重要内容。

66. B 【考点】360 度考评方法

【解析】360 度考评方法又称为全视角考评方法，是指由被考评者的上级、同事、下级和(或)客户(包括内部客户、外部客户)以及被考评者本人担任考评者，从多个角度对被考评者进行360 度的全方位评价，再通过反馈程序，达到改变行为、提高绩效等目的的考评方法。它主要强调全方位客观地对员工进行考评，既注重考评员工的最终成果，又将员工的行为、过程和个人努力的程度纳入考评的内容，使得绩效考评更能客观全面地反映员工的表现和业绩。通过这种方法搜集到的考评信息较全面，得到的考评结果较科学、客观，误差较小。

67. C 【考点】实施360 度考评需要注意的问题

【解析】实施360 度考评方法，应选择最佳的时机。在组织面临士气问题、处于过渡时期，或走下坡路时，不宜采用360 度考评的方法。

68. A 【考点】间接薪酬

【解析】货币薪酬可分为：①直接薪酬，包括基本工资、绩效工资、奖金、津贴等，它们一般以现金形式支付；②间接薪酬，包括社会保险、员工福利、股票期权等。

69. B 【考点】薪酬调查数据的统计分析方法

【解析】为了提高统计分析的信度和效度，薪酬调查所提供的数据一定要全面、真实。在对调查数据进行整理汇总、统计分析时，可根据实际情况选取以下方法：①数据排列法；②频率分析法；③趋中趋势分析；④离散分析；⑤回归分析法；⑥图表分析法。B 项，计量模型法属于人力资源需求预测的定量方法。

70. A 【考点】薪酬满意度调查的步骤

【解析】薪酬满意度调查的步骤依次为：①确定调查对象；②确定调查方式；③确定调查内容。此外，还包括设计并发放调查表、回收并处理调查表、反馈调查结果。

71. C 【考点】岗位横向分类的步骤

【解析】岗位的横向分类是一个由粗到细的工作过程，具体步骤包括：①将企事业单位内全部岗位，按照工作性质划分为若干大类，即职门；②将各职门内的岗位，根据工作性质的异同继续进行细分，把业务相同的岗位归入相同的职组，即将大类细分为中类；③将同一职组内的岗位再一次按照工作的性质进行划分，即将大类下的中类再细分为若干个小类，把业务性质相同的岗位组成一个职系。每一个职系是一种专门的职业。

72. B 【考点】岗位薪点薪酬制

【解析】薪点薪酬制是在岗位评价的基础上，用点数和点值来确定员工薪酬的薪酬制度。其优点包括：①岗位薪点薪酬制使薪酬分配直接与企业效益和员工的工作业绩相联系，体现了效率优先的原则，符合市场取向的要求；②薪酬用薪点表示，比岗位等级薪酬制更容易做到将薪酬分配向关键岗位、技术岗位倾斜，通过规定员工个人薪点点数的标准，可以促进员工学习技术，提高其素质和业绩水平，充分发挥了薪酬的激励作用；③在薪点值的确定过程中，浮动值是按照部门的效益或业绩来确定的，这就要求员工必须加强单位或部门的团队合作，有利于提高团队的协作精神。

73. B 【考点】绩效薪酬制

【解析】薪酬结构包括绩效薪酬制、岗位薪酬制、技能薪酬制和组合薪酬制。其中，绩效薪酬制是以绩效为导向的薪酬结构，其特点是员工的薪酬主要根据其近期绩效来决定。员工的薪酬随绩效量的不同而变化，并不是处于同一岗位(或职位)或者技能等级的员工都能拿到相同数额的薪酬。计件薪酬、销售提成制、效益薪酬等都属于这种薪酬结构。

74. A 【考点】以绩效为导向的薪酬结构的缺陷

【解析】以绩效为导向的薪酬结构的缺陷包括：①使员工只重视眼前效益，不重视长期发展，没有学习新知识、技能的动力；②只重视自己绩效，不重视与人合作、交流。这种薪酬结构比较适用于以下类型的企业或部门：①工作任务饱满，有超负荷工作的必要；②绩效能够自我控制，员工可以通过主观努力改变绩效等。

75. A 【考点】薪酬结构

【解析】薪酬结构策略的制定实际上是薪酬结构的选择，它与企业发展战略的关系密切。薪酬结构从性质上可以分为三类：①高弹性类；②高稳定类；③折中类。其中，高弹性类的薪酬结构的特点是：员工的薪酬在不同时期个人收入起伏较大，绩效薪酬与奖金占的比重较大。以绩效为导向的薪酬结构属于这种类型。

76. A 【考点】薪酬计划的制订方法

【解析】制订薪酬计划的方法包括：①从下而上法。它的工作程序是根据部门的人力资源规划和企业的每一位员工在未来一年薪酬的预算估计数字，计算出整个部门所需要的薪酬支出，然后汇集所有部门的预算数字，编制出企业整体的薪酬计划。在编制薪酬计划过程中，部门主管只需按企业既定的加薪准则，分别计算出每个员工的增薪幅度及应得的薪金额，然后计算出每一部门在薪酬方面的预算支出，再呈交给高层的管理人员审核和批准，一经通过，便可以着手编制计划。通常，从下而上法比较实际、灵活，且可行性较高，但不易控制总体的人工成本。②从上而下法。它的工作程序是先由企业的高层主管根据人力资源规划等决定企业整体的薪酬计划额和增薪的数额，然后再将整个计划数目分配到每一个部门。各部门按照所分配的计划数额，根据本部门内部的实际情况，将数额分配到每一位员工。该方法虽可控制总体的薪酬成本，但缺乏灵活性，而且确定薪酬总额时主观因素过多，降低了计划的准确性，不利于调动员工的积极性。

77. A 【考点】劳务派遣机构

【解析】劳务派遣的本质特征是雇用和使用分离。劳务派遣机构作为被派遣劳动者的雇主，虽然是劳动合同的一方当事人，但他只是形式上的雇主，因为他并不为被派遣劳动者提供真实的工作岗位和劳动条件，也不是被派遣劳动者实际劳动给付的对象。但既然是劳动关系中的雇主，就有义务向被派遣劳动者支付工资、缴纳社会保险、提供福利待遇等。

78. A 【考点】劳务派遣

【解析】A项，法律没有强制用工单位一定要和被派遣劳动者签订书面协议，但从实务操作的角度而言，用工单位为了保障双方的合法权益，最好通过书面协议对双方的权利义务作出明确约定，但用工单位与被派遣劳动者签订的是一般的劳务合同而非劳动合同；B项，为适应劳务派遣的特殊需要，劳动合同的内容不仅应当具备《劳动合同法》规定劳动合同的一般法定条款，还应当载明被派遣劳动者的用工单位以及派遣期限、工作岗位等情况；C项，被派遣劳动者与正式雇员享有平等的法定劳动权利，如参加工会的权利、民主参与的权利、提请劳动争议处理的权利等；D项，用工单位应当按照同工同酬原则，对被派遣劳动者与本单位同类岗位的劳动者实行相同的劳动报酬分配办法。

79. B 【考点】政府工资宏观调控的总原则

【解析】政府在工资的宏观调控方面，总的原则包括：①实施企业工资总额的增长低于经济效益的增长；②平均工资的增长低于劳动生产率的增长；③在工资的调控上由总量控制向水平控制转变。

80. B 【考点】工资集体协商代表的确定

【解析】工资集体协商代表应依照法定程序产生。雇员一方由工会代表，未建立工会的企业，由雇员民主推举代表，并得到半数以上雇员同意。雇主一方代表由企业法定代表人和法定代表人指定的其他人员担任。各方代表人数对等，每方至少三名；雇主协商代表与雇员协商代表不得相互兼任。

81. D 【考点】工资指导价位和最低工资标准的区别

【解析】AC两项，最低工资标准的制定是按照法定程序，综合考虑各种影响因素制定，其实施具有法律约束力；而劳动力市场工资指导价位的低位数是市场自然生成的。B项，工资指导价位的低位数是工资收入数列中后一定百分比(5%～10%)的数据的算术平均数，它不同于最低工资标准。D项，在同一地区同一时期内，最低工资标准只能有一个，而劳动力市场工资指导价位的低位数对不同职业(工种)来讲是不同的。

82. C 【考点】仲裁的时效期间

【解析】《劳动争议调解仲裁法》第二十七条第一款规定，劳动争议申请仲裁的时效期间为一年。仲裁时效期间从当事人知道或者应当知道其权利被侵害之日起计算。

83. B 【考点】劳动争议的分类

【解析】按照不同的标准，可将劳动争议做如下的分类：①按照劳动争议的主体划分，可分为个别争议、集体争议和团体争议；②按照劳动争议的性质划分，可分为权利争议和利益争议；③按照劳动争议的标的划分，可分为劳动合同争议，关于劳动安全卫生、工作时间、休息休假、保险福利而发生的争议，关于劳动报酬、培训、奖惩等因适用条件的不同理解与实施而发生的争议等。

84. B 【考点】劳动争议仲裁

【解析】A项，仲裁庭裁决劳动争议，实行少数服从多数原则，裁决应当按照多数仲裁员的意见作出，少数仲裁员的不同意见应当记入笔录。B项，只有劳动争议双方当事人都同意调解，调解委员会才能受理，有一方不同意则不得受理。C项，仲裁施行强制原则。仲裁庭对劳动争议调解不成时，可直接行使裁决权，无须当事人同意；对发生法律效力的仲裁裁定，一方当事人不履行，另一方当事人可申请人民法院强制执行。

D 项，由劳动关系的特点所决定，反映平等主体关系间的争议事项，遵循"谁主张，谁举证"的原则；反映隶属性关系的争议事项，实行"谁决定，谁举证"的原则。

85. D 【考点】团体劳动争议的特点

【解析】团体劳动争议是指集体合同双方当事人因签订集体合同和履行集体合同所发生的争议。与一般的劳动争议相比，团体劳动争议具有以下特点：①争议主体的团体性。团体劳动争议的主体一方是企业，但另一方则是劳动者团体，而不是劳动者个人。②争议内容的特定性。团体劳动争议的内容涉及企业的一般劳动条件等事项，内容具有广泛性和整体性。③影响的广泛性。团体劳动争议主体的团体性及内容的特定性，决定了团体劳动争议影响的广泛性。

二、多项选择题(第 86～125 题，每题 1 分，共 40 分。每题有多个答案正确，请在答题卡上将所选答案的相应字母涂黑。错选、少选、多选，均不得分)

86. ADE 【考点】劳动力市场均衡的意义

【解析】劳动力市场均衡的意义包括：①劳动力资源的最优分配。在完全竞争的市场结构中，劳动力市场实现均衡，劳动力资源就能达到最有效率的分配。②同质的劳动力获得同样的工资，不存在任何职业的、行业的和地区的工资差别。③充分就业。劳动力供给与劳动力需求的竞争在均衡工资决定的同时，实现充分就业。

87. ABCD 【考点】劳动权

【解析】劳动权是指法律保证的有劳动能力的公民能够参加社会劳动并因劳动而产生或与劳动有密切联系的各项权利，包括平等的劳动就业权、自由择业权、劳动报酬权、休息休假权、劳动保护权、职业培训权等。

88. AE 【考点】企业战略的定量评价标准

【解析】战略评价标准是指预定的战略目标或标准，是战略控制的依据。一般由以下两个标准组成：①定量评价标准，可以选用资金利用率、劳动生产率、工时利用率、市场占有率、利润总额、销售利润率、投资收益率、股票平均收益等指标；②定性评价标准，是从战略与环境的一致性、存在的风险性、战略与资源的配套性、战略执行的时间性、战略与企业组织的协调性等方面制定的。

89. ACE 【考点】亨利·明茨伯格的经理角色分析

【解析】亨利·明茨伯格将经理角色归纳为以下三类十种不同的角色：①人际关系类角色，包括挂名首脑、联络员和领导者；②信息类角色，包括监听者、传播者和发言人；③决策类角色，包括企业家、障碍处理者、谈判者和资源分配者。

90. ABE 【考点】有效管理幅度原则

【解析】有效管理幅度原则是组织设计的基本原则。由于受个人精力、知识、经验条件的限制，一名领导人能够有效领导的直属下级人数是有一定限度的。有效管理幅度不是一个固定值，它受职务的性质、人员的素质、职能机构健全与否等条件的影响。有效管理幅度原则要求在进行组织设计时，领导人的管理幅度应控制在一定水平，以保证管理工作的有效性。

91. ABCDE 【考点】影响管理幅度的变量

【解析】洛克希德公司通过研究分析与验证，确定出影响管理幅度的六项主要变量，分别为：①职能的相似性；②地区的临近性；③职能的复杂性；④指导与控制的工作量；⑤协调的工作量；⑥计划的工作量。并计算出每个变量的权数，权数越大，表明其对管理幅度的影响越大。

92. ADE 【考点】企业组织结构内部的不协调

【解析】企业组织结构内部的不协调主要表现为：①各部门间经常出现冲突；②存在过多的委员会，建立委员会本来是整合的表现，是用来解决部门间协调问题的，如果这种委员会过多，说明结构分解未能最大限度地分清各部门、各职位的职责；③高层管理部门屡屡充当下属部门相互间冲突时的裁判和调解者；④组织结构本身失去了相互协调的机能，全靠某个有特殊地位的人或权威来协调。

93. ABC 【考点】人员晋升计划

【解析】人员晋升计划是企业根据企业目标、人员需要和内部人员分布状况制定的员工职务提升方案。晋升计划的内容一般由晋升条件、晋升比率、晋升时间等指标组成。企业的晋升计划是分类制订的，每一个晋升计划都可以用这些指标清楚地表示。企业在制订员工晋升计划时应该全面地衡量上述指标，慎重考虑，以免使员工感到不公平，进而对员工间已有的平等竞争环境和企业的经营效率造成不良的影响。

94. ABCDE 【考点】影响人力资源需求预测的一般因素

【解析】影响人力资源需求预测的一般因素包括：①顾客的需求变化（市场需求）；②生产需求（或者企业总产值）；③劳动力成本趋势（工资状况）；④劳动生产率的变化趋势；⑤追加培训的需求；⑥每个工种员工的移动情况；⑦员工的出勤率；⑧政府的方针政策的影响；⑨工作小时的变化；⑩退休年龄的变化；⑪社会安全福利保障。

95. BCD 【考点】企业人力资源内部供给预测

【解析】企业未来内部人力资源供给一般来说是企业人力资源供给的主要部分（除新建企业外）。企业人力资源需求的满足，应优先考虑内部人力资源供给。企业内部人力资源供给量必须考虑下述因素：①企业内部人员的自然流失（伤残、退休、死亡等）；②内部流动（晋升、降职、平调等）；③跳槽（辞职、解聘）等。

96. ABCD 【考点】人岗匹配原理

【解析】人岗匹配是按照人适其事、事宜其人的原则，根据个体间不同的素质和要求，将其安排在各自最合适的岗位上，从而做到人尽其才、物尽其用。人岗匹配包括：①工作要求与员工素质相匹配；②工作报酬与员工贡献相匹配；③各类员工与员工之间相匹配；④各类岗位与岗位之间相匹配。

97. ABDE 【考点】员工测评标准体系的工作绩效要素

【解析】测评标准体系的横向结构包括结构性要素、行为环境要素和工作绩效要素。其中，工作绩效是一个人的素质与能力水平的综合表现，通过对工作绩效要素的考察，可以对员工素质及其功能行为做出恰如其分的评价。工作绩效要素主要包括：①工作数量；②工作质量；③工作效率；④工作成果；⑤群众威信；⑥人才培养。

98. BCDE 【考点】测评指导语的内容

【解析】测评指导语是在测评具体操作之前，由测评主持人向全体测评人员报告测评目的和填表说明，明确数据保密等事宜，目的是使测评人员能正确地填写员工素质能力测评表，消除顾虑，客观准确地对被测对象进行测评。测评指导语包括：①员工素质测评的目的；②强调测评与测验考试的不同；③填表前的准备工作和填表要求；④举例说明填写要求；⑤测评结果保密和处理，测评结果反馈。

99. ACDE 【考点】知识测验的主观题的缺点

【解析】知识测验的主观题的优点包括：①试题的内容综合度高；②具有一定的发散性，鼓励应聘者自由发挥，有利于考查知识的运用能力、深层次的认识思维能力；③主观试题命题量少，题干比较简单。主观题的缺点有：①测试的内容范围有局限性，分数占的比重大，考生一道题目的得失对结果的影响偏大；②主观题没有统一的答案，容易受到批阅人自身的知识及其专业水平，以及评判标准等主客观因素的制约和影响；③批阅主要靠人工完成，效率比较低，不能用现代化的评分手段替代。

100. ABCD 【考点】行为描述面试的实质

【解析】行为描述面试简称 BD 面试，是一种特殊的结构化面试，与一般的结构化面试的区别在于，它采用的面试问题都是基于关键胜任特征(或称胜任力)的行为性问题。行为描述面试的实质如下：①用过去的行为预测未来的行为；②识别关键性的工作要求；③探测行为样本。

101. ABDE 【考点】无领导小组讨论评分表

【解析】无领导小组讨论评分表包括评分标准及评分范围。评分标准是对各测评能力指标进行表述，评分范围给出各测评能力指标在总分中的权重和具体分值及该能力优、良、中、差四个等级的评分区间。设计评分表时确定测评能力指标是重点，主要要求包括：①应从岗位分析中提取特定的评价指标，且测评指标应具有针对性，符合所招聘岗位的要求；②评价指标不能太多、太复杂，通常应将评价指标控制在 10 个以内；③确定各能力指标在整个能力指标中的权重以及其所占分数，然后根据优、良、中、差四等级分配分值。其中应对每一测评指标制定量化标准，如发言次数、发言时间长短、创新点数量等，以便评分的准确公平性。

102. ABE 【考点】制定培训总体目标的主要依据

【解析】起草培训规划时，应当做好以下几个方面的工作：①制定培训的总体目标；②确定具体项目的子目标；③分配培训资源；④进行综合平衡。其中，制定培训总体目标的主要依据包括：①企业的总体战略目标；②企业人力资源的总体规划；③企业培训需求分析。

103. BDE 【考点】培训方式

【解析】从培训的方式来看，企业员工培训包括：①职内培训，是指工作教导、工作轮调、工作见习和工作指派等方法；②职外培训，是指在专门的培训现场接受履行职务所必要的知识、技能和态度的培训；③自我开发，是指员工自己利用休闲时间进行自我技能与知识的补充。

104. ABD 【考点】培训计划的实施与管理控制

【解析】采用培训计划的监督检查指标，通过对培训计划实施前、实施中和实施后的全程评估，可以实现对培训计划实施的全过程监管和控制，从而使培训需求分析更加准确、培训计划更加符合实际、培训资源分配更加合理。

105. BCE 【考点】培训课程计划的内容

【解析】培训课程计划是对某一课程的详细描述，它是课程系列计划的一部分，也是企业培训计划的一部分。其内容主要包括：①课程题目的暂定；②培训范围的确定；③学员的确定；④主要课题的界定；⑤开发时间的估算；⑥必需的资源；⑦课程的期限；⑧课程开发费用的初步预算等。

106. BD 【考点】培训前期评估

【解析】培训前期评估包括培训需求整体评估和培训方案设计评估两个环节。其具体内容包括：①年初培训主管部门要求各业务职能部门提交年度培训需求，由培训主管部门对相关培训需求进行评估，提交领导层决策后组织实施；②各业务职能部门在组织培训项目前，向培训主管部门提交培训实施方案，培训主管部门对其可行性、实效性、可操作性等方面进行全面评估，并按“三性”原则对培训方案提出修改意见。

107. ABCE 【考点】培训中的评估

【解析】培训中的评估的主要内容包括：①培训活动参与状况的评估，包括目标群体的确认、培训项目的覆盖效率、培训对象参与热情和持久性等；②培训内容的评估，包括培训课程的构成、培训强度、培训量、培训频率和时间安排等；③培训进度与中间效果的评估，包括培训组织准备工作评估、培训学员参与情况评估、培训内容和形式的评估、培训师和培训工作人员评估，以及培训设备设置和应用评估等；④培训环境的评估；⑤培训机构和培训人员的评估，包括培训机构的规模和结构特征、内部分工状况、服务网点分布、培训机构的领导机制以及沟通能力和协调机制，培训师的素质和能力，培训课程的安排和培训师的工作态度等。

108. BCD 【考点】工作结果型的绩效考评指标

【解析】工作结果型的绩效考评指标包括：①产品产量、商品销售量、劳动定额完成程度等反映劳动数量的指标；②产品品种、产品合格率、商品一次开机合格率、客户投诉率、产品返修率等质量指标；③科研成果的水平（获得国际或国家科学奖励的等级）、获得专利权的项目数、科研成果的推广率和转换率、科研成果所产生的经济效益（直接或间接的）等反映科技人员的指标。AE 两项是品质特征型的绩效考评指标。

109. ABCDE 【考点】战略导向 KPI 体系的意义

【解析】建立战略导向的 KPI 体系的意义包括：①使 KPI 体系不仅成为激励约束企业员工行为的一种新型的机制，同时还要发挥 KPI 体系战略导向的牵引作用；②通过企业战略目标的层层分解，将员工的个人行为与部门的目标相结合，使 KPI 体系有效地诠释与传播企业的总体发展战略，成为实施企业战略规划的重要工具；③彻底转变传统的以控制为中心的管理理念，更加强调对员工的行为激励，最大限度地激发员工的斗志，调动全员的积极性、主动性和创造性。

110. ABCE 【考点】绩效监控的有效性

【解析】绩效监控始终关注员工工作绩效，旨在通过提高个体绩效水平来改进部门和组织的绩效。绩效监控的有效性主要取决于以下三个方面：①管理者领导风格的选择和绩效辅导水平；②管理者与下属之间绩效沟通的有效性；③绩效考评信息的有效性。

111. ACE 【考点】综合型绩效考评方法

【解析】综合型的绩效考评方法，主要包括图解式评价量表法、合成考评法、日清日结法、评价中心法。B 项属于结果导向型的绩效考评方法；D 项属于行为导向型的客观考评方法。

112. ABC 【考点】自我中心效应

【解析】自我中心效应表现为考评者按照自己对标准的理解进行评价，或按照自己认为恰当的标准进行评价，因而偏离了评价标准，具体表现为：①对比偏差，即考评者按照自己的标准寻找被考评者与其不同的方面进行评定；②相似偏差，即考评者按照自己的标准寻找被考评者与其相同的方面进行评价。

113. BCDE 【考点】单向劝导式面谈

【解析】单向劝导式面谈又称单向指导型面谈，是通过对员工现时工作行为和表现剖析，说明哪些行为是正确的、有效的，哪些行为是错误的、无效的。根据工作说明书，尽可能说服下属，让他们接受并提出新的、更高的工作目标，不断提升其绩效水平。采用此面谈方式，对于改进员工行为和表现，效果是十分突出的，尤其适用于那些参与意识不强的下属。但由于这种单向性的面谈缺乏双向的交流和沟通，容易堵塞上下级之间的言路，从而难以给下属申诉的机会，使沟通渠道受阻。使用这种方式要求主管具备劝服员工改变自我的能力，并且能够熟练运用各种激励下属的模式和方法。

114. ABCE 【考点】薪酬对企业的功能

【解析】对企业或雇主而言，薪酬具有以下七种功能：①增值功能；②控制企业成本；③改善经营绩效；④塑造企业文化；⑤支持企业变革；⑥配置功能；⑦导向功能。

115. ABCE 【考点】市场薪酬调查的方式

【解析】市场薪酬调查常用的方式包括：①企业之间相互调查，是指通过不同企业之间以及其员工之间的联系进行薪酬调查；②委托中介机构进行调查，是指委托商业性、专业性的人力资源咨询公司进行调查；③采集社会公开信息，是指采集各级政府部门公布的数据资料，有关的行业协会、专业学会或学术团体提供的薪酬调查数据，以及见诸报纸、杂志、互联网等各类媒体上公开发表的统计数据，作为衡量企业员工薪酬水平和确定薪酬制度的重要依据和参考；④调查问卷，适用于大量的、复杂的岗位。

116. ABCDE 【考点】员工薪酬满意度调查的内容

【解析】员工薪酬满意度调查包括：①员工对薪酬水平的满意度；②员工对薪酬结构、比例的满意度；③员工对薪酬差距的满意度；④员工对薪酬决定因素的满意度；⑤员工对薪酬调整的满意度；⑥员工对薪酬发放方式的满意度；⑦员工对工作本身(如自主权、成就感、工作机会等)的满意度；⑧员工对工作环境(如管理制度、工作时间、办公设施等)的满意度。

117. ABCD 【考点】制定或实施技能薪酬制的前提

【解析】技能薪酬制是一种以员工的技术和能力为基础的薪酬，技能薪酬制与传统的岗位薪酬制不同，它强调根据员工的个人能力提供薪酬。并不是所有的企业都适合实行技能薪酬制，企业在决定制定或实行技能薪酬时，必须考察的内容包括：①自身的生产经营情况；②管理体制的环境；③企业的文化；④企业的岗位与人员结构；⑤企业的经营目标。

118. ABCD 【考点】衡量企业规模的指标

【解析】企业的特征主要包括企业所属的行业、企业的规模、企业所处的发展阶段等。其中，企业的规模可以通过企业的员工总人数、客户数、销售额以及资产规模等指标来衡量。薪酬水平之所以受企业规模的影响，是因为企业的规模反映了企业内部结构的复杂程度。

119. ABDE 【考点】薪酬制度诊断的方法

【解析】企业可以从多种维度对现行薪酬制度进行诊断，即从管理性、明确性、能力性、激励性和安定性五个方面提出薪酬体系的自我诊断建议。

120. BCDE 【考点】事实劳动关系形成的原因

【解析】事实劳动关系是指用人单位除了非全日制用工形式外无书面劳动合同或无有效书面劳动合同形成的劳动法律关系。事实劳动关系形成的原因包括：①不订立书面劳动合同而形成事实劳动关系；②无效劳动合同而形成事实劳动关系；③双重劳动关系而形成事实劳动关系；④以其他合同形式替代劳动合同而形成事实劳动关系。

121. ABCE 【考点】工资集体协商的内容

【解析】工资集体协商的内容包括：①工资协议的期限；②工资分配制度、工资标准和工资分配形式；③职工年度平均工资水平及其调整幅度；④奖金、津贴、补贴等分配办法；⑤工资支付办法；⑥变更、解除工资协议的程序；⑦工资协议的终止条件；⑧工资协议的违约责任；⑨双方认为应当协商约定的其他事项。

122. AE 【考点】工资集体协商代表的确定

【解析】工资集体协商中，协商双方应各自确定一名首席代表，在协商期间轮流担任协商会议执行主席，负责工资集体协商有关的组织工作，并对协商过程中发生的问题提出处理建议。雇员一方的首席代表应当由工会主席担任，工会主席也可以书面委托其他雇员方面的代表作为首席代表；未成立工会的，由雇员集体协商代表推举。雇主一方的首席代表应当由法定代表人担任，法定代表人也可以书面委托其他雇主方面的代表作为首席代表。

123. ABCE 【考点】企业伤亡事故报告和处理制度

【解析】企业伤亡事故报告和处理制度是国家制定的对劳动者在劳动生产过程中发生的和生产有关的伤亡事故的报告、登记、调查、处理、统计和分析的规定，其目的是及时报告、统计、调查和处理职工伤亡事故，采取预防措施，总结经验，追究事故责任，防止伤亡事故再度发生。

124. DE 【考点】劳动争议的分类

【解析】按照劳动争议的性质划分，可分为：①权利争议，又称既定权利争议，是指劳动关系当事人基于劳动法律、法规的规定，或集体合同、劳动合同约定的权利与义务所发生的争议；②利益争议，是指当事人因主张有待确定的权利和义务所发生的争议。

125. CDE 【考点】劳动争议当事人的权利

【解析】劳动争议当事人的权利包括：①提起仲裁申请、答辩、变更申诉请求、撤诉，要求劳动争议仲裁委员会公正调解和裁决的权利；②委托代理人参加仲裁活动的权利；③申请回避的权利；④提出主张、提供证据的权利；⑤自行和解的权利；⑥不服仲裁裁决向人民法院起诉的权利；⑦申请执行的权利。

卷册二：专业能力

一、简答题（本题共3题，第1小题14分，第2小题16分，第3小题14分，共44分）

1. 简述岗位工作扩大化的主要方法和具体形式。（14分）

答：岗位工作扩大化的主要方法包括两种：

(1)岗位宽度扩大法

这种方法在横向上扩展岗位，丰富工作内容。其具体形式包括：

①延长加工周期。将若干周期较短的岗位合并，由几名员工组成作业小组共同承担原来多个岗位的生产任务。改变过去短时间内一个岗位只完成一道工序的局面。

②增加岗位的工作内容。如安排员工承担力所能及的设备维修、前期准备以及后期收尾的工作任务。改变过去辅助或服务工作由专门岗位负责的状况。

③包干负责。增加岗位活动的范围，将原来几个不同性质的岗位归并在一起，由一个岗位员工负责。

(2)岗位深度扩大法

这种方法在纵向上扩展岗位，丰富工作内容。其具体形式包括：

①岗位工作纵向调整。将同一或相似相近的岗位，由横向分工改为纵向分工，提高岗位技术和技能含量。

②充实岗位工作内容。将不同性质与负荷不完全相同的岗位重新进行调整，以充实岗位业务活动的内容。

③岗位工作连贯设计。从产品的研究开发、科学论证、试验试制，到小批量试生产由原来的多种岗位组合在一起，由项目组共同完成。

④岗位工作轮换设计。将原来若干不同岗位的工作任务交给若干员工去完成，每个员工在某个岗位上连续工作一周之后，再转到下一个岗位去工作，以此类推，实现工作轮换。

⑤岗位工作矩阵设计。将原来若干岗位的工作进行交叉设计，使某个岗位员工既负责一个工段所有岗位的工作，又承担着某一产品或工序的连续生产加工任务。

2. 简述360度考评的实施程序及其工作内容。（16分）

答：360度考评方法又称全视角考评方法，是指由被考评者的上级、同事、下级和(或)客户(包括内部客户、外部客户)以及被考评者本人担任考评者，从多个角度对被考评者进行360度的全方位评价，再通过反馈程序，达到改变行为、提高绩效等目的的考评方法。360度考评的实施程序及工作内容包括：

(1)考评项目设计

考评项目设计的工作内容包括：

①进行需求分析和可行性分析，决定是否采用360度考评方法。

②编制基于岗位胜任特征模型的考评问卷。问卷的来源主要包括：a. 企业针对自身特点和具体要求进行设计；b. 向咨询公司购买成型问卷。

(2)培训考评者

培训考评者的工作内容包括：

①组建360度考评者队伍。考评者的来源包括：a. 由被考评者自己选择；b. 由上级

指定。

②对选拔出的考评者进行如下培训：沟通技巧、考评实施技巧、总结考评结果的方法、反馈考评结果的方法等。

(3)实施360度考评

实施360度考评的工作内容包括：

①实施考评。对具体实施过程进行监控和质量管理。如果没有控制好考评实施的过程，可能导致整个考评结果无效。

②统计考评信息并报告结果。

③对被考评人员进行如何接受他人的考评信息的培训，让他们体会到360度考评最主要的目的是改进员工的工作绩效，为员工的职业生涯规划提供咨询建议，从而提高被考评人员对考评目的和方法可靠性的认同度。具体可以采用讲座和个别辅导等培训方法。

④企业管理部门应针对考评的结果所反映出来的问题，制定改善绩效(或促进职业生涯发展)的行动计划。

(4)反馈面谈

反馈面谈的工作内容包括：

①确定进行面谈的成员和对象；

②有效进行反馈面谈，及时反馈考评的结果，帮助被考评人员改进自己的工作，不断提高工作绩效，完善个人的职业生涯规划。

(5)效果评价

效果评价的工作内容包括：

①确认执行过程的安全性。360度考评中包括上级、下级、同事及其他人员的评价，要检查信息收集的过程是否符合评价的要求，并验证各种评价结果的准确性。

②评价应用效果。

③总结考评过程中的经验和不足，找出存在的问题，不断完善整个考评系统。

3. 简述企业制定薪酬战略的基本步骤。(14分)

答：一般地说，设计和制定企业薪酬战略，可概括为四个步骤：

(1)评估薪酬的意义和目的

这一步要求企业了解所在的行业情况，以及企业计划怎样在此行业中竞争。企业对待员工的价值观也反映在企业的薪酬战略中。此外，社会、经济和政治环境同样影响薪酬战略的选择。

①全球性的竞争压力。在开发一个薪酬战略时，对国际竞争压力的评价变得日益重要。在国际竞争对手中，现行的各自薪酬体系的差异也影响着其竞争对手的薪酬战略。

②员工的薪酬需求。员工的薪酬需要是多种多样的。通常年纪较大的员工对现金的需求较弱，他们较重视劳保和福利条件，而年纪轻的员工有较强的现金需要，他们要买房子或要支撑家庭，较看重高工资收入。应考虑员工不同的薪酬需求，制定灵活的薪酬战略。

(2)开发薪酬战略，使之同企业经营战略和环境相匹配

通过对企业所处的内外环境和经营战略的分析，开发支持企业经营战略、提升企业竞争优势的薪酬战略。

(3)实施薪酬战略

通过设计薪酬体系来实施薪酬战略，薪酬体系是将薪酬战略转变成薪酬管理的实践。

(4)对薪酬战略和经营战略匹配进行再评价

企业所处的环境是不断变化的，经营战略也相应在不断变化，因而薪酬战略就必须随之而变。为确保这点，定期对薪酬战略和经营战略匹配进行再评价就成为必要。

二、综合题(本题共3题，第1小题20分，第2小题18分，第3小题18分，共56分)

1. 请根据本案例，回答以下问题：

(1)笔试应包括哪些基本步骤？(12分)

(2)员工素质测评的量化技术主要有哪几种具体形式？(8分)

答：(1)笔试的基本步骤包括：

①成立考务小组

笔试过程中有大量的工作要进行准备，通过笔试考务小组可以有效推进整个过程的实施，具体包括计划的制订、试题的编制、考务的组织等项工作。

②制订笔试计划

为了使笔试能有序进行，需要制订周密详细的实施计划。计划的具体内容主要包括：a. 笔试的目的和科目确定，试题的设计，试卷的审定、印制与保管。b. 笔试的组织与安排。包括笔试的负责机构或负责人的确定；对考试规模的预计，即将有多少人员报名参加考试；考试时间和地点；监考人员和阅卷人员的组织与安排等。c. 笔试试卷的装订、收存以及阅卷的组织与管理。d. 笔试的经费预算与效果预测。

③设计笔试试题

根据企业计划招聘岗位的要求，明确笔试的目的，确定需要测试的主要内容和指标，并以此为基础确定试题的内容、项目、类型、难易程度、题量、计分方法、标准答案或参考答案等。在试题编制完成之后，可以选择一部分相关人员进行试测，在此基础上对试题进行审核与修订，以确保试题的信度和效度。

④监控笔试过程

为了保障测试的质量，应当加强对笔试实施全过程的监督和控制。笔试的实施包括考前通知、考场管理和考卷保管等内容。

⑤笔试阅卷评分

对回收的试卷，安排阅卷人员进行阅卷评分，安排工作人员审核分数，最终形成笔试成绩报告。一般来说，应首先抽取一定数量的试卷进行初评，然后请设计试题的专家进行讲评，以提高阅卷的正确性和准确性。

⑥笔试结果运用

对于笔试的最终成绩，一般有两种筛选方法：a. 淘汰法，即按照分数从高到低的原则选取一定数量的人员进入下一轮的甄选；b. 达到一定分数的人员可以进入下一轮的测试，该分数线一般是根据人员招聘计划和应聘者的人数和素质状况事先划定好的，给更多的应聘者进入下一轮测试的机会，从而体现了公平性和公正性。

(2)员工素质测评量化技术的具体形式包括：

①一次量化与二次量化

a. 一次量化是指对素质测评的对象进行直接的定量刻画，其对象一般具有明显的数量关系，量化后的数据直接提示了素质测评对象的实际特征，具有实质意义，因而又称为实质量化；

b. 二次量化是指对素质测评的对象进行间接的定量刻画，即先定性描述后再定量刻画的量化形式，其对象一般是那些没有明显的数量关系，但具有质量或程度差异的素质特征。

②类别量化与模糊量化

a. 类别量化是把素质测评对象划分到事先确定的几个类别中去，然后每个类别赋予不同的数字，其特点是每个测评对象属于且仅属于一个类别，不能同时属于两个以上的类别；

b. 模糊量化要求把素质测评对象同时划分到事先确定的每个类别中去，根据该对象的隶属程度分别赋值，其特点是每个测评对象是那些分类界限无法明确，或测评者认识模糊和无法把握的素质特征。

③顺序量化、等距量化与比例量化

a. 顺序量化一般是先依据某一素质特征或标准，将所有的素质测评对象两两比较排成序列，然后给每个测评对象一一赋予相应的顺序数值；

b. 等距(离)量化比顺序量化更进一步，它不但要求素质测评对象的排列有强弱、大小、先后等顺序的关系，而且要求任何两个素质测评对象间的差异相等，然后在此基础上才给每个测评对象一一赋值；

c. 比例量化又比等距量化更进一步，不但要求素质测评的排列有顺序等距关系，而且还要存在倍数关系。

④当量量化

当量量化是先选择某一中介变量，把各种不同类别或并不同质的素质测评对象进行统一性的转化，对它们进行近似同类同质的量化。其作用是使不同类别不同质的素质测评对象量化，能够相互比较和进行数值综合。

2. 请结合本案例，回答以下问题：

(1)简要说明编制管理人员培训开发计划应遵循的基本原则。(10分)

(2)实施管理人员培训开发计划可分为几个阶段，各有何具体要求？(8分)

答：(1)编制管理人员培训开发计划应遵循以下基本原则：

①以“服务培训对象”为中心

培训工作必须紧密围绕“经营管理人员”这个中心进行，将培训工作视为各阶层管理人员和公司双赢的投资，建立切合实际的分层培训体系。

②以需求驱动培训

企业员工培训必须服从企业整体的发展目标与战略，确立切合实际的培训目标和战略，这既对经营管理人员提出了更高的要求，同时也产生了新的培训需求。

③根据培训需求，确定培训计划，确定培训目标和任务

培训计划应当根据培训需求分析的结果和业务发展需要，确定素质差距弥补的方法和顺序，结合企业现有的培训管理和资源条件，明确培训的目标与要求，规划培训的内容和方法，并提出培训课程系统的设计要求和任务。

④在制订培训计划的基础上组织实施与评估

培训实施是培训的关键环节，效果评估是为了检验培训方案实施的有效性，分析开展培训活动所取得的成绩，找出培训过程的差距，发现新的培训需求，对方案进行改进和完善，制订新的培训计划。

⑤完善培训激励约束机制，促进培训成果转化

引入激励约束机制是增强培训效果的重要手段。应该抓住管理人员追求自我实现的关键需求，把培训工作与职务升迁、薪酬增加等激励机制相联系。这不仅是重视培训的表现，

而且是增强培训效果的重要手段。它能有效地调动管理人员参与培训、提高素质的积极性。

(2)管理人员培训开发计划的实施可以分为三个阶段，各阶段的具体要求分别为：

①全面培训阶段。对全体管理人员分层次、有重点地进行常规管理知识和技能的培训。使80%以上的经营管理人员达到合格的职业经理人。

②定向提高阶段。对处于不同岗位上的管理人员进行针对性的岗位管理知识与技能培训。使40%以上的经营管理人员达到优良的职业经理人。

③重点提高阶段。对部分确有培训潜力的经营管理人员进行重点培训提高，使其成为优秀的职业经理人。

3. 请依据我国劳动法律法规对本案做出评析，并为企业提出避免此类劳动争议发生的对策建议。(18分)

答：(1)对本案的评析：

①企业违反了劳动合同

劳动关系的建立是通过缔结合同的形式确立的，合同规定了当事人的权利义务，在履行合同的过程中，任何一方当事人违反合同的约定，都属于违约行为，须承担相应的责任。因履行劳动合同产生争议，劳动合同本身可以成为裁判的依据。本案例中，由于劳动双方订立了为期3年的劳动合同，在合同期间，企业对员工进行降薪违反了劳动合同。

②劳动者享有提请劳动争议处理的权利

根据劳动法的规定，劳动者享有平等就业和选择职业的权利、取得劳动报酬的权利、休息休假的权利、获得劳动安全卫生保护的权利、接受职业技能培训的权利、享受社会保险和福利的权利、提请劳动争议处理的权利以及法律规定的其他劳动权利。《劳动争议调解仲裁法》第九条规定，用人单位违反国家规定，拖欠或者未足额支付劳动报酬，或者拖欠工伤医疗费、经济补偿或者赔偿金的，劳动者可以向劳动行政部门投诉，劳动行政部门应当依法处理。因此，李某有权提请劳动争议处理。

(2)企业避免此类劳动争议发生的对策包括：

①建立和完善企业用工合同

劳动(雇佣)合同是雇员与雇主确立劳动关系、明确双方权利义务的协议。劳动关系的建立是通过缔结合同的形式确立的，合同规定了当事人的权利义务，在履行合同的过程中，任何一方当事人违反合同的约定，都属于违约行为，须承担相应的责任。因此，企业在用工之前应该根据劳动者以及现行市场的具体情况对劳动合同做出相应的调整，使之能够适应新环境的变化，也为公司获得更大的利益做出相应的保障。

②公司应设立劳动纠纷处理部门

公司在企业内部设立法律顾问职位或者法律部门，在第一时间解决涉及企业的劳动纠纷以及其他法律事务。这不仅能够避免公司受到法律事物的干扰，还能够帮助企业树立法律意识、增长法律知识。

③公司应该严格遵守劳动法律法规

广义的劳动法是指调整劳动关系以及与劳动关系密切联系的其他一些社会关系的法律规范的总和，是根据宪法制定的处理劳动事务的法律，目的是保护劳动者的合法权益，调整劳动关系，建立和维护适应社会主义市场经济的劳动制度，促进经济发展和社会进步。公司遵守法律法规不仅能够避免劳动争议，而且可以保证公司合法权益受到法律保护。

2015 年 11 月　人力资源和社会保障部
国家职业资格全国统一鉴定

职　　业：企业人力资源管理师

等　　级：国家职业资格二级

卷 册 一：职业道德
理论知识

注意事项：1．考生应首先将自己的姓名、准考证号等用钢笔、圆珠笔等写在试卷册和答题卡的相应位置上，并用铅笔填涂答题卡上的相应位置处。

2．考生同时应将本页右上角的科目代码填涂在答题卡右上角的相应位置。

3．本试卷册包括职业道德和理论知识两部分：

第一部分，1～25 小题，为职业道德试题；

第二部分，26～125 小题，为理论知识试题。

4．每小题选出答案后，用铅笔将答题卡上对应题目的答案涂黑。如需改动，用橡皮擦干净后，再选涂其他答案。所有答案均不得答在试卷上。

5．考试结束时，考生务必将本卷册和答题卡一并交给监考人员。

6．考生应按要求在答题卡上作答。如果不按标准要求进行填涂，则均属作答无效。

地　　区：________________

姓　　名：________________

准考证号：________________

人力资源和社会保障部职业技能鉴定中心监制

第一部分　职业道德

（第1～25题，共25道题）

一、职业道德基础理论与知识部分（第1～16题）

答题指导：

◆该部分均为选择题，每题均有四个备选项。其中，单项选择题只有一个选项是正确的，多项选择题有两个或两个以上选项是正确的。

◆请根据题意的内容和要求答题，并在答题卡上将所选答案的相应字母涂黑。

◆错选、少选、多选，则该题均不得分。

（一）单项选择题（第1～8题）

1. 关于道德，正确的说法是（　　）。

A. 道德反映着社会正义力量的要求

B. 道德的表现方式是说教

C. 道德是为了维持秩序而强加在人们头上的外在约束力量

D. 道德评价完全属于主观判断的范畴

2. 关于道德与法律，正确的说法是（　　）。

A. 在法律健全完善的社会，不需要道德

B. 由于道德不具备法律那样的强制性，道德的社会功用不如法律

C. 在人类历史上，道德与法律同时产生

D. 在一定条件下，道德与法律能够相互转化、相互作用

3. 关于文明礼貌，正确的说法是（　　）。

A. 文明礼貌对企业的生产和经营不起作用

B. 好的企业不会把功夫用在文明礼貌的倡导上

C. 文明礼貌是企业成功的唯一标志

D. 文明礼貌反映了企业的管理水平

4. 在市场经济条件下，企业应该树立的义利观是（　　）。

A. 君子喻于义，小人喻于利　　B. 唯利是图，促进经济发展

C. 以义为先，以义制利　　D. 守法是企业经营的唯一准则

5. 态度恭敬的意思是说，从业人员要（　　）。

A. 一切按照顾客的要求办事　　B. 顾客问什么，就要如实回答什么

C. 对顾客做到内心尊重而外有礼貌　　D. 遇到刁蛮无理的顾客时，要予以回答

6. 符合爱岗敬业要求的是（　　）。

A. 绝不能违背上司的意愿

B. 干一行，专一行

C. 强化职业责任

D. 舍弃个人和家庭利益，全身心投入到岗位工作之中

7. 处理好企业员工之间的关系，正确的做法是（　　）。

A. 尊重同事的隐私，不过分询问他人的私生活

B. 任何时候都能够直接提出自己的意见和建议

C. 避免接触感情上不融洽的同事，以防激化矛盾

D. 对感情好的同事，要加强交往，形成牢不可破的"联盟"

8. 符合创新要求的做法是(　　)。

A. 某员工把业余时间全部用于发明永动机之上

B. 某公司花钱购买了一项新技术

C. 某企业开辟了一个新的销售市场

D. 某公司做出一项新规定，员工用餐时间不能超过十分钟

(二)多项选择题(第9~16题)

9. 下列言语中，属于职业"禁语"的有(　　)。

A. "不知道"　　B. "还没上班呢，等会儿再说"

C. "您需要点什么"　　D. "排队去"

10. 员工正确处理利益关系的做法包括(　　)。

A. 破除利益最大化观念，把个人利益始终让给他人

B. 在满足他人所有需要的基础上，实现自身的利益

C. 坚持在集体事业的发展中实现个人利益

D. 以长远利益为重，同时也要兼顾到眼前利益

11. 下列做法中，不符合从业人员服饰要求的有(　　)。

A. 装扮时尚　　B. 颜色靓丽　　C. 款式新潮　　D. 香水浓烈

12. 符合待人热情要求的做法有(　　)。

A. 嬉笑迎客　　B. 主动热情　　C. 亲昵友善　　D. 情绪饱满

13. 从业人员在服务的过程中，坚持办事公道原则的做法包括(　　)。

A. 不以财富多寡作为服务标准　　B. 对师长提供特别服务

C. 不以貌取人　　D. 童叟无欺

14. 增强职业责任意识，正确的态度有(　　)。

A. 加强职业责任修养　　B. 反思自己是否竭尽全力

C. 不断矫正自己的行为偏差　　D. 养成职业道德行为习惯

15. 关于"慎独"的修养境界，理解正确的是(　　)。

A. 只有害怕独立做事，才能成为正人君子

B. 自己独自处事时，按照道德要求行事，防止思想出现偏差

C. 谨小慎微做事情，不张扬，"夹着尾巴做人"

D. 没有监督时，更要加强自律

16. 关于诚实守信的说法中，正确的是(　　)。

A. 诚实守信是市场经济的内在要求　　B. 诚实守信是企业的无形资本

C. 诚实守信有利于树立企业形象　　D. 诚实守信违背价值规律的要求

二、职业道德个人表现部分(第17~25题)

答题指导：

◆该部分均为选择题，每题均有四个备选项，您只能根据自己的实际状况选择其中一个选项作为您的答案。

◆请在答题卡上将所选择答案的相应字母涂黑。

17. 经理办公会上，经理提议由你来做他的助理，但是这项提议遭到其他几位副经理的反对而未果。在公司，你属于资格较老的中层领导，勤苦工作已多年，面对这样的局面，

你会(　　)。

A. 感到很失落　　B. 找经理说道说道

C. 分析原因，改进工作　　D. 以后不再那么拼命工作了

18. 假如主管在安排工作时，总与你对工作的理解不一致。而你凭借多年工作经验，你认为自己的理解是正确的，而主管对工作的认识和安排多有不妥。你会(　　)。

A. 按照主管的要求做事　　B. 按自己的理解做事

C. 和同事沟通，按同事的意见办事　　D. 找主管进一步协商

19. 社区成立小动物保护协会，收养了许多流浪猫、狗，你的看法是(　　)。

A. 流浪的猫、狗一般携带病菌，人们要远离他们

B. 收养流浪猫、狗的做法，限制了动物们的自由

C. 小动物保护协会的人们有爱心

D. 应该收养的是流浪的人，而不是猫、狗

20. 某些公司员工在业余时间里兼职，以增加收入。但长此以往，由于体力精力不济等原因影响了本职工作的正常开展。对此，你的看法是(　　)。

A. 应该制定新制度，规范员工的兼职行为

B. 允许员工兼职，但兼职工作收入的一部分要上缴公司

C. 兼职是在业余时间进行的，是员工的权利

D. 兼职活动是无法监督的，随他去吧

21. 一般情况下，你和同事朋友约会，你会(　　)。

A. 准时到达　　B. 比预定时间早一会到达

C. 晚点　　D. 晚点，会通知同事朋友

22. 养犬的人越来越多，犬粪犬吠干扰他人的正常生活，你认为(　　)。

A. 养犬没有实际意义，应该禁止所有的居民养犬

B. 治理养犬的关键是征缴高额费税

C. 提高养犬人的文明素质最重要

D. 人们应相互宽容理解

23. 如果你的某位同事总是喜欢拿你某方面的“短处”开玩笑，虽然玩笑并无恶意，但你觉得心里很别扭，你会(　　)。

A. 也拿对方开玩笑

B. 既然发现对方没有恶意，那就随便他好了

C. 警告对方，要他尊重他人

D. 与对方沟通，明确告诉对方自己的感受

24. 日常生活和工作中，听窗外的蝉、青蛙或者鸟儿持续不断的鸣叫，你的感受是(　　)。

A. 聒噪，令人心烦意乱　　B. 有点烦，但还能够忍受

C. 习惯了，没有感觉　　D. 悦耳动听

25. 下列描述中，最接近你常态的感觉是(　　)。

A. 有朋友，有知己　　B. 有知己，没朋友

C. 有朋友，没知己　　D. 没朋友，没知己

第二部分　理论知识

（第26～125题，共100道题，满分为100分）

一、单项选择题（第26～85题，每题1分，共60分。每小题只有一个最恰当的答案，请在答题卡上将所选答案的相应字母涂黑）

26. 就业量所生产产品的总供给价格称为（　　）。

A. 最低收益　B. 最低预期收益　C. 最低成本　D. 最低预期成本

27. 劳动关系的当事人可以协议约定劳动条件标准，但该标准不能（　　）国家规定的标准。

A. 高于　B. 等于　C. 优于　D. 低于

28. 当经营安全率低于（　　）时，企业就要做出提高经营安全率的决策。

A. 50%　B. 40%　C. 30%　D. 20%

29. （　　）就是利用有关的信息资料对人的行为进行分析，从而推论其原因的过程。

A. 内因　B. 外因　C. 归因　D. 知觉

30. （　　）是心理状态的主要成分。

A. 情绪　B. 情感　C. 性情　D. 情态

31. 员工的动态特征不包括（　　）。

A. 员工学习　B. 员工激励

C. 员工自我保护机制　D. 员工的成熟和发展

32. 以下关于组织设计理论的表述，不正确的是（　　）。

A. 组织设计理论有动态与静态之分

B. 组织结构设计是企业管理的基本前提

C. 逻辑上组织理论应该包括组织设计理论

D. 组织设计理论又被称为广义的组织理论

33. （　　）不属于多维立体组织结构的缺点。

A. 公司员工面临着三重职权关系，容易产生无所适从的情况

B. 员工需要接受高强度训练，具有良好人际关系等多种技能

C. 组织纵向协调困难，须付出很大努力才能实现权力平衡

D. 需要频繁召开会议协调关系，从而增加管理成本，影响决策效率

34. 企业发展战略决定了组织结构的不同模式，与单一经营发展阶段相适应的是（　　）。

A. 事业部制模式　B. 直线职能制模式

C. 矩阵组织模式　D. 多维立体组织模式

35. （　　）是企业最常用的组织结构变革方式，是一种计划式变革。

A. 组织结构分析　B. 组织机构调整　C. 组织结构整合　D. 组织机构重整

36. 影响劳动环境的物质因素不包括（　　）。

A. 设备的配置　B. 工作地组织　C. 温度与湿度　D. 照明与色彩

37. 影响企业人力资源规划的人口环境因素不包括（　　）。

A. 人口的性别比例　B. 劳动力队伍的数量

C. 劳动力队伍的质量　D. 劳动力队伍的结构

38. 以下关于影响人力资源需求预测因素的表述，不正确的是(　　)。
A. 出勤率低，新员工总量需求较低
B. 劳动生产率增高，人力需求较少
C. 政府的方针政策影响企业的用人战略
D. 企业员工工作时间越低则需要人员越多
39. 以下关于人力资源预测方式的表述，不正确的是(　　)。
A. 趋势外推法最简单，自变量只有一个
B. 回归分析法不考虑不同自变量之间的相互影响
C. 趋势外推法与回归分析法本质上都是经济计量模型法
D. 经济计量模型一般只在管理基础较薄弱的小公司采用
40. 企业在解决人力资源短缺的问题时，最为有效的方法不包括(　　)。
A. 改进生产加工工艺设计　　B. 合并和关闭臃肿机构
C. 提高员工生产业务技能　　D. 制定科学的员工激励机制
41. 面对同样的工作任务，小王一天完成，小李则需要三天时间，这体现了员工素质测评的(　　)。
A. 个体差异原理　B. 工作差异原理　C. 环境差异原理　D. 组织差异原理
42. 便于横向比较员工素质的测评方式是(　　)。
A. 表面测评　B. 形式测评　C. 静态测评　D. 动态测评
43. 在素质测评体系中，(　　)是对测评客体外延的比较而形成。
A. 选拔标准指标体系　　B. 常模参照性指标体系
C. 效标参照性标准体系　　D. 检测指标体系
44. 测评学习能力的最简单有效的方法是(　　)。
A. 心理测验　B. 面试法　C. 投射技术　D. 情境测验
45. 采用集中测评的方式，其测评时间应选在一周的(　　)。
A. 开始　B. 中间　C. 周末　D. 任何时候
46. 岗位知识测验的内容，不包括(　　)。
A. 基础知识测验　B. 外语考试　C. 专业知识测验　D. 性格测验
47. 面试考官衡量应聘者的素质条件时，应以(　　)为前提。
A. 公司岗位需求　　B. 应聘者能力水平
C. 公司发展战略　　D. 应聘者发展潜力
48. “假如现在让你做公司的财务总监，你会怎么做?”这类面试问题属于(　　)。
A. 背景性问题　B. 情境性问题　C. 思维性问题　D. 经验性问题
49. 在选拔具有较高人际沟通能力的员工时，宜采用(　　)的方法。
A. 案例分析　　B. 公文筐测验
C. 闭卷笔试　　D. 无领导小组讨论
50. 短期培训规划是以(　　)为基础。
A. 长期培训计划　　B. 中期培训规划
C. 战略性培训规划　　D. 管理性培训规划
51. (　　)是指直接或间接影响和作用于培训活动的诸要素的总和。
A. 培训环境　B. 培训需求　C. 培训目标　D. 培训设计

52. 培训课程设计的基本要求是(　　)。

A. 满足企业与学习者的需求　　B. 体现企业战略要求

C. 依据现代系统理论的基本原理　　D. 体现成年人的认知规律

53. (　　)不属于高层管理人员的培训重点。

A. 分析与决策能力　　B. 专业管理技能技巧

C. 计划与组织实施能力　　D. 思维方式和价值观

54. (　　)是取得公正客观评估结果的前提和保证。

A. 准确采集评估数据信息　　B. 评估中经常与学员交流沟通

C. 选择好进行评估的时机　　D. 根据情况及时调整评估项目

55. (　　)是指企业和培训管理人员用来评价培训成果的统一尺度和规范。

A. 评估培训成果的标准　　B. 培训评估体系

C. 培训评估方法　　D. 培训评估规划

56. (　　)是指在对培训成果进行评估时，采集其测量结果的难易程度。

A. 可行性　　B. 区分度　　C. 可信度　　D. 相关度

57. (　　)可用来测量受训者对培训项目的态度、动机以及行为等方面的特征。

A. 绩效成果　　B. 情感成果　　C. 认知成果　　D. 技能成果

58. 建设性评估是在培训过程中以(　　)为目的的评估。

A. 保留培训项目　　B. 改进培训方式　　C. 改进培训项目　　D. 激励培训对象

59. 语言表达能力属于(　　)绩效考评指标。

A. 行为过程型　　B. 品质特征型　　C. 工作结果型　　D. 工作方式型

60. (　　)的目的，是寻求新的异想天开的解决自己所面临难题的途径与方法。

A. 关键事件法　　B. 要素图示法　　C. 个案研究法　　D. 头脑风暴法

61. (　　)是在绩效考评标准量表中测量水平最高的。

A. 比率量表　　B. 等距量表　　C. 等级量表　　D. 名称量表

62. 在确定了工作产出、得到绩效考评指标之后，应采用(　　)提取关键绩效指标。

A. 平衡计分卡　　B. 目标管理法　　C. SMART 法　　D. 关键事件法

63. 决定绩效监控有效性的关键点不包括(　　)。

A. 管理者绩效辅导的水平　　B. 管理者领导风格的选择

C. 绩效考评信息的有效性　　D. 绩效考评标准的有效性

64. (　　)属于行为导向型主观考评方法。

A. 关键事件法　　B. 行为定位法　　C. 结构式叙述法　　D. 强迫选择法

65. (　　)是克服绩效考评宽厚、苛严和居中趋势误差的最佳方法。

A. 简单排列法　　B. 强迫分布法　　C. 成绩记录法　　D. 成对比较法

66. 为提高绩效管理质量和水平，应在绩效管理方式方法上，提高考评者的(　　)。

A. 精确度　　B. 过程关注度　　C. 认同度　　D. 认知理解度

67. 360 度考评的实施程序包括：①实施 360 度考评；②培训考评者；③效果评价；④评价项目设计；⑤反馈面谈。正确的顺序是(　　)。

A. ②④③①⑤　　B. ④②①⑤③　　C. ①④③②⑤　　D. ④⑤②③①

68. 薪酬的非货币形式不包括(　　)。

A. 员工福利　　B. 表彰嘉奖　　C. 荣誉称号　　D. 奖章授予

69．一般的企业应关注(　　)点处的薪酬水平。

A．25%　　B．50%　　C．75%　　D．90%

70．薪酬满意度是员工对自己所获薪酬进行评价而产生的(　　)。

A．期货满足程度　　B．客观比较结果

C．实际感受程度　　D．主观心理感受

71．岗位横向分类的原则，不包括(　　)。

A．程度原则　　B．时间原则　　C．单一原则　　D．协调原则

72．岗位薪点薪酬制中(　　)是由企业的整体经济效益确定的。

A．基值　　B．标准值　　C．浮动值　　D．附加值

73．(　　)是适用于营销人员的薪酬支付制度。

A．计件薪酬制　　B．销售提成制　　C．浮动薪酬制　　D．动态薪酬制

74．以绩效为导向的薪酬结构不包括(　　)。

A．计件薪酬　　B．销售提成制　　C．效益薪酬　　D．动态薪酬制

75．企业实行工作岗位评价的目的是要保证薪酬的(　　)。

A．成本经济性　　B．外部公平性　　C．内部公平性　　D．公正合法性

76．企业在不同发展阶段应选择与薪酬水平相应的薪酬政策，但不包括(　　)。

A．领先型政策　　B．跟随型政策　　C．滞后型政策　　D．混合型政策

77．下列关于劳务派遣的表述，不正确的是(　　)。

A．劳务派遣是一种组合劳动关系　　B．雇主是劳务派遣单位

C．本质特征是雇用和使用相统一　　D．雇员是被派遣劳动者

78．被派遣劳动者管理的特殊性，主要在于避免(　　)。

A．降低被派遣劳动者的待遇　　B．可能出现的劳动歧视问题

C．劳动派遣单位的违法行为　　D．被派遣劳动者可能跳槽

79．以下关于工资指导线的表述，不正确的是(　　)。

A．有利于企业自觉控制人工成本水平

B．反映整个社会经济发展与雇员工资增长的关系

C．为企业集体协商确定年度工资增长水平提供依据

D．所有企业都应按照指导线的水平给雇员增加工资

80．建立劳动力市场工资指导价位是(　　)通行的做法。

A．发达国家　　B．发展中国家　　C．市场经济国家　　D．混合经济国家

81．劳动力市场工资指导价位的高位数是工资收入数列中前(　　)的数据的算术平均数。

A．5%　　B．10%　　C．5%～10%　　D．10%～15%

82．企业制定(　　)的目的是及时处理事故，采取预防措施，总结经验，防止类似事件再次发生。

A．重大事故隐患管理制度　　B．安全生产责任制度

C．伤亡事故报告和处理制度　　D．安全生产检查制度

83．职工一方当事人人数为10人以上，有共同争议理由的劳动争议称为(　　)。

A．个别争议　　B．集体争议　　C．团体争议　　D．权利争议

84．调解委员会调解劳动争议应遵循自愿的原则，但不包括(　　)。

A．申请调解自愿　　B．举证自愿　　C．调解过程自愿　　D．履行协议自愿

85. 以下关于劳动争议当事人的表述，不正确的是(　　)。
A. 狭义上的当事人仅指申请人和被申请人
B. 申请人是提出仲裁要求，请求权利保护的主体
C. 被申请人是指该项劳动争议仲裁请求的相对人
D. 职工与用工单位发生争议，该单位是争议当事人

二、多项选择题(第 86～125 题，每题 1 分，共 40 分。每题有多个答案正确，请在答题卡上将所选答案的相应字母涂黑。错选、少选、多选，均不得分)

86. 财政政策的内容主要包括(　　)。
A. 降低利率　B. 增减预算支出水平
C. 增减政府税收　D. 发展社会保险事业
E. 调节法定准备金率

87. 企业的外部经营环境可以分为宏观环境和微观环境，其中微观环境包括(　　)。
A. 经济环境　B. 法律环境　C. 行业环境　D. 市场环境
E. 政治环境

88. 阿伦和梅耶所进行的综合研究提出的承诺有(　　)。
A. 感情承诺　B. 书面承诺　C. 规范承诺　D. 口头承诺
E. 继续承诺

89. 人本管理机制包括(　　)。
A. 目标机制　B. 压力机制　C. 约束机制　D. 保障机制
E. 选择机制

90. 动态的组织设计理论包括对(　　)的研究。
A. 人的因素与组织结构设计问题
B. 组织在运行过程中的各种问题
C. 组织的协调、信息控制和绩效管理问题
D. 组织的激励制度、人员配备及培训问题
E. 规章制度与部门划分的形式和结构问题

91. 职能设计是在职能分析的基础上进行的，包括(　　)。
A. 基本职能设计　B. 辅助职能设计　C. 关键职能设计　D. 主要职能设计
E. 业务职能设计

92. 组织结构变革常招致各方面的抵制和反对，人们反对变革的根本原因在于(　　)。
A. 改革的方式太过激烈　B. 使企业生产经营情况恶化
C. 改革使他们失去了工作安全感　D. 部分领导与员工因循守旧不思进取
E. 改革冲击了他们已习惯的工作方法

93. 在进行岗位工作扩大化和丰富化设计时，应当关注的问题包括(　　)。
A. 控制岗位工作的循环期，工作周期不宜过长或过短
B. 保持工作任务具有一定变动率，但变动率不宜太高或太低
C. 明确工作数量和质量考评标准，使员工逐步掌握岗位操作技能
D. 在基本作业之外，可将辅助性和准备性工作尽可能组合在一起
E. 鼓励员工一专多能，由某种专业技能逐步向更多更高技能发展

94. 人力资源预测的主要内容包括(　　)。

A. 企业流失人员总量预测　　B. 企业人力资源结构预测
C. 企业特种人力资源预测　　D. 企业人力资源需求与供给预测
E. 企业人力资源增量与存量预测

95. 影响企业专业技术人员需求的参数有(　　)。
A. 科研经费　B. 新项目投资　C. 追加投资　D. 劳动生产率
E. 人工成本

96. 员工素质测评的基本原理不包括(　　)。
A. 个体差异原理　B. 同素异构原理　C. 工作差异原理　D. 目标导向原理
E. 人岗匹配原理

97. 员工测评标准体系中的行为环境要素，主要考察员工的(　　)。
A. 工作表现　B. 所处环境　C. 身体素质　D. 心理素质
E. 工作业绩

98. 为了达到测评目的，测评人员必须(　　)。
A. 坚持原则，公正不偏　　B. 作风正派、办事公道
C. 有主见，善于独立思考　　D. 具有较高的专业知识
E. 有一定的测评工作经验

99. 知识测验中的客观题，其主要缺点是(　　)。
A. 编写试卷的难度大
B. 不能够检测应聘者对基本概念的掌握程度
C. 容易存在一定的漏洞，使应聘者猜测答案
D. 单项选择题的干扰项不能对答案具有导向性、可辨别性
E. 考试费用大，组织一次考试需耗费大量的人财物和时间

100. 结构化面试问题的类型包括(　　)问题。
A. 背景性　B. 知识性　C. 思维性　D. 技能性
E. 情境性

101. 无领导小组讨论的前期准备工作包括(　　)。
A. 编制题目　B. 设计评分表　C. 确定讨论小组　D. 编制计时表
E. 选定设备器具

102. 下列属于直接培训成本的有(　　)。
A. 培训项目的设计费用　　B. 培训教师的费用
C. 教室设备的租赁费用　　D. 培训项目的管理费用
E. 培训项目的评估费用

103. 建立健全员工培训激励与约束机制的“三不准”政策是指(　　)。
A. 不经培训不准就业　　B. 不经培训不准考核
C. 不经培训不准评聘　　D. 不经培训不准离职
E. 不经培训不准上岗转岗

104. 现代培训按其性质分为(　　)几个层次。
A. 知识培训　B. 技能培训　C. 思维培训　D. 理论培训
E. 心理培训

105. 管理人员在职培训开发的主要方法有(　　)。

A. 替补训练　B. 职务轮换　C. 设立副职　D. 临时提升
E. 敏感性训练

106. 设计员工培训评估方案时，其基本要求包括(　　)。
A. 操作简单易于实施　B. 考虑评估成本
C. 考虑不同类型项目评估要求　D. 考虑学员要求
E. 充分考虑培训评估的可行性

107. 对受训者绩效增长度评估的优点有(　　)。
A. 操作性较强　B. 直接成本与机会成本较低
C. 学员可通过培训师的点评获得提升　D. 可清楚知道培训对学员工作的实际帮助
E. 可清楚知道培训在哪些方面较难发挥作用

108. 按岗位在企业生产过程中的地位和作用不同，可以将其分为(　　)。
A. 生产岗位　B. 服务岗位　C. 技术岗位　D. 科研岗位
E. 管理岗位

109. 绩效考评指标标准的评分方法主要有(　　)。
A. 分数法　B. 函数法　C. 自然数法　D. 常数法
E. 直接数法

110. 关键绩效指标可分为(　　)。
A. 数量指标　B. 质量指标　C. 成本指标　D. 时限指标
E. 收益指标

111. 结果导向型的绩效考评方法包括(　　)。
A. 短文法　B. 目标管理法　C. 劳动定额法　D. 直接指标法
E. 关键事件法

112. 纠正晕轮误差的方法由(　　)构成。
A. 建立精确的考评标准体系　B. 建立畅通的沟通机制
C. 对考评者进行适当的培训　D. 选择适合的考评指标
E. 建立严谨的工作记录制度

113. 基于信息化绩效考评系统，一般由(　　)构成。
A. 绩效考评后台系统　B. 绩效考评实施系统
C. 绩效结果分析系统　D. 绩效数据处理系统
E. 绩效结果储存系统

114. 间接薪酬包括(　　)。
A. 社会保险　B. 年终分红　C. 员工福利　D. 津贴补贴
E. 股票期权

115. 一般来说，企业可以选取(　　)作为薪酬调查对象。
A. 同行业同类型企业　B. 行业先进企业
C. 其他行业务有类似岗位的企业　D. 地区先进企业
E. 本地区同一劳动力市场招聘同类型员工的企业

116. 薪酬市场调查的主要方法包括(　　)。
A. 问卷调查法　B. 电话调查法　C. 面谈调查法　D. 分析比较法
E. 文献收集法

117. 企业实行一岗多薪制需要进行(　　)。

A. 岗位分析　B. 岗位调查　C. 岗位评价　D. 岗位设计

E. 岗位分类

118. 薪酬结构的类型包括(　　)。

A. 以绩效为导向　B. 以行为为导向　C. 以工作为导向　D. 以技能为导向

E. 以服务为导向

119. 设计宽带薪酬的关键决策，包括(　　)。

A. 宽带数量的确定　B. 岗位的横向轮换

C. 薪酬宽带的定价　D. 岗位的纵向关系

E. 员工薪酬定位与调整

120. 以下关于劳动法律关系的表述，正确的有(　　)。

A. 它是劳动关系的现实形态　B. 它的内容是权利和义务

C. 劳动法律关系是双务关系　D. 它的范围是社会全过程

E. 劳动法律关系具有国家强制性

121. (　　)属于工资集体协商的内容。

A. 工资标准　B. 工资分配制度

C. 工资协议的终止条件　D. 福利津贴比例

E. 工资协议的违约责任

122. 运用劳动力市场工资指导价位时，必须处理好指导价位与(　　)的关系。

A. 企业经济效益　B. 年工资收入

C. “两低于”原则　D. 月工资收入

E. 企业短期货币工资决定方式

123. 安全卫生认证制度的要点包括(　　)。

A. 伤亡事故报告

B. 重大事故隐患分类

C. 有关人员资格认证

D. 有关单位、机构的劳动安全卫生资格认证

E. 与劳动安全卫生联系特别密切的物质技术产品的质量认证

124. 以下关于劳动争议的表述，正确的有(　　)。

A. 劳动争议的内容是特定的

B. 劳动争议的当事人是特定的

C. 劳动争议有特定的表现形式

D. 劳动争议影响范围局限在争议主体之间

E. 劳动争议虽影响范围大但不会造成严重影响

125. 《劳动争议调解仲裁法》明确规定仲裁时效的意义，包括(　　)。

A. 有利于维护劳动关系的稳定　B. 有利于劳动争议案件的调解

C. 有利于正确处理劳动争议案件　D. 有利于督促权利人及时行使权利

E. 有利于防止劳动争议案件的发生

2015 年 11 月　人力资源和社会保障部
国家职业资格全国统一鉴定

职　　业：企业人力资源管理师

等　　级：国家职业资格二级

卷 册 二：专业能力

注意事项：1. 请按要求在试卷的标封处填写您的姓名、准考证号、身份证号和所在地区。

2. 请仔细阅读各种题目的回答要求，并在规定的位置填写您的答案。

3. 请保持卷面整洁，不要在试卷上作任何与答题无关的标记，也不得在标封区填写无关的内容。

一、简答题（本题共3题，第1小题14分，第2小题15分，第3小题15分，共44分）

1. 考评者在进行绩效沟通时需要掌握哪些技巧？（14分）

2. 简述工作岗位横向分类的步骤和管理性岗位纵向分级的方法。（15分）

3. 简述预防劳动安全卫生事故的基本对策。（15分）

二、综合题（本题共3题，第1小题18分，第2小题20分，第3小题18分，共56分）

1. 某轨道交通装备公司现有员工1300多人，该公司根据集团公司的要求，立足集团化、国际化和多元化的经营格局，不断深化人才强企的战略，确立了公司未来10年人才发展的总目标，即“人才总量适度，结构科学合理，素质显著提升，管理体系完善”，以增强企业人才竞争的优势。最近，人力资源部门正在采集各种相关的数据资料，拟在今年年底前进行一次全面的人力资源供给与需求预测，为制定未来三年的公司人才发展总体规划提供依据。

请结合本案例回答以下问题：

(1)企业人力资源管理需求预测的准备阶段包括哪些具体工作程序？（8分）

(2)为了采集到真实、完整和连续的数据，应当设计哪几类调查表？（10分）

2. A公司是一家不断发展壮大的公司，目前拥有20多家连锁店。在过去的几年里，公司从外部招聘来的中高层管理人员，大约有50%的人员不符合岗位的要求，工作绩效明显低于公司内提拔起来的人员。最近，又有5名外聘的中高层管理人员因年度考评不合格而被解雇或免职。为此，董事长召开了一个由行政副总裁、人力资源部经理出席的专题会议，分析这些外聘管理人员存在问题的原因，并试图提出一个全面的解决方案。

请结合本案例，分析说明为了提高人员招聘的质量，一个结构完整的面试系统设计应当由哪几个阶段构成，每个阶段具体又包括哪此工作内容和程序？（20分）

3. 某家具制造公司非常重视员工的培训开发工作，在成立不久就制定了公司《人力资源职业技能培训与开发五年规划》。在该规划中，明确规定每年度基层员工的培训不能低于30小时，基层管理人员的培训不少于60小时，中高层管理人员的培训不少于80小时。去年年底，人力资源部对全公司各个部门进行培训需求分析的基础上，起草制定了公司2015年度全员培训开发计划，并责成培训主管根据该计划编制出各类人员培训项目的实施方案。

请结合本案例，说明企业在起草培训规划时，应做好哪些方面的工作？（18分）

2015 年 11 月二级企业人力资源管理师真题答案及详解

卷册一：职业道德、理论知识

第一部分　职业道德

（第 1～25 题，共 25 道题）

一、职业道德基础理论与知识部分（第 1～16 题）

（一）单项选择题（第 1～8 题）

1A　2D　3D　4C　5C　6B　7A　8B

（二）多项选择题（第 9～16 题）

9ABD　10CD　11ABCD　12BCD　13ACD　14ABCD　15BD　16ABC

二、职业道德个人表现部分（第 17～25 题）

第 17～25 题无标准答案，根据自己的价值观作答。

第二部分　理论知识

（第 26～125 题，共 100 道题，满分为 100 分）

一、单项选择题（第 26～85 题，每题 1 分，共 60 分。每小题只有一个最恰当的答案，请在答题卡上将所选答案的相应字母涂黑）

26. B　**【考点】**最低预期收益的涵义

【解析】在市场经济中，企业在决定劳动投入规模时，以取得最大利润为决策准则。企业对提供的每一就业量都有与其相对应的最低预期收益，从而使企业能够收回成本和取得最低盈利。这个最低预期收益，就是该就业量所生产产品的总供给价格。

27. D　**【考点】**劳动条件标准的规定

【解析】劳动标准制度包括工作时间和休息休假制度、工资制度、劳动安全卫生制度以及女职工和未成年工特殊保护制度等。劳动法所规定的劳动标准为最低劳动标准，劳动关系当事人协议约定的劳动条件标准可以高于国家规定的标准，但是不能低于国家规定的标准，低于国家标准的劳动条件不具有法律约束力。

28. D　**【考点】**经营安全率的范围

【解析】经营安全率是安全余额与实际销售额的比值。经营安全率在 0～1 之间，越接近于 1，越安全，盈利的可能性越大。当经营安全率低于 20% 时，企业就要做出提高经营安全率的决策。提高经营安全率有两个途径：①增加销售额；②将盈亏平衡点下移。

29. C　**【考点】**归因的定义

【解析】归因是指利用有关的信息资料对人的行为进行分析，从而推论其原因的过程。AB 两项，行为的原因可以分为内因和外因，内因即内在原因，是指导致行为或事件的行为者本身可以控制的因素；外因即外在原因，是指导致行为或事件的外部因素。D 项，知觉是声、光、色等基本刺激被选择、组织及解释的过程。

30. A　**【考点】**心理状态的成分

【解析】心理状态是心理活动在一定时间内独有的心理特征，如注意、分心、喜悦、振奋、疲劳、消沉、紧张、松弛等。任何一种心理状态既有感知、记忆等各种心理过程的成分，又有个性心理差异色彩，情绪是心理状态的主要成分。多种成分在心理状态中占有不同地位，具有不同作用，形成心理状态完整的结构性。

31. A 【考点】员工的动态特征

【解析】员工的动态特征主要包括：①员工激励；②员工的自我保护机制；③员工的成熟和发展等。人是由一系列复杂交错、不断变化更新的因素组成的多面体，以这个事实为基础，就可以正确并有效地解决好员工激励、员工的自我保护机制、员工的成熟和发展等人事管理问题。

32. D 【考点】组织设计理论

【解析】A 项，组织设计理论被分为静态的组织设计理论和动态的组织设计理论，动态组织设计理论是静态组织设计理论的进一步发展，两者是相互依存的包容关系；B 项，组织结构设计是指以企业组织结构为核心的组织系统的整体设计工作，它是企业总体设计的重要组成部分，也是企业管理的基本前提；C 项，组织理论与组织设计理论在外延上是不等的，从逻辑上说，组织理论应该包括组织设计理论；D 项，组织设计理论被称作为狭义的组织理论或小组织理论，它主要研究企业组织结构的设计。

33. C 【考点】多维立体组织结构的缺点

【解析】多维立体组织结构的主要缺点是：①员工面临三重职权关系，容易产生无所适从的情况；②员工需要接受高强度的训练，具有良好人际关系等多种专业技能；③部门之间的横向协调困难，必须付出很大努力实现权力的平衡；④需要频繁召开会议协调关系，讨论解决冲突的方案，从而增加管理成本，影响决策效率。

34. B 【考点】战略与组织结构的关系

【解析】企业发展战略决定了组织结构的不同形式：①与单一经营发展阶段相适应的是早期的层级结构(直线制、职能制、直线职能制)；②与市场和产品多样化阶段相适应的是分权事业部制；③与项目为中心的经营活动相适应的是矩阵结构；④以产品为中心划分事业部的大型跨国公司，采用的是与之相适应的多维立体制结构。

35. C 【考点】组织结构变革的方式

【解析】计划式变革是指对改革方案经过系统研究，制定全面规划，然后有计划、分阶段地实施，如企业组织结构的整合，这种方式比较理想。组织结构整合是企业最常用的组织结构变革方式，是一种计划式变革。

36. C 【考点】影响劳动环境优化的因素

【解析】影响劳动环境的物质因素包括：①工作地的组织，即要根据生产工艺要求和人体活动规律，使工作地上的劳动者、劳动工具和劳动对象的关系达到最优化结合，既能方便工人操作，提高工效；又能保证环境安全卫生，使工人心情舒畅。②照明与色彩。适宜的照明和适度的色彩环境，给人以舒适感，有利于稳定劳动者心理，促进工作效率的提高。③设备、仪表和操纵器的配置。C 项属于影响劳动环境的自然因素。

37. A 【考点】人力资源规划的人口环境因素

【解析】企业人力资源规划的外部环境包括经济环境、人口环境、科技环境、文化法律等社会因素。其中，人口环境因素主要包括：①社会或本地区的人口规模；②劳动力队伍的数量、结构和质量等。

38. A 【考点】人力资源需求预测的影响因素

【解析】出勤率高低直接影响在职人员总数量，一般来说，出勤率高，则员工总量需求低；出勤率低，则企业需要更多员工来满足工作需要。B 项，如果劳动生产率增高，企业会选择使用较少的人力；C 项，政府的方针政策不仅直接影响企业的用人制度，还间接影响企业的用人战略；D 项，工作小时的变化也影响着人力资源需求预测，通常，工作时间长，企业需要人员少；工作时间短，则需要人员多。

39. D 【考点】人力资源预测方式

【解析】趋势外推法和回归分析法本质上都是经济计量模型法，不同的是，趋势外推法最简单，其自变量只有一个，即时间变量；回归分析法也比较简单，不考虑不同自变量之间的相互影响；而经济计量模型法则综合考虑多种因素，且考虑各因素间的交互作用。D 项，经济计量模型法比较复杂，一般只在管理基础比较好的大公司里才采用。

40. B 【考点】人力资源短缺的解决方案

【解析】企业在解决人力资源短缺的问题时，最为有效的方法是通过科学的激励机制，以及培训提高员工生产业务技能，改进工艺设计等方式，来调动员工积极性，提高劳动生产率，减少对人力资源的需求。B 项是解决企业人力资源过剩的常用方法。

41. A 【考点】员工素质测评的基本原理

【解析】个体差异原理认为人的素质是不一样的，从人们完成工作的效率和效果就可以看出。对于同样的工作，不同的人会有不同的效率。造成人们素质差异的因素是多方面的，既有先天的因素，也有后天的自然、社会因素。具体到与工作相联系的素质，不同的人做相同的工作有着不同的效果和效率。

42. C 【考点】员工素质测评的静态测评

【解析】静态测评是指对被测评者已形成的素质水平的分析评判，是以相对统一的测评方式在特定的时空下进行测评，不考虑素质前后的变化。其优点是便于横向比较，可以看清被测评者之间的相互差异及是否达到了某种标准。

43. B 【考点】测评标准体系的类型

【解析】测评标准体系的类型包括：①效标参照性标准体系，是依据测评内容与测评目的而形成的测评标准体系；②常模参照性指标体系，是对测评客体外延的比较而形成的测评标准体系。

44. A 【考点】学习能力测评的方法

【解析】A 项，心理测验是测评学习能力的最简单有效的方法，具体的应用形式是笔试；BD 两项，对于学习能力测评，可以有多种方式，如心理测验、面试、情境测验等；C 项，投射技术是诱导被试者内心思想情感的一个手段，每当不宜直接提问或不宜暴露真正的研究目的时，便可以采用投射技术。

45. B 【考点】集中测评方式的时间选择

【解析】在测评具体操作时，如果选用集中测评方式，即把测评人员都集中在一起，在一定时间内完成对被测对象的测评，那么，测计时间最好不要选在一周开始的第一天或周末，应该选在一周的中间，并在上午九点左右进行。

46. D 【考点】岗位知识测验的内容

【解析】岗位知识的测验，一般包括三个方面：①基础知识测验，主要检测应聘者对基本常识、相关知识实际掌握的程度或知识面的宽度；②专业知识测验，主要检测应聘者对应聘岗位所要求的专业知识实际掌握的程度；③外语考试，目的是要检测应聘者对某一门外语实际掌握的程度。

47. A 【考点】面试的总结阶段

【解析】面试考官衡量应聘者的素质时，应以公司岗位需求为前提，着眼于应聘者的长期发展潜力，判定其是否符合公司的需要。

48. B 【考点】结构化面试试题的类型

【解析】情境性问题是指将应聘者置于一个假设性的情境之中，让应聘者设想一下，自己在这样的情境下会怎样做。如“假如现在让你做你们公司的人事部经理，你会怎么做?”“如果你的两个得力下属一直吵架，你会怎么处理?”等。

49. D 【考点】无领导小组讨论

【解析】具有生动的人际互动效应是无领导小组讨论的优点之一，无领导小组讨论适用于那些经常需要人际沟通的岗位员工的选拔，例如人力资源部主管、销售部经理等，而对于较少与人打交道的岗位，比如财务管理人员和研发管理人员的选拔，无领导小组讨论一般不合适。

50. B 【考点】员工培训规划的分类

【解析】短期培训计划是指企业在 1 年以内的季度或月度培训计划。与中期、长期培训规划不同的是，短期培训计划是以中期培训规划为基础：首先，要确认计划期内全员培训短期的发展目标和主要任务；其次，要提出实现这些目标、任务的具体对策和措施。

51. A 【考点】培训环境

【解析】培训环境是指直接或间接影响和作用于培训活动的诸要素的总和。培训环境分为：①外部环境，包括培训的政治、文化、教育环境、制度设计、组织环境等；②内部环境，包括培训场所、设备、培训者及学员的观念等。

52. D 【考点】培训课程设计的基本原则

【解析】培训课程设计可以描述为：适应环境与输入条件的要求，有明确的培训目标，选择翔实的培训内容，准备匹配的培训条件，明确可操作的培训手段，保证学习者能达到学习目标，并及时进行反馈评价的培训系统。培训课程设计的根本任务是满足企业与学习者的需求，基本要求是应体现成年人的认知规律，主要依据是现代系统理论的基本原理。

53. B 【考点】管理人员培训需求分析

【解析】高层管理人员的培训应侧重：①分析与决策能力；②计划与组织实施能力；③思维方式和价值观。B 项属于中层管理人员和基层管理人员的培训重点。

54. C 【考点】培训评估方案的实施

【解析】培训评估方案实施的具体步骤是：①选择好进行评估的时机；②做好评估数据信息的整理和分析；③在评估中应与学员多沟通；④根据情况及时调整评估项目。其中，选择好进行评估的时机是取得公正客观评估结果的前提和保证。

55. A 【考点】评估培训成果的标准

【解析】评估培训成果的标准是指企业和培训管理人员用来评价培训成果的统一的尺度和规范。无论是培训实践人员还是理论研究人员一致认为，为了提高企业员工培训的管理水平，需要确立更全面更系统的衡量培训项目成果的标准模型。

56. A 【考点】制定培训评估标准的要求

【解析】在设定培训评价标准时，应当注重评估指标和标准的相关度、信度、区分度和可行性。A 项，可行性是指在对培训成果进行评估时，采集其测量结果的难易程度；B 项，区分度是指受训者取得的成果能真正反映其绩效的差别；C 项，可信度是指对培训项目所取得的成效进行测试时，其测量结果的长期稳定程度；D 项，相关度是指衡量培训成果的标准与培训计划预定训练或学习的目标之间的相关性。

57. B 【考点】培训成果的评估指标

【解析】情感成果可以用来测量受训者对培训项目的态度、动机以及行为等方面的特征，例如受训者对培训项目的各种反应。A 项，绩效成果可以用来评价受训者通过该项目培训对个人或组织绩效所产生的影响程度，同时也可以为企业人力资源开发及培训费用计划等决策提供依据；C 项，认知成果可以用来测量受训者对培训项目中所强调的基本原理、程序、步骤、方式、方法或过程等所理解、熟悉和掌握的程度；D 项，技能成果可以用来评价受训者对培训项目中所强调的操作技巧、技术或技能以及行为方式等所达到的水准。

58. C 【考点】培训评估方法

【解析】建设性评估是指在培训过程中以改进培训项目为目的的评估，而不是以是否保留培训项目为目的。如果评估结论表明培训并不像培训者所期望的那样良好地运转，就可以对培训项目做出适当的调整，如改变培训的形式等。

59. B 【考点】绩效考评指标体系的分类

【解析】品质特征型的绩效考评指标体系是以反映和体现被考评者的品质特征的指标为主体构成的考评体系，品质特征型的考评指标主要有：性格特征、兴趣爱好、举止、记忆能力、语言表达能力、思维判断能力、理解想象能力、逻辑思考能力、综合分析能力等。

60. D 【考点】头脑风暴法

【解析】头脑风暴法由亚历克·奥斯本提出，这种方法的目的是：寻求新的和异想天开的解决自己所面临难题的途径与方法。在使用“头脑风暴法”进行集体讨论时，应遵守以下四个基本原则：①任何时候都不批评别人的想法；②思想愈激进愈开放愈好；③强调产生想法的数量；④鼓励别人改进想法。A 项，关键事件法是一种行为导向型的客观考评方法；B 项，绩效要素图示法是指将某类人员的绩效特征，用图表描绘出来，然后加以分析研究，确定需考评的绩效要素的方法；C 项，个案研究法是指通过选取若干具有代表性的典型人物、事件或岗位的绩效特征进行分析研究，来确定绩效考评指标和考评要素体系的方法。

61. A 【考点】绩效考评标准量表的设计

【解析】比率量表是在量表中测量水平最高的量表，也被科学家认为是较为理想的量表。一个比率量表除含有类别、等级、等距量表的特征外，还有一个只有实际意义的绝对零点。由于它具有绝对的零点且量表上的单位相等，因此它就可以进行加减乘除的四则运算。

62. C 【考点】关键绩效指标的提取

【解析】在确定了团队或个体的工作产出，并从中汇总整理出各种相关的绩效考评指标之后，应当运用 SMART 方法提取关键绩效考评指标。SMART 方法是 5 个英文单词第一个字母的结合，其中的 S 代表的是 Specific，其含义是指绩效指标必须是具体的；M 代表的是 Measurable，其含义是指绩效指标必须是可以衡量的；A 代表的是 Attainable，其含义是指绩效指标必须是可以达到的、可实现的；R 代表的是 Relevant，其含义是指绩效指标是要与目标具有较高的相关性；T 代表的是 Time-bound，其含义是指绩效指标必须是有时限的，即应具有明确的截止期限。

63. D 【考点】绩效监控的关键点

【解析】绩效监控的有效性主要取决于以下三个关键点：①管理者领导风格的选择和绩效辅导水平；②管理者与下属之间绩效沟通的有效性；③绩效考评信息的有效性。

64. C 【考点】行为导向型的主观考评方法

【解析】行为导向型的主观考评方法主要有：①排列法；②选择排列法；③成对比较法；④强制分配法；⑤结构式叙述法。ABD 三项属于行为导向型的客观考评方法。

65. B 【考点】绩效考评误差的分布误差

【解析】常见的分布误差有：①宽厚误差，即评定结果是负偏态分布，也就是大多数员工被评为优良；②苛严误差，即评定结果是正偏态分布，也就是大多数员工被评为不合格或勉强合格；③集中趋势和中间倾向，又称居中趋势，即评定结果相近，都集中在某一分数段或所有的员工被评为“一般”，使被考评者全部集中于中间水平。克服分布误差的最佳方法就是“强迫分布法”，即将全体员工从优到劣依次排列，然后按各分数段的理论次数分布分别给予相应的评分。

66. D 【考点】避免考评者误差的方法

【解析】为了提高绩效管理的质量和水平，应当重视绩效考评过程中各个环节的管理：①在思想理论上，提高考评者与被考评者的认同度；②在绩效管理方式方法上，提高考评者的认知理解度；③在绩效考评的评定要素指标和标准上，提高其精确度；④在绩效考评的全过程中，提高企业全员对事前、事中和事后的关注度。

67. B 【考点】360 度考评的实施程序

【解析】360 度考评的实施程序包括：①考评项目设计：进行需求分析和可行性分析，决定是否采用 360 度考评方法；编制基于岗位胜任特征模型的考评问卷。②培训考评者：组建 360 度考评者队伍；对选拔出的考评者进行培训。③实施 360 度考评：实施考评；统计考评信息并报告结果等。④反馈面谈：确定进行面谈的成员和对象；有效进行反馈面谈，及时反馈考评的结果。⑤效果评价：确认执行过程的安全性；评价应用效果；总结考评过程中的经验和不足，找出存在的问题，不断完善整个考评系统。

68. A 【考点】非货币薪酬

【解析】薪酬可分为货币薪酬和非货币薪酬。其中，非货币形式的薪酬主要可分为两种：①与职业发展有关，主要是个人能力的提高和事业的发展，包括晋升机会、职业保障、自我发展、自我成就感等，可称之为职业性肯定；②与工作环境有关，主要指和谐、优越的工作环境和人际环境带来的身心愉悦，包括组织声誉、领导魅力、喜欢的任务等，可称之为社会性肯定。A 项，员工福利属于货币薪酬中的间接薪酬。BCD 三项属于社会性肯定。

69. B 【考点】薪酬调查数据的统计分析

【解析】薪酬调查数据的统计分析方法常采用数据排列法。先将调查的同一类数据由高至低排列，再计算出数据排列中的中间数据，即 25% 点处、中点即 50% 点处和 75% 点处。工资水平高的企业应注意75%点处，甚至是90%点处的工资水平，工资水平低的企业应注意25%点处的工资水平，一般的企业应注意中点即50%点处的工资水平。

70. D 【考点】薪酬满意度

【解析】薪酬满意度是指员工对自己薪酬的满意度，是员工对自己所获薪酬进行评价产生的主观心理感受。员工薪酬满意度是一个相对的概念，超出期望值满意，达到期望值基本满意，低于期望值不满意。企业薪酬管理的目的在于提高员工满意度，从而提高企业绩效。

71. D 【考点】岗位横向分类的原则

【解析】对岗位进行横向分类时，应遵循的原则包括：①单一原则，即每一个岗位只能归入一个岗位类别，而不能既属于这一类，又属于那一类。②程度原则。当某一个岗位的工作性质，分别与两个以上岗位类别有关时，以归属程度最高的那一类为准，确定其应归类别。③时间原则。当某一岗位与两种以上岗位类别的程度相当时，以占时间较多的那一类岗位类别为准。④选择原则。当对某一岗位的划分类别，依据前面所述原则，也很难划定时，则依此岗位主管领导的意见为准则，确定其应属的类别。

72. A 【考点】岗位薪点薪酬制

【解析】薪点值的高低按照企业效益的好坏进行确定，使薪酬水平与企业的效益相联系。企业在确定薪点值时，可以将薪点值分为基值和浮动值两部分，基值由企业的整体经济效益确定，而浮动值由部门的生产经营状况决定。

73. B 【考点】绩效薪酬形式

【解析】现在企业主要的绩效薪酬形式包括：①计件薪酬制，是根据员工生产的合格产品的数量或完成的作业量，按照预先规定的计件单价支付的劳动报酬；②佣金制，又称提成制，是主要用于营销人员的薪酬支付制度，它直接按照营销人员营销额的一定比例确定其薪酬报酬，是一种典型的绩效薪酬形式。

74. D 【考点】绩效薪酬制的结构

【解析】以绩效为导向的薪酬结构的特点是员工的薪酬主要根据其近期绩效来决定。员工的薪酬随绩效量的不同而变化，并不是处于同一岗位或者技能等级的员工都能拿到相同数额的薪酬。计件薪酬、销售提成制、效益薪酬等都属于这种薪酬结构。

75. C 【考点】岗位评价的目的

【解析】岗位评价的目的在于通过量度企业内部各个岗位的价值并建立起岗位间的相对价值关系，以此为基础来保证薪酬制度的内部公平性，其主要内容包括岗位分析、岗位评价以及分类分级。

76. D 【考点】薪酬水平与政策

【解析】与薪酬水平相应的薪酬政策有领先型、跟随型和滞后型三种类型。领先型即高于市场与竞争对手的薪酬水平；跟随型与市场和竞争对手的薪酬水平大致相当；滞后型即低于市场和竞争对手的薪酬水平。

77. C 【考点】劳务派遣的性质

【解析】劳务派遣的本质特征是雇用和使用相分离。劳务派遣机构作为被派遣劳动者的雇主，虽然是劳动合同的一方当事人，但他只是形式上的雇主，因为他并不为被派遣劳动者提供真实的工作岗位和劳动条件，也不是被派遣劳动者实际劳动给付的对象。A项，劳务派遣是一种组合劳动关系，由劳动者的雇用与使用相分离的特征所决定；BD

两项，在劳务派遣中，劳务派遣机构与被派遣劳动者依法订立劳动合同，建立劳动关系，即雇主是劳务派遣机构，雇员是将被派遣的劳动者。

78. B 【考点】被派遣劳动者的管理

【解析】被派遣劳动者的接受单位是实际用人主体，作为组合劳动关系的有机组成部分，享有获得劳动给付的权利，对被派遣劳动者行使生产性劳动组织、指挥、管理等权利，严格履行劳务派遣协议规定的义务。其管理的特殊性主要在于避免可能出现的劳动歧视问题，即单位的正式雇员与被派遣劳动者在地位、待遇等方面的差别对待。

79. D 【考点】工资指导线

【解析】工资指导线的作用主要包括：①为企业集体协商确定年度工资增长水平提供依据，有利于企业形成正常的工资增长机制。工资指导线并不是强制要求所有企业按照指导线的水平给雇员增加工资，而是作为一种信号，反映整个社会经济发展与雇员工资增长的关系。②引导企业自觉控制人工成本水平。③完善国家的工资宏观调控体系，体现了市场经济条件下的"政企分开"。

80. C 【考点】劳动力市场工资指导价位制度

【解析】劳动力市场工资指导价位制度是劳动保障行政部门按照国家统一规范和制度要求，通过科学的方法，定期对各类企业中不同职业(211 种)的工资水平进行调查、分析、汇总、加工，形成各类职业(211 种)的工资价位，向社会发布，用以规范劳动力市场供需双方的行为，从微观上指导企业合理确定劳动者个人工资水平和各类人员的工资关系。建立劳动力市场工资指导价位是市场经济国家通行的做法。

81. C 【考点】劳动力市场工资指导价位的制定

【解析】工资指导价位的制定是将同一职业(工种)调查全部的职工工资收入从高到低进行排列，对有关数据进行检查、分析及做必要调整后，分别确定本职业(工种)工资指导价位的高位数、中位数和低位数。高位数指工资收入数列中前一定百分比(5% ~10%)的数据的算术平均数；中位数为处于工资收入数列中间位置的数值；低位数为工资收入数列中后一定百分比(5% ~10%)的数据的算术平均数。

82. C 【考点】伤亡事故报告和处理制度

【解析】伤亡事故报告和处理制度是国家制定的对劳动者在劳动生产过程中发生的和生产有关的伤亡事故的报告、登记、调查、处理、统计和分析的规定。其目的是及时报告、统计、调查和处理职工伤亡事故，采取预防措施，总结经验，追究事故责任，防止伤亡事故再度发生。A 项，重大事故隐患管理制度，是对企业可能导致重大人身伤亡或重大经济损失，潜伏于作业场所、设备设施以及生产、管理行为中的安全缺陷进行预防、报告和整改的规定。B 项，安全生产责任制度，是从企业组织体系上规定企业各类人员的劳动安全卫生责任，使各个层次的安全卫生责任与管理责任、生产责任统一起来。D 项，安全生产检查制度，是劳动部门、产业主管部门、用人单位、工会组织对劳动安全卫生法律法规、制度的实施依法进行监督检查的制度。

83. B 【考点】劳动争议的集体争议

【解析】按照不同的标准，劳动争议具有不同的分类。其中，按照劳动争议的主体划分有：①个别争议。职工一方当事人人数为 10 人以下，有共同争议理由的。②集体争议。职工一方当事人人数为 10 人以上，有共同争议理由的。③团体争议。工会与用人单位因签订或履行集体合同发生的争议。

84. B 【考点】调解劳动争议的原则

【解析】调解委员会调解劳动争议的原则强调自愿原则，申请自愿的内容包括：①申请调解自愿。只有劳动争议双方当事人都同意调解，调解委员会才能受理，有一方不同意则不得受理。②调解过程自愿。调解人员在调解过程中不能采取任何强制或命令的手段，强迫当事人接受调解意见，而应在通过协商、说服教育，分清是非的基础上达成一致。调解协议的所有内容必须是当事人真实、一致的意思表示，不得勉强。③履行协议自愿。调解协议达成后，当事人自愿履行，一方或双方不履行或反悔的，则为调解不成。调解委员会不得强迫当事人履行。

85. D 【考点】劳动争议当事人的含义

【解析】D 项，《劳动争议调解仲裁法》第二十二条规定，发生劳动争议的劳动者和用人单位为劳动争议仲裁案件的双方当事人。劳务派遣单位或者用工单位与劳动者发生劳动争议的，劳务派遣单位和用工单位为共同当事人。A 项，劳动争议中的当事人，有狭义和广义之分。狭义上的当事人，仅指申请人和被申请人；广义上的当事人，除申请人和被申请人以外，还包括共同当事人、第三人。BC 两项，作为申请人就是向劳动争议仲裁委员会提起仲裁要求，请求权利保护的主体；作为被申请人即为该项请求的相对人。

二、多项选择题(第 86～125 题，每题 1 分，共 40 分。每题有多个答案正确，请在答题卡上将所选答案的相应字母涂黑。错选、少选、多选，均不得分)

86. BC 【考点】财政政策的内容

【解析】财政政策是指政府运用财政预算来调节总需求水平，以促进充分就业、稳定物价和经济增长的一种宏观经济管理对策。财政政策的内容包括通过增减政府税收和预算支出水平来调节经济。AE 两项属于货币政策；D 项属于收入政策。

87. CD 【考点】企业外部经营环境

【解析】企业的外部经营环境，按照对企业经营活动影响的密切程度可以分成宏观环境和微观环境。其中，微观环境指市场和产业(行业)环境，企业的生产经营活动直接处于微观环境的影响下。ABE 三项均属于宏观环境。

88. ACE 【考点】组织承诺的定义

【解析】阿伦和梅耶所进行的综合研究提出三种形式的承诺：①感情承诺。员工之所以对组织忠诚和努力工作，主要是由于对组织有深厚的感情(而不是物质利益)。②继续承诺。为了不失去已有的位置和多年投入所换来的福利待遇，员工不得不继续留在该组织。③规范承诺。由于长期形成的社会责任感和社会规范的约束，员工为了尽自己的责任而留在组织中。

89. BCDE 【考点】人本管理的机制

【解析】企业人本管理的机制主要包括：①动力机制，即激励机制，旨在刺激员工需求，形成员工内在追求的强大动力；②约束机制，即外在力量或因素，如规章制度、法律法规、伦理道德规范等；③压力机制，即借助某种外在力量，对人施加影响和压力，迫使人产生变压力为自觉行为的动力；④保障机制，主要是指法律保障和社会保障体系的保障；⑤环境优化机制，工作条件和环境直接影响人的心境、情绪，优化工作环境，即可提高工作条件和环境质量；⑥选择机制，一方面是指企业每一名员工均具有自主选择职业的权利，具有应聘、辞职或选择新职业的权利，寻求能充分施展自己的才能、实现个人抱负、满足个人需要的工作场所；另一方面，企业亦具有选择权，即选人、聘用人和解聘人的权利。

90. ABCDE 【考点】组织设计理论的分类

【解析】组织设计理论被分为静态的组织设计理论和动态的组织设计理论，静态的组织设计理论主要研究组织的体制（权、责结构）、机构（部门划分的形式和结构）和规章（管理行为规范）。动态的组织设计理论除了包含上述基本内容之外，还加进了人的因素，加进了组织结构设计，以及组织在运行过程中的各种问题，诸如协调、信息控制、绩效管理、激励制度、人员配备及培训等。

91. AC 【考点】组织职能设计的方法

【解析】职能设计是在职能分析的基础上进行的，主要包括：①基本职能设计，一般包括生产、计划、人事、财务、研发、信息、销售及售后服务等项内容；②关键职能设计，在企业运作过程中，各项基本职能虽然都是实现企业目标所不可缺少的，但由于在实现企业战略任务和目标中所起的重要性不同，可以根据组织职能的重要性程度，在各项职能中提取出一定数量的决定性和关键性职能。

92. CDE 【考点】企业组织结构变革的阻力

【解析】组织结构变革常招致各方面的抵制和反对。表现为生产经营情况恶化，工作效率下降，要求调职与离职的人数增加，发生争吵与敌对行为，提出各种似是而非的反对变革的理由等。人们反对变革的根本原因在于：①由于改革冲击他们已习惯了的工作方法和已有的业务知识和技能，使他们失去工作安全感；②一部分领导与员工有因循守旧思想，不了解组织变革是企业发展的必然趋势。

93. ABCDE 【考点】岗位工作扩大化与丰富化设计的注意事项

【解析】在进行岗位工作扩大化和丰富化设计中，还应关注以下问题：①保持岗位工作任务具有一定变动率，岗位任务的变动率不宜太高或太低；②每个岗位的工作都应当具有独立的技术内容和相对的完整性；③控制岗位工作的循环期，工作周期不宜过长或过短；④注意保持岗位工作的节奏感；⑤明确岗位工作的数量和质量考评标准，使员工逐步掌握岗位的操作技能技巧；⑥在基本作业之外，可将辅助性和准备性工作尽可能组合在一起；⑦建立岗位正常的晋升路线，对突出的优秀人才要提升到更高一级的岗位，保证岗位员工在掌握低技能等级工作之后，向高技能等级工作发展；⑧鼓励一专多能，在员工掌握一个工序或工种技能之后，要使其向多工种多职业发展；⑨在可能的情况下，员工既从事生产工作，又承担一定的组织监督管理的任务；⑩建立信息的沟通渠道，保证岗位信息的对称性，为岗位设计提供科学的依据。

94. BCE 【考点】人力资源预测的主要内容

【解析】人力资源预测的主要内容包括：①企业人力资源需求预测，是指从企业经济发展的长远利益出发，对企业所需要的人力资源数量和质量进行的科学分析和预测。②企业人力资源存量与增量预测，是对企业现在和未来拥有的不同层次的人力资源的数量的推测与判断。③企业人力资源结构预测，可以避免出现不同层次人力资源组织的不配套，或结构及比例失调等状况。④企业特种人力资源预测。特种人力资源是企业需要的特殊的人才资源，这种人才往往与现代高科技发展紧密相连，在产业结构调整、新兴行业发展、支柱产业形成、提高科技含量和竞争力方面起着决定性的作用。

95. ABCE 【考点】影响专业技术人员需求的参数

【解析】影响企业专业技术人员需求的参数有：企业战略、组织结构、销售收入（利润）、产值产量、总资产（净资产）、总成本、追加投资、人工成本、出勤率、生产技术水平、新项目投资、科研项目、科研经费、科研成果、研究成果获奖，以及科技成果转让等。D 项为影响企业专门技能人员需求的参数和影响经营管理人员需求的参数。

96. BD 【考点】员工素质测评的基本原理

【解析】员工素质测评的基本原理包括：①个体差异原理，假设人的素质是有差异的，这种差异是客观存在的，是不为意志所转移的；②工作差异原理，假设不同的职位具有差异性；③人岗匹配原理，按照人适其事、事宜其人的原则，根据个体间不同的素质和要求，将其安排在各自最合适的岗位上，从而做到人尽其才、物尽其用。

97. AB 【考点】测评标准体系的横向结构

【解析】测评标准体系的设计可以概括为三个方面：①结构性要素，是指从静态的角度来反映员工素质及其功能行为的构成，包括身体素质和心理素质。②行为环境要素，是指从动态角度来反映员工素质及其功能行为特性。主要是考察员工的实际工作表现及所处的环境条件。③工作绩效要素，主要包括一个人的工作数量、工作质量、工作效率、工作成果、群众威信、人才培养等要素。

98. ABCE 【考点】企业员工素质测评的具体实施

【解析】测评人员的质量和数量对整个测评工作起着举足轻重的作用，为了达到测评目的，测评人员必须：①坚持原则，公正不偏；②有主见，善于独立思考；③有一定的测评工作经验；④有一定的文化水平；⑤有事业心，不怕得罪人；⑥作风正派，办事公道；⑦了解被测对象的情况。

99. ACDE 【考点】知识测验客观题的缺点

【解析】知识测验中的客观题，其主要缺点在于：①编写试卷的难度大，如编写单项选择题，每个题目需要找出 3 ~4 个干扰项，且每个干扰项不能对答案具有导向性、指向性或明显可辨别性，因此，需要反复比较才能确定；②不易对人的综合分析、运用能力和文字表达能力进行测试；③容易存在一定的漏洞，使应聘者猜测答案，降低了考试的信度；④考试的耗费比较大，组织一次考试需要耗费大量的人力、物力和时间。

100. ABCE 【考点】结构化面试的类型

【解析】结构化面试试题具体可以分为七种类型：①背景性问题，即关于应聘者的个人背景、家庭背景、教育背景和工作背景等方面的问题；②知识性问题，即与应聘者的应聘岗位相关的基本知识；③思维性问题，旨在考察应聘者的理解、分析、辨别、综合、评价和推断的能力；④经验性问题，即关于应聘者过去所做过的事情的问题；⑤情境性问题，将应聘者置于一个假设性的情境之中，让应聘者设想一下，自己在这样的情境下会怎样做；⑥压力性问题，将应聘者置于一个充满压力的情境中，观察其反应，以对其情绪稳定性、应变能力等进行考察；⑦行为性问题，是围绕与工作相关的关键胜任能力来提问的，它要求应聘者讲述一些关键的行为事例，面试考官对这些事件进行记录，并从中提取出应聘者的胜任特征。

101. ABCD 【考点】无领导小组讨论的前期准备

【解析】无领导小组讨论的前期准备工作包括：①编制讨论题目，题目的质量直接影响到无领导小组讨论的有效性；②设计评分表，评分表包括评分标准及评分范围；③编制计时表，计时表主要是用于控制整个讨论时间及记录各被评价者发言次数和时间；

④对考官的培训；⑤选定场地，考场环境要满足安静、宽敞、明亮等条件；⑥确定讨论小组，讨论小组的人数一般在6～9人。

102. BC 【考点】培训的成本

【解析】培训成本由两个部分组成：①直接培训成本，是指在培训组织实施过程之中培训者与受训者的一切费用总和。如培训教师的费用，学员的往来交通、食宿费用，教室设备的租赁费用，教材印发购置的费用，以及培训实施过程中的其他各项花费等。②间接培训成本，是指在培训组织实施过程之外企业所支付的一切费用总和。如培训项目的设计费用、培训项目的管理费用、培训对象受训期间的工资福利，以及培训项目的评估费用等。

103. ACE 【考点】员工培训激励机制的确立

【解析】建立健全员工培训激励与约束机制的“三不准”政策是指：①不经培训不准就业；②不经培训不准上岗转岗；③不经培训不准评聘。做到培训符合需求、用人发挥特长、业绩及时考核、劳动获取报酬的一体化。

104. ABCE 【考点】培训课程性质与任务层次

【解析】现代培训按其性质分为五个层次：①知识培训——知识更新，其主要任务是对参训者所拥有的知识进行更新；②技能培训——能力补充，其主要任务是对参训者所具有的能力加以补充，课程设计的主要目标是要解决“会”的问题；③思维培训——思维变革，其主要任务是使参训者固有的思维定式得以创新，课程设计的主要目的是要解决“创”的问题；④观念培训——观念转变，其主要任务是使参训者持有的与外界环境不适应的观念得到改变；⑤心理培训——潜能开发，其主要任务是开发参训者的潜能。

105. BCD 【考点】在职管理人员培训的主要方法

【解析】管理技能培训开发的方法有在职培训、一般培训和培训新方法三种类型。其中，在职管理人员培训的主要方法包括：①职务轮换，是使管理者在不同部门的不同管理岗位或非管理岗位上轮流工作，以使其全面了解整个企业的不同工作内容，得到各种不同的体验，为今后在较高层次上任职做准备；②设立副职，可以通过受训者与有经验的管理人员共同工作和管理人员对受训者的特别关注，从而拓展受训者的思维，增加他们的管理经验；③临时提升，即人们常常说的“代理”主管。AE两项为管理技能培训开发的一般方法。

106. ABC 【考点】设计员工培训评估方案的基本要求

【解析】设计员工培训评估方案时，应注重达到以下三项基本要求：①操作简单，易于实施。培训评估项目评估工作的开展在一定程度上受人力、物力等客观因素制约，所以在制定培训评估方案时要结合企业实际，尽量做到操作简单且便于实施。②考虑不同类型培训项目的评估要求。不同培训项目所开发的培训课程和预期效果有所区别，要保证评估结果的可靠性和准确性，就必须结合培训项目特点，选择适当的评估手段。③考虑评估成本。培训绩效评估的成本须合理设置和安排，如果评估成本超出培训项目开发成本或培训所带来的利润回报，那么培训评估就不能达到预期的辅助培训、提高培训效益的目的。

107. CDE 【考点】受训者培训成果的评估

【解析】对受训者绩效增长度评估，应当挑选实践性强的重点课程进行，其优点是：

①可以清楚地知道培训对学员工作的实际帮助；②可以清楚地知道培训在哪些方面较难发挥作用；③学员可通过培训师的点评获得提升。缺点是：实际上等于再举办一场培训，直接成本与机会成本较高。

108. ABCE 【考点】岗位的分类

【解析】按岗位在企业生产过程中的地位和作用可划分为：①生产岗位；②技术岗位；③管理岗位；④服务岗位。每一大类，可以分为若干小类，如技术岗位可分为：科研、设计、工艺、理化分析、质量检测等若干小类；生产岗位可分为：车工、铣工、测工、磨工、钳工等若干小类。

109. BCD 【考点】考评指标标准的评分方法

【解析】对绩效考评指标、考评标准的计分，可采用自然数法和系数法。自然数法计分可以是每个等级只设定一个自然数，也可以是每个等级有多个自然数可供选择；系数法可分为函数法和常数法两种计分方法。

110. ABCD 【考点】关键绩效考评指标的类型

【解析】关键绩效指标主要可以区分为：①数量指标；②质量指标；③成本指标；④时限指标。产品产量、销货量、销售额、利润等指标属于数量性指标；破损率、独特性、准确性、一次检验合格率、废品率等属于质量性指标；单位产品的成本、投资回报率等属于成本指标；时限的指标主要有供货及时性、供货周期、到货时间、最后完工时间等。

111. ABCD 【考点】结果导向型绩效考评的方法

【解析】绩效考评的方法，按照所选择的效标不同，可以区分为不同的类型，其中，结果导向型的绩效考评方法主要有目标管理法、绩效标准法、短文法、直接指标法、成绩记录法和劳动定额法。E 项属于行为导向型的客观考评方法。

112. ACE 【考点】绩效考评误差的晕轮误差

【解析】晕轮误差又称晕轮效应，是指在考评中，因某一个人格上的特征掩蔽了其他人格上的特征。纠正这种误差的方法有：①建立严谨的工作记录制度；②评价标准要制定得详细、具体、明确；③对考评者进行适当培训，端正考评者的认识，提高考评的技巧技术水平，或者将评价结果与实际绩效的误差大小作为对考评者评价的重要内容。

113. ABC 【考点】信息化绩效考评系统的构建

【解析】基于信息化绩效考评系统，一般由三个部分构成：①绩效考评后台系统，主要是为了搭建绩效考评的基础平台，并对具体的考评任务进行管理；②绩效考评实施系统，主要功能包括支持绩效数据的录入，帮助考评者对考评对象进行打分，以及计算绩效考评分数；③绩效结果分析系统，根据实际需要，以智能化的形式将绩效结果展示，并可以进行详细的分析比较。

114. ACE 【考点】间接薪酬的主要形式

【解析】薪酬可分为货币薪酬和非货币薪酬。其中，货币薪酬又可分为：①直接薪酬，包括基本工资、绩效工资、奖金、津贴等，它们一般以现金形式支付；②间接薪酬，包括社会保险、员工福利、股票期权等，它们一般以非现金形式延期支付。BD 两项均属于直接薪酬。

115. ACE 【考点】薪酬调查对象的选择

【解析】一般来说，有以下几类企业可供调查时选择：①同行业中同类型的其他企业；②其他行业中有相似相近工作岗位的企业；③与本企业雇用同一类的劳动力，可构成人力资源竞争对象的企业；④在本地区同一劳动力市场上招聘员工的企业；⑤经营策略、信誉、报酬水平和工作环境均合乎一般标准的企业。

116. ABCE 【考点】薪酬市场调查的方法

【解析】薪酬市场调查的主要方法包括：①问卷调查法，是通过向目标企业或个人发送事先根据企业自身需要而设计好的调查问卷，以书面语言与被调查者进行交流，来获取企业所需信息和资料的一种方法，是使用频率最高的调查方法；②面谈调查法，是调查者通过与调查对象面对面谈话来收集信息资料的方法；③文献收集法，是指通过查阅、收集、分析和综合有关薪酬调查的文献材料，以获取所需要的信息、知识、数据和资料的研究方法，是一种比较简单易行的薪酬调查方法；④电话调查法，是一种高效快速、操作方法简单的调查方式，通过电话可以与一个特定区域或整个国家范围内相关组织的薪酬管理人员进行快速联系，以获取所需要的数据和信息。

117. AC 【考点】一岗多薪制

【解析】一岗多薪制是指在一个岗位内设置几个薪酬标准以反映岗位内部员工之间的劳动差别的岗位薪酬制度。一岗多薪制需要进行岗位分析、岗位评价，在岗位评价时，企业可以以岗位对上岗员工最低的技能要求、工作责任、工作强度等因素进行评分，以此为基础确定的岗位系数为基本系数；再根据岗位对上岗者较高的技能要求来确定技能附加系数。

118. ACD 【考点】薪酬结构的类型

【解析】薪酬结构大致分为以下几个类型：①以绩效为导向的薪酬结构（绩效薪酬制），其特点是员工的薪酬主要根据其近期绩效来决定；②以工作为导向的薪酬结构（岗位薪酬制），其特点是员工的薪酬主要根据其所担任的岗位（或职位）的重要程度、任职要求的高低以及劳动环境对员工的影响等来决定；③以技能为导向的薪酬结构（技能薪酬制），其特点是员工的薪酬主要根据员工所具备的工作能力与潜力来确定；④组合薪酬结构（组合薪酬制），其特点是将薪酬分解成几个组成部分，分别依据绩效、技术和培训水平、岗位（或职位）、年龄和工龄等因素确定薪酬额。

119. ACE 【考点】设计宽带薪酬的关键决策

【解析】设计宽带薪酬的关键决策包括：①宽带数量的确定。企业应该根据岗位或员工带给企业附加值的贡献等级来设定薪酬宽带数量。宽带之间的分界线往往是岗位工作或技能、能力要求存在较大差异的地方。②薪酬宽带的定价。在薪酬宽带设计过程中所遇到的一个挑战就是，如何向处于同一宽带之中但是职能各不相同的员工支付薪酬。可行的做法是在存在外部市场差异的情况下，对同一宽带中的不同职能或职位族的薪酬分别定价。③员工薪酬的定位与调整。在处理将员工放入薪酬宽带中的不同位置上这一问题时，企业通常可以采取三种方法：绩效法、技能法和能力法。

120. ABCE 【考点】劳动法律关系的内涵

【解析】劳动法律关系是指劳动法律规范在调整劳动关系过程中所形成的雇员与雇主之间的权利义务关系，即雇员与雇主在实现现实的劳动过程中所发生的权利义务关系。A项，劳动法律关系是劳动关系的现实形态，它是以劳动关系和劳动法律规范为前提而形成的社会关系，是法律对人们的劳动行为及其相互关系进行调整而出现的一种状态；B项，劳动法律关系的内容是权利和义务，它是以法律上的权利、义务为纽带而形成的社会关系；C项，劳动法律关系是一种双务关系，雇主、雇员在劳动法律关系之中既是权利主体，又是义务主体，互为对价关系；E项，劳动法律关系具有国家强制性，它是以国家强制力作为保障手段的社会关系，是由观念抽象状态转化为现实秩序的一种状态。D项，劳动关系是诸种社会关系中最为基本的关系，它的范围是社会全过程，但是由于劳动法律规范不可能覆盖劳动关系的全部内容，因此劳动法律关系与劳动关系不同，它的范围并不是社会全过程。

121. ABCE 【考点】工资集体协商的内容

【解析】工资集体协商的内容包括：①工资协议的期限；②工资分配制度、工资标准和工资分配形式；③职工年度平均工资水平及其调整幅度；④奖金、津贴、补贴等分配办法；⑤工资支付办法；⑥变更、解除工资协议的程序；⑦工资协议的终止条件；⑧工资协议的违约责任；⑨双方认为应当协商约定的其他事项。

122. ACE 【考点】劳动力市场工资指导价位制度的意义

【解析】企业劳动关系双方在参考劳动力市场工资指导价位时，必须正确处理好以下关系：①指导价位与企业短期货币工资决定方式的关系。②指导价位与企业经济效益的关系。指导价位按高位数、中位数、低位数形式公布。企业经济效益较好，劳动关系双方可参考高位数的价位，经济效益一般可参考中位数的价位，经济效益较差可参考低位数的价位，但劳动关系双方在确定雇员工资时不能低于当地的最低工资标准。③指导价位与“两低于”原则的关系。劳动关系双方协商选择参考指导价位时，仍然要受到“两低于”原则的约束，即工资总额增长速度应低于经济效益增长速度，平均工资增长速度应低于劳动生产率增长速度。

123. CDE 【考点】安全卫生认证制度的要点

【解析】安全卫生认证制度是通过对劳动安全卫生的各种制约因素是否符合劳动安全卫生要求进行审查，并对符合要求者正式认可、允许进入生产过程的制度。其要点包括：①有关人员资格认证，如特种作业人员资格认证；②有关单位、机构的劳动安全卫生资格认证，如矿山安全资格；③与劳动安全卫生联系特别密切的物质技术产品的质量认证等。

124. ABC 【考点】劳动争议的概念

【解析】A项，劳动争议的内容是特定的，它只能是以劳动权利和劳动义务为标的。B项，劳动争议的当事人是特定的。劳动争议的当事人就是劳动关系的当事人，即一方为企业，另一方为劳动者或其团体，并且只有存在劳动关系的企业和劳动者或其团体才有可能成为劳动争议的当事人。CDE三项，劳动争议有特定的表现形式。一般的社会关系纠纷表现为争议主体之间的利益冲突，其影响范围通常局限在争议主体之间，而重大的集体劳动争议、团体劳动争议除可表现为一般劳动关系纠纷的形式，有时还会以消极怠工、罢工、示威、请愿等形式出现，涉及面广，影响范围大，甚至超越事发地区，有的甚至造成国际性影响。

125. ACD 【考点】仲裁时效制度的意义

【解析】《劳动争议调解仲裁法》明确规定仲裁时效，其意义包括：①维护劳动关系的稳定。时效制度的最根本的作用就在于使实际运行的劳动关系状态与法律应然的状态相一致，结束当事人间的权利义务的不稳定状态，使之按照法律的要求重新固定下来，从而维护确定化的劳动关系。②督促权利人及时行使权利。因仲裁时效完成后，权利人即丧失请求劳动争议仲裁机构保护其权利的请求权，因此仲裁时效就起到了督促权利人及时行使请求权的作用。③有利于正确处理劳动争议案件。仲裁时效制度督促权利人及时行使权利，从而使劳动争议仲裁机构尽快地介入到劳动争议处理的程序之中。

卷册二：专业能力

一、简答题（本题共3题，第1小题14分，第2小题15分，第3小题15分，共44分）

1. 考评者在进行绩效沟通时需要掌握哪些技巧？（14分）

答：绩效沟通是指考核者与被考核者就绩效考评反映出的问题以及考核机制本身存在的问题展开实质性的面谈，并着力于寻求应对之策，服务于后一阶段企业与员工绩效改善和提高的一种管理方法。管理者在进行绩效沟通时需要掌握以下技巧：

(1)沟通时态度应该坦诚，给员工以信任感和安全感，不可使用带威胁性的词语，以询问的方式进行，通过询问获取员工更多的信息，以便帮助员工解决问题。

(2)沟通时应该具体，尽量获得与员工绩效有关的具体信息(表扬时应指出员工在哪一点上做得好，反映了员工的哪方面品质，其所带来的影响如何)。

(3)要让员工知道自己的想法和需要，以便员工更好地配合工作，不能简单地认为员工应该知道自己的想法。

(4)不能仅仅看到问题，更要看到成绩，鼓励多于批评的沟通才更加有效，更具前瞻性，更符合绩效管理的原则。

(5)注意倾听，少说多听是沟通的又一个重要的技巧，因为多听才能获得更多需要的信息。

(6)沟通应及时，出现问题及时组织沟通，消极等待只能使事情更加恶化，后果更加不可想象。

(7)沟通应具有建设性，作为沟通的结果，管理者应提出建设性的意见，以帮助员工更好地调整自己，更好地完成绩效目标。

沟通作为一个重要的管理技巧，在管理活动中的运用非常广泛，其所带来的影响也非常大，管理者应该结合自己的管理实践，不断探索和提高沟通技巧，以更高的效率获得更大收益。

2. 简述工作岗位横向分类的步骤和管理性岗位纵向分级的方法。(15分)

答：(1)工作岗位横向分类的步骤

岗位的横向分类是一个由粗到细的工作过程，其分类的主要步骤包括：

①将企事业单位内全部岗位，按照工作性质划分为若干大类，即职门。

②将各职门内的岗位，根据工作性质的异同继续进行细分，把业务相同的岗位归入相同的职组，即将大类细分为中类。

③将同一职组内的岗位再一次按照工作的性质进行划分，即将大类下的中类再细分为若干个小类，把业务性质相同的岗位组成一个职系。职系的划分是岗位横向分类的最后一步，每一个职系就是一种专门的职业。

(2)管理性岗位纵向分级的方法

①精简企业组织结构，加强定编定岗定员管理，对企业岗位进行科学的设计和改进；

②对管理岗位进行科学的横向分类；

③为了有效地完成管理岗位划岗归级的任务，评价要素的项目分档要多，岗级数目也应多于直接生产岗位的岗级数目(一般为1.4～2.6倍)；

④在对管理岗位划岗归级后，应对管理岗位岗级进行统一列等，从而建立管理类、技术类以及事务类等管理岗级之间对应的关系。

3．简述预防劳动安全卫生事故的基本对策。（15 分）

答：营造劳动安全卫生环境是预防劳动安全卫生事故的基本对策。主要内容包括：

（1）营造劳动安全卫生观念环境

①企业树立安全第一、预防为主的劳动安全卫生观念，使其成为企业劳动安全卫生保护工作的主导观念。安全第一是处理生产与安全两者之间关系的基本准则。预防为主，防重于治，是处理职业危害的预防与治理关系应遵循的原则。

②建立以人为本的企业劳动安全卫生的价值理念。在企业劳动安全卫生保护工作中坚持以人为本，集中反映了企业组织整体对劳动保护工作的价值取向。

（2）营造劳动安全卫生制度环境

①建立健全的劳动安全卫生管理制度。各项劳动保护管理制度是企业的决策行为、管理行为、劳动行为准则的依据。

②严格执行各项劳动安全卫生规程。各项制度得到有效执行，并将各项规程转化为员工的自觉行为。

③奖惩分明。严格执行相关制度规范的应当奖励，违反相关制度的应当惩罚。奖惩分明、奖惩结合，克服以惩代管、重惩罚轻奖励的倾向。

（3）营造劳动安全卫生技术环境

①直接使用安全技术和无害装置、无害工艺，从基础上避免劳动安全卫生事故。

②完善劳动场所设计，实现工作场所优化。从人、机、环境系统关系中为降低员工作业疲劳，包括生理疲劳、心理疲劳，降低劳动强度，从而为减少因作业疲劳导致的错误操作行为创造条件。劳动工作场所优化应做到：科学装备、布置工作地；保持工作场所的正常秩序和良好的工作环境；正确组织工作场所的供应和服务；劳动环境优化等。

③劳动组织优化。主要包括：不同工种、工艺阶段合理组织；准备性工作和执行性工作合理组织；作业班组合理组织；工作时间合理组织等。

二、综合题（本题共 3 题，第 1 小题 18 分，第 2 小题 20 分，第 3 小题 18 分，共 56 分）

1．请结合本案例回答以下问题：

（1）企业人力资源管理需求预测的准备阶段包括哪些具体工作程序？（8 分）

（2）为了采集到真实、完整和连续的数据，应当设计哪几类调查表？（10 分）

答：（1）企业人力资源需求预测是指从企业经济发展的长远利益出发，对企业所需要的人力资源数量和质量进行的科学分析和预测。人力资源需求预测包括现实人力资源预测、未来人力资源需求预测、未来流失人力资源预测分析，不管是哪一种预测，其具体程序都包括准备阶段、预测阶段和编制人员需求计划。该案例中，针对该公司未来 10 年人才发展的总目标“人才总量适度，结构科学合理，素质显著提升，管理体系完善”和未来三年的公司人才发展总体规划，其在人力需求预测的准备阶段的具体工作程序应包括：

①构建人力资源需求预测系统

a．应分别从该轨道交通装备公司的企业总体战略规划、企业核心竞争力及产品发展预测、企业文化三方面出发，构建预测期企业总体经济发展结构性预测系统；

b．基于已有系统结合企业各类人才拥有量与结构状况调查，及企业各类岗位各类人才总量与结构比例规范，构建预测期企业人力资源总量与结构预测系统；

c. 在前期系统构建的基础上，形成 HR 预测模型，并对预测模型进行综合评价，不断修正。

②人员预测环境与影响因素分析

预测环境与影响因素分析要全面、客观、有针对性。常见的环境分析方法有 SWOT 分析法和竞争五要素分析法，分别适用于不同的情形：SWOT 分析主要帮助该轨道交通装备企业进行有关企业竞争力的分析；竞争五要素分析法主要帮助该企业进行行业竞争环境的分析。

③岗位分类

不同岗位的定员定额情况差别很大，为了便于进行人员资料的搜集和人员需求的预测，应首先把岗位进行分类。针对该轨道交通装备企业，可以尝试按企业专门技能人员、企业专业技术人员、企业经营管理人员的标准进行分类。

④资料采集与初步处理

a. 数据的采集

不同企业不同岗位人员的情况各不相同，要采集的数据也不完全相同，采用的方法也多种多样。一般而言，收集资料的方法主要有查阅资料、实地调研两种，无论哪一种方法都需要设计相应的调查表，为了便于数据的处理和分析，要求采集的数据要真实、完整、连续。针对该企业，可以设计如设备变动情况调查表，企业人员数量、结构(学历、职称、年龄等)统计表，新产品研发项目情况调查表等。

b. 数据的初步处理

采集来的数据通常比较粗糙，不能直接进行分析，需要进行初步处理，对进行过改革、重组的企业而言更是如此。具体的处理方式如下：

第一，在统计数据期间，该企业曾经购并其他部门，则应搜集被购并部门的相关数据，与该企业购并前的数据进行加总；

第二，在统计数据期间，该企业曾经剥离若干部门，则应搜集被剥离部门的相关数据，从该企业剥离前的数据中减去。

(2)为了采集到真实、完整和连续的数据，针对人员需求预测，该企业可以设计以下几类调查表：

①企业产品产量、工业总产值、税金、利润、销售收入、资产、能源消耗量调查表；

②预测期企业产量、产值、销售收入、利润调查表；

③企业总成本和人工成本统计表；

④企业投资情况调查表；

⑤新产品研发项目情况调查表；

⑥新产品研发费用结构及获奖情况调查表；

⑦企业人员数量、结构(学历、职称、年龄等)统计表；

⑧各部门人员流动情况调查表；

⑨企业各类人员流动调查表；

⑩企业人员培训调查表；

⑪各类人员变动情况统计表；

⑫设备变动情况调查表；

⑬企业各类产品分工种工时定额统计表；

⑭企业各类产品工时定额及产品产量统计表；

⑮企业分工种废品率、废品损失统计表；

⑯企业人员出勤率、作业率统计表等。

2. 请结合本案例，分析说明为了提高人员招聘的质量，一个结构完整的面试系统设计应当由哪几个阶段构成，每个阶段具体又包括哪些工作内容和程序？（20分）

答：针对A公司外部招聘中出现的问题，应从提高面试结果的科学性和可靠性方面入手。对面试的每个部分进行研究，设计结构完整的面试，对整个面试过程提供详细说明。这样组织的面试，无论在何时何地，由谁来主持，其结果都是十分可靠而有效的。

设计一个结构完整的面试系统，具体应包括面试的准备阶段、面试的实施阶段、面试的总结阶段和面试的评价阶段。每个阶段具体包括的工作内容和程序分别为：

(1)面试的准备阶段

①制定面试指南

面试指南是促使面试顺利进行的指导方针，一般以书面形式呈现，主要包括如下内容：

a. 面试团队的组建。规定面试团队的人数、成员来源、谁具体负责等内容。

b. 面试准备。在面试之前，应规定面试准备的内容，以及要达到的目的。一般可以按照结构完整的面试的步骤加以准备，准备面试题目及答案、面试的评分标准，以及面试的地点等内容。

c. 面试提问分工和顺序。规定面试员工的提问内容和顺序。

d. 面试提问技巧。规定面试提问的方式，如面试提问可考虑两种方式：针对应聘者答辩的内容随机提问，不事先准备；分别由熟悉业务的考官出题，讨论后列入《面试问题提纲》。

e. 面试评分办法。制定面试评分标准，给所有考官以参考答案，避免失去面试打分的公正性。

②准备面试问题

准备面试问题，可以帮助招聘考官获得求职者是否具备合格的管理才能方面的信息。

a. 确定该管理岗位才能的构成和比重。第一，分析该类中高层管理空缺岗位所需要的才能有哪些；第二，分析专业技能与综合能力各占多少比重；第三，分析综合能力包括哪些内容，各自占多少比重等；第四，用图表的方式将面试才能项目以及相应的权重列出。

b. 提出面试问题。

③评估方式确定

完整的评估方式，是对面试中所收集到的信息按工作岗位需要的标准进行评估的体系。

a. 确定面试问题的评估方式和标准。在面试问题准备的基础上，还必须确定相应的评价标准，尽可能给出统一的答案或者参考答案，以客观评价应聘者。

b. 确定面试评分表。面试评分表是考官对应聘者表现的评价记录，以便尽可能客观公正地评估应聘者的每一项才能，做出综合评价。最好给出评价的标准，以免不同考官对同一应聘者的评分出现过大的差异。

④培训面试考官

面试是一项复杂的工作，面试考官必须掌握一定的面试技术，才能保证面试过程的有效实施，保证面试结果的科学性和客观性，因此需要对面试考官进行培训，培训内容包括提问的技巧、追问的技巧、评价标准的掌握等。

(2)面试的实施阶段

面试的实施过程一般包括五个阶段：关系建立阶段、导入阶段、核心阶段、确认阶段和结束阶段。每个阶段都有各自不同的任务，在不同的阶段中，采用的面试题目类型也有所不同。

①关系建立阶段

面试考官应从应聘者可以预料到的问题开始发问，如工作经历、文化程度等，以消除应聘者的紧张情绪，创造轻松、友好的氛围，为下一步的面试沟通做好准备。常用的是一些封闭性问题。

②导入阶段

面试考官应提问一些应聘者一般有所准备的、比较熟悉的题目，如让应聘者介绍一下自己的经历、自己过去的工作等，以进一步缓解应聘者的紧张情绪，为进一步的面试做准备。常用的是一些开放性问题，使应聘者有较大的自由度。

③核心阶段

面试考官通常要求应聘者讲述一些关于核心胜任力的事例，面试考官将基于这些事实做出基本的判断，对应聘者的各项核心胜任能力做出评价，为最终的录用决策提供重要的依据。主要采用的是一些行为性问题，但通常与其他问题配合使用。

④确认阶段

面试考官应进一步对核心阶段所获得的信息进行确认。常用的是一些开放性问题，尽量避免使用封闭性问题，因为封闭性问题会对应聘者的回答产生导向性，应聘者会倾向于给出面试考官希望听到的答案。

⑤结束阶段

在面试结束之前，面试考官完成了所有预计的提问之后，应该给应聘者一个机会，询问应聘者是否还有问题要问，是否还有什么事项需要加以补充说明。不管录用还是不录用，均应在友好的气氛中结束面试。如果对某一对象是否录用有分歧意见时，不必急于下结论，还可安排第二次面试。同时，整理好面试记录表。常用的问题有行为性问题和开放性问题。

(3)面试的总结阶段

面试结束后，应根据每位考官的评价结果对应聘者的面试表现进行综合分析与评价，形成对应聘者的总体看法，以便决定是否录用。面试结果的处理工作包括三个方面内容：综合面试结果、面试结果的反馈以及面试结果的存档。

①综合面试结果

a. 综合评价。面试中，每位考官对每位应聘者在面试评价表中都有一个独立的评价结果，现在需要做的是将多位考官的评价结果进行综合，形成对应聘者的统一认识。

b. 面试结论。面试结束后，主考官和面试小组要给出一个面试结论，面试考官衡量应聘者的素质时，应以A公司中高层管理岗位需求为前提，着眼于应聘者的长期发展潜力，判定其是否符合公司的需要。

②面试结果的反馈

面试结果的反馈是指将面试的评价建议通知给用人部门，经协商后，做出录用决策，并通知应聘者的过程。有时还要进行一次“录用面试”，解释录用的各相关事项，解答应聘者的各种疑问。

a. 了解双方更具体的要求。在录用面谈中应商谈更具体的条件和要求，以及一些特殊问题。

b. 关于合同的签订。企业录用员工以后，一定要严格按照相关的法律法规，与劳动者正式签订劳动合同。

c. 对未被录用者的信息反馈。在面试结果反馈阶段，应同时发送聘用(或试聘)或辞谢通知书。

③面试结果的存档

以上工作全部结束后，应将有关面试的资料备案。对公司而言，这些资料是企业人力资源档案管理系统的基础资料。这些资料体现了公司对新员工的首次全面性的评价，是公司对新进员工系统考评的开始。

(4)面试的评价阶段

A公司面试结束后，应回顾整个面试过程，总结经验，为下一次的面试设计做准备。

3. 请结合本案例，说明企业在起草培训规划时，应做好哪些方面的工作？(18分)

答：培训规划的重点应当是分析研究培训过程中可能发生的问题，以及解决这些问题的具体措施。该家具制造企业在起草培训规划时，应当做好以下几个方面的工作：

(1)制定培训的总体目标

总体目标制定的主要依据是：该家具制造企业的总体战略目标、企业人力资源的总体规划及企业培训需求分析。

(2)确定具体项目的子目标

子目标的确定是在总体目标确定后，根据具体培训项目及阶段来制定的子项目或阶段性培训计划，包括实施过程、时间跨度、阶段、步骤、方法、措施、要求和评估方法等。该案例中，子项目应按照不同类型员工分别设计培训项目，编制出各类人员培训项目的实施方案。

(3)分配培训资源

由于企业培训受企业的人力、财力、物力等方面的条件限制，因而为减少浪费，提高培训绩效，必须对培训的各子项目或阶段性目标，按轻重缓急分配培训资源，以确保各项目标都有相应的人力、物力和财力的支持。该案例中，对中高层的管理人员的培训投入就要大于对基层管理人员和基层员工的培训投入。

(4)进行综合平衡

主要从四个方面进行综合平衡：①在培训投资与人力资源规划之间进行平衡；②在企业正常生产与培训项目之间进行平衡；③在员工培训需求与师资来源之间进行平衡；④在员工培训与个人职业生涯规划之间进行平衡。

2015年5月　人力资源和社会保障部
国家职业资格全国统一鉴定

职　　业：企业人力资源管理师

等　　级：国家职业资格二级

卷 册 一：职业道德
　　　　　理论知识

注意事项：1. 考生应首先将自己的姓名、准考证号等用钢笔、圆珠笔等写在试卷册和答题卡的相应位置上，并用铅笔填涂答题卡上的相应位置处。

2. 考生同时应将本页右上角的科目代码填涂在答题卡右上角的相应位置。

3. 本试卷册包括职业道德和理论知识两部分：
第一部分，1～25小题，为职业道德试题；
第二部分，26～125小题，为理论知识试题。

4. 每小题选出答案后，用铅笔将答题卡上对应题目的答案涂黑。如需改动，用橡皮擦干净后，再选涂其他答案。所有答案均不得答在试卷上。

5. 考试结束时，考生务必将本卷册和答题卡一并交给监考人员。

6. 考生应按要求在答题卡上作答。如果不按标准要求进行填涂，则均属作答无效。

地　　区：______________________

姓　　名：______________________

准考证号：______________________

人力资源和社会保障部职业技能鉴定中心监制

第一部分　职业道德

（第1～25题，共25道题）

一、职业道德基础理论与知识部分（第1～16题）

答题指导：

◆该部分均为选择题，每题均有四个备选项。其中，单项选择题只有一个选项是正确的，多项选择题有两个或两个以上选项是正确的。

◆请根据题意的内容和要求答题，并在答题卡上将所选答案的相应字母涂黑。

◆错选、少选、多选，则该题均不得分。

（一）单项选择题（第1～8题）

1．关于道德，正确的说法是（　　）。

A．道德反映着社会正义力量的要求

B．道德的表现方式是说教

C．道德是为了维持秩序而强加在人们头上的外在的约束力量

D．道德评价完全属于主观判断的范畴

2．关于道德与法律，正确的说法是（　　）。

A．在法律健全完善的社会，不需要道德

B．由于道德不具备法律那样的强制性，道德的社会功用不如法律

C．在人类历史上，道德与法律同时产生

D．在一定条件下，道德与法律能够相互转化，相互作用

3．关于文明礼貌，正确的说法是（　　）。

A．文明礼貌对企业的生产和经营不起作用

B．好的企业不会把功夫用在文明礼貌的倡导上

C．文明礼貌是企业成功的唯一标志

D．文明礼貌反映了企业的管理水平

4．在市场经济条件下，企业应该树立的义利观是（　　）。

A．君子喻于义，小人喻于利　　B．唯利是图，促进经济发展

C．义以为先，以义制利　　D．守法是企业经营的唯一准则

5．态度恭敬的意思是说，从业人员要（　　）。

A．一切按照顾客的要求办事　　B．顾客问什么，就要如实回答什么

C．对顾客做到内心尊重而外有礼貌　　D．遇到刁蛮无理的顾客时，要予以回避

6．符合爱岗敬业要求的是（　　）。

A．决不能违背上司的意愿

B．干一行，专一行

C．不转行，不跳槽

D．舍弃个人和家庭利益，全身心投入到岗位工作之中

7．处理好企业员工之间的关系，正确的做法是（　　）。

A．尊重同事的隐私，不过分询问他人的私生活

B．任何时候都能够直接提出自己的意见和建议

C．避免接触感情上不融洽的同事，以防激化矛盾

D. 对感情好的同事，要加强交往，形成牢不可破的“联盟”

8. 符合创新要求的做法是(　　)。

A. 某员工把业余时间全部用于发明永动机之上

B. 某公司花钱购买了一项新技术

C. 某企业开辟了一个新的销售市场

D. 某公司做出一项新规定，员工用餐时间不能超过十分钟

(二)多项选择题(第9~16题)

9. 下列言语中，属于职业“禁语”的有(　　)。

A. “不知道”　　B. “还没下班呢，等会再说”

C. “您需要点什么”　　D. “排队去”

10. 员工正确处理利益关系的做法包括(　　)。

A. 破除利益最大化观念，把个人利益始终让给他人

B. 在满足他人所有需要的基础上，实现自身的利益

C. 坚持在集体事业的发展中实现个人利益

D. 以长远利益为重，同时也要兼顾到眼前利益

11. 下列做法中，不符合从业人员服饰要求的有(　　)。

A. 装扮时尚　　B. 颜色靓丽　　C. 款式新潮　　D. 香水浓烈

12. 符合待人热情要求的做法有(　　)。

A. 嬉笑迎客　　B. 主动热情　　C. 亲昵友善　　D. 情绪饱满

13. 从业人员在服务的过程中，坚持办事公道原则的做法包括(　　)。

A. 不以财富多寡作为服务标准　　B. 对师长提供特别服务

C. 不以貌取人　　D. 童叟无欺

14. 增强职业责任意识，正确的态度有(　　)。

A. 加强职业责任修养　　B. 反思自己是否竭尽全力

C. 不断矫正自己的行为偏差　　D. 养成职业道德行为习惯

15. 从业人员应该树立的法纪观念有(　　)。

A. 法不责众

B. 不犯法即可，没有必要学法

C. 法制纪律是从业人员利益的基本保障

D. 只有遵纪守法，才能够获得长远发展

16. 关于遵守法纪与道德，错误的理解是(　　)。

A. 大法不犯，小错不断，难死领导，气死法院

B. 法律无法制约那些犯小错误的人，道德对犯了小错误的人又不管用

C. 在一定限度内，为了维护公民的自由和权益，要以牺牲道德为代价

D. 法律不是万能的，而道德是万能的

二、职业道德个人表现部分(第17~25题)

答题指导：

◆该部分均为选择题，每题均有四个备选项，您只能根据自己的实际状况选择其中一个选项作为您的答案。

◆请在答题卡上将所选择答案的相应字母涂黑。

17. 经理办公会上，经理提议由你来做他的助理，但是这项提议遭到其他几位副经理

的反对而未果，在公司，你属于资格较老的中层领导，勤苦工作已多年，面对这样的局面，你会(　　)。

A. 感到很失落　　B. 找经理说道说道

C. 分析原因，改进工作　　D. 以后不再那么拼命了

18. 假如主管在安排工作时，总与你对工作的理解不一致，而你凭借多年工作经验，你认为自己的理解是正确的，而主管对工作的认识和安排多有不妥，你会(　　)。

A. 按照主管的要求做事　　B. 按自己的理解做事

C. 和同事沟通，按同事的意见办事　　D. 找主管进一步协商

19. 小区成立小动物保护协会，收养了许多流浪猫、狗，你的看法是(　　)。

A. 流浪的猫、狗一般携带病菌，人们要远离他们

B. 收养流浪猫、狗的做法，限制了动物们的自由

C. 小动物保护协会的人们有爱心

D. 应该收养的是流浪的人，而不是猫、狗

20. 某些公司员工在业余时间里兼职，以增加收入，但长此以往，由于体力精力不济等原因影响了本职工作的正常开展，对此，你的看法是(　　)。

A. 应该制定新制度，规范员工的兼职行为

B. 允许员工兼职，但兼职工作收入的一部分要上缴公司

C. 兼职是在业余时间进行的，是员工的权利

D. 兼职活动是无法监督的，随他去吧

21. 一般情况下，你和同事朋友约会，你会(　　)。

A. 准时到达　　B. 比预定的时间早一会儿到达

C. 晚点　　D. 晚点，会通知同事朋友

22. 养犬的人越来越多，犬粪犬吠干扰了他人的正常生活，你认为(　　)。

A. 养犬没有实际意义，应该禁止所有的居民养犬

B. 治理养犬的关键是征缴高额费税

C. 提高养犬的人文明素质最重要

D. 人们应相互宽容理解

23. 如果你的某位同事总是喜欢拿你某方面的“短处”开玩笑，虽然玩笑并无恶意，但你觉得心里很别扭，你会(　　)。

A. 也拿对方开玩笑

B. 既然发现对方没有恶意，那就随他好了

C. 警告对方，要尊重他人

D. 与对方沟通，明确告诉对方自己的感受

24. 日常生活和工作中，听窗外的蝉、青蛙、或者鸟儿持续不断地鸣叫，你的感受是(　　)。

A. 聒噪、令人心烦意乱　　B. 有点烦，但还能够忍受

C. 习惯了，没有感觉　　D. 悦耳动听

25. 下列描述中，最接近你常态的感觉是(　　)。

A. 有朋友，有知己　　B. 有知己，没朋友

C. 有朋友，没知己　　D. 没朋友，没知己

第二部分　理论知识

（第26～125题，共100道题，满分为100分）

一、单项选择题（第26～85题，每题1分，共60分。每小题只有一个最恰当的答案，请在答题卡上将所选答案的相应字母涂黑）

26. 关于均衡国民收入的公式，不正确的是(　　)。

A. 均衡国民收入＝消费＋收入　　B. 均衡国民收入＝总供给

C. 均衡国民收入＝消费＋储蓄　　D. 均衡国民收入＝消费＋投资

27. 正常情况下，依照法定程序延长的工作时间每月不能超过(　　)。

A. 20小时　　B. 36小时　　C. 30小时　　D. 40小时

28. 确定型决策方法不包括(　　)。

A. 微分法　　B. 量本利分析法　　C. 收益矩阵法　　D. 线性规划法

29. (　　)是人对某种事物或特定对象所持有的一种肯定或否定的心理倾向。

A. 归因　　B. 知觉　　C. 动机　　D. 态度

30. 人的本性即人的(　　)。

A. 自然属性和心理属性　　B. 社会属性和心理属性

C. 自然属性和社会属性　　D. 阶级属性和心理属性

31. (　　)不属于现代人力资源管理的基本原理。

A. 同素异构原理　　B. 能位匹配原理　　C. 适才适用原理　　D. 动态优势原理

32. 关于组织理论与组织设计理论的说法，不正确的是(　　)。

A. 组织理论包括了组织运行的全部问题

B. 逻辑上组织理论应该包括组织设计理论

C. 组织设计理论主要研究企业组织结构设计

D. 组织理论与组织设计理论在外延上是相同的

33. 多维立体组织结构的主要管理机构系统不包括(　　)。

A. 地区利润中心　　B. 专业成本中心

C. 产品利润中心　　D. 地区成本中心

34. 在行业增长阶段后期，为了减少竞争压力，企业会采取(　　)。

A. 增大数量战略　　B. 扩大地区战略　　C. 纵向整合战略　　D. 多种经营战略

35. 组织结构变革常招致各方面的抵制和反对，不属于其表现的是(　　)。

A. 发生争吵与敌对行为　　B. 工作效率下降

C. 要求离职的人员增多　　D. 市场明显萎缩

36. 关于工作丰富化的说法，不正确的是(　　)。

A. 可促进员工综合素质的提高　　B. 有利于提高岗位的工作效率

C. 可增强员工在生理、心理上的满足感　　D. 使员工完成任务的内容和手段发生变化

37. 人员培训开发计划的具体内容不包括(　　)。

A. 受训人员的数量　　B. 培训的方式方法

C. 培训费用的预算　　D. 培训的基础措施

38. 人力资源预测的局限性不包括(　　)。

A. 顾客需求多变　　B. 知识水平的限制

C. 预测的代价昂贵　　　　D. 环境的不确定性

39. (　　)又称时间序列法，是一种定量的人力资源需求预测法。

A. 趋势外推法　　　　B. 回归分析法

C. 马尔可夫分析法　　　　D. 定额定员法

40. (　　)具体表现为机构臃肿，人浮于事，生产效率下降。

A. 人力资源供求平衡　　　　B. 人力资源供大于求

C. 人力资源供不应求　　　　D. 人力资源供求失真

41. 某公司要培训管理人员，培训前要做一次综合素质测评，它属于(　　)测评。

A. 开发性　　B. 诊断性　　C. 考核性　　D. 选拔性

42. 类别量化与模糊量化都可以看作是(　　)。

A. 当量量化　　B. 二次量化　　C. 等距量化　　D. 比例量化

43. (　　)是指素质测评标准体系的内在规定性，常常表现为各种行为特征或表征的描述与规定。

A. 标度　　B. 标记　　C. 标准　　D. 准则

44. 关于集中量数的说法，不正确的是(　　)。

A. 它是描述数据集中趋势的指标

B. 算数平均数和标准差都属于集中量数

C. 它可以说明一组数据的某项特征

D. 可以用它进行几组数据的比较

45. 知识测验所设计的题型中，(　　)的答案是开放的，不唯一的。

A. 主观题　　B. 客观题　　C. 问答题　　D. 案例题

46. 在面试准备阶段，(　　)是促使面试顺利进行的指导方针。

A. 面试问题　　B. 面试团队　　C. 面试指南　　D. 面试评估

47. 面试官从应聘者的某一优缺点出发去评价应聘者的其他方面，这种偏见属于(　　)。

A. 首因印象　　B. 对比效应　　C. 晕轮效应　　D. 录用压力

48. 关于行为描述面试的说法，不正确的是(　　)。

A. 它是一种特殊的结构化面试

B. 所有的提问都是行为性问题

C. 其假设前提是“说和做存在较高的一致性”

D. 其实质是识别关键性工作要求

49. 企业人力资源的(　　)是指在工作岗位分析和人员素质测评的基础上，实现员工与岗位的优化配置。

A. 时间配置　　B. 个体配置　　C. 空间配置　　D. 整体配置

50. (　　)对企业培训工作起全局性的指导和控制作用。

A. 管理性培训规划　　　　B. 战略性培训规划

C. 培训课程规划　　　　D. 培训需求分析

51. 专业技能提升培训的内容是(　　)。

A. 专业知识　　B. 企业文化　　C. 规章制度　　D. 管理能力提升

52. (　　)属于企业全员培训的外部环境因素。

A. 培训者　　B. 培训设备　　C. 培训场所　　D. 组织环境

53. 满足企业与学习者的需求是培训课程设计的(　　)。

A. 本质属性　　B. 重要依据　　C. 根本任务　　D. 内在要求

54. 培训需求分析的客体具有(　　)。

A. 多层次性　　B. 同一性　　C. 时间滞后性　　D. 规范性

55. (　　)不属于企业外部师资的优点。

A. 可带来许多全新的理念　　B. 可提高培训的档次

C. 对学员具有较大的吸引力　　D. 培训相对易于控制

56. (　　)的主要目的在于拓宽管理人员的知识面。

A. 替补训练　　B. 职务轮换　　C. 集中培训　　D. 临时提升

57. 培训评估需遵循(　　)评估目标、评估对象以及评估周期确定评估方法。

A. 综合性原则　　B. 战略性原则　　C. 灵活性原则　　D. 客观性原则

58. 培训后的评估内容不包括(　　)。

A. 目标达成情况　　B. 培训环境

C. 培训主管工作绩效　　D. 培训效果效益

59. 一般来说，(　　)会作为生产性组织的主要绩效考评指标。

A. 工作效率　　B. 成本控制　　C. 工作过程　　D. 工作成果

60. 设计绩效考评指标体系无需遵循(　　)。

A. 明确性原则　　B. 灵活性原则　　C. 针对性原则　　D. 科学性原则

61. 没有绝对的零点，只能做加减运算的绩效考评标准量表是(　　)。

A. 比率量表　　B. 等距量表　　C. 等级量表　　D. 名称量表

62. 提取关键绩效指标的程序包括：①分析工作产出；②审核指标和标准；③修改和完善；④设定考评标准；⑤提取和设定绩效考评指标。下列步骤正确的是(　　)。

A. ①④③⑤②　　B. ①⑤②③④　　C. ①④②⑤③　　D. ①⑤④②③

63. 绩效监控始终关注员工的(　　)，旨在通过提高个体绩效水平来改进部门和组织绩效。

A. 工作态度　　B. 工作行为　　C. 工作绩效　　D. 工作过程

64. 对人际接触和交往频繁的工作岗位尤为重要的绩效考评效标是(　　)。

A. 行为性效标　　B. 特征性效标　　C. 结果性效标　　D. 过程性效标

65. “好人不好，强人不强，弱者不弱”，这种绩效考评误差是(　　)。

A. 苛严误差　　B. 居中趋势　　C. 宽厚误差　　D. 个人偏见

66. (　　)是绩效考评结果在总体上出现的误差。

A. 后继效应　　B. 晕轮效应　　C. 分布误差　　D. 个人偏见

67. 360 度考评的缺点不包括(　　)。

A. 成本相对较高　　B. 信息一致性差

C. 定性评价比重较大　　D. 结果有效性差

68. (　　)一般由咨询公司完成。

A. 公司薪酬调查　　B. 商业性薪酬调查

C. 政府薪酬调查　　D. 专业性薪酬调查

69. 进行薪酬调查时，若被调查岗位复杂且数量大，应采用(　　)。

A. 问卷调查　　B. 企业之间相互调查
C. 采集社会公开信息　　D. 委托中介机构调查

70. (　　)表示的是不同职系之间的相同相似岗位等级的比较和平衡。

A. 职组　　B. 职门　　C. 岗级　　D. 岗等

71. 工作岗位横向分类的程序包括：①职组的划分；②职门的划分；③职系的划分。以下排序正确的是(　　)。

A. ②③①　　B. ③②①　　C. ②①③　　D. ③①②

72. (　　)代表了工资制度发展的主流，为越来越多的企业所采用。

A. 岗位工资制　　B. 年薪制　　C. 绩效工资制　　D. 技能工资制

73. (　　)作为薪点值的组成部分，它依据企业的整体经济效益确定。

A. 标准值　　B. 基值　　C. 浮动值　　D. 固定值

74. 绩效工资制的形式不包括(　　)。

A. 计件工资制　　B. 提成制　　C. 技能工资制　　D. 佣金制

75. 员工的工资结构中，(　　)设计的主要依据是企业的经济效益、部门员工的工作表现。

A. 浮动工资　　B. 固定工资　　C. 基本工资　　D. 岗位工资

76. 采用(　　)制订薪酬计划，可以控制总体的薪酬成本。

A. 从下而上法　　B. 从上而下法　　C. 由内到外法　　D. 由外到内法

77. 对事实劳动关系的表述，不正确的是(　　)。

A. 我国劳动立法对事实劳动关系有相应的规范
B. 欠缺书面劳动合同的事实劳动关系不受法律保护
C. 事实劳动关系与劳动关系相比较缺少了书面劳动合同
D. 事实劳动关系是用人单位除非全日制用工形式外无书面劳动合同或无有效书面劳动合同形成的劳动法律关系

78. 用人单位未在自用工之日起一个月内订立书面劳动合同的，自第二个月起向员工支付(　　)工资。

A. 2 倍　　B. 3 倍　　C. 4 倍　　D. 5 倍

79. 劳务派遣单位应当与被派遣劳动者订立(　　)以上的固定期限劳动合同。

A. 1 年　　B. 2 年　　C. 3 年　　D. 5 年

80. 劳务派遣单位、用工单位违反有关劳务派遣规定的，由劳动行政部门责令限期改正；逾期不改正的，以每人(　　)的标准处以罚款。

A. 1000 元以上 2000 元以下　　B. 1000 元以上 5000 元以下
C. 2000 元以上 5000 元以下　　D. 5000 元以上 10000 元以下

81. 企业分管安全卫生的负责人和负责安全卫生的专职人员对本单位的安全生产负有(　　)。

A. 全面责任　　B. 领导责任　　C. 直接责任　　D. 间接责任

82. 劳动关系协调须贯彻"三方原则"，不属于"三方"的是(　　)。

A. 企业职工代表　　B. 劳动行政部门代表
C. 同级工会代表　　D. 用人单位方面的代表

83. 劳动争议案件的(　　)是进行诉讼的前置必经程序。

A. 协商　　B. 仲裁　　C. 调解　　D. 和解

84. 劳动关系存续期间因(　　)发生争议的，劳动者申请仲裁不受仲裁时效期间的限制。

A. 休息、休假　　B. 职务变动　　C. 拖欠劳动报酬　　D. 参加工会

85. 支付令是人民法院按照《民事诉讼法》规定的督促程序，债务人接到支付令后(　　)内，不提出异议又不履行支付令的，债权人可直接申请人民法院强制执行。

A. 15 日　　B. 30 日　　C. 60 日　　D. 90 日

二、多项选择题(第 86～125 题，每题 1 分，共 40 分。每题有多个答案正确，请在答题卡上将所选答案的相应字母涂黑。错选、少选、多选，均不得分)

86. 最长劳动时间标准包括国家通过立法规定的(　　)。

A. 工时制度　　B. 休假制度

C. 休息制度　　D. 延长工作时间的最高限额

E. 延长工作时间的最低限额

87. 企业战略的特点包括(　　)。

A. 创新性　　B. 系统性　　C. 针对性　　D. 风险性

E. 长远性

88. 阿伦和梅耶所进行的综合研究认为，组织承诺的形式包括(　　)。

A. 感情承诺　　B. 自我承诺　　C. 继续承诺　　D. 契约承诺

E. 规范承诺

89. 以人为本的企业组织形态应具有(　　)等基本特征。

A. 集权与分权适宜，管理幅度逐步加大

B. 确立企业员工参与管理的制度与渠道

C. 满足组织的利益要求，员工自愿接受组织的职权和权威

D. 组织必须为其成员创造利益，并明确组织的宗旨和目标

E. 组织成员在共同利益和目标的基础上相互接纳协同合作

90. 组织理论的发展大致经历了(　　)等多个阶段。

A. 古典组织理论　　B. 新古典组织理论

C. 近代组织理论　　D. 当代新组织理论

E. 现代组织理论

91. 企业组织结构的设计一般包括(　　)。

A. 组织环境分析　　B. 组织发展目标的确立

C. 企业流程设计　　D. 组织职能与部门设计

E. 岗位评价设计

92. 企业组织结构需要变革的征兆包括(　　)。

A. 成本增加　　B. 合理化建议减少

C. 指挥不灵　　D. 市场占有率降低

E. 信息不畅

93. 岗位工作扩大化的具体方法包括(　　)。

A. 延长加工周期　　B. 增加岗位工作内容

C. 岗位工作纵向调整　　D. 岗位工作连贯设计

E. 岗位工作轮换设计

94. 列入人力资源预算范围的费用有(　　)。

A. 招聘费用　B. 调配费用　C. 奖励费用　D. 管理费用

E. 福利津贴

95. 劳动效率定员法是根据预测期内企业的(　　)来计算和确定某类岗位需求的一种方法。

A. 工作岗位的数量　B. 人均劳动效率

C. 工作负荷量的大小　D. 生产任务总量

E. 岗位工作人员的经验

96. 员工素质测评的类型包括(　　)。

A. 选拔性测评　B. 激励性测评　C. 开发性测评　D. 诊断性测评

E. 考核性测评

97. 员工测评指标的标度，包括(　　)等多种形式。

A. 量词式　B. 等级式　C. 测定式　D. 定义式

E. 数量式

98. 员工素质测评量化的主要形式，包括(　　)。

A. 类别量化　B. 横向量化　C. 模糊量化　D. 纵向量化

E. 比例量化

99. 员工素质测评指导语的内容包括(　　)。

A. 素质测评的目的　B. 举例说明填写要求

C. 测评结果的保密和处理　D. 强调测评与测验考试的不同

E. 填表前的准备工作和填表要求

100. 应聘笔试的缺点有(　　)。

A. 题型多样，不易控制　B. 可能出现高分低能现象

C. 无法考察应聘者的思想品德　D. 无法考察应聘者的口头表达

E. 无法考察应聘者的工作态度

101. 从配置的性质上看，可将企业人力资源配置分为(　　)。

A. 数量配置　B. 个体配置　C. 结构配置　D. 质量配置

E. 整体配置

102. 制定企业员工培训规划的要求有(　　)。

A. 系统性　B. 多样性　C. 有效性　D. 标准性

E. 普遍性

103. 对培训需求的表述，分析正确的是(　　)。

A. 要全方位考虑　B. 需要企业多部门共同协商

C. 要考虑企业近中期的工作计划　D. 应当由企业人力资源部门提出

E. 一般由培训的组织管理部门负责完成培训需求的确认

104. 课程设计程序包括(　　)。

A. 课程决策　B. 课程设计　C. 课程改进　D. 课程评价

E. 课程宣讲

105. 管理培训体系的设计要有利于(　　)。

A. 企业总体目标的实现　B. 企业竞争能力的提高

C. 企业获利能力的提高　　D. 企业获利水平的提高
E. 企业基层员工的整体素质

106. 案例评点法作为一种培训方法，所选择的案例要有(　　)等特点。
A. 多样性　　B. 真实性　　C. 创新性　　D. 启发性
E. 结合性

107. 进行培训效果行为评估的难点包括(　　)。
A. 花费很多时间和精力　　B. 难以剔除不相干因素的干扰
C. 问卷设计存在较大的难度　　D. 难以分辨培训效果与培训课程的关系
E. 学员对培训师的印象好坏容易影响评估结果

108. 针对管理性组织和服务性组织，考评的主要内容是(　　)。
A. 出勤率　　B. 工作效率　　C. 工作方式　　D. 组织气氛
E. 整体素质

109. 按照测量水平的不同，考评量表包括(　　)。
A. 名称量表　　B. 系数量表　　C. 等级量表　　D. 等距量表
E. 比率量表

110. 用客户关系分析图法提取关键绩效指标，该方法的特点包括(　　)。
A. 其应用范围受较大限制　　B. 适用于各种工作岗位
C. 可用于个人的工作产出分析　　D. 可用于团队的工作产出分析
E. 可分析企业下属的各个部门

111. (　　)属于行为导向型主观考评方法。
A. 关键事件法　　B. 合成考评法　　C. 成对比较法　　D. 强制分配法
E. 行为定位法

112. 考评结果过松过宽，容易(　　)。
A. 阻碍组织的变革和发展
B. 使业绩优秀的员工受到伤害
C. 促使员工个人主义情绪高涨
D. 形成狭隘的内部保护主义倾向
E. 使员工滋生某种侥幸心理蒙混过关

113. 实施360度考评应密切关注的问题包括(　　)。
A. 使用客观的统计程序
B. 应公开绩效考评的结果
C. 要求考评者对其意见承担责任
D. 培训管理者成为360度考评的专家
E. 在组织面临士气问题时宜采用此法

114. 一般而言，企业进行薪酬调整的依据包括(　　)。
A. 员工的绩效改善　　B. 生活成本变动
C. 竞争对手薪酬水平的调整　　D. 经济发展水平提高
E. 企业经营状况与支付能力变化

115. 一般而言，薪酬调查的结果能够为(　　)提供参考依据。
A. 数据排列法　　B. 员工薪酬差距的调整

C. 整体薪酬水平的调整　　D. 岗位薪酬水平的调整

E. 薪酬晋级政策的调整

116. 对薪酬调查的数据进行整理、分析时，可以采取的方法包括(　　)。

A. 数据排列法　B. 频率分析法　C. 回归分析法　D. 离散分析法

E. 概率推断法

117. 关于经营者年薪制的说法，正确的是(　　)。

A. 经营者的年薪与工作责任、决策风险、经济效益相挂钩

B. 经营者的年薪及其调整由企业的董事会或股东大会决定

C. 经营者的利益与员工的利益相分离，而与企业利益相联系

D. 经营者的年薪应在员工工资总额内列支，与员工工资制度相分离

E. 年薪的浮动工资从管理费用中支出，固定工资从企业税后利润中支出

118. 薪酬结构的类型包括(　　)。

A. 以绩效为导向　B. 以行为为导向　C. 以工作为导向　D. 以技能为导向

E. 以服务为导向

119. 在制定薪酬计划时，应掌握企业未来一年的人力资源规划资料，包括(　　)。

A. 拟晋升职务的员工人数　　B. 拟退休的员工人数

C. 拟岗位轮换的员工人数　　D. 拟休假的员工人数

E. 企业拟为员工增薪的时间和额度

120. 用人单位未与劳动者签订劳动合同，可依据(　　)等凭证认定双方存在劳动关系。

A. 考勤记录

B. 劳动者的家属及其相关人员的证明

C. 劳动者填写的用人单位招工招聘“登记表”、“报名表”等招用记录

D. 工资支付凭证或记录(职工工资发放花名册)、社会保险费缴纳记录

E. 用人单位向劳动者发放的“工作证”、“服务证”等能够证明身份的证件

121. 劳务派遣中，(　　)属于用工单位应当履行的义务。

A. 告知被派遣劳动者工作要求和报酬

B. 与被派遣劳动者签订书面劳动合同

C. 执行国家劳动标准，提供相应的劳动条件和保护

D. 对在岗被派遣劳动者进行工作岗位所必需的培训

E. 支付加班费、绩效奖金，提供与工作岗位相关的福利待遇

122. 关于制定工资指导线的说法，不正确的是(　　)。

A. 只需符合各个行业及其企业的需求

B. 应注意与国际经济发展状况相适应

C. 坚持平均工资的增长低于劳动生产率的增长

D. 坚持企业工资总额的增长低于企业经济效益的增长

E. 应符合国家宏观经济政策和对工资增长的总体要求

123. 按照劳动争议主体的不同，可以把劳动争议划分为(　　)。

A. 权利争议　B. 利益争议　C. 个别争议　D. 集体争议

E. 团体争议

124. 劳动争议的解决机制包括(　　)。

A. 自力救济　　B. 社会救济

C. 自力救济与公力救济相结合　　D. 公力救济

E. 社会救济与公力救济相结合

125. 劳动争议当事人申请仲裁应当符合的条件包括(　　)。

A. 有明确的被申请人

B. 申请人与争议有直接利害关系

C. 申请时间符合仲裁的时效规定

D. 有具体的仲裁请求以及所依据的事实、理由

E. 申请仲裁的劳动争议属于仲裁委员会的受理范围

2015 年 5 月　人力资源和社会保障部
国家职业资格全国统一鉴定

职　　业：企业人力资源管理师

等　　级：国家职业资格二级

卷 册 二：专业能力

注意事项：1. 请按要求在试卷的标封处填写您的姓名、准考证号、身份证号和所在地区。

2. 请仔细阅读各种题目的回答要求，并在规定的位置填写您的答案。

3. 请保持卷面整洁，不要在试卷上作任何与答题无关的标记，也不得在标封区填写无关的内容。

一、简答题(本题共3题，第1小题16分，第2小题15分，第3小题15分，共46分)

1. 简述绩效考评标准量表的种类，并列举考评标准可采用的评分方法。(16分)

2. 简述设计企业员工宽带薪酬的关键决策及实施宽带薪酬的过程中应该关注的要点。(15分)

3. 简述劳动争议调解委员会调解的程序。(15分)

二、综合题(本题共3题，每题18分，共54分)

1. 某汽车工业公司自组建以来，各职能部门和业务部门经多次合并和分解，基本满足了公司生产经营的需求，但最近几年，由于生产规模的不断扩大，职能和业务部门数量和层级不断增加，公司出现了上下指挥不畅、政令不通、横向协调困难等一系列问题。最近，公司高层领导人员令人力资源部在充分调研的基础上，提出公司组织结构的全面整改方案，并要求新方案要理清组织的职能，减少公司现有职能部门数量和层级，全面促进公司组织结构的合理化、科学化和高效化。

请结合本案例，回答以下问题：

(1)分析说明企业组织职能设计的基本内容。(3分)

(2)分析说明组织职能设计的基本步骤和方法。(15分)

2. 某知名电网公司，今年计划从全国著名的工程类高校应届毕业生中选拔一批后备管理人才，公司人力资源部决定通过资格审查和笔试等方法，按照一定比例进行人员初选，再采用无领导小组讨论的方式进行筛选，最终挑选出符合岗位要求的候选人。

请结合本案例，回答以下问题：

(1)在无领导小组讨论的前期准备阶段，应做好哪些具体工作？(12分)

(2)在无领导小组讨论的评价和总结阶段，应着重评估应聘者的哪些表现？(6分)

3. 国内某家电生产企业对营销人员进行一次专业知识培训，受训对象大多是刚刚走上工作岗位的专科毕业生，培训结束后，他们将被调往当地各大商场，成为常住商家的推销员，协助商家直接面对面为消费者提供咨询服务，以提高企业产品的知名度。公司人力资源部门和销售部门没有为本次为期2周的培训指定培训内容，而是由来自某高校的几位市场销售学教授作为培训师来自行安排。培训教师选择在公司空置的厂房内，由于是炎热夏季，教室里没有空调等降温设备，使得受训人员的注意力难于集中。教授们所讲授的内容，学员早已在学校系统学习过，开始时，培训还能引起大家的专注，但终因“灌输式”的教学方式枯燥无味，使学员们觉得十分困倦。最后公司专职的培训师讲授了公司主打产品的主要性能等内容。

培训结束后，学员被派到各大商场参加公司产品的促销活动。当顾客问及有关产品性能和特点时，他们还能作答，但遇到更深一层的提问时，这些新上岗的推销员们往往是无言以对，甚至当着顾客的面，反复翻阅说明书和宣传材料做出答复。一个月下来，该公司主打产品的销售量和市场占有率并没有任何起色。大家纷纷抱怨这次培训没有起到什么作用，人力资源部的负责人也检讨认为，没有制定清晰的培训计划是导致本次培训失败的原因之一。

请结合本案例，回答以下问题：

(1)本次培训没有达到预期效果的原因有哪些？(10分)

(2)若为本公司设计下一年度员工培训计划，应按哪些具体步骤进行？(8分)

2015年5月二级企业人力资源管理师真题答案及详解

卷册一：职业道德、理论知识

第一部分　职业道德

（第1~25题，共25道题）

一、职业道德基础理论与知识部分（第1~16题）

（一）单项选择题（第1~8题）

1A　2D　3D　4C　5C　6B　7A　8B

（二）多项选择题（第9~16题）

9ABD　10CD　11ABCD　12BCD　13ACD　14ABCD　15CD　16ABCD

二、职业道德个人表现部分（第17~25题）

第17~25题无标准答案，根据自己的价值观作答。

第二部分　理论知识

（第26~125题，共100道题，满分为100分）

一、单项选择题（第26~85题，每题1分，共60分。每小题只有一个最恰当的答案，请在答题卡上将所选答案的相应字母涂黑）

26．A　**【考点】**均衡国民收入的计算公式

【解析】总供给与总需求相等的国民收入称为均衡国民收入，即：均衡国民收入＝总供给＝总需求＝消费＋储蓄＝消费＋投资。

27．B　**【考点】**劳动标准制度延长工作时间的规定

【解析】我国劳动标准制度规定，即使依照法定程序延长工作时间，在正常情况下，每月也不能超过36小时。

28．C　**【考点】**确定型决策方法的种类

【解析】确定型决策的基本特征是指事件的各种自然状态是完全肯定的，而且经过分析计算可以得到各方案的明确结果。确定型决策方法包括：①量本利分析法；②线性规划法；③微分法。

29．D　**【考点】**态度的定义

【解析】态度是人对某种事物或特定对象所持有的一种肯定或否定的心理倾向。它是外界刺激与个体行为之间的中介因素，个体对外界刺激的反应会受到自己态度的调节。

30．A　**【考点】**人性的内容

【解析】人的本性可概括为：①自然属性，主要是指人生来就具有的先天之性，即作为自然人的体质、生理构造、形态和由生存本能而滋生的一系列本能欲望与追求；②心理属性，即人的感觉、知觉、记忆、思维、想象、意志、需要、动机等一切心理现象的总和。

31．C　**【考点】**现代人力资源管理的基本原理

【解析】现代人力资源管理的基本原理包括：①同素异构原理；②能位匹配原理；③互补增值、协调优化原理；④效率优先、激励强化原理；⑤公平竞争、相互促进原理；⑥动态优势原理。

32. D 【考点】组织理论与组织设计理论的对比分析

【解析】组织理论又称广义的组织理论或大组织理论，包括了组织运行的全部问题。组织理论与组织设计理论在外延上是不等的，从逻辑上说，组织理论应该包括组织设计理论。组织设计理论主要研究企业组织结构的设计，把环境、战略、技术、规模、人员等问题作为组织结构设计中的影响因素来加以研究。

33. D 【考点】多维立体组织的管理系统

【解析】多维立体组织结构综合考虑了产品、地区与职能参谋机构，形成了三类主要的管理组织机构系统：①按产品划分的事业部，即产品利润中心；②按职能（如市场研究、生产、调查、财务、人事、质量控制等）划分的专业参谋机构，即专业成本中心；③按地区划分的管理机构，即地区利润中心。

34. C 【考点】企业战略与组织结构的关系

【解析】在行业增长阶段后期，竞争更加激烈，为了减少竞争的压力，企业会采取纵向整合战略。此时，组织应选择事业部制结构。

35. D 【考点】组织结构变革的阻力

【解析】组织结构变革常招致各方面的抵制和反对，表现为：①生产经营情况恶化；②工作效率下降；③要求调职与离职的人数增加；④发生争吵与敌对行为；⑤提出各种似是而非的反对变革的理由等。

36. D 【考点】工作扩大化与丰富化

【解析】D项，工作扩大化和工作丰富化虽然都属于改进岗位设计的重要方法，但两者存在明显差异。前者是通过增加任务、扩大岗位任务结构，使员工完成任务的内容、形式和手段发生变更；而后者是通过岗位工作内容的充实，使岗位的工作变得丰富多彩，更有利于员工的身心健康，促进员工的综合素质逐步提高，全面地发展。

37. D 【考点】人员培训开发计划的具体内容

【解析】人员培训开发计划就是企业通过对员工有计划的培训，引导员工的技能发展与企业的发展目标相适应的策略方案。人员培训计划的具体内容包括：①受训人员的数量；②培训的目标；③培训的方式方法；④培训的内容；⑤培训费用的预算等。

38. A 【考点】人力资源预测的局限性

【解析】人力资源预测的局限性表现在以下几个方面：①环境可能与预期的情况不同。人力资源预测并非完全严谨的科学，企业的生存环境充满了复杂性和不确定性。②企业内部的抵制。人力资源规划体系的引入可能会改变企业中不同群体之间的利益分配关系，招致企业内部的反对倾向。③预测的代价高昂。人力资源预测需要投入大量的人力、物力、财力，而人力资源的收益很难评估。④知识水平的限制。人力资源预测要求预测者具有高度的想象力、分析能力、独创性来做出抉择。

39. A 【考点】时间序列法

【解析】趋势外推法又称时间序列法，是定量预测技术的一种。其实质是根据人力资源历史的和现有的资料，随时间变化的趋势具有连续性的原理，运用数学工具对该序列加以引申，即从过去延伸到将来，从而达到对人力资源的未来发展状况进行预测的目的。

40. B 【考点】企业人力资源供求关系

【解析】企业人力资源供求关系有三种情况：①人力资源供求平衡；②人力资源供大于求，结果是导致组织内部人浮于事，内耗严重，生产或工作效率低下；③人力资源供小于求，企业设备闲置，固定资产利用率低，也是一种浪费。

41. A 【考点】员工素质测评的类型

【解析】员工素质测评有以下几种类型：①选拔性测评，是指以选拔优秀员工为目的的测评。②开发性测评，是指以开发员工素质为目的的测评，可以为人力资源开发提供依据。这类测评主要是为了摸清情况，了解测评对象在哪些方面有优势，在哪些方面存在不足，从而为测评对象指出努力方向，为组织提供开发依据。③诊断性测评，是以了解现状或查找根源为目的的测评。④考核性测评，又称鉴定性测评，是指以鉴定或验证某种素质是否具备以及具备的程度为目的的测评，它经常穿插在选拔性测评中。

42. B 【考点】员工素质测评量化技术

【解析】类别量化是把素质测评对象划分到事先确定的几个类别中去，然后每个类别赋予不同的数字。模糊量化则要求把素质测评对象同时划分到事先确定的每个类别中去，根据该对象的隶属程度分别赋值。类别量化与模糊量化都可以看作二次量化（第一次解释的二次量化）。

43. C 【考点】标准的定义

【解析】标准是指测评标准体系的内在规定性，常常表现为各种素质规范化行为特征或表征的描述与规定。标准的形式多种多样，从它揭示的内涵来看，有客观形式、主观评价、半客观半主观三种；从标准表示的形式来看，则有评语短句式、设问提示式与方向指示式三种。

44. B 【考点】集中量数的功用

【解析】在数理统计学中，集中量数是用来描述集中趋势的指标。其功用表现在以下两个方面：①它是一组数据的代表值，可以用来说明一组数据全貌的一个方面的特征，即它们的典型情况；②可以用来进行组间比较，以判明一组数据与另一组数据的数值差别。B项，在素质测评中，最常使用的集中趋势量数有算术平均数和中位数。

45. A 【考点】知识测验的题型设计

【解析】在进行知识测验的设计时，可以采用以下两类题型进行设计：①客观题。答案是唯一的、封闭的。试题就某一个知识点要求应聘者做出精准的回答，试卷或是给出了每道题的固定答案，或是让应聘者补充完整唯一的内容，回答有偏差就不能得分。②主观题。答案往往是开放性、非唯一的，给应聘者很大的自由度，能够看出应聘者的综合能力和思维深度。题目的判断由批阅人结合答案参考要点和自己的主观经验给分，因此会受到批阅人的个人认识、判断力的影响。

46. C 【考点】面试的准备阶段

【解析】面试准备阶段的第一步是制定面试指南。面试指南是促使面试顺利进行的指导方针，一般以书面形式呈现。其主要内容包括面试团队的组建、面试准备、面试提问分工和顺序、面试提问技巧、面试评分办法等。

47. C 【考点】面试考官的偏见

【解析】面试官的偏见主要有以下几类：①第一印象，又称首因效应，即面试考官根据开始几分钟，甚至是面试前从资料（如笔试、个人简历等）中得到的印象对应聘者作出评价；②对比效应，即面试考官相对于前一个接受面试的应聘者来评价目前正在接受面试的应聘者的倾向；③晕轮效应，即“以点代面”，从某一优点或缺陷出发去评价应聘者其他方面；④与我相似心理，即在面试时，当应聘者谈及自己的经历，正好与面试考官自己是相似的，于是面试考官就马上产生一种相见恨晚的好感，这种好感就会成为决策的心理偏差；⑤录用压力，即当上级对招聘结果有定额要求时，面试考官对应聘者的评价就会偏高，或由于招聘时间紧迫，为完成招聘任务，不得不加快速度，急于求成。

48. C 【考点】行为描述面试的概念

【解析】AB 两项，行为描述面试简称 BD 面试，是一种特殊的结构化面试，与一般的结构化面试的区别在于，它采用的面试问题都是基于关键胜任特征或称胜任力的行为性问题。这种面试方法在对目标岗位进行充分而深入分析的基础上，对岗位所需的关键胜任特质进行清晰的界定，然后在应聘者过去的经历中探测与这些要求相关的行为样本，在胜任特质的层次上对应聘者做出评价。C 项，行为描述面试的假设前提有两个：①一个人过去的行为最能预示其未来的行为；②说和做是截然不同的两码事。D 项，行为描述面试的实质包括：①用过去的行为预测未来的行为；②识别关键性的工作要求；③探测行为样本。

49. B 【考点】企业人力资源配置的个体配置

【解析】个体配置是在工作岗位分析和人员素质测评的基础上，实现员工与岗位的优化配置。它一方面是以事为中心，为事择人。另一方面以人为中心，经过认真的测量评定，将其安排到适当的岗位上。

50. B 【考点】战略性培训规划

【解析】从规划的内容上看，企业员工培训规划可分为：①员工培训开发的战略规划；②员工培训开发的管理规划；③其他类型的规划。其中，员工培训开发的战略规划，即战略导向的全局性培训规划，是依据企业的整体发展战略，以及竞争战略制定的。其主要作用是对企业员工培训开发的总方向、总目标和总任务作出科学的界定，决定企业采用何种有效的培训策略，朝着什么样的方向发展。战略性培训规划对企业员工的培训工作起全局性的指导和控制作用。

51. A 【考点】培训内容和课程

【解析】针对不同的培训对象提供的培训内容是不一样的。专业技能提升培训是针对在职人员的生产、制造、研发、营销等专业知识的培训。

52. D 【考点】全员培训的外部环境因素

【解析】培训环境，是指直接或间接影响和作用于培训活动的诸要素的总和。培训环境分为外部环境和内部环境。外部环境包括：培训的政治、文化、教育环境、制度设计、组织环境等。内部环境包括：培训场所、设备、培训者及学员的观念等。

53. C 【考点】培训课程设计的基本原则

【解析】培训课程设计的根本任务是满足企业与学习者的需求。培训课程最突出的特点是时间短、节奏快，培训周期适应企业对人才需求条件的快速变化。

54. A 【考点】课程需求度调查的层次

【解析】培训需求分析的客体具有多层次性，包括基于企业层面的发展战略、组织架构的变化、新技术的引进、人力资源规划、作业层面的工作分析、绩效评价、质量控制报告和客户反馈，以及基于员工个人层面的胜任力评价和培训需求等。

55. D 【考点】外部聘请师资的优点

【解析】从企业外部获取培训教师资源是大多数中小型企业采取的做法，对于一些涉及比较深的一些专业理论方面问题或前沿技术问题的培训项目，企业也常从外部聘请教师。外部聘请师资的优点有以下几个方面：①选择范围大，可获取到高质量的培训教师资源；②可带来许多全新的理念；③对学员具有较大的吸引力；④可提高培训档次，引起企业各方面的重视；⑤容易营造气氛，获得良好的培训效果。

56. B 【考点】职务轮换的目的

【解析】职务轮换是使管理者在不同部门的不同管理岗位或非管理岗位上轮流工作，以使其全面了解整个企业的不同工作内容，得到各种不同的体验，为今后在较高层次上任职做准备。职务轮换主要是拓宽管理人员或潜在管理人员的知识面。通过各种不同岗位的职务轮换，使受训者全面掌握企业各种职能的管理知识、技能或艺术。

57. C 【考点】员工培训评估的基本原则

【解析】员工培训评估的基本原则包括：①客观性原则；②综合性原则；③灵活性原则。其中，灵活性原则要根据评估的目标和评估对象以及评估周期确定评估方法的采用。

58. B 【考点】培训后的评估内容

【解析】培训后的评估内容包括：①培训目标达成情况的评估；②实施培训效果效益的综合评估；③培训主管工作绩效的评估；④受训者知识技能的提高与接受培训的相关度评估。

59. D 【考点】组织绩效考评指标体系

【解析】组织绩效考评根据其工作性质的不同，可分为生产性组织的绩效考评、技术性组织的绩效考评、管理性组织的绩效考评和服务性组织的绩效考评等。对于生产性组织，它一般有客观的物质产出，因此，对其考评一般应以最终的工作成果如生产数量、生产质量等为主要考评指标，同时也要考评其工作方式、组织气氛等指标。

60. B 【考点】绩效考评指标体系的设计原则

【解析】绩效考评指标林林总总、不一而足，很多企业在进行绩效指标体系设计时，常常会因为纷繁庞杂的指标体系而不知所措，针对这种情况，在进行绩效指标设计时，要重点把握好以下八个主要原则：①针对性原则；②关键性原则；③科学性原则；④明确性原则；⑤完整性原则；⑥合理性原则；⑦独立性原则；⑧可测性原则。

61. B 【考点】绩效考评标准量表的等距量表

【解析】等距量表除了具有类别和等级量表的性质外，它要求一定数量差距在整个量表的阶梯上都是相同的。等距量表没有绝对的零点，只能做加减的运算，不好做乘除的运算。

62. D 【考点】提取关键绩效指标的程序和步骤

【解析】提取关键绩效指标的程序和步骤如下：①利用客户关系图分析工作产出；②提取和设定绩效考评的指标；③根据提取的关键指标设定考评标准；④审核关键绩效指标和标准；⑤修改和完善关键绩效指标和标准。

63. C 【考点】绩效监控的目的和内容

【解析】绩效监控始终关注员工工作绩效，旨在通过提高个体绩效水平来改进部门和组织的绩效。一个优秀的管理者必须善于通过绩效监控，采取恰当的领导风格，进行持续有效的沟通，指导下属的工作，提高其绩效水平。

64. A 【考点】绩效考评的效标

【解析】根据内容的不同，效标可以分为以下几种类型：①特征性效标；②行为性效标；③结果性效标。其中，行为性效标的侧重点是考量“员工如何执行上级指令，如何工作的”，这类效标对人际接触和交往频繁的工作岗位尤其重要。

65. B 【考点】分布误差的集中趋势和中间倾向

【解析】集中趋势和中间倾向又称居中趋势，即评定结果相近，都集中在某一分数段或所有的员工被评为“一般”，使被考评者全部集中于中间水平，或者说是平均水平，没有真正体现员工之间的实际绩效存在的差异，这往往是评定标准不明确或主管在评定工作中平均心理造成的。这种考评结果造成绩效管理的扭曲，出现“好人不好，强人不强，弱者不弱”，某些人的考评结果偏高，而某些人偏低的现象。

66. C 【考点】绩效考评误差的分类

【解析】A 项，后继效应又称记录效应，即被考评者在上一个考评期内评价结果的记录，对考评者在本考评期内的评价所产生的作用和影响。B 项，晕轮效应又称以点概面效应，考核者在对人的各种品质进行考核时，会有一种偏高或偏低的习性。C 项，分布误差有三种常见的形态：①宽厚误差，又称宽松误差，即评定结果是负偏态分布，也就是大多数员工被评为优良；②苛严误差，又称严格、偏紧误差，即评定结果是正偏态分布，也就是大多数员工被评为不合格或勉强合格；③集中趋势和中间倾向，又称居中趋势，即评定结果相近，都集中在某一分数段或所有的员工被评为“一般”，使被考评者全部集中于中间水平，或者说是平均水平，没有真正体现员工之间的实际绩效存在的差异。D 项，个人偏见又称个人偏差、个人偏误，即基于被考评者个人的特性，如年龄、性别、宗教、种族、出身、地域等方面的差异，因考评者个人的偏见或者偏好的不同所带来的评价偏差。

67. D 【考点】360 度考评方法的缺点

【解析】360 度考评方法的缺点主要有：①360 度考评侧重于综合评价，定性评价比重较大，定量的业绩评价较少；②360 度考评的信息来源渠道广，但是从不同渠道得来的并非总是一致的；③360 度考评收集到的信息比单渠道考评方法要多得多，这虽然使考评更加全面，但同时也增加了收集和处理数据的成本；④在实施 360 度考评的过程中，如果处理不当，可能会在组织内造成紧张气氛，影响组织成员的工作积极性，甚至带来企业文化震荡、组织成员忠诚度下降等现象。

68. B 【考点】商业性薪酬调查

【解析】从市场薪酬调查的组织者来看，正式调查可分为三类：①商业性薪酬调查，一般是由咨询公司完成的，其中有的是应客户需要对某一行业进行调查，有的是咨询公司为获利而主动进行的调查；②专业性薪酬调查，是由专业协会针对薪酬状况所进行的调查；③政府薪酬调查，是指由国家劳动、人事、统计等部门进行的薪酬调查。

69. A 【考点】常用的薪酬调查方式

【解析】当企业确定由人力资源部来完成薪酬调查工作时，就要确定调查的目的、被调查的对象、所需要获取的信息，以及使用的工具和方法。由于目标不同、对象不同、信息不同，企业所选择的采集信息的调查方式也就会有所不同。常用的调查方式有：①企业之间相互调查；②委托中介机构进行调查；③采集社会公开的信息；④调查问卷。对企业来说，前三种方式是比较简便易行的调查方法，他们对少数规范性岗位的薪酬调查是切实可行的，但是对于大量的、复杂的岗位就不太适合。

70. D 【考点】岗位分类的几个基本概念

【解析】在进行具体岗位分类之前，需要对以下几个非常有用的基本概念做出科学的界定：①职系，是由工作性质和基本特征相似相近，而任务轻重、责任大小、繁简难易程度和要求不同的岗位所构成的岗位序列。一个职系就相当于一种专门职业，职系是岗位分类中的细类。②职组，是由岗位性质和特征相似相近的若干职系所构成的岗位群。③职门，是工作性质和特征相近的若干职组的集合。④岗级，是在同一职系中，岗位性质、任务轻重、繁简难易程度、责任大小以及所需人员资格条件相同或相近的岗位的集合。⑤岗等，是由工作性质不同，但繁简难易程度、责任大小以及所需资格条件相同或相近的岗位组成的集合，它使各个职系中隶属于不同岗级的岗位纳入了统一的价值维度之中。

71. C 【考点】岗位横向分类的步骤

【解析】岗位的横向分类是一个由粗到细的工作过程，其具体步骤为：①将企事业单位内全部岗位，按照工作性质划分为若干大类，即职门；②将各职门内的岗位，根据工作性质的异同继续进行细分，把业务相同的岗位归入相同的职组，即将大类细分为中类；③将同一职组内的岗位再一次按照工作的性质进行划分，即将大类下的中类再细分为若干个小类，把业务性质相同的岗位组成一个职系。

72. A 【考点】薪酬制度的类型

【解析】薪酬制度的类型包括：①岗位薪酬制，是以员工在生产经营工作中的岗位为基础确定薪酬等级和薪酬标准，进行薪酬支付的薪酬制度。它代表了薪酬制度发展的主流，为越来越多的企业所应用。②技能薪酬制，是一种以员工的技术和能力为基础的薪酬。③绩效薪酬制，是以员工的工作业绩为基础支付的薪酬，支付的唯一根据或主要根据是工作成绩和劳动效率。④其他薪酬制度，主要包括：管理人员的薪酬制度、经营者年薪制、团队薪酬制。

73. B 【考点】岗位薪点薪酬制

【解析】企业在确定薪点值时，可以将薪点值分为基值和浮动值两部分，基值由企业的整体经济效益确定，而浮动值由部门的生产经营状况决定。

74. C 【考点】绩效工资制的形式

【解析】绩效薪酬是以员工的工作业绩为基础支付的薪酬，支付的唯一根据或主要根据是工作成绩和劳动效率。现在企业主要的绩效薪酬形式有两种：①计件薪酬制，根据员工生产的合格产品的数量或完成的作业量，按照预先规定的计件单价支付的劳动报酬；②佣金制（提成制），直接按照营销人员营销额的一定比例确定其薪酬报酬。

75. A 【考点】浮动薪酬

【解析】员工的浮动薪酬（奖金或绩效薪酬）不仅要与企业经济效益、部门业绩考核结果挂钩浮动，还必须与个人业绩考核结果挂钩。

76. B 【考点】制订薪酬计划的方法

【解析】制订薪酬计划的方法有两种：①从下而上法；②从上而下法。从上而下法虽然可以控制总体的薪酬成本，但缺乏灵活性，而且确定薪酬总额时主观因素过多，降低了计划的准确性，不利于调动员工的积极性。

77. B 【考点】事实劳动关系的含义

【解析】B项，即使用人单位没有与劳动者订立书面劳动合同，只要存在用工行为，该用人单位与劳动者之间就已经建立了劳动关系，与用人单位存在事实劳动关系的劳动者即享有法律规定的权利。

78. A 【考点】关于事实劳动关系的法律规定

【解析】为了既方便用人单位与劳动者订立劳动合同，又督促用人单位必须与劳动者订立劳动合同，《劳动合同法》规定了三项措施：①放宽了订立劳动合同的时间要求，规定已建立劳动关系，未同时订立书面劳动合同的，如果在自用工之日起一个月内订立了书面劳动合同，其行为即不违法；②规定用人单位未在自用工之日起一个月内订立书面劳动合同的，自第二个月起向劳动者每月支付两倍工资；③规定用人单位自用工之日起满一年仍未与劳动者订立书面劳动合同的，除在不足一年的违法期间向劳动者每月支付两倍的工资外，视为用人单位与劳动者已订立无固定期限劳动合同。

79. B 【考点】劳务派遣的合同体系

【解析】劳务派遣单位应当与被派遣劳动者订立两年以上的固定期限劳动合同，按月支付劳动报酬；被派遣劳动者在无工作期间，劳务派遣单位应当按照所在地人民政府规定的最低工资标准，向其按月支付报酬。

80. D 【考点】劳务派遣的法律责任

【解析】劳务派遣单位、用工单位违反有关劳务派遣规定的，由劳动行政部门责令限期改正；逾期不改正的，以每人5000元以上1万元以下的标准处以罚款，对劳务派遣单位，吊销其劳务派遣业务经营许可证。用工单位给被派遣劳动者造成损害的，劳务派遣单位与用工单位承担连带赔偿责任。

81. C 【考点】安全生产责任制度

【解析】安全生产责任制度是从企业组织体系上规定企业各类人员的劳动安全卫生责任，使各个层次的安全卫生责任与管理责任、生产责任统一起来：①企业法定代表人对本单位安全卫生负全面责任；②分管安全卫生的负责人和专职人员对安全卫生负直接责任；③总工程师负安全卫生技术领导责任；④各职能部门、各级生产组织负责人在各自分管的工作范围内对安全卫生负责；⑤工人在各自的岗位上承担严格遵守劳动安全技术规程的义务。

82. A 【考点】劳动争议仲裁委员会的构成

【解析】劳动争议仲裁的组织机构是劳动争议仲裁委员会，它是国家授权、依法独立处理劳动争议案件的专门机构。它由劳动行政部门代表、同级工会代表、用人单位方面的代表三方组成，是劳动关系协调中贯彻“三方原则”在劳动争议处理体制中的具体表现。

83. B 【考点】劳动争议仲裁的含义

【解析】仲裁是进行诉讼的前置必经程序，未经仲裁的劳动争议案件，人民法院不予受理；仲裁庭裁决劳动争议案件，除法律规定的终局裁决外，当事人不服的，可以向人民法院提起诉讼。

84. C 【考点】仲裁的时效制度的内容

【解析】劳动关系存续期间因拖欠劳动报酬发生争议的，劳动者申请仲裁不受《劳动争议调解仲裁法》第一款规定的仲裁时效期间的限制；但是，劳动关系终止的，应当自劳动关系终止之日起一年内提出。

85. A 【考点】人民法院的支付令

【解析】支付令是人民法院依照《民事诉讼法》规定的督促程序，根据债权人的申请，向债务人发出的限期履行给付金钱或有价证券的法律文书。债权人对拒不履行义务的债务人，可以直接向有管辖权的基层人民法院申请发布支付令，通知债务人履行债务。债务人在收到支付令之日起15日内不提出异议又不履行支付令的，债权人可直接申请人民法院强制执行。

二、多项选择题(第86～125题，每题1分，共40分。每题有多个答案正确，请在答题卡上将所选答案的相应字母涂黑。错选、少选、多选，均不得分)

86. ABCD 【考点】最长劳动时间标准的内容

【解析】最低劳动标准包括最低工资标准和最长劳动时间标准等。最长劳动时间标准包括国家通过立法规定的工时制度、延长工作时间(加班加点)的条件及最高限额、休息休假制度等，其立法宗旨在于确保劳动者的休息休假权的实现。

87. BDE 【考点】企业战略的特征

【解析】企业战略是指企业为了适应未来环境的变化，寻求长期生存和稳定发展而制定的总体性和长远性的谋划与方略。企业战略具有全局性、系统性、长远性、风险性、抗争性的特征，离开这些特征就称不上经营战略。

88. ACE 【考点】组织承诺的形式

【解析】员工的组织承诺通常表现为保持一个特定组织的成员身份的一种强烈期望，愿意做出较多的努力来代表组织，对于组织的价值观和目标的明确信任和接受。阿伦和梅耶所进行的综合研究提出三种形式的承诺：①感情承诺，员工之所以对组织忠诚和努力工作，主要是由于对组织有深厚的感情(而不是物质利益)；②继续承诺，为了不失去已有的位置和多年投入所换来的福利待遇，员工不得不继续留在该组织；③规范承诺，由于长期形成的社会责任感和社会规范的约束，员工为了尽自己的责任而留在组织中。

89. BCDE 【考点】人本管理的组织形态

【解析】以人为本的企业组织形态应具有以下基本特征：①组织必须为其成员创造利益，并明确组织的宗旨和目标；②在组织能为自己创造利益的前提下，员工自愿进入组织，接受组织的职权和权威，称为“职权接受”；③组织及其成员在共同利益、共同目标的基础上相互接纳，协同合作；④组织集权和分权的平衡与适宜；⑤组织和地位弹性；⑥管理幅度合理；⑦确立企业员工参与管理的制度与渠道等。

90. ACE 【考点】组织理论的发展

【解析】组织理论的发展大致经历了古典组织理论、近代组织理论和现代组织理论三个阶段。组织理论的发展同整个管理理论的发展，基本是一致的。古典组织理论强调组织的刚性结构；近代组织理论着重强调人的因素，从组织行为的角度来研究组织结构；现代组织理论既吸收了以前各种组织理论的有益成果，又强调应按照企业面临的内外部条件而灵活地进行组织设计。

91. ABCD 【考点】企业组织结构设计的内容

【解析】组织结构设计是指以企业组织结构为核心的组织系统的整体设计工作。它是企业总体设计的重要组成部分，也是企业管理的基本前提。企业组织结构的设计包括组织环境分析、组织发展目标的确立、企业流程设计、组织职能设计、组织部门设计和工作岗位设计等多项内容。

92. ABCDE 【考点】企业组织结构变革的征兆

【解析】组织结构变革需要很长时间才能见效，企业领导者必须善于抓住组织结构需要变革的征兆及时进行改革。变革的征兆主要有以下三点：①企业经营业绩下降，例如市场占有率缩小、产品质量下降、成本增加、顾客意见增多，缺少新产品、新战略等；②组织结构本身病症的显露，如决策迟缓、指挥不灵、信息不畅、机构臃肿、管理跨度过大、"扯皮"增多、人事纠纷增加等；③员工士气低落，不满情绪增加，合理化建议减少，员工的旷工率、病假率、离职率增高等。

93. ABCDE 【考点】岗位工作扩大化的设计方法

【解析】岗位工作扩大化的设计中，一种方法是岗位宽度扩大法，另一种是岗位深度扩大法。岗位宽度扩大法主要有三种具体的形式：①延长加工周期；②增加岗位的工作内容；③包干负责。岗位深度扩大法包括以下五种具体的形式：①岗位工作纵向调整；②充实岗位工作内容；③岗位工作连贯设计；④岗位工作轮换设计；⑤岗位工作矩阵设计。

94. ABC 【考点】人力资源费用计划

【解析】人力资源活动需要相应的费用，人员规划的一个重要任务就是控制人力资源成本，提高投入产出比。为此，必须对人力资源费用进行预算管理。在实际工作中，应列入预算范围的人工费用很多，常见的有招聘费用、调配费用、奖励费用，以及其他非员工直接待遇但是与人力资源开发利用有关的费用。

95. BD 【考点】效率定员法的计算

【解析】劳动效率定员法，指根据生产任务量和人员的劳动效率，以及出勤率来计算定员人数。凡是有劳动定额的人员，特别是以手工操作为主的工种，因为人员的需求量不受机器设备等其他条件的影响，更适合用这种方法来计算定员。

96. ACDE 【考点】员工素质测评的类型

【解析】员工素质测评可以分为以下几类：①选拔性测评，是指以选拔优秀员工为目的的测评；②开发性测评，是指以开发员工素质为目的的测评，可以为人力资源开发提供依据；③诊断性测评，是以了解现状或查找根源为目的的测评；④考核性测评，又称鉴定性测评，是指以鉴定或验证某种素质是否具备以及具备的程度为目的的测评。

97. ABDE 【考点】素质测评标准体系的标度

【解析】标度，即对标准的外在形式划分，常常表现为对素质行为特征或表现的范围、强度和频率的规定。从目前现实中的测评指标分析来看，测评指标的标度大致有量词式、等级式、数量式、定义式、综合式等。

98. ACE 【考点】素质测评的量化技术

【解析】素质测评的量化技术，从理论上说，具体包括一次量化、二次量化、类别量化、模糊量比、顺序量化、等距量化、比例量化与当量量化等多种形式。

99. ABCDE 【考点】素质测评指导语的内容

【解析】测评指导语是在测评具体操作之前，由测评主持人向全体测评人员报告测评目的和填表说明，明确数据保密等事宜，目的是使测评人员能正确地填写员工素质能力测评表，消除顾虑，客观准确地对被测对象进行测评。测评指导语包括以下内容：①员工素质测评的目的；②强调测评与测验考试的不同；③填表前的准备工作和填表要求；④举例说明填写要求；⑤测评结果保密和处理，测评结果反馈。

100. BCDE 【考点】应聘笔试的缺点

【解析】应聘笔试存在以下缺点：①无法考查应聘者的思想品德修养、工作态度、口头表达能力、灵活应变能力、组织管理能力、实际操作能力等；②可能出现“高分低能”现象，可能使组织真正需要的人才被剔除，而一些不完全符合条件的应聘者进入下一个阶段的测试；③一些应聘者可能由于猜题、押题或依靠欺骗、舞弊等不法手段而获得高分；④不能对应聘者表达含糊的问题直接进行追问，进而掌握其真实的水平。

101. AD 【考点】企业人力资源配置的区分

【解析】企业人力资源配置可按不同标志对其做出区分，从配置的方式上看，可以将其区分为空间上和时间上的优化配置；从配置的性质上看，可以分为数量配置与质量配置；从配置的成分上看，可以分为企业人力资源的总量与结构配置；从配置的范围上看，可以分为企业人力资源的个体配置与整体配置。

102. ACDE 【考点】企业员工培训规划制定的要求

【解析】在企业员工培训规划的制定过程中，必须达到以下几点要求：①系统性，要求培训规划从目标设立到实施的程序和步骤，从培训对象的确定到培训的内容、培训方式方法的选择、培训师的指派，乃至评估标准的制定都应当保持统一性和一致性；②标准化，要求整个培训规划的制定过程，确立并执行正式的培训规则和规范；③有效性，要求员工培训规划的制定必须体现出可靠性、针对性、相关性和高效性四个方面的基本特点；④普遍性，要求培训规划制定必须适应不同的工作任务、不同的培训对象和不同的培训需要。

103. ABCE 【考点】培训的需求管理

【解析】培训需求分析就是要消除培训动意的片面性，要从整体考虑，也就是说要全方位考虑，要从近中期的工作计划来考虑。为了做好上述工作，就需要由企业的组织计划部门、相关岗位、相关部门以及培训组织管理部门共同协商确定。培训需求的确认，一般是由培训的组织管理部门来负责完成的。

104. ABCD 【考点】课程设计的程序

【解析】课程设计的任务是构建一门课程的形式与结构。课程设计的程序可分为课程决策、课程设计、课程改进和课程评价四个部分，其顺序是先有决策，然后再根据决策进行设计，经多方征询意见后再修正，最后得到标准的课程安排。

105. ABCD 【考点】管理培训体系设计的总体原则

【解析】管理培训体系设计的总体原则是有利于企业总体目标的实现，有利于增强企业经营管理人员队伍整体素质，有利于企业竞争能力、获利能力和获利水平的提高。

106. BDE 【考点】案例评点法案例选择的条件

【解析】培训师选择案例要注意以下三个条件：①案例要有真实性，是社会经济生活中确实存在的事例，切忌哗众取宠，虚构案例；②案例要有结合性，培训师应结合教学内容和培养目标选用案例；③案例要有启发性，启迪管理人员阐述自己的看法、分析问题并提出解决问题的手段。

107. ABC 【考点】培训效果行为评估实施的难点

【解析】行为评估实施的难点包括：①实施时间往往是在培训结束后的几周或几个月之后，要花费很多时间和精力，人力资源部门可能忙不过来；②因为要占用相关人员较多时间，大家可能不太配合；③问卷的设计非常重要却比较难做；④员工的表现多因多果，难以剔除不相干因素的干扰。

108. ABCDE 【考点】组织绩效考评指标体系

【解析】组织绩效考评根据其工作性质的不同，可分为生产性组织的绩效考评、技术性组织的绩效考评、管理性组织的绩效考评和服务性组织的绩效考评等。对于管理性组织和服务性组织，其性质是比较相似的，考评中应主要考评其整体素质、工作效率、出勤率、工作方式、组织气氛等指标。

109. ACDE 【考点】绩效考评标准量表的设计

【解析】从实验心理学和测量学的角度看，按照测量水平的不同，考评量表可以分成以下四类：①名称量表，根据一般原则指派给事物某一类别(特征)的数字或其他标志，仅仅是符号或称呼，没有任何数量大小的含义；②等级量表，量表上每一个类别只具有序列性，因而指派给每一类别的数字就具有等级或序列的特性，但不表示数与数之间的差距是相等的；③等距量表，要求一定数量差距在整个量表的阶梯上都是相同的；④比率量表，除含有类别、等级、等距量表的特征外，还有一个只有实际意义的绝对零点。

110. BCDE 【考点】客户关系分析图法

【解析】客户关系分析图法的应用范围很广，不仅可以用于分析企业下属的各个职能和业务部门，也可以用于各部门内部各种各类的工作岗位；不仅可用于团队的工作产出评估，亦可用于员工个人的工作产出分析。

111. CD 【考点】行为导向型主观考评方法

【解析】绩效考评的方法，按照所选择的效标不同，可以分为五种类型：①行为导向型的主观考评方法，主要有排列法、选择排列法、成对比较法、强制分配法和结构式叙述法；②行为导向型的客观考评方法，主要有关键事件法、强迫选择法、行为定位法、行为观察法和加权选择量表法；③结果导向型的绩效考评方法，主要有目标管理法、绩效标准法、短文法、直接指标法、成绩记录法和劳动定额法；④综合型的绩效考评方法，主要有图解式评价量表法、合成考评法；⑤品质主导型的考评方法。

112. ABDE 【考点】宽厚误差

【解析】考评结果过松过宽，容易使低绩效的员工滋生某种侥幸心理，持有“蒙混过关”的心态，不仅不利于组织的变革和发展，形成狭隘的内部保护主义的错误倾向，更不利于促进个人绩效的改进和提高，特别容易使那些业绩优秀的员工受到伤害。

113. AC 【考点】实施 360 度考评需要注意的问题

【解析】实施 360 度考评方法时，应密切关注以下几个问题：①确定并培训公司内部专门从事 360 度考评的管理人员；②实施 360 度考评方法，应选择最佳的时机，在组织面临士气问题、处于过渡时期，或走下坡路时，不宜采用 360 度考评的方法；③上级主管应与每位考评者进行沟通，要求考评者对其意见承担责任，确保考评者的意见真实可靠；④使用客观的统计程序；⑤防止考评过程中出现作弊、合谋等违规行为；⑥准确识别和估计偏见、偏好等对业绩评价结果的影响；⑦对考评者的个别意见实施保密，确保每位接受评价的员工无法获知任一考评者的评价意见，上级评价除外；⑧不同的考评目的决定了考评内容的不同，所应注意的事项也有所不同。

114. ABCE 【考点】薪酬调整的依据

【解析】在市场竞争的条件下，大多数企业都会定期调整自己的薪酬水平，而调整的依据一般包括社会消费水平和生活成本变动、员工的绩效改善、企业的经营状况与支付能力变化、竞争对手薪酬水平的调整，等等。特别是在后面的这种情况出现时，企业尤其需要通过薪酬调查来了解竞争对手的薪酬变化情况，并有针对性地制定自己的薪酬调整对策，以避免在劳动力市场的竞争中处于不利地位。

115. BCDE 【考点】薪酬调查的结果的作用

【解析】在薪酬调查时，首先应当明确调查的目的和调查结果的用途，然后再开始组织薪酬调查。一般而言，调查的结果可以为以下工作提供参考和依据：①整体薪酬水平的调整；②薪酬差距的调整；③薪酬晋升政策的调整；④具体岗位薪酬水平的调整等。

116. ABCD 【考点】薪酬调查数据的统计分析

【解析】为了提高统计分析的信度和效度，薪酬调查所提供的数据一定要全面、真实。在对调查数据进行整理汇总、统计分析时，可根据实际情况选取以下方法：①数据排列法；②频率分析法；③趋中趋势分析；④离散分析；⑤回归分析法；⑥图表分析法。

117. ABC 【考点】年薪制的内涵

【解析】年薪制不能简单地理解为就是按照年度支付给经营者薪酬的制度，年薪制有其特定的内涵：①实行年薪制的企业，经营者的利益与员工的利益相分离，而与企业利益相联系；②经营者的年薪与员工薪酬制度相分离，而与工作责任、决策风险、经济效益挂钩；③年薪不在员工薪酬总额内列支，固定薪酬从管理费用中支出，浮动薪酬则从企业税后利润中支出；④经营者的年薪及调整由企业的董事会或股东大会决定。

118. ACD 【考点】薪酬结构的类型

【解析】与薪酬体系的分类相对应，薪酬结构大致分为以下几个类型：①以绩效为导向的薪酬结构(绩效薪酬制)；②以工作为导向的薪酬结构(岗位薪酬制)；③以技能为导向的薪酬结构(技能薪酬制)；④组合薪酬结构(组合薪酬制)。

119. ABCD 【考点】制订薪酬计划所需资料

【解析】在制订薪酬计划时，应掌握企业未来一年的人力资源规划资料，包括：①拟招聘的新员工人数；②拟招聘新员工的薪酬水平；③预计晋升职务的员工人数；④预计岗位轮换的员工人数；⑤预计休假的员工人数；⑥预计辞职、辞退、退休的员工人数。

120. ACDE 【考点】关于事实劳动关系的法律规定

【解析】用人单位未与劳动者签订劳动合同，认定双方存在劳动关系时可参照下列凭证：①工资支付凭证或记录(职工工资发放花名册)、缴纳各项社会保险费的记录；②用人单位向劳动者发放的“工作证”、“服务证”等能够证明身份的证件；③劳动者填写的用人单位招工招聘“登记表”、“报名表”等招用记录；④考勤记录；⑤其他劳动者的证言等。

121. ACDE 【考点】被派遣劳动者的管理

【解析】劳务派遣中，用工单位应当履行下列义务：①执行国家劳动标准，提供符合要求的劳动条件和劳动保护；②及时告知被派遣劳动者的工作要求和劳动报酬；③依法支付加班费、绩效奖金，提供与工作岗位相关的福利待遇；④对在岗被派遣劳动者进行工作岗位所必需的培训；⑤对连续用工的被派遣劳动者实行正常的工资调整机制。

122. AB 【考点】制定工资指导线应遵循的原则

【解析】制定工资指导线时应遵循以下原则：①工资指导线的制定应符合国家宏观经济政策和对工资增长的总体要求，坚持企业工资总额的增长低于企业经济效益的增长，平均工资的增长低于劳动生产率的增长的原则；②工资指导线水平的制定应密切结合当地的宏观经济状况，综合考虑地区年度经济增长率、社会劳动生产率、城镇居民消费价格指数、城镇就业状况、劳动力市场价格、人工成本水平和对外贸易状况等相关因素制定；③制定工资指导线实行协商原则，由省、自治区、直辖市人民政府劳动行政主管部门会同同级工会、企业家协会研究制定，并将当年工资指导线方案报人力资源和社会保障部审核后，经地方政府审批，由地方政府（或其委托劳动行政主管部门）颁布。

123. CDE 【考点】劳动争议的分类

【解析】按照劳动争议的主体不同，可以把劳动争议划分为：①个别争议，职工一方当事人人数为10人以下，有共同争议理由的；②集体争议，职工一方当事人人数为10人以上，有共同争议理由的；③团体争议，工会与用人单位因签订或履行集体合同发生的争议。

124. ABDE 【考点】劳动争议的解决机制

【解析】劳动争议的解决机制包括四种方式：①自力救济，指劳动争议的当事人在没有争议主体以外的第三人的介入或帮助下，依靠当事人自身的力量解决纠纷；②社会救济，指依靠社会力量，即社会各类调解组织，依据法律、惯例以及道德等规范，对劳动争议当事人的纠纷进行疏导沟通，促成当事人双方相互谅解和让步，从而解决争议；③公力救济，指利用国家公权力解决劳动争议的机制，包括劳动争议诉讼和行政裁决；④社会救济与公力救济相结合。

125. ABCDE 【考点】劳动争议仲裁申请的条件

【解析】劳动争议当事人申请仲裁应当符合下列条件：①申请人与本案有直接利害关系；②有明确的被申请人；③有具体的仲裁请求以及所依据的事实、理由；④申请仲裁的劳动争议属于仲裁委员会的受理范围和受理仲裁委员会的管辖；⑤申请时间符合申请仲裁的时效规定。

卷册二：专业能力

一、简答题(本题共3题，第1小题16分，第2小题15分，第3小题15分，共46分)

1. 简述绩效考评标准量表的种类，并列举考评标准可采用的评分方法。(16分)

答：(1)按照测量水平的不同，绩效考评标准量表可以分成以下四类：

①名称量表或称类别量表。它是量表在测量上一种最低的形式，在这里根据一般原则指派给事物某一类别(特征)的数字或其他标志，仅仅是符号或称呼，没有任何数量大小的含义，因此用这类数字表示的量表称为类别量表或名称量表。

②等级量表又称位次量表。等级量表和类别量表都是在一个分类基础上或者说是在一个变量上对事物进行分类，但是根据事物的特性和分类原则，量表上每一个类别只具有序列性，因而指派给每一类别的数字就具有等级或序列的特性，但不表示数与数之间的距离相等。

③等距量表。除了具有类别和等级量表的性质外，它要求一定数量差距在整个量表的阶梯上都是相同的。根据事物的性质和特点，以及分派原则，量表的各个部分的单位是相等的，但没有绝对的零点。

④比率量表。它是在量表中测量水平最高的量表，也被科学家认为是较为理想的量表。一个比率量表除含有类别、等级、等距量表的特征外，还有一个只有实际意义的绝对零点。

(2)考评标准可采用的评分方法有两种：

①自然数法

自然数法计分可以是每个等级只设定一个自然数，也可以是每个等级有多个自然数可供选择。多个自然数的选择可以是百分制，也可以采用非百分制。如表1所示。

表1　考评标准的计分方法

等级	评定依据	单一自然数	多个自然数	
			百分法	非百分法
1	初中文化程度初级技术水平	1	60以下	9以下
2	初中文化程度中级技术水平	2	69~60	11~9
3	高中文化程度中级技术水平	3	79~70	14~12
4	高中文化程度高级技术水平	4	89~80	17~15
5	高中以上文化技师技术水平	5	100~90	20~18

②系数法

系数法可分为函数法和常数法两种计分方法。其中，函数法是借用模糊数学中隶属度函数的概念，按考评标准进行计分。如等级H(0.9~1.0)、A(0.8~0.7)、B(0.6~0.5)、C(0.4~0.3)、D(0.2~0.1)。常数法是在考评要素分值(z)之前设定常数(a)，将其乘积作为评定结果(ax)。

采用上述计分方法时，可直接计分或间接计分。直接计分就是由考评人员直接打分，间接计分是考评人员只判断等级，分值最后统一由专门人员进行汇总，以减少个人因素的干扰。

2．简述设计企业员工宽带薪酬的关键决策及实施宽带薪酬的过程中应该关注的要点。（15分）

答：（1）设计企业员工宽带薪酬的关键决策包括以下具体内容：

①宽带数量的确定。企业应该根据岗位或员工带给企业附加值的贡献等级来设定薪酬宽带数量。宽带之间的分界线往往是岗位工作或技能、能力要求存在较大差异的地方。

②薪酬宽带的定价。参照市场薪酬水平和薪酬变动区间，在存在外部市场差异的情况下，对同一宽带中的不同职能或职位族的薪酬分别定价。

③员工薪酬的定位与调整。在薪酬宽带设计完成之后，需要将员工放入薪酬宽带中的不同位置上。企业通常可以采取三种方法：绩效法、技能法、能力法。

（2）实施宽带薪酬的过程中应该关注的要点有：

①密切关注公司的文化、价值观和战略

由于薪酬宽带本身并非仅仅是用来削减薪酬层级的一种工具，它实际上涉及企业的文化、价值观以及经营战略，因此，企业在决定实施宽带薪酬设计的时候，必须首先理解、审视并密切关注企业的文化、价值观以及经营战略，看它们与宽带薪酬设计的基本理念是否一致。

②注重加强非人力资源部门的人力资源管理能力

宽带薪酬的一个很重要的特点是，非人力资源部门的管理者将有更大的空间参与其下属员工的薪酬决策。这就要求非人力资源管理人员在人力资源管理方面必须有足够的成熟度，能与人力资源部门一起作出对员工的行为、态度以及工作业绩可能产生直接影响的关键性决策。

③鼓励员工的参与，加强沟通

企业要想引入宽带薪酬，就必须与管理层和员工进行及时、全面的沟通，让全体员工都能清晰地理解这种新的薪酬结构设计方式的用意，让员工看到自己的未来发展方向，鼓励员工的工作行为和结果与企业的目标保持一致。

④要有配套的员工培训和开发计划

企业必须在实施宽带薪酬的同时，就各职位或各职级需要具备的能力以及配套的培训制定完善的培训开发体系，并积极推行。

3．简述劳动争议调解委员会调解的程序。（15分）

答：劳动争议调解委员会调解的程序如下：

（1）申请和受理

发生劳动争议后，当事人可以口头或者书面形式向调解委员会提出调解申请。调解委员会接到调解申请后，对属于劳动争议受理范围且双方当事人同意调解的，应当在3个工作日内受理。

（2）调查和调解

调解委员会根据案件情况指定调解员或者调解小组进行调解，在征得当事人同意后，也可以邀请有关单位和个人协助调解。调解员应当全面听取双方当事人的陈述，采取灵活多样的方式方法，开展耐心、细致的说服疏导工作，帮助当事人自愿达成调解协议。

（3）调解协议书

经调解达成调解协议的，由调解委员会制作调解协议书。调解协议书应当写明双方当事人基本情况、调解请求事项、调解的结果和协议履行期限、履行方式等。调解协议书一式三份，双方当事人和调解委员会各执一份。

(4)与协商、调解相关的时效规定

《劳动争议调解仲裁法》明确规定了仲裁时效以及中断和中止。协商、调解均与劳动争议仲裁时效期间紧密联系。劳动争议当事人协商解决劳动争议或者请求劳动争议调解委员会调解劳动争议，出现下列情形之一的属于仲裁时效中断，从中断时起，仲裁时效期间重新计算：

①一方当事人提出协商要求后，另一方当事人不同意协商或者在5日内不做出回应的；

②在约定的协商期限内，一方或者双方当事人不同意继续协商的；

③在约定的协商期限内未达成一致的；

④达成和解协议后，一方或者双方当事人在约定的期限内不履行和解协议的；

⑤一方当事人提出调解申请后，另一方当事人不同意调解的；

⑥调解委员会受理调解申请后，在受理调解申请之日起15日内一方或者双方当事人不同意调解的；

⑦在受理调解申请之日起15日内以及双方当事人同意延长的期限内未达成调解协议的；

⑧达成调解协议后，一方当事人在约定期限内不履行调解协议的。

(5)人民法院的支付令

支付令是人民法院依照《民事诉讼法》规定的督促程序，根据债权人的申请，向债务人发出的限期履行给付金钱或有价证券的法律文书。

二、综合题(本题共3题，每题18分，共54分)

1. 请结合本案例回答以下问题：

(1)分析说明企业组织职能设计的基本内容。(3分)

(2)分析说明组织职能设计的基本步骤和方法。(15分)

答：(1)企业组织的职能设计，是进行组织结构设计的首要步骤，是根据组织的目标来确定组织的基本职能及其构成。其内容包括：企业的经营和管理职能的设计，如企业的市场研究、经营决策、产品开发、质量管理、营销管理、人事管理等职能的设计。

本案例中，由于生产规模的不断扩大，职能和业务部门数量和层级不断增加，公司出现了上下指挥不畅、政令不通、横向协调困难等一系列问题，不利于公司的生产经营。因此，为了企业进一步发展，必须进行组织结构的全面改革，重新进行组织职能设计。公司领导令人力资源部调研，进行了充分的市场研究，提出公司组织结构的全面整改方案，减少公司现有职能部门数量和层级。企业领导人员实施的各种措施，充分体现了企业组织职能设计的基本内容。

(2)①组织职能设计的基本步骤

组织职能设计过程包括职能分析、职能调整和职能分解三个具体的步骤，其中职能分析是其核心内容。

a. 职能分析。职能分析是根据特定企业的环境和条件，首先确定组织应该具备哪些基本职能及其结构，在此基础上，对各子系统的职能进行总体设计。

b. 职能调整。职能调整是根据特定企业的环境和条件，确定组织应该具备哪些战略目标的调整，进而对企业现存组织的职能结构进行调整。调整的方法包括充实已有职能、增加新的职能、转移或重新确定职能的重心。

c. 职能分解。组织职能的分解是将已经确定的职能按照一定的逻辑关系，逐步进行细分细化，将总职能分解为若干相对独立的易于操作的具体业务活动。

在本案例中，公司高层领导令人力资源部进行充分调研，这一步属于职能分析阶段；理清组织的职能，对组织结构进行整改，属于职能调整的阶段；最后进行职能分解，减少组织现有部门数量和层级。

②组织职能设计的方法

职能设计是在职能分析的基础上进行的，包括基本职能设计和关键职能设计。

a. 基本职能设计。企业的基本职能设计，一般包括生产、计划、人事、财务、研发、信息、销售及售后服务等内容。本案例中，该汽车公司提出全面整改方案，进行了基本职能设计，减少公司多余的职能部门和层级。

b. 关键职能设计。一个企业的关键职能设计的类型是相对稳定的，但却不是一成不变的。随着外部环境和内部环境的变化，企业的战略会有所调整，整个组织的结构也会调整，关键职能的设计即随之改变。本案例中，由于组织规模的不断扩大，使得原有的组织结构不再适用，因此，在新的环境下，公司需要理清组织的职能，找出关键职能并对其进行重新设计。

2. 请结合本案例回答以下问题：

(1)在无领导小组讨论的前期准备阶段，应做好哪些具体工作？(12 分)

(2)在无领导小组讨论的评价和总结阶段，应着重评估应聘者的哪些表现？(6 分)

答：(1)在无领导小组讨论的前期准备阶段，应做好以下工作：

①编制讨论题目。对所招聘岗位进行工作分析，了解拟任岗位所需员工应该具备的特点、技能，根据这些特点和技能来进行有关试题的收集和编制。

②设计评分表。评分表包括评分标准及评分范围。评分标准是对各测评能力指标进行表述，评分范围给出各测评能力指标在总分中的权重和具体分值及该能力优、良、中、差四个等级的评分区间。设计评分表时确定测评能力指标是重点。

③编制计时表。计时表主要是用于控制整个讨论时间及记录各被评价者发言次数和时间。

④对考官的培训。在评分前，先应选定参与评分的考官，没有经验的评分者必须接受人事选拔专家或者心理学家的系统培训，深入理解无领导小组讨论的观察方式、评分方法等，必要时还要进行模拟评分练习。

⑤选定场地。无领导小组讨论的考场环境要满足安静、宽敞、明亮等条件。考场布置整体要求得体庄重、朴素大方，不能让人产生压力感。

⑥确定讨论小组。讨论小组的人数一般在6~9人。

(2)评价与总结阶段，考官应该着重评估被测评者以下几方面的表现：

①参与程度。可以通过计时表的记录看出被测评者发言次数与时间，以此作为衡量参与程度的一个重要指标。还需要观察参与程度在讨论的过程中有没有变化，一个人的参与量有没有转折，转折点在哪里；在讨论中那些表现不活跃的成员的态度是怎样的，原因是什么；在讨论遇到困难的时候，有没有人在故意推卸。

②影响力。观测的指标不是发言的次数与时间，而是是否引起小组其他成员的注意，对达成意见是否起到了决定性作用。

③决策程序。测评者要观察在决策形成过程中，被测评者是否具有清晰的决策思路，

是谁最后做的决策，最后决策时的依据是否充分，做决策的时候有没有考虑到对小组其他成员的影响等。

④任务完成情况。最终讨论的结果是考察讨论效果的一个重要指标。要观察是谁为促成目标的实现提供了好的建议。

⑤团队氛围和成员共鸣感。测评者应观察讨论过程中的氛围如何，是混乱、沉闷、松散的，还是明晰、活跃、凝聚的。成员之间的团队合作精神如何。每个成员在形成一个有效团队的过程中是起了积极的作用还是消极的作用。

3．请结合本案例，回答以下问题：

(1)本次培训没有达到预期效果的原因有哪些？(10分)

(2)若为本公司设计下一年度员工培训计划，应按哪些具体步骤进行？(8分)

答：(1)本次培训没有达到预期效果的原因主要有以下几个方面：

①缺乏详细的企业培训规划。一份完整的企业培训规划应包括以下内容：a．培训的目的；b．培训的目标；c．培训对象和内容；d．培训的范围；e．培训的规模；f．培训的时间；g．培训的地点；h．培训的费用；i．培训的方法；j．培训的教师和规划的实施。本案例中，公司人力资源部门和销售部门不仅没有制定详细的培训规划，甚至都没有规定培训内容，这是导致培训没有达到预期效果的关键原因。

②培训与需求脱节。本案例中，企业完全没有考虑员工的需求，不是以是否需要培训为出发点。如果员工看不到培训为其工作和职业生涯发展带来的益处，就会产生厌倦情绪，甚至对培训产生反感。

③培训师的教师组成不合理。公司在没有规定培训内容的情况下把培训工作完全交给来自高校的市场销售学教授进行安排，高校的市场销售学教授虽然具有较高的理论知识水平，但是对于此次要推销的产品的性能和特点却是毫不知情。只选择高校教授作为培训师，是不能达到预期培训效果的。

④没有选择合适的培训地点。培训教师选择在公司空置的厂房内，由于是炎热夏季，教室里没有空调等降温设备，使得受训人员的注意力难于集中。

⑤培训的方法不合理。教授们所讲授的内容，学员早已在学校系统学习过，“灌输式”的教学方式枯燥无味，使学员们觉得十分困倦。

(2)若为本公司设计下一年员工培训计划，具体步骤如下：

①培训需求的诊断分析。明确培训需求来源是年度培训计划制订的第一环，是否能准确地预测和把握真实的需求直接决定了培训的合理性和有效性。诊断项目包括工作任务、工作责任、任职条件、督导和组织关系、企业文化。

②确定培训对象。包括分析员工状况、明确员工差距、筛选培训对象。

③确定培训目标。包括培训目标层次分析、培训目标的可行性检查、培训目标的订立。

④根据岗位特征确定培训项目和内容。根据培训对象所在的工作岗位特征，包括职位说明书、工作规范、服务质量报告和客户反映等重要的信息的整理分析，确定员工达到要求所必须掌握的知识、技术和态度。在任务分析的基础上，根据各层级岗位特性明确培训内容。

⑤确定培训方式和方法。从培训的方式来看，有职内培训、职外培训和自我开发。对于高层管理人员应以灌输理念能力为主，参训人数不宜太多，采取短期而密集的方式，运用讨论学习方法等；对于中层人员，注重人际交往能力的训练和引导，参训规模可以适当

扩大，延长培训时间，采用演讲讨论及报告等交错的方式，利用互动机会增加学习效果。对于基层员工，需要加强其专业技能的培训，以大班制的方式执行，长期性地延伸教育，充实员工的基本理念，加强事务操作，要根据不同的培训内容来设计相适应的培训方法。

⑥做好培训经费预算与控制。制定培训预算的程序是：a. 确定培训计划方案以及经费预算情况；b. 确定年度培训计划；c. 分配培训预算、初步确定培训项目；d. 估算部门培训费用；e. 调整部门培训预算方案；f. 确定培训项目、审批培训预算方案。

⑦预设培训评估项目和工具。培训评估体系是一个由培训需求分析——培训规划——培训执行——培训实施评估反馈——再修改实施的过程，在不断的反馈、改进后能使培训实施不断甄于完善。

⑧年度培训计划的确定方式。年度培训计划的初稿完成后，企业还应召开培训计划会议，对培训计划的初稿进行论证和评价，并形成最终的培训计划。